Poco a poco

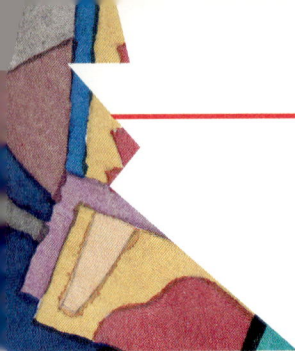

JAMES M. HENDRICKSON

University of Kentucky

Poco a poco

Spanish for Proficiency

SECOND EDITION

HH Heinle & Heinle Publishers
Boston, Massachusetts 02116 U.S.A.

Vice President and Publisher: Stanley J. Galek
Editorial Director: A. Marisa French
Assistant Editor: Erika Skantz
Production Editor: Mary Lemire
Production Manager: Erek Smith
Production Supervisor: Patricia Jalbert
Text and Cover Design: Lisa Delgado, Delgado Design
Internal Layout: The Book Department
Art Director: Len Shalansky
Illustrator: Patricia Olstad
Maps by Deborah Perugi
Watercolor art inspired by *Feldpost*, Mitzi Friedmann,
   Austrian Museum for Applied Art, Vienna

Copyright © 1990 by Heinle & Heinle Publishers
All rights reserved. No parts of this publication may be reproduced or transmitted in any form or by any means, electronic, or mechanical, including photocopy, recording, or any information storage and retrieval system, without permission in writing from the publisher.

Manufactured in the United States of America.
ISBN 0-8384-1852-X (Instructor's Edition)
ISBN 0-8384-1851-1 (Student's Edition)

Heinle & Heinle Publishers is a division of Wadsworth, Inc.

10 9 8 7 6 5 4 3 2 1

To the Memory of my

Mother

and to my

Father

♦

Contents

MAPS
Spain *xxv*
Mexico and Central America *xxvi*
South America *xxvii*

LECCIÓN PRELIMINAR ♦ *¡Mucho gusto!*   1

COMMUNICATIVE GOALS: The students will be able to greet others and introduce themselves.

How to learn Spanish successfully   *2*
Antes que nada: Recognizing cognates   *3*
En contexto   *5*
Pronunciación esencial: Spanish vowels   *6*
Vocabulario útil: Greetings and leave-taking expressions   *8*
Expressions for introducing people   *8*
Numbers 0-99   *11*
Notas culturales: Customs for greeting and meeting   *7*
Addressing others: *tú* and *usted*   *9*

Paso 1 ♦ *Entre amigos* ♦ *México*   14

LECCIÓN 1 ♦ *¡Hola! ¿Qué tal?*   16

COMMUNICATIVE GOALS: The students will be able to get acquainted with people by exchanging some basic information about themselves.

Antes que nada: Spanish affixes   *17*
En contexto   *18*
Pronunciación esencial: Word stress   *20*
Diphthongs and triphthongs   *21*
Linking words   *21*
Vocabulario útil: Personal acquaintances   *22*
Adjectives describing people   *23*

vii

Gramática funcional: Exchanging personal information and describing people and things
Subject pronouns with *ser; hay*   *25*
Definite and indefinite articles   *30*
Number and adjective agreement   *31*
Notas culturales: Hispanic conversational customs   *28*
Un poco más   *35*

LECCIÓN 2 ♦ *¿Qué estudias aquí?*   *39*

COMMUNICATIVE GOALS: The students will be able to discuss their studies, career plans and some of their likes and dislikes.

Antes que nada: Skimming and scanning   *40*
En contexto   *41*
Pronunciación esencial: Intonation: Making statements   *42*
Intonation: Asking questions   *43*
Vocabulario útil: Academic courses   *43*
Professions and occupations   *44*
Gramática funcional: Describing school-related activities, asking and answering questions, expressing likes and dislikes
Present tense of regular verbs   *48*
The verb *gustar*   *51*
Forming questions   *56*
Notas culturales: Primary and Secondary Education in Spain and Latin America   *47*
Higher Education in Spain and Latin America   *55*
Un poco más   *59*

LECCIÓN 3 ♦ *¡Aquí tienes tu casa!*   *62*

COMMUNICATIVE GOALS: The students will be able to talk and write about how they and others spend their free time.

Antes que nada: Guessing from context   *63*
En contexto   *64*
Pronunciación esencial: Spanish g, j, x, h   *66*
Vocabulario útil: Pastimes and sports   *67*
Days of the week   *69*
Gramática funcional: Describing leisure-time activities; making, accepting, and declining invitations; telling time
Time expressions with *ser*   *73*
Present tense of irregular verbs   *77*
Present tense of stem-changing verbs   *80*
Impersonal and passive *se*   *81*
Notas culturales: Sports in the Hispanic world   *72*
24-Hour system of time   *77*
Un poco más   *83*

Paso 2 ♦ ¡Saludos a la familia! ♦ Venezuela   86

LECCIÓN 4 ♦ *¡Abuelita, te quiero mucho!*   88

COMMUNICATIVE GOALS: The students will be able to talk and write about their family and other relatives.

Antes que nada: Predicting content   *89*
En contexto   *90*
Pronunciación esencial: Spanish b, v, z, c, qu   *93*
Vocabulario útil: Family members   *94*
Types of housing and neighborhoods   *95*
Gramática funcional: Identifying people and things; describing people, places and actions
Possessive adjectives   *98*
Adverbs   *102*
Present progressive tense   *106*
Notas culturales: Hispanic families   *97*
Hispanic names   *105*
Un poco más   *110*

LECCIÓN 5 ♦ *¡Qué rica está la comida!*   113

COMMUNICATIVE GOALS: The students will be able to talk and write about foods and personal needs.

Antes que nada: Skimming, scanning, contextual guessing (review)   *114*
En contexto   *115*
Pronunciación esencial: Spanish d, r, rr   *117*
Vocabulario útil: Common foods   *118*
Gramática funcional: Expressing likes and dislikes; giving opinions and advice; stating physical and emotional needs
Estar with adjectives   *121*
Tener expressions   *122*
Use of infinitives   *124*
Saber and *conocer*   *125*
Notas culturales: Mealtimes in Latin America and Spain   *120*
Hispanic table manners   *124*
Un poco más   *129*

LECCIÓN 6 ♦ *¡Felicidades, Beti!*   133

COMMUNICATIVE GOALS: The students will be able to specify dates, comment on the weather, and describe people, places, conditions as well as their daily routines.

Antes que nada: Anticipating through visualization   *134*
En contexto   *135*

Pronunciación esencial: Spanish ll, y, ñ   *137*
Vocabulario útil: Months and dates   *138*
Seasons and weather expressions   *138*
Gramática funcional: Describing; expressing opinions; specifying when
Ser versus *estar* (summary)   *142*
Reflexive verbs and pronouns   *147*
Notas culturales: Climate in Hispanic countries   *141*
The importance of the quinceañera   *146*
Un poco más   *151*

Paso 3 ♦ Día tras día ♦ Los Estados Unidos   154

LECCIÓN 7 ♦ *¡Julio, es hora de levantarte!*   **156**

COMMUNICATIVE GOALS: The students will be able to describe where they live, their household chores and some recent activities.

Antes que nada: Anticipating through organizational features   *157*
En contexto   *158*
Vocabulario útil: House, furniture and appliances   *160, 161*
Household chores   *160*
Gramática funcional: Describing; talking about past activities; specifying when and for how long
Negative words   *164*
Preterite of regular verbs   *166*
Hace, *por*, and *para* with time   *172*
Notas culturales: Housing in Spain and Latin America   *163*
Sex roles in Hispanic culture   *171*
Un poco más   *175*

LECCIÓN 8 ♦ *¿Qué te parece este vestido?*   **178**

COMMUNICATIVE GOALS: The students will be able to describe clothing as well as ask and answer questions about their personal activities.

Antes que nada: Analyzing one's reading strategies   *179*
En contexto   *180*
Vocabulario útil: Clothing   *181*
Colors   *182*
Numbers 100-2,000,000   *183*

Gramática funcional: Expressing opinions; stating preferences; expressing likes and dislikes
Direct object pronouns   *185*
Indirect object pronouns   *190*
Verbs like *gustar*   *193*
Notas culturales: Dressing for the occasion   *189*
Un poco más   *197*

LECCIÓN 9 ♦ *¡Feliz Navidad, mamá!*   **201**

COMMUNICATIVE GOALS: The students will be able to ask for and understand directions in a city, and talk and write about how life was when they were younger.

Antes que nada: Skimming, contextual guessing, scanning (review)   *202*
En contexto   *203*
Vocabulario útil: Places in a city   *206*
Courtesy expressions   *207*
Gramática funcional: Asking for directions; narrating past experiences
Preterite of irregular verbs   *210*
Imperfect tense   *214*
Notas culturales: Hispanic guest etiquette   *209*
Hispanic religious holidays   *212*
Un poco más   *219*

Paso 4 ♦ ¡A pasarlo lo máximo! ♦ España   **222**

LECCIÓN 10 ♦ *¿En qué puedo servirle?*   **224**

COMMUNICATIVE GOALS: The students will be able to talk and write about common foods.

Antes que nada: Reading efficiently   *225*
En contexto   *226*
Vocabulario útil: Food stores and their merchandise   *229*
Fruits and vegetables   *230*
Gramática funcional: Expressing opinions; specifying preferences; comparing and contrasting
Demonstrative adjectives and pronouns   *232*
Comparatives and superlatives   *238*
Notas culturales: *A comprar comestibles*   *229*
Los mercados hispanos   *237*
Un poco más   *244*

LECCIÓN 11 ♦ *Aquí vendemos de todo*   247

COMMUNICATIVE GOALS: The students will be able to ask and answer questions in department stores and non-food specialty stores, and express opinions about store items.

Antes que nada: Guessing from printed clues   *248*
En contexto   *249*
Vocabulario útil: Non-food merchandise   *253*
Shopping expressions   *252*
Ordinal numbers 1st → 10th   *254*
Gramática funcional: Making requests; giving advice and orders; asking for and giving information
Double object pronouns   *257*
Formal commands   *261*
Notas culturales: *De compras en las tiendas especializadas*   *257*
Un poco más   *265*

LECCIÓN 12 ♦ *¿Qué van a comer?*   269

COMMUNICATIVE GOALS: The students will be able to order a meal in a restaurant and describe personal experiences.

Antes que nada: Reading narrative descriptions   *270*
En contexto   *271*
Vocabulario útil: Restaurant expressions   *274*
More food-related items   *274*
Gramática funcional: Making requests; stating preferences; expressing opinions; narrating in the past
Informal commands   *277*
Preterite and imperfect (summary)   *282*
Notas culturales: Words with multiple meanings   *277*
Hispanic restaurant customs   *281*
Tapas bars   *285*
Un poco más   *286*

Paso 5 ♦ *¡Que se diviertan Uds.!* ♦ *Chile*   290

LECCIÓN 13 ♦ *¡Vamos a la playa!*   292

COMMUNICATIVE GOALS: The students will be able to make plans for the weekend, and describe a short vacation trip, including where they went, with whom they went, and what they did there.

Antes que nada: Contextual guessing   *293*
En contexto   *294*
Vocabulario útil: Seaside resort   *297*
Gramática funcional: Making recommendations; giving advice and persuading; expressing wishes and requests
Para and *por*   *300*
Present subjunctive   *304*
Notas culturales: *Viña del Mar*   *299*
Un poco más   *310*

LECCIÓN 14 ♦ *¿Qué hay en la tele?*   **313**

COMMUNICATIVE GOALS: The students will be able to discuss and write about matters related to watching television.

Antes que nada: Reading complex sentences   *314*
En contexto   *315*
Vocabulario útil: Television programs   *317*
Expressions of emotion   *318*
Gramática funcional: Expressing opinions; expressing likes and dislikes; expressing doubt and indecision
Subjunctive following:
expressions of emotion and opinion   *321*
expressions of uncertainty and indefiniteness   *326*
Notas culturales: *El Festival de la Canción*   *320*
Música y danzas folklóricas hispanas   *325*
Un poco más   *331*

LECCIÓN 15 ♦ *¡Qué sorpresa!*   **335**

COMMUNICATIVE GOALS: The students will be able to discuss and write about actions, conditions and events taking place at a specific time.

Antes que nada: Summarizing a reading passage   *336*
En contexto   *337*
Vocabulario útil: Words and expressions of emotion   *340*
Gramática funcional: Expressing emotions; narrating in the past; expressing future plans
Subjunctive in adverbial clauses   *343*
Past (Imperfect) subjunctive   *347*
Notas culturales: *Los novios hispanos*   *343*
Los matrimonios hispanos   *346*
Un poco más   *351*

Paso 6 ♦ *En busca de aventura* ♦ *Ecuador* 354

LECCIÓN 16 ♦ *Quito: La Florencia de las Américas* 356

COMMUNICATIVE GOALS: The students will be able to communicate in travel agencies and airports in Hispanic countries, and describe a vacation trip they have taken.

Antes que nada: Reading critically *357*
En contexto *358*
Vocabulario útil: Air travel *363*
Gramática funcional: Expressing opinions; making travel plans; describing recent activities
Present perfect indicative *367*
Adjectives used as nouns *371*
Notas culturales: *Para cambiar dinero* *361*
Getting around Latin America *366*
Getting around Spain *375*
Un poco más *376*

LECCIÓN 17 ♦ *Aventuras en el Amazonas* 379

COMMUNICATIVE GOALS: The students will be able to obtain lodging in Hispanic countries, discuss their travel plans, and speculate on past and future events.

Antes que nada: Understanding the writer's point of view *380*
En contexto *381*
Vocabulario útil: Lodging (hotel) *384*
Gramática funcional: Discussing future plans; expressing needs; making speculations
Future tense *388*
Conditional tense *393*
Notas culturales: Hotel tips for Spain and Latin America *387*
Finding lodging in Spain *392*
Un poco más *397*

LECCIÓN 18 ♦ *Viaje a las islas encantadas* 401

COMMUNICATIVE GOALS: The students will be able to discuss health-related matters, and to describe past incidents and experiences.

Antes que nada: Integrating your reading strategies *402*
En contexto *404*
Vocabulario útil: The human body *408*

Illnesses and treatments *407, 408*
Gramática funcional: Giving advice; telling stories; describing impressions
Indicative and subjunctive (summary) *409*
Unintentional incidents with *se* *414*
Passive voice *415*
Notas culturales: *Consejos médicos para viajeros* *413*
Un poco más *418*

APÉNDICES

APPENDIX A: Spanish Alphabet *422*

APPENDIX B: Regular Verbs *423*

APPENDIX C: Stem-changing Verbs *424*

APPENDIX D: Verbs with Spelling Changes *425*

APPENDIX E: Irregular Verbs *427*

SPANISH-ENGLISH GLOSSARY *431*

ENGLISH-SPANISH GLOSSARY *440*

INDEX *448*

Preface

TEACHING FOR FUNCTIONAL PROFICIENCY

POCO A POCO, second edition is an introductory language program whose primary purpose is to help students become functionally proficient in the Spanish language and familiar with common Hispanic customs and traditions. The materials in this program are designed and organized around the three principles of communicative proficiency described in the *ACTFL/ETS Proficiency Guidelines for Spanish:* function, content, and accuracy. In ***POCO A POCO***, students use the language in realistic contexts (function), communicate with each other on topics relevant to their own lives and interests (content), and develop their skill in using phonological, lexical and grammatical features of Spanish (accuracy).

POCO A POCO provides a carefully sequenced series of integrated materials for developing linguistic and communicative competence in Spanish. The pronunciation, vocabulary and grammar sections in the textbook focus on language as it is used by native speakers of Spanish in everyday situations. The high-frequency language functions recycled throughout the program are based on research of students' communicative needs.*

Because functional language proficiency is a primary outcome of ***POCO A POCO***, its themes focus on the development of using one's knowledge of Spanish and Hispanic culture in real-life contexts. For example, students learn to greet people, exchange personal information, make invitations over the phone and in writing, order a meal in a restaurant, understand a radio commercial, respond to apartment advertisements, and express their opinions on a wide variety of topics.

WHAT'S NEW IN ***POCO A POCO*** *SECOND EDITION?*

Based on extensive feedback from the users of ***POCO A POCO***, the revision has several new features to make it even more teachable and exciting than the first edition.

---

*See, for example: Harlow, Linda L., W. Flint Smith, and Alan Garfinkel, "Student-Perceived Communication Needs: Infrastructure of the Functional/Notional Syllabus," *Foreign Language Annals*, 13 (February 1980): 11-22; Lacasa, Judith N. and Jaime Lacasa, "Student-Perceived Communication Needs: Infrastructure of the Functional/Notional Syllabus—Spanish Point of View," *Foreign Language Annals*, 16 (May 1983): 179-186; James M. Hendrickson and Walter Josef Denk, "Student-Perceived Communication Needs in the Community College" *Hispania* (May 1988): 424-431.

- The number of chapters has been reduced from 21 to 18 to make it more manageable in the two-semester or three quarter sequence.
- Some grammar explanations have been rewritten to improve clarity. The accompanying exercises have been resequenced and now proceed consistently from structured practice to creative self-expression.
- An optional listening comprehension activity (called *¡Escuche!*) provides an optional activity for the development of listening skills. The segments are contained on the Instructor's Tape, free upon adoption.
- A full color design enhances the text with color photos and attractive illustrations.
- There is a greater emphasis on the development of reading skills. Each chapter begins and ends with a short authentic reading, accompanied by reading strategies and exercises.
- Each chapter ends with the **Un poco más** section which integrates the language functions, vocabulary, grammar and culture in practical open-ended activities.

Textbook Organization

The textbook contains an introductory lesson (*Lección preliminar*) and six units that take place in different regions of the Spanish-speaking world. Each unit (*Pasos*) contains three lessons for a total of eighteen lessons.

The *Lección preliminar* is designed for students who have had little or no previous contact with Spanish. It offers suggestions on how to learn Spanish successfully, and provides practice in recognizing cognates, pronouncing Spanish vowels, greeting and meeting people, addressing others with *tú* and *usted*, and using numbers up to ninety-nine. Depending on the class, instructors could begin with this lesson or treat it as a brief review before proceeding to *Paso 1*.

Each *Paso* takes place in a different Spanish-speaking region and has a colorful storyline that allows students to develop their language skills in a real-life context. Students will learn from characters from Mexico, Venezuela, the United States, Spain, Chile and Ecuador.

Beginning with *Lección 1*, each lesson in **POCO A POCO** contains the following major components:

ANTES QUE NADA consists of one or more strategies and exercises for developing reading comprehension skills in Spanish. In this section, students learn first-hand that reading is an active learning process that can help them to read Spanish meaningfully and efficiently. Students will apply the strategies to a short, authentic reading selection that introduces the chapter's theme and functions.

EN CONTEXTO provides diverse contexts for developing reading comprehension skills, and acquiring linguistic and cultural insights within the context of a realistic storyline set in a Spanish-speaking country or region. It consists of authentic language samples of Spanish written in a variety of text formats such as monologues, dialogues, and narrations. These language samples, which incorporate the general theme of the chapter and the specific topic of the lesson, include lexical items and grammatical structures new to the lesson, as well as words, phrases and structures recycled from previous lessons. Cognates, photographs, line drawings, marginal glosses, and special highlighting features facilitate comprehension of the language samples. Brief explanations in English of cultural aspects in the language samples appear in the *Notas de texto*. These cultural commentaries aid reading comprehension and provide a better understanding of the Hispanic world. Post-reading exercises, which appear in the *¿Comprendió Ud.?* sections, evaluate students' comprehension of the language samples and encourage them to think about what they have read. Varied formats are used to check reading comprehension: question-answer, sentence completion, multiple choice, ranking, and inference matching. The *En contexto* is recorded on the Laboratory Tape Program with additional follow-up exercises in the Workbook/Laboratory Manual.

PRONUNCIACIÓN ESENCIAL, which appears in the first six lessons, provides practice in pronouncing the Spanish sounds that are most troublesome for native speakers of English. The outcome of this practice is to pronounce Spanish well enough to be understood by native speakers who have no experience with foreigners. The pronunciation of the phrases and sentences in this section are provided by native speakers of Spanish on the Laboratory Tape Program.

VOCABULARIO ÚTIL presents pictorial vocabulary displays of high-frequency words and phrases based on the lesson's theme. In the *Practiquemos* section, students practice this vocabulary in a variety of exercises and communicative activities to further develop their proficiency in Spanish. This vocabulary reappears in subsequent exercises and activities in the textbook and its ancillaries for purposes of reinforcement and retention.

GRAMÁTICA FUNCIONAL introduces two or three major grammatical structures of Spanish that are explained clearly and concisely. Authentic language samples, related to the lesson's theme, illustrate the explanations and further reinforce vocabulary and grammar presented in previous lessons. *Manos a la obra* includes a series of exercises designed to manipulate a grammatical structure in various situational contexts, as well as exercises and activities to practice this structure in writing. *Charlemos* offers varied oral communication activities that guide students to use Spanish in personal, meaningful conversations, with particular emphasis on pair work, small group work, and imaginative problem-solving.

NOTAS CULTURALES provide insights into important social customs and traditions of native speakers of Spanish. Each lesson contains one or more cultural notes closely related to its theme.

UN POCO MÁS, now at the end of each chapter, integrates the language functions, vocabulary, grammar, and culture of the lesson in open-ended activities. The four major activities provide practice in listening comprehension (*¡Escuche!*), conversation (*Situaciones*), reading comprehension (another authentic reading in *Perspectivas*), and writing skills (*¡Escriba!*).

VOCABULARIO is the end-of-lesson vocabulary list which includes only words and idiomatic expressions introduced in the lesson. This vocabulary also appears in the Spanish-English glossary at the end of the textbook.

SUPPLEMENTARY MATERIALS

The textbook for ***POCO A POCO*** is accompanied by an Instructor Tape, a combined Workbook/Laboratory Manual, a complete Laboratory Tape Program, a Teacher's Annotated Edition, and a Course Organizer which includes an Instructor's Manual, the Laboratory Tapescript, a Testing Program, Workbook Answer Key and Activities Pack. A computer software program and video that correlate with ***POCO A POCO*** are also available.

1. **The Instructor Tape** contains a lively semi-scripted dialogue for each chapter with follow-up activities in the ***Un poco más*** section of the textbook. The purpose of this tape is to provide the opportunity for students to develop their listening comprehension skills in Spanish, in addition to the practice provided by the Laboratory Tape Program.

2. **The Workbook/Laboratory Manual**, which is closely integrated with the textbook, provides additional practice in developing vocabulary and grammar usage, listening comprehension, and writing skills. The Laboratory Manual (and accompanying tape program) is designed to improve students' oral proficiency, with emphasis on learning strategies to understand and reproduce authentic oral discourse in Spanish. The oral section of the Lab Manual is annotated with marginal hints to the student to help in listening to the Laboratory Tape Program. A separate Workbook Answer Key is located in the Course Organizer.

3. **The Laboratory Tape Program** accompanies the Laboratory Manual component. It includes a variety of listening comprehension exercises and activities, in addition to pronunciation practice for the first six lessons. The themes and functions are practiced with creative and meaningful listening tasks suitable for the first-year student. The *En contexto* and *Pronunciación* sections of the textbook are recorded on the Laboratory Tape Program, indicated by the headphone symbol in the margin. A complete transcript for the Laboratory Tape Program is included in the Course Organizer.

4. **The Teacher's Annotated Edition** is an annotated version of the student textbook. It contains marginal notes that suggest ways to modify or

expand specific exercises and activities, and includes additional suggestions for further developing students' proficiency in understanding spoken Spanish.

5. **The Heinle & Heinle Course Organizer** includes materials that are essential to effective language teaching. Materials include the Instructor's Manual, Instructor's Tape, Laboratory Tapescript, Testing Program, Workbook Answer Key and Activities Pack. Each item is described in this preface.

6. **The Instructor's Manual** provides suggestions for managing and expanding every section of the student textbook. It also contains transparency masters of the visual vocabulary lists from the book and the tapescript for the Instructor Tape.

7. **The Testing Program** is included to test linguistic and communicative competence for each lesson in the **POCO A POCO** program. There are 18 chapter tests and 6 cumulative *Paso* tests, with corresponding Answer Key and 18 speaking situations.

8. **The Activity Pack** offers authentic readings, visuals, and suggestions for pair and group work. Each chapter has an additional reading with exercises, a set of situation cards, and an activity that promotes cross-cultural awareness.

9. **The *Spanish Alive!* Video**, filmed on location, includes the widest possible variety of Hispanic cultures and peoples. The videotape is sixty minutes in length, and correlations with it and **POCO A POCO**, second edition, are in the Instructor's Manual.

10. **The Computer Software Program**, *Cara a cara,* was developed by Robert Ariew of the University of Arizona. It consists of five double-sided diskettes complete with color graphics, and is compatible with the Apple II family of computers. This state-of-the-art program contains task-oriented situational activities corresponding to the contents of **POCO A POCO.**

DESK COPY INFORMATION

If you decide to adopt the **POCO A POCO** program, you will receive free upon request:

- The Instructor's Annotated Edition of **POCO A POCO**.
- The Workbook/Laboratory Manual
- A Laboratory Tape Program for duplication
- The Heinle & Heinle Course Organizer which includes:
  An Instructor Tape containing the *¡Escuche!* listening segments included in the *Un poco más* section in the textbook.
  An Instructor's Manual containing the tapescripts for the Instructor Tape, transparency masters, and a chart showing the correlations between the "Spanish Alive!" videotape and the **POCO A POCO** program.

A complete Testing Package with tests for each of eighteen chapters and a comprehensive written and speaking test for each *Paso*.
A Laboratory Tape Program tapescript.
A Workbook Answer Key
An Activity Pack with additional readings, activities and games.

You may also purchase:

- *Spanish Alive!*, Heinle & Heinle's first-year Spanish video. Correlations between the video and the **POCO A POCO** program are contained in the Instructor's Manual.
- The *Spanish Alive! Viewer's Workbook* provides blackline masters of activities to accompany the video.
- *Cara a cara* software

If you decide to adopt **POCO A POCO**, your students may purchase:

- A student textbook
- A Workbook/Laboratory Manual
- *Spanish Alive! Viewer's Workbook*

For more information, call the Heinle & Heinle toll-free number (1-800-237-0053) or write to Heinle & Heinle Publishers, Inc., 20 Park Plaza, Boston, MA 02116.

Acknowledgements

I wish to express my sincere appreciation to the following people who contributed to the ***POCO A POCO*** program: Charles Heinle, President of Heinle & Heinle Publishers, who supported the project; Stan Galek, Vice President and Publisher, who initiated the project and encouraged the publication of its second edition; Marisa French, Editorial Director, who supervised the project with great expertise and diligence; Sylvia Madrigal and Rubi Borgia Pinger, Copy Editors, who polished the manuscript into its final form; and Mary Lemire, Production Editor, whose meticulous work is reflected in a product of extremely high quality. I would like to thank the following individuals for their contributions: Janice Lynn Macián, author of the Laboratory Manual, Margaret Shellenberg Morales, author of the Testing Program and Cecilia Pino and Beth Pollack, authors of the Activity Pack. Thanks also to the native readers and proofreaders whose valuable work contributed to the production of this project: María Luisa Osario, Carmen Helena Martínez, Carlos Salazar, Patrice Titterington, Leesa Stanion and Joyce Goldenstern. Many thanks to the artists, photographers, designers and illustrators for making the program visually attractive, yet functionally practical. Thanks also to the native speakers who recorded and proofed the audiotapes for the program. They include Rudy Heller, Carmen Helena Martínez, Luis Szekely, Mercedes Fernández Isla, José Kleinberg, Leo Ortiz, and Luisa Lewis.

I am deeply indebted to several expert reviewers, Carmen García of Miami University of Ohio, Donald Gibbs of Creighton University, Paula Heusinkveld of Clemson University, and Anne White of Michigan State University for their many comments on how to improve the manuscript. Heartfelt thanks also go to my many colleagues and students at the Universidad de Concepción in Concepción, Chile, and to my colleagues at the Instituto Chileno Norteamericano de Cultura in Concepción, Chile, who read and commented on various parts of the manuscript. I also want to thank the following professionals who shared many valuable suggestions for improvement based on their first-hand experience with the first edition of ***POCO A POCO:***

John Marambio, University of San Diego ◆ Angelo Sablán, Lansing Community College ◆ Anita Wagman, Michigan State University ◆ Serge Ainsa, Yavapi College ◆ Raysa Amadón, Adelphi University ◆ Judith Arnold, University of Mary Hardin Baylor ◆ Richard J. Baker, Valley Forge Military Junior College ◆ David Barnwell, Columbia University ◆ Erminio Braidotti, West Chester University ◆ Fé Brittain, Pima Community College ◆ Leonard Brownstein, La Salle University ◆ Carmen Coracides, Scottsdale Community College ◆ John M. Corley, Merced College ◆ Judith L. Downs, County College of Morris ◆ Gladys N. Duarte, Colorado Academy ◆ Ken Fleak, University of South Carolina ◆ Luis

Fonseca, University of Denver ♦ Carmen García, Miami University of Ohio ♦ Donald B. Gibbs, Creighton University ♦ Paula Heusinkveld, Clemson University ♦ Duffy Kasum, Cardinal Stritch College ♦ Judy P. Langston, University of South Carolina ♦ Lizette Laughlin, University of South Carolina ♦ Ellen Levy, County College of Morris ♦ Patti Marinelli, University of South Carolina ♦ Dr. Leonard Marsh, Manhattan College ♦ Ruben Martínez, Cerritos College ♦ Scarlett McGlomphy, Alderson Broaddus College ♦ M. Patricia Mosier, University of Houston ♦ Jim O'Neill, St. Cloud State University ♦ Helen Coffer Reid, Western Piedmont Community College ♦ Elisa Stoykovich, University of New Hampshire ♦ Nancy Zechiedrich, Westark Community College

I also want to thank two groups of reviewers of the first edition of **POCO A POCO**. The first group read the initial chapters of the first edition manuscript and offered numerous suggestions: Emilie Cannon, Wright State University; Austin Dias, University of Hawaii; G. Ronald Freeman, California State University-Fresno; Barbara Lafford, Arizona State University; Robert Modee, Northeastern University; Grant Reese, Utah State University; Marie Rentz, University of Maryland; Oscar Somoza, University of Denver; and Stan Whitley, West Virginia University. The second group of reviewers read the entire manuscript and made many suggestions to improve it: Mark G. Goldin, George Mason University; Manuel C. Rodríguez, Northern Arizona University; Hildebrando Ruiz, University of Georgia; Stephen A. Sadow, Northeastern University; and Karen Smith, University of Arizona.

Much of the information in the *Notas culturales* sections of the textbook was adapted and updated from two Learning Aids which were produced and published by Brigham Young University: *España* and *Latin America*. These and other cultural materials are currently available from the David M. Kennedy Center for International Studies, 280 HRCB, Provo, UT, 84602. I would like to express my appreciation to Deborah L. Coon, Manager of Publication Services at the Center, for granting permission to adapt and reprint this cultural information. Finally, I wish to express my deepest appreciation to the tens of thousands of colleagues and students who have used the **POCO A POCO** program. Their tremendous support has made it possible for me to enjoy sharing my love of the Spanish language and Hispanic culture to heights far beyond the perimeters of my dreams. *¡Un millón de gracias a todos!*

COMMENTS: I am interested in hearing your comments on and your reactions to the **POCO A POCO** program. Your viewpoints and experiences using this text in the classroom will be extremely helpful. Please address your thoughts to me care of: Heinle & Heinle Publishers, Inc., 20 Park Plaza, Boston, MA, 02116, or call toll-free 1-800-237-0053.

James M. Hendrickson

LECCIÓN PRELIMINAR

¡Mucho gusto!

COMMUNICATIVE GOALS The students will greet others and introduce themselves.

LANGUAGE FUNCTIONS Greeting and saying good-bye ♦ Introducing oneself ♦ Exchanging addresses and telephone numbers

VOCABULARY THEMES Greetings and leave-taking expressions ♦ Expressions for introducing people ♦ Numbers 0–99

PRONUNCIATION FOCUS Spanish vowels

CULTURAL INFORMATION Customs for meeting and greeting ♦ Addressing others: *tú* and *usted*

To the Student

How to Learn Spanish Successfully

Being proficient in two or more languages can be rewarding to you personally and professionally. But learning to communicate in a language other than your own takes patience, concentration and practice.

Be patient. It takes time and patience to learn another language, so take your time and be patient with yourself as you learn to communicate in Spanish. At first, you may feel that spoken Spanish sounds "faster" than English (it isn't) or that some sounds of Spanish seem a bit "strange" to your ear. But as you become accustomed to listening to Spanish in class and on the **Poco a poco** tapes, that "strange" feeling will fade away. And remember that nobody is perfect! Because you are a beginning student of Spanish, your instructor won't expect you to speak with native-like pronunciation, to write grammatically perfect sentences, or to always use the most appropriate words to express your thoughts and feelings. Making errors is a normal part of learning any skill for the first time, especially communicating in another language. So be tolerant of your mistakes, laugh at them, and learn from them. And most importantly—be patient with yourself!

Concentrate on the message. Research on second language acquisition shows that good language learners focus their attention on understanding the meaning of a message. Rather than concentrating on individual words or translating word for word, try to get the gist or general idea of the speaker or writer. As you listen to or read Spanish, focus your attention on what the speaker or writer is trying to express. For example, ask yourself: "What is the most important information that he or she wants me to understand?" Your ability to understand spoken or written Spanish also depends on your personal motivation. Most of the exercises and activities in the **Poco a poco** program, therefore, were written to encourage you to share personal information with your classmates. For example, you will talk and write about your family and friends, how you spend your free time, what foods you like and dislike, and where you plan to take your next vacation.

Practice, practice, practice! A major goal of the **Poco a poco** program is to help you become more proficient in Spanish. **Poco a poco** will provide you with plenty of opportunities to practice listening, speaking, reading and writing Spanish in the same ways that Hispanics use the language in everyday situations: to meet each other, to talk with friends, to order a meal in a restaurant, to read the newspaper, to write a letter to a friend, to listen to the radio, and so forth. Of course, you should try to practice Spanish outside of class whenever you can with your classmates, with international students on your campus, and with other native speakers in your community. If your area has a Spanish-language radio station, listen to it frequently even if you understand very little at first. If you have access to Spanish-language television programs, watch the soap operas and children's programs because they are easier to understand than many of the other programs. Many Spanish-language movies are now available on videocassette; watching a few of these movies several times will improve your proficiency in Spanish.

With patience, concentration and practice, you will become more proficient in Spanish . . . *poco a poco.*

Antes que nada (First of all)

Recognizing Cognates

Spanish and English share many words that are identical or very similar in meaning and spelling. These related words are called cognates, and your ability to recognize them will help you understand spoken and written Spanish.

A. What's your "cognate I.Q."?

Read the following newspaper advertisement. Notice that it contains a number of Spanish-English cognates.

¿Comprendió Ud.? (Did you understand?)

1. Who are the potential customers of this ad?
2. Where are these schools located? Write down their address and telephone number.
3. List all the Spanish-English cognates in the ad, and write their English equivalents.
4. Overall, about what percentage of the ad did you understand?

B. A word of caution

You probably had little or no difficulty understanding the essential information in the ad above because it contains many cognates. But some cognates are **false cognates** such as the boldface words in the following sentences.

Carlos **molesta** a María.   Mi profesora está **embarazada.**

La **lectura** es interesante.   El español es mi **idioma** favorito.

The word *molesta* means **bother,** not molest; *lectura* means **reading,** not lecture; *embarazada* means **pregnant,** not embarrassed; and *idioma* means **language,** not idiom.*

There are many cognates between Spanish and English, and the more true and false cognates you learn to recognize, the higher your "cognate I.Q." will be. Along with a higher cognate I.Q. will come your ability to understand Spanish more quickly and easily. Good luck!

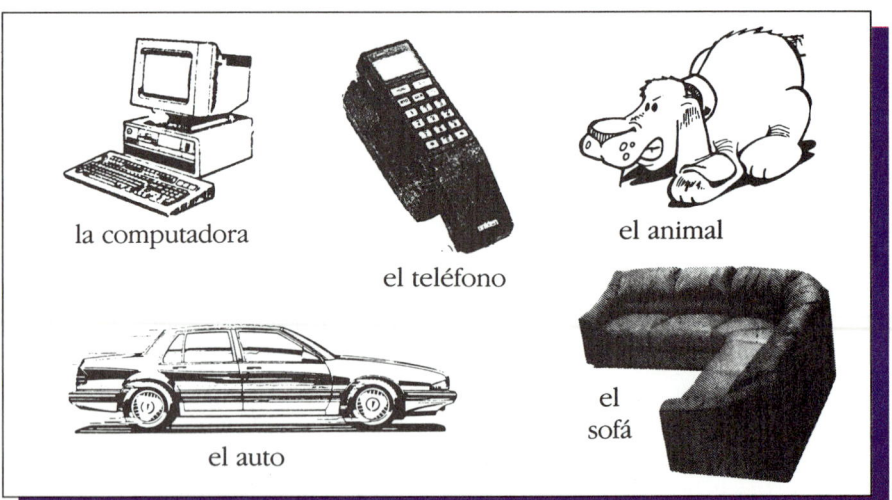

la computadora

el teléfono

el animal

el auto

el sofá

---

*The actual Spanish equivalents of these English words are as follows: molest = *importunar,* lecture = *conferencia* (another false cognate!), embarrassed = *avergonzado(a)*, idiom = *modismo.*

En contexto

I'm your

¡Buenos días! Me llamo María Elena Mendoza García. Soy su° profesora de español. Soy mexicana. Soy de la capital de México, que es una ciudad enorme.[1]

also / our / I study

También° soy estudiante en nuestra° universidad. Estudio° historia de la lengua española y literatura latinoamericana. Mis clases son interesantes porque° mis profesores son excelentes.

because

En nuestra clase hay quince estudiantes...quince estudiantes inteligentes, ¿no? ¡Ahora vamos a contar hasta° quince![2]

Now let's count up to

Cierren el libro, por favor. Escuchen y repitan los números: uno, dos, tres, cuatro, cinco, seis, siete, ocho, nueve, diez, once, doce, trece, catorce, quince.

¡Muy bien! Ahora vamos a comenzar la sección "Pronunciación esencial". Abran el libro en la página 6.

Notas de texto

1. *México, D.F. (Distrito Federal)* is one of the largest cities in the world with a population of over twenty million people.
2. Note that an inverted question mark is placed at the beginning of a question, and an inverted exclamation mark at the beginning of an exclamation. These marks provide the reader with a visual clue about what kind of information to expect.

¿Comprendió Ud.?

1. ¿Es la profesora Mendoza mexicana o española? / Es _____.
2. ¿También es María Elena estudiante o administradora? / Es _____.
3. ¿Estudia filosofía, literatura o biología? / Estudia _____.
4. ¿Estudian los estudiantes español o literatura? / Estudian _____.
5. ¿Son inteligentes o no muy inteligentes los estudiantes? / Son _____.

Pronunciación esencial

 Spanish vowels. Spanish has five basic vowels. They are always short, crisp, and tense without the glide sound as in the English words **go** or **may.** Read the description of each vowel sound below; then listen carefully and repeat the examples after your instructor.

a Spanish **a** is pronounced approximately like the **a** in **father.**

es profes**a**ra de esp**a**ñol
M**a**ría Elen**a** Mendoz**a** G**a**rcí**a**
M**a**ría Elen**a** Mendoz**a** G**a**rcí**a** es profes**a**ra de esp**a**ñol.

e Spanish **e** is pronounced approximately like the **e** in **bet.**

una prof**e**sora **e**xc**e**l**e**nt**e**
María **E**l**e**na **e**s
María **E**l**e**na **e**s una prof**e**sora **e**xc**e**l**e**nt**e**.

i/y The Spanish vowels **i** and **y** are pronounced approximately like the **i** in **machine.**

intel**i**gentes e **i**nteresantes
ha**y** qu**i**nce estud**i**antes
Ha**y** qu**i**nce estud**i**antes **i**ntel**i**gentes e **i**nteresantes.

o The Spanish **o** is pronounced approximately like the **o** of **soda.**

p**o**co a p**o**co
la lecci**ó**n, p**o**co a p**o**co
vam**o**s a c**o**menzar la lecci**ó**n
Vam**o**s a c**o**menzar la lecci**ó**n, *poco a poco*.

u Spanish **u** is pronounced approximately like the **u** in **tube.**

est**u**dio literat**u**ra
en **u**na **u**niversidad
Est**u**dio literat**u**ra en **u**na **u**niversidad.

Notas culturales

Meeting and Greeting Others

Being warm, friendly and affectionate are traits of Spanish- speaking cultures. In social situations, Spanish speakers would be more likely to exchange physical hellos and good-byes than would most English speakers. This is especially obvious in the various ways that Spanish speakers greet each other. For example, Hispanic men and women usually shake hands when greeting each other, **and** when saying good-bye. Simple handshakes, however, may not convey enough warmth among relatives and close friends. Men who know each other well often follow a handshake by a hug and several pats on the back.

Often, when close male friends have not seen each other for a long time, they give one another an *abrazo,* which is a hearty embrace accompanied by several slaps on the back. Hispanic teenage girls, adult women, and a male and female who are good friends often greet one another by placing their cheeks lightly together and kissing the air.

When being introduced in Hispanic countries, men and women always shake hands, and two young females or a young male and female may kiss lightly on the cheek. A nod of the head, a wave of the hand, or saying *¡Mucho gusto!* are not enough. In fact, if you do not shake hands when introduced to a Spanish speaker, he or she may think you are unfriendly or ill-mannered.

VOCABULARIO ÚTIL

Cómo saludar y conocer a la gente (How to greet and meet people)

In this section you will learn how to greet people and introduce yourself.

SITUACIONES FORMALES

—¡**Buenos días, señor!**	*Good morning, sir!*
—¡**Buenas tardes, señora!**	*Good afternoon, ma'am!*
—¡**Buenas noches, señorita!**	*Good evening, Miss!*
—¿**Cómo está usted?**	*How are you?*
—**Bien, gracias. ¿Y usted?**	*Fine, thank you. And you?*
—**Bastante bien, gracias.**	*Rather well, thank you.*
—¡**Hasta luego! (¡Hasta pronto!)**	*See you later! (See you soon!)*
—¡**Hasta mañana!**	*See you tomorrow!*
—¡**Buenas noches!**	*Good night!*
—¡**Adiós!**	*Good-bye!*

The following personal titles are used in formal interactions between people (note their abbreviations). There is no standard Spanish equivalent for **Ms.** Use *Srta.* or *Sra.*, as appropriate.

señor (Sr.)	*Mr., sir*		**señorita (Srta.)**	*Miss*
señora (Sra.)	*Mrs., ma'am*			

Some Spanish speakers use the titles *don* and *doña* when speaking or referring to a highly esteemed person. These two titles are used with the first name

of a man *(don)* or a woman *(doña)* to convey a feeling of affection and respect.

Adiós carries a more definitive sense of "good-bye" than does *hasta luego*. Use *adiós* when you do not expect to see the other person for a while.

SITUACIONES INFORMALES

—¡Hola! ¿Cómo te va?	*Hi! How's it going?*
—¡De lo más bien! ¿Y tú?	*Great! And you?*
—Regular.	*Okay.*
—¿Qué tal?	*How's everything?*
—Mucho mejor. ¿Cómo estás?	*Much better. How are you?*
—Más o menos.	*So-so.*
—¡Chao!	*Bye!*
—¡Nos vemos!	*See you!*

Notas Culturales

Addressing Others: tú *and* usted

When Spanish speakers address one person, they express the word **you** in one of two ways: *tú* or *usted*. Using these two words correctly follows complex sociolinguistic principles that are difficult to reduce to specific rules. The following guidelines, however, should be helpful to you.

Tú is an informal form of address. In general, you should use *tú* with someone with whom you are on a first-name basis. For example, Spanish speakers use *tú* when addressing a relative, a close friend, a

> person of the same age or social position, a classmate, a small child, and a pet. You will be using the *tú* form when speaking to a classmate while participating in the oral activities of **Poco a poco.**
>
> *Usted* (abbreviated *Ud.*) is a formal form of address. In general, you should use *usted* when speaking or writing to a person with a title such as *doctor, profesora,* and so forth. Spanish speakers use *usted* when addressing a stranger, an acquaintance other than a child, a person much older than themselves, and a person in a formal position such as a supervisor, a store clerk, or a police officer. When you are unsure about whether to use *tú* or *usted,* it is wiser to use *usted.*

¿Tú o usted? Would you use *tú* or *usted* with the following people?

1. Your Spanish instructor
2. Pablito, a boy from El Salvador who lives next door
3. Pablito's father, el señor Guzmán
4. Carmela, an exchange student from Buenos Aires, Argentina
5. Doctora González, a friend who is visiting your family
6. A clerk in a department store in Mexico City
7. Another student your own age who you met at a party last week

Practiquemos (Let's practice)

A **¡Hola!** *Estudiante A:* Cover your partner's role and begin speaking. *Estudiante B:* Cover your partner's role, respond to his or her questions and follow the suggestions for further conversation.

ESTUDIANTE A	ESTUDIANTE B
1. Buenos _____. (Buenas _____.) Me llamo _____. ¿Cómo te llamas?	2. Me llamo _____. ¿Cómo estás?
3. _____, gracias, ¿y tú?	4. _____.

B **¡Mucho gusto!** Meet other students in your class using the following conversation as a guide.

ESTUDIANTE A	ESTUDIANTE B
1. ¡Hola! Me llamo _____.	2. Me llamo _____.
3. ¡Mucho gusto, _____!	4. Igualmente.

C Una conversación final. Role play the following conversation.

1. Two people greet each other appropriately.
2. They introduce themselves.
3. Then they ask about each other's health.
4. Finally, they say good-bye appropriately.

Los números 0–99

In this section, you will learn the numbers 0–99 in Spanish. You can use them for counting, for understanding page numbers in class, for exchanging telephone numbers and addresses, and for saying your age.

0 **cero**	4 **cuatro**	8 **ocho**	12 **doce**
1 **uno**	5 **cinco**	9 **nueve**	13 **trece**
2 **dos**	6 **seis**	10 **diez**	14 **catorce**
3 **tres**	7 **siete**	11 **once**	15 **quince**

16 **dieciséis (diez y seis)**   23 **veintitrés (veinte y tres)**
17 **diecisiete (diez y siete)**   24 **veinticuatro (veinte y cuatro)**
18 **dieciocho (diez y ocho)**   25 **veinticinco (veinte y cinco)**
19 **diecinueve (diez y nueve)**   26 **veintiséis (veinte y seis)**
20 **veinte**   27 **veintisiete (veinte y siete)**
21 **veintiuno (veinte y uno)**   28 **veintiocho (veinte y ocho)**
22 **veintidós (veinte y dos)**   29 **veintinueve (veinte y nueve)**

	y uno	
30 **treinta**	y dos	
40 **cuarenta**	y tres	
50 **cincuenta**	y cuatro	**Ejemplos:** 45 *cuarenta y cinco*
60 **sesenta**	y cinco	76 *setenta y seis*
70 **setenta**	y seis	98 *noventa y ocho*
80 **ochenta**	y siete	
90 **noventa**	y ocho	
	y nueve	

Note: Numbers 16 to 19 and 21 to 29 can be written either as one word *(dieciséis)* or as three words *(diez y seis);* in most Spanish-speaking countries, the shortened form is now preferred.

Practiquemos

A En clase. Vamos a contar el número de estudiantes en nuestra clase.

Modelo: *Uno...dos...tres...*

B **Problemas de matemáticas.** Calcule estos problemas de matemáticas con otro(a) estudiante. **+ más   − menos**

Ejemplos: 2 + 2 = ? —*¿Cuánto es dos más dos?*
　　　　　　　　　　—*Cuatro.*
　　　　　　3 − 1 = ? —*¿Cuánto es tres menos uno?*
　　　　　　　　　　—*Dos.*

3 + 3 = ?	25 + 5 = ?
6 − 2 = ?	30 + 20 = ?
4 + 2 = ?	50 − 10 = ?
6 + 1 = ?	90 − 1 = ?
7 − 3 = ?	16 + 4 = ?
7 + 3 = ?	75 − 5 = ?
9 − 1 = ?	82 + 10 = ?
10 − 10 = ?	39 + 10 = ?

C **Información personal.** Converse con otro(a) estudiante.

1. María: *¿Cuál es tu número de teléfono?*
   Pablo: *238-4678 (dos, treinta y ocho...cuarenta y seis, setenta y ocho).**

   A: ¿Cuál es tu número de teléfono?
   B: _____. ¿Y el tuyo?
   A: _____.
   B: Muchas gracias.

2. Pablo: *¿Cuál es tu dirección?*
   María: *Camino Linda Vista, número 3547 (treinta y cinco cuarenta y siete), apartamento número 9 (nueve).*

   A: ¿Cuál es tu dirección?
   B: _____. ¿Y la tuya?
   A: _____.
   B: Muchas gracias.

3. María: *¿Cuántos años tienes?* (How old are you?)
   Pablo: *Veinte años. ¿Y tú?*
   María: *Diecinueve.*

   A: ¿Cuántos años tienes?
   B: _____. ¿Y tú?
   A: _____.
   B: Perdón, ¿cuántos?
   A: _____.

---

*Spanish speakers tend to pair numbers when saying telephone numbers; for example, here they would say the first number singly, then the rest of the numbers in pairs.

Vocabulario

Sustantivos

el abrazo *hug*
la ciudad *city*
la clase *class*
el español *Spanish (language)*
el (la) estudiante *student*
la gente *people*
la lección *lesson*
la lengua *language*
el libro *book*
el modelo *model*
el número *number*
el (la) profesor(a) *instructor, professor, teacher*
la sección *section*

Cómo saludar *How to greet people.*

¡Buenos días! *Good morning!*
¡Buenas noches! *Good evening!*
¡Buenas tardes! *Good afternoon!*
¿Cómo estás? *How are you? (informal)*
¿Cómo está usted? *How are you? (formal)*
¿Cómo te va? *How's it going? (informal)*
¡Hola! *Hi!*
¿Qué tal? *How's everything?*

Cómo contestar *How to respond.*

Bastante bien, gracias. *Rather well, thank you.*
Bien, gracias. ¿Y usted? *Fine, thank you. And you?*
Bien. ¿Y tú? *Fine. And you?*
¡De lo más bien! *Great!*
Más o menos. *So-so.*
Mucho mejor. *Much better.*
¡Muy bien! *Great!*
Regular. *Okay, fair*

Cómo despedirse
How to say good-bye

¡Adiós! *Good-bye!*
¡Buenas noches! *Good night!*
¡Chao! *Bye!*
¡Hasta luego! *See you later!*
¡Hasta mañana! *See you tomorrow!*
¡Hasta pronto! *See you soon!*
¡Nos vemos! *See you!*

Cómo presentarse
How to introduce oneself

¿Cómo se llama usted? *What's your name? (formal)*
¿Cómo te llamas? *What's your name? (informal)*
Me llamo... *My name is...*
El gusto es mío. *My pleasure.*
¡Mucho gusto! *Nice to meet you.*
Igualmente. *Nice meeting you too.*
Para servirle. *At your service.*

Títulos personales

señor (Sr.) *Mr., sir*
señora (Sra.) *Mrs., ma'am*
señorita (Srta.) *Miss*

Los números

cero *zero*
uno *one*
dos *two*
tres *three*
cuatro *four*
cinco *five*
seis *six*
siete *seven*
ocho *eight*
nueve *nine*
diez *ten*
once *eleven*
doce *twelve*
trece *thirteen*
catorce *fourteen*
quince *fifteen*
dieciséis (diez y seis) *sixteen*
diecisiete (diez y siete) *seventeen*
dieciocho (diez y ocho) *eighteen*
diecinueve (diez y nueve) *nineteen*
veinte *twenty*
treinta *thirty*
cuarenta *forty*
cincuenta *fifty*
sesenta *sixty*
setenta *seventy*
ochenta *eighty*
noventa *ninety*

Expresiones idiomáticas

¿Cuántos años tienes? *How old are you? (informal)*
poco a poco *little by little*
por favor *please*

PASO 1

Entre amigos

SETTING: México

We meet Carlos Suárez and Anita Camacho who are students at the Universidad Nacional Autónoma de México (UNAM). They meet each other in their English class and soon become good friends. In a letter to her American pen pal, Anita describes Carlos and herself, and she invites her friend to visit Mexico City.

LECCIÓN 1

¡Hola! ¿Qué tal?

COMMUNICATIVE GOALS The students will begin to get acquainted with people by exchanging some basic information about themselves.

LANGUAGE FUNCTIONS Exchanging personal information ♦ Describing people and things

VOCABULARY THEMES Personal acquaintances ♦ Adjectives describing people

GRAMMATICAL STRUCTURES Subject pronouns with *ser; hay* ♦ Definite and indefinite articles ♦ Number and adjective agreement

PRONUNCIATION FOCUS Word stress ♦ Diphthongs and triphthongs ♦ Linking words

CULTURAL INFORMATION Conversational customs

Antes que nada

As you already know, your ability to recognize cognates helps you to understand Spanish. You can recognize the meaning of many other words by learning the following Spanish prefixes and suffixes and their English equivalents.

SPANISH	ENGLISH	EXAMPLES
mono-	mono- (one)	**mono**lingüe, **mono**polio, **monó**grafo
bi-	bi- (two)	**bi**lingüe, **bi**cicleta, **bi**mestre
tri-	tri- (three)	**tri**lingüe, **tri**ángulo, **tri**gonometría
des-	des-, dis-	**des**obediente, **des**orden, **des**interés
es-	s-	**es**tudiante, **es**pecial, **es**pañol, **Es**paña
f-	ph-	**f**ilosofía, **f**otografía, **f**oto, telé**f**ono
im-	im-	**im**posible, **im**paciente, **im**portante
in-	in-	**in**creíble, **in**tensa, **in**teligente
ir-	ir-	**ir**responsable, **ir**ritable, **ir**racional
-ismo	-ism	tur**ismo**, capital**ismo**, comun**ismo**
-ista	-ist	tur**ista**, dent**ista**, especial**ista**
-mente	-ly	especial**mente**, apropiada**mente**
-dad, -tad	-ty	oportuni**dad**, ciu**dad**, liber**tad**
-ado, -ada	-ed	ocup**ado**, motiz**ado**, divorci**ada**
-ero, -era	-er	ingeni**ero**, carr**era**, carpint**era**
-ico, -ica	-ic	hispán**ico**, magníf**ico**, mecán**ica**
-io, -ia	-y	laborator**io**, famil**ia**, econom**ía**
-ivo, -iva	-ive	intens**ivo**, progres**iva**, exces**iva**
-or, -ora	-er, -or	profes**or**, aut**ora**, programad**ora**
-oso, -osa	-ous	maravill**oso**, gener**oso**, fabul**osa**
-ción, -sión	-tion, -sion	conversa**ción**, ac**ción**, televi**sión**

Use the affixes above to help you understand the meaning of the advertisement on page 18, then check your comprehension of it.

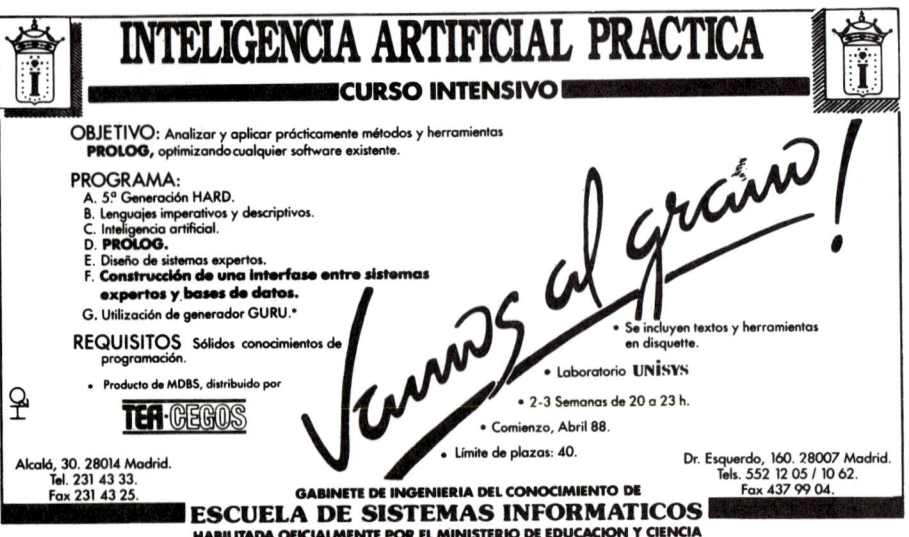

¿Comprendió Ud.?

1. What is this advertisement about?
2. Where are these two schools located? Write the address of each one.
3. If you wanted more information about the school(s), what number would you call?
4. What are the English equivalents for the following words?

   a. *escuela*   d. *existente*   g. *abril*
   b. *métodos*   e. *laboratorio*   h. *producto*
   c. *ministerio* f. *requisitos*   i. *construcción*

5. Write the Spanish equivalents for the following words and phrases.

   a. officially   c. design by system experts
   b. practically   d. solid knowledge of programming

EN CONTEXTO

I live / brothers
tall / handsome

¡Hola! ¿Qué tal? Me llamo Anita Guadalupe Camacho Ortega. Tengo diecinueve años. Vivo° con mi padre, madre y dos hermanos° en Colonia del Valle.[1] Mi papá es dentista, tiene cuarenta y nueve años, es alto° y guapo.° Mi mamá es intérprete del Ministro de Turismo de México. Ella tiene cuarenta y dos años y

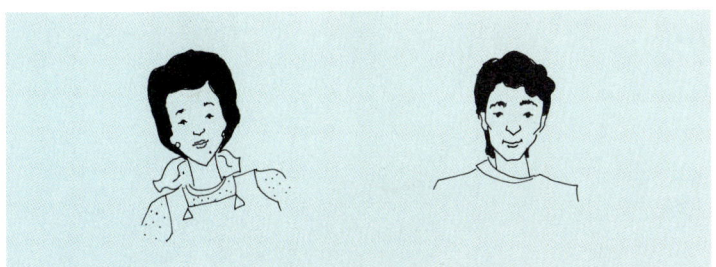

like

German

sister / widow

ciencia de computadoras
the best

es trilingüe: habla español, francés e inglés.² Mis hermanos se llaman José y Jorge; José tiene doce años y Jorge tiene quince. Son altos y guapos como° mi papá.

Soy estudiante de la Universidad Nacional Autónoma de México (UNAM).³ La UNAM es una universidad maravillosa. Es como una ciudad enorme con muchos estudiantes, profesores y vehículos motorizados. En la UNAM estudio turismo, psicología, inglés y alemán.° Estudio en el turno matutino. ¡Hasta luego!

¡Hola! ¿Cómo te va? Mi nombre es Carlos Javier Suárez Martínez. Soy mexicano y tengo veinte años. Vivo en un apartamento en la Colonia Roma con mi mamá y mi hermana° Teresita. Mi mamá tiene cuarenta años y es viuda.° Teresita tiene ocho años y es muy inteligente.

Soy estudiante en la UNAM en el turno matutino. Estudio inglés, física, cálculo y computación°. En la UNAM hay muchos estudiantes de diferentes nacionalidades. En mi opinión, los profesores de la UNAM son los mejores° de México. ¡Hasta pronto!

Notas de texto

1. Mexico City is divided up into neighborhoods called *colonias*. In other areas of the Spanish-speaking world, the word for *colonia* may be *zona, barrio, sector* or *comuna,* depending on the country.

2. The conjunction *y* (and) becomes **e** before a word beginning with **i** or **hi**. *(Comprendo español e inglés. Estudio literatura e historia).* The conjunction *o* (or) becomes **u** before a word beginning with **o** or **ho.** *(¿Tu nombre es Omar u Óscar? ¿Practica Ud. tenis u hockey?)* Both these changes occur for pronunciation reasons.

3. *La Universidad Nacional Autónoma de México (la UNAM),* located in Mexico City, is one of the largest universities in Latin America with a student population of over 350,000 students who attend classes in buildings located in different areas of the city. The UNAM is a *Ciudad Universitaria* which has large parking lots, many bus stops, and even its own subway station. The UNAM operates on two shifts called *turnos.* The morning session *(turno matutino)* starts at 7:00 a.m. and the evening session *(turno vespertino)* begins at 5:00 p.m.

La Universidad Autónoma de México (UNAM) es una de las universidades más grandes de Latinoamérica con más de 350.000 estudiantes.

¿Comprendió Ud.?

Who would say the following statements: Anita, Carlos, or Anita and Carlos?

1. Mi papá y mi mamá son profesionales.
2. Mis hermanos son estudiantes también.
3. En mi opinión, las matemáticas son fascinantes.
4. Vivo en la capital de la República Mexicana.
5. Es muy interesante estudiar lenguas.
6. Mi hermana y yo somos estudiantes.
7. Soy estudiante de la famosa UNAM.
8. Mi papá es una persona maravillosa.
9. Tengo clases en el turno matutino.
10. Tengo una hermana inteligente.

Pronunciación esencial

Word stress. A syllable is a sound made up of one or more letters; for example, the word *padre* has two syllables: *pa - dre*. Word stress refers to the syllable that receives the strongest voice pronunciation in a word; for example, in the word *padre,* the syllable *pa* is stressed. Spanish has three simple rules for stressing words correctly.

1. Words ending in a vowel or in **n** or **s** are stressed on the next-to-the-last syllable.

   Me **lla**mo A**ni**ta Guada**lu**pe Ca**ma**cho Or**te**ga.

   Vivo en **u**na co**lo**nia bo**ni**ta con mis **pa**dres.

   En mi fa**mi**lia **so**mos **cin**co; **ten**go dos her**ma**nos.

   A**ho**ra es**tu**dio tu**ris**mo y tres **len**guas.

2. Words ending in a consonant other than **n** or **s** are stressed on the last syllable.

   La UNAM es una universi**dad** nacio**nal.**

   La universi**dad** está en la Ciu**dad** de México.

   Mi profe**sor** de espa**ñol** es muy conserva**dor.**

3. Other words have a written accent mark over their stressed vowel.

   Anita estudia in**glés**, fran**cés** y ale**mán** en la Ciudad de **Mé**xico.

   Carlos estudia in**glés**, **fí**sica, **cál**culo y computa**ción** en **Mé**xico.

Diphthongs and triphthongs. Spanish has open and closed vowels; these terms refer to how much the mouth is open or closed when pronouncing them. When an open vowel (**a, e, o**) and a closed vowel (**i, y, u**) come together, they usually form one syllable called a **diphthong** (e.g., *Suárez*); when an open vowel comes between two closed vowels, a **triphthong** (e.g., *Uruguay*) is formed.

Carlos S**uá**rez es estud**ia**nte.	Anita no estud**ia** en el Parag**uay**.
T**ie**ne ve**in**te años.	Ella no estud**ia** b**io**logía ni c**ie**ncias.
Estud**ia** computa**ción**.	Anita estud**ia** leng**ua**s en la UNAM.

Linking words. Spanish speakers do not pronounce words as isolated elements. Instead, they link words together without interrupting the flow. A consonant at the end of a word is joined with the vowel that begins the following word. Vowels can blend together, too. In the following phrases and sentences, the stressed syllables are underlined in parentheses.

1. Linking vowels

   ¿Qué‿estudias aquí? (¿qu<u>és</u>-<u>tú</u>-dia-sa-qu<u>í</u>?)

   aquí‿en la‿universidad (a-<u>quíen</u>-lau-ni-ver-si-<u>dad</u>)

   ¿Qué estudias aquí en la universidad? (¿qu<u>és</u>-<u>tú</u>-dia-sa-<u>quíen</u>-lau-ni-ver-si-<u>dad</u>?)

2. Linking consonants with vowels

   Carlos‿es‿estudiante. (<u>Car</u>-lo-ses-tu-<u>dian</u>-te)

   El‿inglés‿es difícil. (e-lin-<u>glé</u>-ses-di-<u>fí</u>-cil)

Vocabulario útil

Cómo describir

In this section you will learn to describe people you know.

La gente

MASCULINO		FEMENINA	
el hombre	man / woman	la mujer	
el padre *el papá*	father / mother	la madre *la mamá*	
el esposo	husband / wife	la esposa	
el niño	boy / girl	la niña	
el chico	boy / girl	la chica	
el hermano	brother / sister	la hermana	
el novio	boyfriend / girlfriend	la novia	
el amigo	friend	la amiga	
el profesor	instructor	la profesora	
el compañero de clase	classmate	la compañera de clase	
el compañero de cuarto	roommate	la compañera de cuarto	

La personalidad

alegre, feliz	cheerful, happy	triste	sad
bueno(a)*	good	malo(a)	bad
divertido(a)	funny	aburrido(a)	boring
generoso(a)	generous	tacaño(a)	stingy
inteligente	intelligent, smart	tonto(a)	stupid, foolish
rico(a)	rich	pobre	poor
simpático(a)	nice, agreeable	antipático(a)	nasty, disagreeable
trabajador(a)	hardworking	perezoso(a)	lazy
conservador(a)	conservative	liberal	liberal

---

*Adjectives ending in **-o** refer to males, and adjectives ending in **-a** refer to females (indicated in parentheses); adjectives ending in other letters can refer to both males and females. Adjective agreement will be explained formally later in this lesson.

Las características físicas

alto(a)   **bajo(a)**   **delgado(a)**   **gordo(a)**

feo(a)

joven   **viejo(a), anciano(a)**   **bonito(a)**   **guapo(a)**

El estado civil *(marital status)*

soltero(a) *single*   **divorciado(a)** *divorced*
casado(a) *married*   **viudo(a)** *widowed*

La nacionalidad / la ciudadanía *(citizenship)*

alemán (alemana)	*German*	**ecuatoriano(a)**	*Ecuadoran*
árabe	*Arab*	**español(a)**	*Spanish*
argentino(a)	*Argentinian*	**francés (francesa)**	*French*
boliviano(a)	*Bolivian*	**guatemalteco(a)**	*Guatemalan*
canadiense	*Canadian*	**hondureño(a)**	*Honduran*
colombiano(a)	*Colombian*	**inglés (inglesa)**	*English, British*
costarricense	*Costa Rican*	**japonés (japonesa)**	*Japanese*
cubano(a)	*Cuban*	**mexicano(a)**	*Mexican*
chileno(a)	*Chilean*	**nicaragüense**	*Nicaraguan*
chino(a)	*Chinese*	**norteamericano(a)**	*American*

panameño(a)	*Panamanian*	**salvadoreño(a)**	*Salvadoran*
paraguayo(a)	*Paraguayan*	**uruguayo(a)**	*Uruguayan*
peruano(a)	*Peruvian*	**venezolano(a)**	*Venezuelan*
puertorriqueño(a)	*Puerto Rican*		

Practiquemos

A **Descripciones.** Converse con un(a) compañero(a) de clase. Use los adjetivos de personalidad y de características físicas en las páginas 22 y 23.

¡Cuidado! The word *no* is placed before the verb to make a sentence negative.

Ejemplos: (hombre) Soy *generoso*, pero no soy rico.
(mujer) Soy *delgada*, pero no soy fea.

1. Estudiante A: Soy..., pero no soy... ¿Y tú?
2. Estudiante B: Soy..., pero no soy...

B **Mi familia.** Converse con otro(a) estudiante.

Ejemplos: Mi padre es alto y guapo, pero es un poco perezoso.
Mi madre es bonita y joven, pero es un poco tacaña.

1. Mi padre es _____ y _____, pero es un poco _____.
2. Mi madre es _____ y _____, pero es un poco _____.
3. Mi hermano es _____ y _____, pero es un poco _____.
4. Mi hermana es _____ y _____, pero es un poco _____.

C **Nacionalidades.** Converse con un(a) compañero(a) de clase.

Ejemplo: Me llamo Joan Walsh. Mi padre es francés y mi madre es italiana. Soy francesa-italiana.

1. Me llamo _____. Mi padre es _____ y mi madre es _____. Soy _____.
2. Mi amigo (amiga) se llama _____. El padre de mi amigo (amiga) es _____. La madre de mi amigo (amiga) es _____. Mi amigo (amiga) es _____.

GRAMÁTICA FUNCIONAL

In this section you will learn how to ask for and give personal information.

—Hola, ¿eres estudiante aquí?
—Sí, estudio medicina veterinaria. ¿Y tú?
—Estudio matemáticas. Eres mexicana, ¿no?
—Sí, soy de Guadalajara.

Subject Pronouns and the Present Tense of ser

A subject pronoun identifies who does the action of a verb. Listed below are the Spanish subject pronouns along with the present tense verb forms of *ser* (to be).

I	**yo**	**soy**	—**Soy** María Gómez. **Soy** de México.
you	**tú**	**eres**	—**Eres** de Guadalajara, ¿no?
you *he* *she*	**usted** **él** **ella**	**es**	—¿**Es** usted profesora, señorita? —Sí. Carlos **es** profesor también, pero Marta no; ella **es** arquitecta.
we *we*	**nosotros** **nosotras**	**somos**	—**Somos** del Distrito Federal. —Y nosotras **somos** de Guatemala.
you *you*	**vosotros** **vosotras**	**sois**	—Alicia y Regina, ¿de dónde **sois**? —De Madrid. ¿**Sois** de España también?
you *they* *they*	**ustedes** **ellos** **ellas**	**son**	—Ustedes **son** de muchas naciones. —Sí, Memo y Josefina **son** peruanos y Juana y mi amiga Ana **son** argentinas.

A. How to use subject pronouns

1. In Latin America, *ustedes* is the plural form for both *tú* and *usted*. In most of Spain, the plural form of *tú* is *vosotros* (referring to males only or to a mixed group of males and females) and *vosotras* (referring to females only).

2. *Ellos* can refer to males or to a group of males and females; *ellas* refers to a group of females only.

3. Because Spanish verb endings already indicate the subject of a sentence, subject pronouns (e.g., *yo, tú, usted, él, ella*) are used less often than in English. However, Spanish speakers do use subject pronouns to clarify or to emphasize the subject of a sentence.

   —Perdón, ¿son ustedes mexicanos?
   —No, señor. Somos de América Central. **Ella** es de Nicaragua, **él** es de Costa Rica y **yo** soy de Panamá.

B. How to use *ser*

The verb *ser* is used to communicate several language functions.

1. To indicate where people are from

   —¿De dónde **es** usted, señora?
   —**Soy** de Nueva York. ¿Y ustedes?
   —**Somos** de Miami, Florida.

2. To express nationality and citizenship

   —¿**Es** usted norteamericana?
   —No, **soy** canadiense. ¿Cuál **es** su nacionalidad?
   —**Soy** francesa-italiana.

3. To indicate marital status

   —¿**Eres** casado?
   —No, **soy** viudo.

4. To state professions and occupations

   —¿**Es** usted profesor?
   —No, **soy** estudiante.*

---

*When using a form of *ser* with a profession, omit the article, unless you use an adjective to describe the profession.
—¿Es usted estudiante?   **But:**   —¿Es usted **un** estudiante **argentino**?
—No, soy profesor.   —No, soy **un** profesor **chileno**.

The Verb Form hay

An important Spanish verb form is *hay*, which means **there is** and **there are**. Use *hay* to indicate the existence of people, places, and things; *hay* may be followed by a singular or plural noun. It is a special invariable form of the verb *haber*.

—¿Cuántas personas **hay** en tu clase?
—**Hay** una profesora y quince estudiantes.

Manos a la obra (Let's get to work)

A **¿De dónde son?**   Use formas apropiadas del verbo **ser**.

Modelo: María Mendoza > México   *María Mendoza es de México.*

1. María, tú... > del Distrito Federal
2. los estudiantes de María > los Estados Unidos
3. ellos y yo > los Estados Unidos
4. una profesora de María > Madrid, España
5. vosotros > Barcelona
6. y yo > ...

B **En mi opinión...**   Converse con otro(a) estudiante.

Ejemplo: *Mi papá y mi mamá son guapos.*

mi papá y mi mamá		simpáticos / divertidos / guapos
mi hermano y yo	(ser)	trabajadores / perezosos / altos
mis profesores		generosos / liberales / aburridos
mis compañeros de clase		jóvenes / alegres / inteligentes

C **¡Hola!**   Imagine that you are writing to a pen pal in Mexico. Write a short description of yourself in Spanish, including where you are from, your nationality and citizenship, your age, your marital status, your physical appearance, and your personality.

Charlemos (Let's chat)

A **Dos amigos(as).**   Charle con un(a) compañero(a) de clase.

ESTUDIANTE A

1. ¡Hola! Me llamo ____.
3. ____ ¿De dónde eres?
5. ____. ¿ ____ estudiante?

ESTUDIANTE B

2. Me llamo ____. ¡Mucho gusto!
4. Soy de ____. ¿Y tú?

ESTUDIANTE A

7. ¿Sí? También ____ estudiante de español.
9. ¡Sí! Perdón, ¿____ soltero(a) o casado(a)?
11. ____. ¿Cuántos años tienes?
13. ____.

ESTUDIANTE B

6. Sí. Estudio español.
8. Tú y yo ____ estudiantes trabajadores, ¿no?
10. Soy ____. ¿Y tú?
12. ¿Yo? Tengo ____. ¿Y tú?
14. Ah, ¿sí? ¡Tú ____ muy joven!

B **¿Hay o no hay?** Exprese sus opiniones a un(a) compañero(a) de clase.

1. En mi universidad (politécnico) hay (no hay). . .

    a. profesores alemanes (chinos / árabes).

    b. clases interesantes (buenas / aburridas).

    c. estudiantes antipáticos (tontos / liberales).

2. En mi clase de español hay (no hay). . .

    a. hombres guapos (jóvenes / solteros).

    b. estudiantes bonitas (perezosas, divertidas).

    c. exámenes un poco difíciles (muy difíciles).

C **Otra conversación.** Converse con otro(a) compañero(a) de clase.

1. Greet each other appropriately.
2. Introduce yourselves and shake hands.
3. Ask about each other's nationality.
4. Find out one another's marital status.

NOTAS CULTURALES

Conversational Customs

Because Spain and Latin America are represented by a variety of peoples, each country has its own traditions. Some generalizations can be made, however, about conversational courtesies and customs common to nearly all Spanish-speaking countries.

Icebreakers. The type of courteous questions that Spaniards and Latin Americans ask to begin conversation differ from those that English-speaking people ask. In Spanish-speaking countries, a good icebreaker would be to compliment a person's country, town, house or family and to ask a few general questions about it. In most cases, it is wise to avoid political and economic comparisons of countries especially in initial conversations with Hispanics.

Conversational distance. It is important to greet Spanish speakers before beginning a conversation with them. During a conversation, Spanish speakers tend to stand closer to one another than English speakers. As a result, an English speaker's reaction may be to back away to reach a comfortable speaking distance. However, the Spanish speaker will probably react by stepping forward to regain his or her own preferred conversational distance.

Eye contact and touching. For a Spanish speaker, direct eye contact during conversation indicates interest and sincerity. Often, a Spanish speaker may touch the arm, shoulder or lapel of a friend during a conversation. It is not uncommon for women to walk arm in arm, especially mothers and daughters, and teenage girls who are close friends. It is also socially acceptable for a young man to put his arm or hand around the shoulder of a male friend as they walk along and talk.

Body language. English speakers should also try to engage in other customs while speaking to Hispanics. For example, legs may be crossed with one knee above the other, but placing one ankle on the other knee is inappropriate in most countries. Legs and feet should remain on the floor; while sitting, it is considered rude to put them on other objects such as a chair or coffee table. Objects should be handed rather than tossed to other people. Men usually do not walk with hands on their hips or in their pockets.

Spanish-speaking people are generally very tolerant of the culturally inappropriate behavior of visitors. Nevertheless, an English-speaking visitor is more likely to be accepted socially if he or she tries to engage in the conversational customs described above.

ESTUDIANTE:

Escriba una conversación entre estas dos personas.

GRAMÁTICA FUNCIONAL

In this section you will learn to identify and describe people and things familiar to you.

—¡Julieta, mi Julieta!
¡Eres fascinante!
¡Eres fabulosa! ¡Eres fantástica!
—¡Romeo, mi Romeo! ¡Eres
muy dramático!

Agreement with Definite and Indefinite Articles

A noun names a person (Anita), a place (*ciudad*), a thing (*vehículo*), or a concept (*arte*). In Spanish, all nouns are classified as having a **gender**—either masculine or feminine.* A noun is often used together with a definite article: *el, la, los, las* (the), or with an indefinite article: *un, una* (a, an), *unos, unas* (some).

A. How to determine gender

1. In Spanish, nouns referring to males and most nouns ending in **-o** are masculine. Nouns referring to females and most nouns ending in **-a** are feminine. Definite and indefinite articles must match the gender (masculine or feminine) of their nouns.

MASCULINE	FEMININE
el (un) profesor	**la (una)** profesor**a**
el (un) libr**o**	**la (una)** págin**a**

---

*Spanish speakers do not consider nouns as being male or female (except when referring to people or animals), so "masculine" and "feminine" are simply labels for classifying nouns. When you learn a noun, it is very important to remember its gender in order to communicate accurately. With practice, you will develop a "feel" for the gender of nouns in Spanish.

2. Most nouns ending in **-l** or **-r** are masculine, and most nouns ending in **-d** and **-ión** are feminine.

MASCULINE	FEMININE
el (un) pape**l**	**la (una)** ciuda**d**
el (un) seño**r**	**la (una)** lecc**ión**

3. Try to learn the gender of other nouns that either have no rules for gender or that are exceptions to the rules stated above. One way to do this is to learn definite articles and nouns together; for example, *el nombre, el día, el problema, la clase* and *la mano* (hand).

B. How to make nouns plural

In Spanish, all nouns are either singular or plural. Definite and indefinite articles must match the gender as well as the number of their nouns.

1. Add **-s** to nouns ending in a vowel **(a, e, o)**. Otherwise, add **-es**.

SINGULAR	PLURAL
la (una) pregunta	**las (unas)** pregunta**s**
la (una) clase	**las (unas)** clase**s**
el (un) ejemplo	**los (unos)** ejemplo**s**
el (un) papel	**los (unos)** papel**es**
la (una) ciudad	**las (unas)** ciudad**es**

2. Nouns ending in **-án, -és** or **-ión,** drop the accent before adding **-es**.

el (un) alem**án**	el (un) japon**és**	la (una) lecc**ión**
los (unos) alem**anes**	los (unos) japon**eses**	las (unas) lecc**iones**

3. A final **z** becomes **-ces** in the plural.

el (un) lápi**z**	la (una) actri**z**
los (unos) lápi**ces**	las (unas) actri**ces**

C. How to use definite articles

1. Use a definite article to express generalities and to single out a specific person, place or thing.

   Los exámenes son difíciles en la UNAM.   *Tests are difficult at the UNAM.*

2. Use a definite article with people's titles except when addressing the person directly.

   El profesor Vargas es alto.   *But:* Buenas tardes, **profesor Vargas**.
   La doctora López es inteligente.   *But:* **Doctora López**, ¿cómo está Ud.?

3. In Spanish, *de* and *el* contract to form *del;* *a* and *el* contract to form *al.*

Vamos **al** laboratorio ahora. *But:* Vamos **a la** sala de clase ahora.
El papá **del** joven es rico. *But:* La mamá **de los** niños es pobre.

Agreement with Adjectives

Adjectives describe nouns or pronouns. Spanish adjectives have more than one form because they must match the gender (masculine or feminine) and number (singular or plural) of the noun or pronoun they describe.

A. How to form descriptive adjectives

1. Adjectives ending in **-o** and **-dor** have four forms, indicating gender and number.

	SINGULAR	PLURAL
MASCULINE	amigo generos**o**	amigos generos**os**
FEMININE	amiga generos**a**	amigas generos**as**
MASCULINE	amigo trabaja**dor**	amigos trabaja**dores**
FEMININE	amiga trabaja**dora**	amigas trabaja**doras**

2. Most adjectives not ending in **-o** or **-dor** have only two forms, singular and plural.

SINGULAR	PLURAL
amigo (amiga) inteligente	amigos (amigas) inteligentes

3. Most adjectives of nationality have four forms.

SINGULAR	PLURAL
amigo español	amigos español**es**
amiga español**a**	amigas español**as**

B. Where to place descriptive adjectives

1. Adjectives of **quality** usually follow the nouns they describe, as you have seen in the examples above.
2. Adjectives of **quantity** precede the nouns they describe, as in English.

—¿**Cuántos estudiantes** hay? *How many students are there?*
—Veinte. Hay **muchas mujeres** pero hay **pocos hombres**. *Twenty. There are lots of women but there are few men.*
—¿Tienes **otro lápiz**, Ana? *Do you have another pencil, Ana?*
—No, pero tengo **una pluma**. *No, but I have a fountain pen.*

Manos a la obra

A **Asociaciones.** Student A says the definite article *(el, la, los, las)* with each word below, and Student B changes the words to their plural form.

Ejemplo: libro
Estudiante A: el libro
Estudiante B: los libros

1. amiga
2. lápiz
3. profesor
4. novio
5. mujer
6. lección
7. día
8. clase
9. fiesta
10. hombre
11. profesora
12. universidad

Now Student B says the indefinite article *(un, una, unos, unas)* with each word above, and Student A changes the words to their plural form.

Ejemplo: libro
Estudiante B: un libro
Estudiante A: unos libros

B **Conversación con el Dr. Ramos.** Act out the following conversation with another student, using definite articles and contractions appropriately.

A: —¿Cómo van (los) estudios, (la) señorita Bramer?
B: —Muy, muy bien, gracias, (el) doctor Ramos, con (la) excepción de mi clase de español. Para mí, (el) español es un poco difícil.
A: —Pero (la) profesora Mendoza es buena, ¿verdad?
B: —Sí, muy buena, y (los) textos de español son interesantes, pero (los) exámenes de (la) profesora Mendoza son difíciles. Para mí, (las) ciencias son más fáciles que (las) lenguas. Con permiso, (el) profesor. Tengo una clase ahora. Adiós, (el) profesor. Nos vemos (la) mañana en (la) clase de física.
A: —Hasta (el) luego, (la) señorita Bramer.

C **Dos familias.** Complete the following paragraphs using the adjectives in the list below. Be sure to use appropriate adjective endings.

| trilingüe | guapo | mexicano | rico | generoso |
| perezoso | tonto | triste | alto | inteligente |

Anita Camacho vive en México con su familia; ellos son _____. Anita estudia dos lenguas; es _____. Ella estudia mucho; no es _____. Anita tiene dos hermanos que son _____ y _____ como su padre. La madre de Anita es _____; habla tres lenguas perfectamente bien.

Carlos Suárez es _____ también. La mamá de Carlos no es _____, pero es muy _____. Ella es viuda; es una situación _____, ¿no? La hermana de Carlos se llama Teresita; ella no es _____ porque estudia sus lecciones.

D **Una persona especial.** Write a short paragraph describing a person you know or would like to know. Use adjectives you learned in this lesson. Then share your paragraph with a classmate.

Ejemplos: Mi novio es alto y guapo, pero no es muy trabajador...etc.
Bill Cosby es simpático, divertido ...etc.

Charlemos

A **Información personal.** Complete these conversations with a classmate, using appropriate forms of the words in the right-hand column.

A: Vivo en una ciudad _____. ¿Y tú?   feo/pobre
B: Vivo en *(name city or town)*, pero no es   bueno/viejo
_____.   bonito/aburrido
A: Pero es _____.

A: Tengo un auto (una bicicleta/una   alemán
   motocicleta) _____.   francés
B: Ah, ¿sí? Tengo (una bicicleta/una motoci-   japonés
   cleta) _____.   norteamericano
A: ¿Es bonito(a) o feo(a)?
B: Es (muy) _____.

B **Opiniones personales.** Pregúntele *(Ask)* a un(a) compañero(a) de clase.

1. ¿Eres norteamericano(a) o canadiense? ¿De dónde eres?
2. ¿Eres soltero(a), casado(a), divorciado(a) o viudo(a)?
3. ¿Eres profesor(a) o estudiante?
4. ¿Eres estudiante de inglés, español o francés?
5. ¿Eres un(a) estudiante trabajador(a) o perezoso(a)?
6. En nuestra clase, ¿eres un(a) estudiante bueno(a) o malo(a)?
7. ¿Es nuestra universidad bonita o fea? ¿Es conservadora o liberal?
8. Y los profesores, ¿son conservadores o liberales?

Un poco más

 ### ¡Escuche!

Your instructor is going to play a tape recording of two students meeting for the first time. Listen carefully and write down where they are from, what class they are taking, and some information about their roommates.

	ALBERTO	ALEJANDRA
country:	_____	_____
class:	_____	_____
name of roommate:	_____	_____
a characteristic of roommate:	_____	_____

Perspectivas

¡VAMOS A HABLAR CON LAS MANOS!

Los españoles y los latinoamericanos usan muchos gestos con las manos cuando hablan. Por ejemplo, hay gestos para expresar "Tacaño", "¡Cuidado!" y "¡Un momento!". Es posible tener una breve conversación con las manos, ¿no?

¡No!

Vamos a beber.

Un momento.

Dinero

¡Cuidado!

¡Fantástico!

¡Estás loco!

Tacaño

Los turistas de los Estados Unidos, Inglaterra, Australia y el Canadá necesitan tener mucho cuidado con los gestos cuando visitan España o Latinoamérica. ¿Por qué? Porque todos los gestos no son iguales en todas las culturas. Por ejemplo, los norteamericanos usan algunos gestos que no tienen equivalentes en la cultura hispánica. Y otros gestos son incorrectos en otras culturas. Por ejemplo, el gesto norteamericano para "OK" es muy malo en algunos países.

¿Comprendió Ud.?   Indique **Sí** o **No**.

1. Es importante comprender los gestos cuando se visita España o Latinoamérica.
2. No es posible tener una breve conversación con el uso de los gestos hispánicos.
3. El gesto para "OK" usado en los Estados Unidos tiene el mismo significado *(meaning)* en México, América Central, Sudamérica y España.
4. Los hispanos tienen gestos para expresar una variedad de conceptos.
5. Los gestos norteamericanos y canadienses son iguales que los gestos hispánicos.

¡Escriba!

Write a short letter to a classmate you don't know well.

In your letter, ...

1. write an appropriate greeting, then introduce yourself.
2. state your age.
3. say where you live and include your address and phone number.
4. briefly describe yourself, your parents, your brothers and sisters, your instructors, classmates, and friends.
5. end with an appropriate leave-taking expression.

Situaciones

Role play the following situations in Spanish with a classmate.

ESTUDIANTE A	ESTUDIANTE B
1. Greet your classmate.	2. Answer appropriately, then ask how he or she is.
3. Respond, then ask the same question.	4. Answer the question, then introduce yourself.

5. Respond appropriately, then introduce yourself.
6. Respond. Then ask your friend where he or she is from.
7. Answer, then ask the same question.
8. Respond, then say where you live and describe the people you live with.
9. Acknowledge the comments, then say something about the people you live with.
10. Find out your friend's age and marital status.
11. Answer the questions, if you wish. Then ask the same questions.
12. Answer the questions, if you think they aren't too personal.

Vocabulario

Sustantivos

la computación *computer science*
la mano *hand*

La gente

el (la) amigo(a) *friend*
el (la) compañero(a) de clase *classmate*
el (la) compañero(a) de cuarto *roommate*
el chico *boy*
la chica *girl*
la hermana *sister*
el hermano *brother*
el hombre *man*
la madre *mother*
la niña *girl*
el niño *boy*
la mujer *woman*
la novia *girlfriend*
el novio *boyfriend*
el padre *father*

La nacionalidad / la ciudadanía

alemán (alemana) *German*
árabe *Arab*
argentino(a) *Argentinian*
boliviano(a) *Bolivian*
canadiense *Canadian*
colombiano(a) *Colombian*
costarricense *Costa Rican*
cubano(a) *Cuban*
chileno(a) *Chilean*
chino(a) *Chinese*
ecuatoriano(a) *Ecuadoran*
español(a) *Spanish*
francés (francesa) *French*
guatemalteco(a) *Guatemalan*
hondureño(a) *Honduran*
inglés (inglesa) *English, British*
japonés (japonesa) *Japanese*
mexicano(a) *Mexican*
nicaragüense *Nicaraguan*
norteamericano(a) *American*
panameño(a) *Panamanian*
paraguayo(a) *Paraguayan*
peruano(a) *Peruvian*
puertorriqueño(a) *Puerto Rican*
salvadoreño(a) *Salvadoran*
uruguayo(a) *Uruguayan*
venezolano(a) *Venezuelan*

La personalidad

aburrido(a) *boring*
alegre *cheerful*
antipático(a) *nasty, disagreeable*
bueno(a) *good*
conservador(a) *conservative*
divertido(a) *funny*
feliz *happy*
generoso(a) *generous*
inteligente *intelligent, smart*
malo(a) *bad*
perezoso(a) *lazy*
pobre *poor*
rico(a) *rich*
simpático(a) *nice, agreeable*

tacaño(a) *stingy*
tonto(a) *stupid, foolish*
trabajador(a) *hardworking*
triste *sad*

Las características físicas

alto(a) *tall*
anciano(a) *elderly*
bajo(a) *short (in height)*
bonito(a) *pretty*
delgado(a) *thin*
feo(a) *ugly*
gordo(a) *fat*
guapo(a) *good-looking, handsome*
joven *young*
viejo(a) *old*

El estado civil

casado(a) *married*
divorciado(a) *divorced*
soltero(a) *single*
viudo(a) *widowed*

Adjetivos

difícil *difficult, hard*
mejor *best*

Verbos

ser *to be*
vivo *I live*

Adverbios

como *like*

Artículos

el, la, los, las *the*
un(a) *a, an*
unos(as) *some*

Pronombres

él *he*
ellos(as) *they*
nosotros(as) *we*
tú *you (informal)*
usted(es) *you (sing.: formal, plural: formal, informal)*
vosotros(as) *you (informal)*
yo *I*

Conjunciones

pero *but*

LECCIÓN 2

¿Qué estudias aquí?

COMMUNICATIVE GOALS The students will discuss their college studies, career plans, and some of their likes and dislikes.

LANGUAGE FUNCTIONS Describing school-related activities ♦ Asking and answering questions ♦ Expressing likes and dislikes

VOCABULARY THEMES Academic courses ♦ Professions and occupations

GRAMMATICAL STRUCTURES Present tense of regular verbs ♦ The verb *gustar* ♦ Forming questions

PRONUNCIATION FOCUS Intonation: Making statements ♦ Intonation: Asking questions

CULTURAL INFORMATION Primary and Secondary Education in Spain and Latin America ♦ Higher Education in Spain and Latin America

ANTES QUE NADA

Two useful reading strategies are skimming and scanning. When skimming reading material, we read it quickly to get the general idea of its content. Often we reread the same material and scan it to find specific information.

First, skim the reading below to get a general understanding of what it is about. Then scan it to find the information asked for in the **¿Comprendió Ud.?** section that follows.

¿Comprendió Ud.?

1. The reading above is an. . .

    a. invitation   c. announcement

    b. advertisement   d. editorial

    What clues helped you come to that conclusion?

2. Write the main message of the reading in English.

3. Write the following details in Spanish:

    a. What is being advertised?   b. List its benefits.

4. Make a list of all the cognates in the reading.

5. Where do you think this text comes from? Where would you expect to read it?

EN CONTEXTO

Skim the dialogue below to get the gist of it.

Carlos Suárez y Anita Camacho están en su clase de inglés en la UNAM.

CARLOS:	Buenos días. Me llamo Carlos Suárez.
ANITA:	Anita Camacho. Mucho gusto.
CARLOS:	Igualmente. ¿Qué estudias aquí,° Anita?
ANITA:	Turismo, inglés, francés y alemán.
CARLOS:	¡Ah! Eres estudiante de idiomas, ¿verdad°?
ANITA:	Sí. Me gustan° mucho los idiomas. Quiero° ser intérprete como mi mamá. Y tú, ¿qué estudias, Carlos?
CARLOS:	Inglés, física, cálculo y computación.
ANITA:	¡Uy! ¡Qué cursos más difíciles!
CARLOS:	Sí, pero las lenguas son difíciles también, Anita.
ANITA:	Sí, es verdad. Pero a mí me gusta conocer a gente de diferentes países.° ¿Cuál es tu especialización°?
CARLOS:	Ingeniería. Me gustaría° ser ingeniero nuclear.
ANITA:	Es una buena profesión, ¿no?
CARLOS:	Sí, se puede ganar° mucho dinero°, pero como dice mi mamá: "Es mejor ser feliz que rico".
ANITA:	Tu mamá es muy inteligente, Carlos. Para mí la gente es más importante que el dinero.
CARLOS:	Para mí también. Pero tengo un problema, Anita. El inglés no es fácil° para mí. Comprendo inglés más o menos bien, pero hablarlo°... imposible.
ANITA:	Bueno,[1] Carlos. Tengo una idea. ¿Por qué no estudiamos inglés juntos°?
CARLOS:	¡Buena idea! Después de° la clase de hoy, vamos a un café para charlar en inglés.
ANITA:	¡Okay!

Glosses (left margin):
- *here*
- *huh (right)*
- *I like / I want*
- *countries / major*
- *I'd like*
- *earn / money*
- *easy*
- *to speak it*
- *together*
- *after*

Notas de texto

1. *Bueno* has several equivalents in English: good, great!, well..., and okay among others. The context of the sentence will help you understand which meaning of *bueno* the speaker wants to express.

¿Comprendió Ud.?

Now use your scanning skills to complete the chart below.

	ANITA	CARLOS
CARRERA:		
ESPECIALIZACIÓN:		
CURSOS:		

Pronunciación esencial

Intonation is sometimes called the music of language. It refers to the rise and fall of the pitch of the speaker's voice. Stressing words correctly will improve your intonation in Spanish and it will help native speakers understand what you are saying. In Spanish, most words are stressed on the second to last syllable, infinitives are stressed on the last syllable, and articles and one-syllable prepositions are not stressed.

A. Making statements. Read aloud the following sentences according to the stress and linking marks.

Anita dice:

—Me **lla**mo **Ani**ta Guada**lu**pe Ca**ma**cho Or**te**ga.

—Es**tu**dio tu**ris**mo, fran**cés**, ale**mán** e in**glés**.

—**Quie**ro ser in**tér**prete **co**mo mi ma**má**.

—Me **gus**ta cono**cer** a **gen**te de **o**tros pa**í**ses.

Carlos dice:

—Me **lla**mo **Car**los Ja**vier** Su**á**rez Mar**tí**nez.

—Me gusta**rí**a ser inge**nie**ro nucle**ar**.

—Para mí el in**glés** es muy di**fí**cil.

—**Ani**ta y yo **va**mos a conver**sar** en in**glés**.

—**Va**mos a conver**sar** en un ca**fé** fran**cés**.

B. Asking questions. Later in this lesson you will learn how to form different kinds of questions. For now, practice reading aloud the following groups of questions. Pay special attention to word stress and linking words.

1. Questions that call for a yes or no answer have a rising intonation. The pitch of the voice goes up at the end of the question.

   Carlos le pregunta a Anita:
   —¿Estudias aquí en la UNAM?
   —¿Te gustan mucho los idiomas?
   —¿Te gustaría conversar en inglés?

   Anita le pregunta a Carlos:
   —¿Quieres ser ingeniero nuclear?
   —¿Te gustaría ganar mucho dinero?
   —¿Para ti es difícil el inglés?

2. Questions that call for a confirmation also have a rising intonation.

   Carlos le pregunta a Anita:
   —Eres estudiante de lenguas, ¿no?
   —Quieres ser intérprete, ¿verdad?

   Anita le pregunta a Carlos:
   —Quieres ser ingeniero nuclear, ¿no?
   —Es mejor ser feliz que rico, ¿verdad?

3. Questions that ask for specific information have a falling intonation. The pitch of the voice goes down at the end of the question.

   Carlos le pregunta a Anita:
   —¿Qué estudias aquí?
   —¿Por qué te gustan las lenguas?
   —¿Por qué no vamos al café ahora?

   Anita le pregunta a Carlos:
   —Y tú, ¿qué estudias?
   —¿Cuál es tu especialización?
   —¿Por qué no estudiamos juntos?

Vocabulario útil

Cómo conversar sobre estudios y carreras

In this section you will learn to talk and write about your studies, career plans, and other school-related matters.

Las materias *(academic subjects)*

IDIOMAS	LETRAS *(HUMANITIES)*	BELLAS ARTES
italiano	**filosofía**	**baile**
portugués	**historia**	**música**
ruso	**literatura**	**pintura**

MATEMÁTICAS	CIENCIAS	CIENCIAS SOCIALES
álgebra	**astronomía**	**ciencias políticas**
cálculo	**biología**	**economía**
geometría	**química**	**psicología**

ESTUDIOS PROFESIONALES

agricultura   **derecho** *(law)*
educación   **negocios** *(business)*
medicina   **periodismo** *(journalism)*

Las profesiones y los oficios

agente de viajes   **enfermera**   **abogada**

programador   **músico**   **policía**

OTRAS PROFESIONES		OTROS OFICIOS	
arquitecto(a)	*architect*	**ama de casa**	*homemaker*
científico(a)	*scientist*	**mesero(a)**	*waiter (waitress)*
escritor(a)	*writer*	**oficinista**	*office clerk*
ingeniero(a)	*engineer*	**secretario(a)**	*secretary*
médico(a)	*doctor*	**vendedor(a)**	*salesperson*

ANA:	¿Qué te gusta estudiar?	*What do you like to study?*
ELENA:	Me gusta estudiar ciencias.	*I like to study science.*
ANA:	¿Cuál es tu especialización?	*What's your major?*
ELENA:	Quiero especializarme en física.	*I want to major in physics.*
ANA:	¿Cuántos créditos tomas?	*How many credits are you taking?*
ELENA:	Tomo doce créditos.	*I'm taking twelve credits.*
ANA:	¿Qué carrera sigues?	*What career are you pursuing?*
ELENA:	Sigo una carrera en ingeniería.	*I'm pursuing a career in engineering.*
ANA:	¿Qué quieres ser?	*What do you want to be?*
ELENA:	Quiero ser ingeniera nuclear.	*I want to be a nuclear engineer.*

Practiquemos

A **Asociaciones.** Empareje *(Match)* los títulos de libros con los estudios que le corresponden.

Modelo: Los planetas a través de mi telescopio → *Ciencias*

TÍTULOS DE LIBROS	ESTUDIOS
1. Plantas raras de Amazonas	Letras
2. Los poemas de Gabriela Mistral	Idiomas
3. Las teorías de Albert Einstein	Biología
4. El período azul de Pablo Picasso	Física
5. Poco a poco: Spanish for Proficiency	Bellas artes
6. Los chimpancés: antepasados del hombre	Ciencias sociales
7. Manual para reporteros internacionales	Estudios profesionales

B **Materias y profesiones.** Forme oraciones *(sentences)* lógicas tomando una palabra *(word)* de cada columna.

Modelo: *Una persona que estudia medicina quiere ser médico(a).*

Una persona que estudia...	quiere ser...
1. negocios	enfermero(a)
2. computación	profesor(a)

Una persona que estudia...	quiere ser...
3. educación	reportero(a)
4. derecho	piloto(a)
5. medicina	vendedor(a)
6. periodismo	agricultor(a)
7. pintura	abogado(a)
8. agricultura	pianista
9. aviación	programador(a)
10. música	artista

C Nuestros estudios. Converse con un(a) compañero(a) de clase.

ESTUDIANTE A

1. ¿Qué estudias aquí?
3. _____. ¿Son fáciles o difíciles tus estudios?
5. _____ ¿Qué te gusta estudiar?
7. _____ ¿Cuál es tu especialización?
9. _____ ¿Cuántos créditos tomas?
11. _____ ¿Qué carrera sigues?
13. Sigo una carrera en _____.

ESTUDIANTE B

2. Ahora estudio _____. ¿Y tú?
4. Son _____. Y tus estudios, ¿cómo son?
6. Me gusta estudiar _____. ¿Y tú?
8. Quiero especializarme en _____. ¿Y tú?
10. Ahora tomo _____ créditos. ¿Y tú?
12. Sigo una carrera en _____. ¿Qué carrera sigues tú?
14. ¡Qué buena carrera!

D ¡Hola, Carlos! Imagine that you have received a letter from Carlos Suárez in which he asked you some questions about yourself. Answer his letter in Spanish and tell him . . .

1. something about your family (names and ages of family members).
2. the name of your school, its location, and the number of students in your Spanish class.
3. something about your Spanish class.
4. what other subjects you are taking this term and how many credits you're carrying. Also, mention your major if you have one.
5. what subjects are easy and hard for you and which ones you like.
6. what career plans you have, if any.

Notas culturales

Primary and Secondary Education in Spain and Latin America

In Spain, education between ages six and thirteen is compulsory and free of charge. Public schools are not as numerous in Spain as in the United States or in Canada, and there are many private schools. In all schools, public and private, there is a strong emphasis on language, history and mathematics.

In Latin America, as in Spain, parents often send their children to private schools, many of which are Catholic. In some countries, boys and girls are segregated in the primary and secondary years and they often wear school uniforms. As in Spain, many Latin American teenagers enroll in vocational schools, or they begin working at an early age to provide extra income for their family.

In Spain and Latin America, an elementary school is sometimes called *escuela básica, escuela primaria* or simply *primaria,* and a high school is called a *liceo, escuela superior* or *escuela secundaria.* The Spanish word *colegio* is a false cognate in English; it does **not** mean "college." A *colegio* is generally a private school for children under sixteen years old. In some *colegios,* courses are taught entirely in a foreign language such as in a *colegio alemán,* a *colegio francés* or a *colegio inglés.*

GRAMÁTICA FUNCIONAL

In this section you will learn how to talk and write about some school activities.

Present Tense of Regular Verbs

In general, Spanish speakers use the present tense to express what people do.

A. How to form the present tense

An infinitive is a nonpersonal verb form used in Spanish dictionaries and in verb lists in this book. Spanish infinitives end in **-ar**, **-er** and **-ir**, which correspond to the English **to**; for example: *hablar* = to speak. To form the present tense in Spanish, drop the infinitive ending from the verb, and add a personal ending to the verb stem.

	habl*ar*	aprend*er*	escrib*ir*
yo	hablo	aprendo	escribo
tú	hablas	aprendes	escribes
Ud./él/ella	habla	aprende	escribe
nosotros(as)	hablamos	aprendemos	escribimos
vosotros(as)	habláis	aprendéis	escribís
Uds./ellos/ellas	hablan	aprenden	escriben

Study the meaning of the following **-ar**, **-er** and **-ir** verbs and read aloud the example sentences.

comprar	*to buy*	**Compro** muchos libros buenos.
enseñar	*to teach*	Mi profesora **enseña** español muy bien.
escuchar	*to listen*	**Escucho** la radio en mi casa.
estudiar	*to study*	**Estudio** español porque me gusta mucho.
hablar	*to speak*	¿**Habla** usted inglés, señorita?
ganar	*to earn*	Los actores **ganan** mucho.

mirar	*to watch*	**Miro** la televisión con mis hermanos.
tomar	*to take, to drink*	¿Qué cursos **tomas**, Carlos? ¿**Tomamos** café o chocolate, Anita?
trabajar	*to work*	**Trabajas** mucho en la cafetería, ¿no?
aprender	*to learn*	**Aprendo** mucho en mi clase.
comer	*to eat*	Mi familia y yo **comemos** tacos.
comprender	*to understand*	Carlos **comprende** español bien.
leer	*to read*	¿**Lee** usted novelas románticas, señora?
asistir (a)*	*to attend*	¿**Asistís** a la Universidad de Madrid?
escribir	*to write*	Los novelistas **escriben** día y noche.
vivir	*to live*	Ahora **vivimos** en Veracruz.

B. How to use the present tense

Spanish speakers use the present tense to express **1.** what people do habitually, **2.** what they do over a period of time, and **3.** what they intend to do later.

1. **Miro** mucho la televisión.   *I watch a lot of television.*
2. **Aprendo** inglés en la UNAM.   *I'm learning English at the UNAM.*
3. Mañana **estudio** con Ana.   *Tomorrow I'm studying with Ana.*

Manos a la obra

 **Una amiga.** Carlos quiere conocer mejor a su amiga Anita. ¿Qué dice ella *(does she say)*?

Modelo: Carlos: —¿Qué estudias aquí? (idiomas)
           Anita: —*Estudio idiomas.*

1. ¿Qué idiomas estudias? (alemán, francés e inglés)
2. ¿Qué lengua hablas mejor? (francés)
3. ¿Hablas alemán con tu papá? (No,... con mi mamá)
4. ¿En qué idioma lees más? (en español)
5. ¿Escribes más en francés o en inglés? (en francés)

---

*Use the preposition *a* with the verb *asistir*. Example: *Asisto a la Universidad de Stanford.* (I attend Stanford University.)

B **Los amigos de Anita.** Tell a classmate what some of Anita's friends do. Form logical sentences as shown in the example, then read them aloud to a classmate.

Ejemplo: Margarita Salas es mesera;...
      Margarita Salas es mesera; trabaja en un restaurante.

1. Tomás y Norma son estudiantes;   comprender árabe y ruso
2. Andrés quiere ser intérprete;   escribir artículos interesantes
3. Gloria es casada y ama de casa;   trabajar en una clínica
4. El doctor Falcón es médico;   aprender mucho en la UNAM
5. Jorge y Marcela son escritores;   trabajar en un restaurante
6. María Mendoza es profesora;   vivir con su esposo Raúl
                                           enseñar en la universidad

C **Entrevista con Anita.** Write out the following interview with Anita. Then role play it with a classmate.

Modelo: Usted: ¿dónde / tomar / Uds. clases?
      Anita: tomar en la UNAM
      Usted: *¿Dónde toman ustedes clases?*
      Anita: *Tomamos clases en la UNAM.*

      Usted: ¿dónde / comer / Uds. en la UNAM?
      Anita: comer en la cafetería
      Usted: ¿qué / comer / Uds.?
      Anita: comer enchiladas y tacos o un sándwich
      Usted: ¿qué / tomar / Uds.?
      Anita: tomar café o chocolate
      Usted: ¿en qué idiomas / hablar / Uds.?
      Anita: hablar / en español o en inglés
      Usted: ¿de qué / hablar / Uds.?
      Anita: hablar / de nuestros problemas

Charlemos

A **Yo...** Tell a classmate about yourself, using the following sentences as a guide.

Ejemplos: hablar / inglés muy bien.
      Hablo inglés muy bien.   No hablo inglés muy bien.

      leer / novelas en inglés (ruso / portugués)
      hablar / español (árabe / japonés) muy bien

(No) tomar / (café / chocolate / limonada / Coca-Cola)
comprender / a nuestro(a) profesor(a) cuando habla
asistir / a nuestra clase porque (no) me gusta

B **Hola, ¿qué tal?** Pregúntele a un(a) compañero(a) de clase.

1. ¿Miras mucho o poco la televisión?
2. ¿Hablas mucho o poco por teléfono?
3. ¿Escuchas música clásica o música moderna?
4. ¿Hablas mejor el inglés o el español?
5. ¿Hablas o escribes mejor el español?
6. ¿Escribes composiciones en inglés o en español?
7. ¿Comes mucho o poco en las fiestas?
8. ¿Comes para vivir o vives para comer?

Now tell your classmate . . .

1. what town or city you live in.
2. where you and your family members study or work.
3. the names of some TV programs you watch.

Gramática funcional

In this section you will learn how to express your likes, dislikes and preferences, and to ask others about theirs.

—¿Te gustan tus clases, Carlos?
—Me gustan mis clases de ciencias, pero no me gusta nuestra clase de inglés.
—Ay, Carlos. ¿Te gustaría estudiar inglés juntos?
—¡Buena idea, Anita!

The Verb gustar

When expressing likes and dislikes in Spanish, you can use the verb *gustar.* Here's how.

1. Use *me gusta* to express that you like **one** person or thing, and to express what you like to do.

Me gusta la profesora Mendoza.	*I like Professor Mendoza.*
Me gusta la literatura inglesa.	*I like English literature.*
Me gusta hablar español.	*I like to speak Spanish.*

2. Use *me gustan* to express that you like **more than one** person or thing.

Me gustan mis profesores.	*I like my instructors.*
Me gustan mis clases.	*I like my classes.*

3. Place *no* before *me gusta(n)* to express who or what you do not like.

No me gusta nuestro presidente.	*I don't like our president.*
No me gustan los exámenes.	*I don't like exams.*

4. Use *te* before *gusta(n)* to ask or express the likes and dislikes of a person you address with *tú*.

—¿Qué **te gusta** leer?	*What do you like to read?*
—Me gusta leer novelas.	*I like to read novels.*
—¿**Te gustan** las novelas históricas?	*Do you like historic novels?*
—No, me gustan las románticas.	*No, I like romantic ones.*

5. You can use the structures *te/me gusta(n)* by themselves.

¿El cálculo? ¿**Te gusta?**	*Calculus? Do you like it?*
No, no **me gusta**.	*No, I don't like it.*
¿Tus clases? ¿**Te gustan?**	*Your classes? Do you like them?*
Sí, **me gustan.**	*Yes, I like them.*

6. You can express what other people like and dislike by using the following construction.

le gusta(n) *you, he, she, it likes*	A Ud. le gustan las ciencias. A María le gusta la computación.
nos gusta(n) *we like*	No nos gusta estudiar juntos.
os gusta(n) *you like, they like*	¿No os gustan Carlos y Anita?
les gusta(n) *you like, they like*	A Uds. les gusta leer libros.

7. When you want to express what people **would like** (or would **not** like), use the construction *(no)... gustaría*.

—¿**Te gustaría** tomar un café?   *Would you like to have some coffee?*
—Sí. **Me gustaría** mucho.   *Yes, I'd like to very much.*

Manos a la obra

A **Opiniones.** Some of Carlos' friends are expressing their likes and dislikes about their courses. What do they say?

Ejemplos: ¿Qué dice Marta sobre el periodismo? (−)
Dice: —*No me gusta el periodismo.*

1. ¿Qué dice Pepe sobre el turismo? (+)
2. ¿Qué dice Enrique sobre los negocios? (−)
3. ¿Qué opinión tiene Amalia sobre las ciencias? (+)
4. Y José, ¿qué opina de las bellas artes? (−)

B **Cinco estudiantes universitarios.** What do these UNAM students say about their careers? Write out each sentence.

Modelo: Margarita: ser actriz / la televisión
Me gustaría ser actriz porque me gusta la televisión.

1. Tomás: ganar mucho dinero / las cosas de calidad
2. Josefina: seguir una carrera en medicina / las ciencias
3. Roberto: estudiar en los Estados Unidos / los norteamericanos
4. Ricardo: enseñar inglés en un colegio / leer novelas en inglés
5. Isabel: hablar bien el francés y el inglés / conocer a la gente

Charlemos

A **Menú mexicano.** Converse con un(a) compañero(a) de clase.

Me gusta(n)...
No me gusta(n)...

- el café
- el chocolate
- los tacos
- los nachos
- los chiles
- los frijoles
- las enchiladas

B **¿Qué le gusta?** Converse con otro(a) estudiante.

ESTUDIANTE A

1. ¿Te gusta o no te gusta mirar la televisión?
3. Me gusta mirar _____ y _____. ¿Qué te gusta leer?
5. Me gusta leer _____. ¿Te gusta hablar por teléfono?

ESTUDIANTE B

2. _____. Mi programa favorito es _____. ¿Cuál es tu programa favorito?
4. Me gusta leer _____. Y a ti, ¿qué te gusta leer?
6. Sí, _____. (No, _____).

C **¡Mucho gusto!** Meet a classmate whom you don't know well.

1. Say "hello" to each other.
2. Introduce yourselves and shake hands.
3. Find out where the other is from.
4. Ask each other about your studies and major.
5. Say what subject(s) and teacher(s) you like.
6. Discuss what you like and dislike doing in and out of school.
7. Say "good-bye" and shake hands again.

Hay mucha competencia para entrar en las universidades de España y Latinoamérica. Estos estudiantes tienen mucho respeto para su profesor. ¿Cómo es su profesor(a) de español?

Notas culturales

Higher Education in Spain and Latin America

After completing the *primaria,* Spaniards and Latin Americans can enroll in a technical school, enter the labor force or study for three more years in a *preparatoria,* a college preparatory school. After the *preparatoria,* students complete a one-year orientation program before enrolling in a university.

Because most universities are free, competition for acceptance is intense. Students who wish to enroll in a university must pass rigorous entrance exams or sign up on long waiting lists, or both. The course of study is highly structured with few elective courses. Physical engineering sciences are being emphasized more as people recognize the importance of these academic disciplines in the modern world. Trade and technological schools are quite popular. Also, some Latin Americans go to the United States, Canada, or Europe for their university education.

University professors are held in such high esteem in Spain and Latin America that they are frequently appointed to political or diplomatic posts, and professionals may double as teachers besides conducting their regular practice, more for prestige than for the pay. In fact, few Latin American universities have full-time faculties as in the United States.

Universities in Spain and Latin America are seen as having a political and social function as well as an educational one. They are usually autonomous (such as the *UNAM*) and can determine their own policies and teaching staff with little or no interference from the government.

GRAMÁTICA FUNCIONAL

In this section you will learn how to ask and answer questions in Spanish.

Forming Questions

—¡Aló!
—¿Anita? Habla Carlos. ¿Qué tal?
—Bien, bien, Carlos. Y tú, ¿cómo estás?
—Muy bien, gracias. Anita, ¿quieres ir con nosotros a una fiesta?
—¿Con quiénes?
—Con Rafa, Susana, Matilde, Rosa y Pepe.
—¿Cómo? ¿Siete personas en tu Volkswagen?
—Buen número, ¿eh?

A. How to form questions

In Spanish, there are three basic ways to form questions that can be answered by *Sí* or *No*.

1. Raise the pitch of your voice at the end of a sentence.

   Sentence: Usted habla inglés. *You speak English.*
   Question: **¿Usted habla inglés?** *Do you speak English?*

2. Invert the subject and verb of a sentence.

   Sentence: Usted habla inglés. *You speak English.*
   Question: **¿Habla usted inglés?** *Do you speak English?*

3. Add *¿no?* or *¿verdad?* to the end of a sentence.

   Sentence: Usted habla inglés. *You speak English.*
   Question: **Usted habla inglés, ¿no?** *You speak English, don't you?*

To ask for more specific information, use question words.

¿qué?*	*what?*	¿**Qué** estudias aquí en la universidad?
¿cuándo?	*when?*	¿**Cuándo** es nuestro examen?
¿dónde?	*where?*	¿**Dónde** tienes tu clase de sociología?
¿por qué?	*why?*	¿**Por qué** trabajas en el café francés?
¿cómo?	*how?*	¿**Cómo** es tu profesora de computación?
¿quién(es)?	*who?*	¿**Quiénes** siguen la carrera de física?
¿cuál(es)?	*which one(s)?*	¿**Cuál** es tu especialización, Rodrigo?
¿cuánto?	*how much?*	¿**Cuánto** cuestan tus libros de alemán?
¿cuántos(as)?	*how many?*	¿**Cuántas** amigas tienes en tus clases?

B. How to use question words

1. Use *¿quién?* to refer to one person, and *¿quiénes?* to refer to more than one person.

   ¿**Quién** es tu profesor? *Who is your instructor?*
   ¿**Quiénes** son tus profesores? *Who are your instructors?*

2. When needed, place prepositions before question words.

   ¿**De** dónde es usted? *Where are you from?*
   ¿**A**dónde quieres ir? *Where do you want to go?*
   ¿**Con** quién estudias? *Whom do you study with?*

3. Use **¿qué?** to ask for a definition or an explanation.

   ¿**Qué** es el cálculo? *What is calculus?*
   ¿**Qué** estudias aquí? *What do you study here?*

4. Use **¿cuál(es)?** to ask someone to choose from various possibilities, and to request specific information.

   Tengo un lápiz y una pluma. *I have a pencil and a pen.*
   ¿**Cuál** prefieres? *Which one do you prefer?*
   ¿**Cuáles** son tus lápices? *Which ones are your pencils?*

---

*Note that all question words in Spanish have an accent mark.

Manos a la obra

A **Una conversación breve.** Write out one of the two dialogues below, then role play it with a classmate. Fill in each blank with the most appropriate word from the list below. Substitute the three dots with one or more words of your own choosing.

¿cómo?   ¿cuánto?   ¿por qué?
¿cuál(es)?   ¿cuántos(as)?   ¿qué?
¿cuándo?   ¿dónde?   ¿quién(es)?

ESTUDIANTE A

1. Soy de… ¿De _____ eres tú?
3. Vivo en… Y tú, ¿_____ es tu dirección?
5. … ¿_____ es tu número de teléfono?
7. … Y tú, ¿_____ estudias?
9. Mis clases son … ¿_____ son tus profesores?
11. Sigo la carrera de … ¿_____ créditos tomas ahora?
13. Perdón, no comprendo. ¿_____ créditos?
15. …

ESTUDIANTE B

2. Soy de… ¿_____ vives ahora?
4. Mi dirección es… ¿Y _____ es tu dirección?
6. … ¿_____ estudias ahora?
8. … ¿_____ son tus clases?
10. Mis profesores se llaman … ¿_____ carrera sigues?
12. Ahora tomo … créditos.
14. … créditos. ¿Comprendes?
16. …

B **Perdón, profesor(a)…** Write several questions that you would like to ask your instructor about his or her likes and dislikes. Use only vocabulary you know.

Charlemos

A **¿Y usted?** Entreviste a un(a) compañero(a) de clase.

1. ¿Cómo te llamas?
2. ¿Qué tal?
3. ¿De dónde eres?
4. ¿Qué estudias aquí?
5. ¿Cuál es tu especialización?
6. ¿Cuántos créditos tomas?
7. ¿Por qué estudias español?
8. ¿Dónde prefieres estudiar?
9. ¿Con quién prefieres estudiar?
10. ¿Quién es tu profesor(a) favorito(a)?

B **Perdón, profesor(a)…** Ask your instructor the questions you wrote in Activity B above.

Un poco más

 ### ¡Escuche!

You are going to listen to an interview between a student newspaper reporter and a student at the UNAM. As you listen to this interview, jot down as much information as you can—as if **you** were the reporter. Concentrate on understanding only the most important information such as the student's name, where she is from, her courses and what she likes about the university.

Perspectivas

Skim through this reading selection to get the gist of it. Then scan the selection to locate specific information asked for in the comprehension exercise below.

BOLSA DE TRABAJO

HISTORIA
OFERTA. No. 1227. Características: Profesor de historia. Sueldo:$2,600.00 por hora. Requisitos: Titulado. Ambos sexos. Muy buena presentación. Hasta 30 años de edad.

LETRAS ESPAÑOLAS
OFERTA. No. 1178. Características: Profesor de literatura. Sueldo: $3,300.00 por hora. Requisitos: Titulado. Horario matutino. Femenino. Presentar título.

ADMINISTRACIÓN
OFERTA. No. 1133. Características: Area de finanzas. Sueldo: $550,000.00 Titulado o posgrado. Tiempo completo. Experiencia: 3 años en planeación financiera o auditoría interna. Sexo masculino. Currículum vitae.

INGENIERÍA EN COMPUTACIÓN
OFERTA. No. 1209. Características: Analista programador líder de mensuales. Requisitos: proyectos. Sueldo $350,000.00 a $450,000.00 mensuales. Requisitos: Pasante. Tiempo completo. Experiencia: 2 años manejando macrocomputadoras. Inglés: 70%. Currículum vitae. Muy buena presentación.

Requisitos para inscribirse en la BUT: una fotografía tamaño infantil, para todos los casos; además, estudiantes: historial académico; pasantes: carta de pasante, y titulados: copia del título.

Para informes y atención sobre las ofertas de trabajo, acudir a las oficinas de la Zona Administrativa Exterior, edificio "D", planta baja (frente al CONACyT). Teléfono 655-13-44, extensión 7617.

Dirección General de Apoyo y Servicios a la Comunidad.

Secretaría General Auxiliar.

¿Comprendió Ud.?

1. Who would be most interested in reading this selection and why?
2. Why do you suppose each *Oferta* has a different number?
3. Write the Spanish equivalent of the following words and phrases:

   a. salary
   b. requirements
   c. post graduate student
   d. person with a diploma
   e. small size
   f. in addition

4. Which position pays the most and which one pays the least?
5. What evidence is there of age and sexual discrimination in the ads?
6. Which job, if any, would you apply for and why?

¡Escriba!

Write a job description that would be very attractive to you. Be sure to include the following information:

1. Área del trabajo
2. Características
3. Responsabilidades
4. Requisitos
5. Sueldo
6. Experiencia

Situaciones

Imagine you are at a party for international students at your college or university. A Mexican student (role-played by your partner) sits down next to you. Do the following in Spanish:

1. Greet each other appropriately, introduce yourselves and shake hands.
2. Ask and tell each other where you are from.
3. Talk briefly about . . .

   a. your families (names of parents, brothers and sisters).
   b. your academic life (subjects you study, major, professors).
   c. your work (where you work, what kind of work you do there).
   d. your likes, dislikes and problems with family, school, work.

4. Now introduce your new friend to another student (a classmate) and say something interesting you learned in your first conversation.

Vocabulario

Sustantivos

la carrera *career*
el curso *course*
el dinero *money*
la escuela *school*
la especialización *major*
el estudio *study*
el idioma *language*
el país *country*

Las materias *academic subjects*

el baile *Dance*
el derecho *Law*
los negocios *Business*
el periodismo *Journalism*
el ruso *Russian*

Profesiones y oficios

el (la) abogado(a) *lawyer*
el (la) agente de viajes *travel agent*
el ama de casa *homemaker*
el (la) científico(a) *scientist*
el (la) enfermero(a) *nurse*
el (la) escritor(a) *writer*
el (la) ingeniero(a) *engineer*
el(la) médico(a) *doctor*
el (la) mesero(a) *waiter (waitress)*
el (la) músico(a) *musician*
el (la) oficinista *office clerk*
el (la) programador(a) *computer programmer*
el (la) vendedor(a) *salesperson*

Adjetivos

fácil *easy*

Verbos

aprender *to learn*
asistir (a) *to attend*
comer *to eat*
comprar *to buy*
comprender *to understand*
enseñar *to teach*
escribir *to write*
escuchar *to listen*
especializarse *to major in*
estudiar *to study*
expresar *to express*
ganar *to earn*
gustar *to be pleasing*
  me gusta(n) *I like*
  me gustaría *I would like*
hablar *to speak, to talk*
ir (voy) *to go (I'm going)*
leer *to read*
mirar *to watch, to look at*
preferir *to prefer*
  prefiero/prefieres *I/you prefer*
querer *to want*
  quiero/quieres *I/you want*
seguir *to pursue*
  sigo/sigues *I/you pursue*
tomar *to take, to drink*
trabajar *to work*
vivir *to live*

Adverbios

aquí *here*
como *like*
hoy *today*
juntos *together*

Preposiciones

después de *after*

Pronombres

lo *it*
que *than*

Palabras interrogativas

¿adónde? *where to?*
¿cómo? *how?*
¿con quién(es)? *with whom?*
¿cuál(es)? *which one(s)?*
¿cuándo? *when?*
¿cuánto? *how much?*
¿cuántos(as)? *how many?*
¿de dónde? *where from?*
¿dónde? *where?*
¿por qué? *why?*
¿qué? *what?*
¿quién(es)? *who?*

Expresiones idiomáticas

bueno *great, well, okay*
más o menos *more or less*
¿verdad? *right?, huh?*

LECCIÓN 3

¡Aquí tienes tu casa!

COMMUNICATIVE GOALS The students will talk and write about how they and others spend their free time.

LANGUAGE FUNCTIONS Describing leisure-time activities ♦ Making, accepting, and declining invitations ♦ Telling time

VOCABULARY THEMES Pastimes and sports ♦ Days of the week

PRONUNCIATION FOCUS Spanish g, j, x, h

GRAMMATICAL STRUCTURES Time expressions with *ser* ♦ Present tense of irregular verbs ♦ Present tense of stem-changing verbs ♦ Impersonal and passive *se*

CULTURAL INFORMATION Sports in the Hispanic world ♦ 24-hour system of time

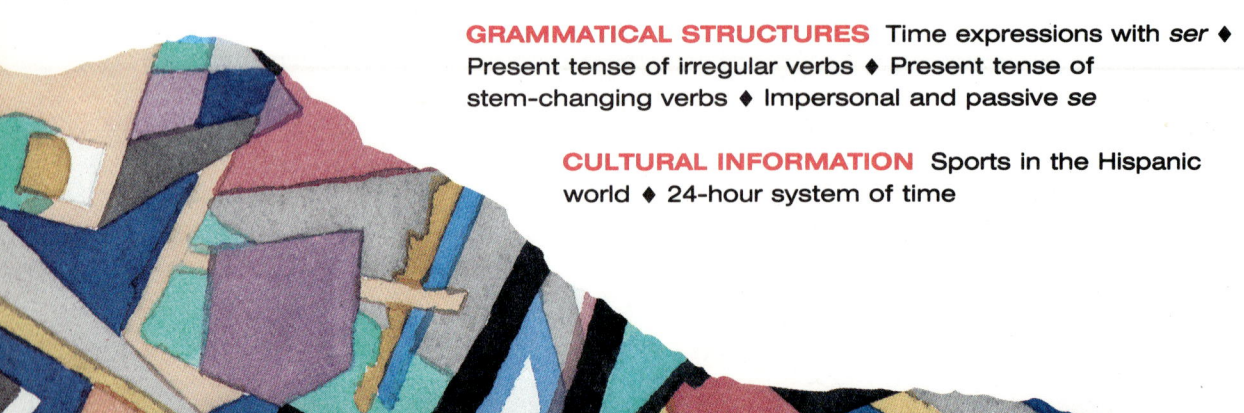

ANTES QUE NADA

Vuelve Santana

● El guitarrista mexicano lanzará un LP en octubre.

Hollywood, 3 sep (EFE).— Carlos Santana, el legendario introductor del rock latino en el gran mundo del espectáculo estadounidense, lanzará en octubre un LP con tres de sus viejos compañeros de grupo.

Gregg Rolie, José Chepito Arias y Michael Shrieve participaron en la grabación del álbum que ya es aguardado con expectativa por los fans del guitarrista de origen mexicano. El lanzamiento discográfico será una especie de antología de la obra de Santana. Entre los temas seleccionados se escogieron sus grandes éxitos como «Evil ways», «Black Magic Woman», «Oye como va», «Europa» y «Soul sacrifice».

"Vuelve Santana," Agencia Efe, en *El Mercurio*, 4 de septiembre 1988, página C12.

Efficient readers use several strategies for guessing the meaning of unfamiliar words and phrases in a reading selection. For example, they base their guesses on what they already know about the reading topic (background information), on what they think the reading might be about (expectations), as well as on the ideas they do understand in the passage (context).

Before you read the article let's do several pre-reading activities to help you understand it more easily.

1. **Background information:** What do you know about Carlos Santana?
2. **Expectations:** Read the main title, then the subtitle without using a dictionary. What do you suppose this article is about?
3. **Context:** In order to get the gist of its content, skim the article without stopping. What is the most important idea in the article? In what kind of publication would you expect to read it?

¿Comprendió Ud.?

Now scan the article to answer the following questions.

1. In the first paragraph, what does *"3 sep"* and *"un LP"* mean? What do you suppose *"(EFE)"* refers to? How did your background knowledge help you answer these questions?

2. Make a list of the cognates in the first paragraph. Notice how they help you understand this paragraph. The word *lanzará* is a key word in the article; can you guess its meaning from context? (A related word, *lanzamiento,* in the second paragraph, may help you.)

3. Re-scan the article to answer the following questions.

    a. Carlos Santana es _____ (profesión).
    b. Santana es de origen _____.
    c. Los tres amigos de Santana se llaman _____, _____ y _____.

4. Use the context of the article to help you guess the meaning of the Spanish word in each word set below.

obra:	work	opera	song
especie:	species	type	special
éxitos:	records	events	successes

EN CONTEXTO

As you read the text below, underline the words you don't know and try to guess their meaning from context.

Anita está escribiéndole una carta a Diane Ostrowski, una amiga norteamericana que se especializa en español y educación en la Universidad de Wyoming. Aquí está la carta.

> *Querida Diane,*
> *¿Qué tal? ¿Cómo está la familia? Mis estudios en la UNAM van bien. Tomo cursos intensivos, pero me gustan porque los profesores son excelentes y aprendo mucho en mis clases.*
> *Ahora paso mucho tiempo con mi amigo Carlos Suárez, que estudia en la UNAM también. Su carrera es ingeniería nuclear. Carlos tiene veinte años, es guapo, inteligente y muy simpático. Estudiamos inglés juntos, y en los fines de semana nos gusta descansar un poco. Paseamos en el Parque de Chapultepec, vamos a un concierto en Bellas Artes o tomamos un café en la Zona Rosa. Aquí tienes una foto de nosotros dos en el Zócalo.[1]*
> *Un día me gustaría ir a los Estados Unidos para conocerte en persona. Pero ahora no puedo porque no tengo mucho dinero. Diane, ¿por qué no vienes a México para pasar dos o tres semanas con mi familia? Podemos hacer muchas cosas juntas; por ejemplo, podemos ir a bailar, ir de compras y visitar unos museos de la ciudad. También podemos ir al cine para ver películas norteamericanas que tienen subtítulos en español. ¡Aquí tienes tu casa, Diane!*
> *Bueno, en pocos minutos va a llegar una de mis estudiantes. Enseño inglés y francés aquí en casa para ganar un poco de dinero. Espero recibir tu carta pronto.*
>
> *Tu amiga,*
> *Anita*

Chapultepec es un parque enorme situado en el centro de la Ciudad de México. Muchas personas van a Chapultepec los domingos para descansar y estar con su familia y sus amigos.

Notas de texto

1. There are many interesting places to visit in Mexico City. Anita mentions four of these places in her letter.

    El Parque de Chapultepec is a large and impressive park in Mexico City. Its name is taken from a Náhuatl (Aztec) word that refers to an Aztec Indian god. There are many attractions in the park, including the *Museo de Arte Moderno* and the *Museo Nacional de Antropología de México*. Atop a hill overlooking Mexico City is Chapultepec Castle, which was once an ancient Aztec fortress, and was later made into an official residence for the presidents of Mexico. The park also has a large lake where visitors can rent rowboats and paddle-boats to spend a pleasant Sunday afternoon.

    El Palacio de Bellas Artes is a concert hall where performances of the famous *Ballet Folklórico de México* are held. The hall also contains an excellent exhibition of paintings by renowned Mexican artists such as Tamayo, Orozco, and Siqueiros.

    La Zona Rosa or "Pink Zone" is a fashionable shopping district in the heart of Mexico City where you can find chic boutiques, elegant hotels, and a wide variety of ethnic restaurants. Also located there is the *Instituto Mexicano Norteamericano de Relaciones Culturales,* where Mexicans study English and people from many countries study Spanish.

    El Zócalo is considered to be at the exact center of Mexico City. It is the former site of important Aztec temples, pyramids and religious ceremonies. Today the visitor can see the ruins of this ancient civilization as well as the National Cathedral and several government buildings containing giant murals that depict the history of Mexico.

¿Comprendió Ud.?

1. Anita's letter consists of the six parts listed below. Scan her letter and rank the parts in the order in which she wrote them. Number them from 1 to 6.
   _____ An invitation to her American friend
   _____ A final sign-off to Diane
   _____ A greeting to her friend
   _____ Some activities Anita and Carlos enjoy
   _____ A reason for ending the letter
   _____ Her studies at the university

2. Anita Camacho es _____.
   a. abogada   b. oficinista   c. estudiante   d. intérprete

3. Carlos Suárez es _____.
   a. un amigo de Anita   c. el padre de Anita
   b. un hermano de Anita   d. un amigo de Diane

4. Es un hombre _____.
   a. divertido   b. joven   c. perezoso   d. tacaño

5. ¿Cómo pasan Anita y Carlos los fines de semana?

PRONUNCIACIÓN ESENCIAL

A. Spanish j and g. The Spanish letters **j** and **g** are pronounced differently than the corresponding English sounds. In Spanish, these sounds are very soft.

1. Spanish **j** has a sound somewhat like the **h** in **hill**, but harder. It is never pronounced like the English **j** of **jet**.

   Julio y **J**osefina **J**iménez son de Ciudad **J**uárez.
   Julio es un poco vie**j**o; **J**osefina es **j**oven.
   El **j**ueves **J**ulio y **J**osefina van a La **J**olla, California.
   Julio y **J**osefina van a hacer e**j**ercicio en La **J**olla.

2. Spanish **g** before an **e** or **i** is pronounced just like the Spanish **j**.

   Jor**g**e **G**irón es de la Ar**g**entina.
   Jor**g**e estudia in**g**eniería y **g**eología.

Jor**ge** es un joven inteli**ge**nte y **ge**neroso.

Jor**ge** **G**irón va a ser un in**ge**niero in**ge**nioso.

In all other cases, **g** is pronounced approximately like the **g** in **go**.

Ten**g**o un **g**ran ami**g**o **g**uatemalteco.

Mi ami**g**o se llama **G**ustavo **G**onzález.

Gustavo **g**ana dinero tocando **g**uitarra.

B. Spanish x. Spanish **x** has two pronunciations.*

1. When **x** appears before a consonant, it is pronounced like the English **ss** sound in **hiss**.**

   El te**x**to sobre Ta**x**co es e**x**traordinario.

   Comprendo las e**x**presiones por el conte**x**to.

   Se dice que la e**x**cursión a Ta**x**co es e**x**cepcional.

2. When Spanish **x** appears between vowels, it sounds like the English **ks** combination in **exercise.**

   ¿E**x**isten e**x**ámenes para ta**x**istas en México?

   Sí, hay e**x**ámenes para los ta**x**istas mexicanos.

C. Spanish h. Spanish **h** is never pronounced.

¡**H**ola, **H**éctor! ¡**H**asta luego, **H**ortensia!

Héctor y **H**ortensia **h**ablan **h**ebreo a**h**ora.

VOCABULARIO ÚTIL

Cómo conversar sobre pasatiempos

In this section you will learn to describe the pastimes that you and others enjoy, and to make, accept and decline invitations.

---

*In Mexico, the words *Texas, Xavier, México,* and *mexicano* are written with an **x**, but they are pronounced like the Spanish **j**. In Spain and elsewhere, these words are written with a **j**: *Tejas, Javier, Méjico, mejicano.*
Pronunciation may vary. The **x may be pronounced as "ks" in this case also.

Los pasatiempos

Los deportes

Montar en bicicleta is also used in some areas.

Otras actividades

bailar	to dance
dormir	to sleep
ir al cine	to go to the movies
ir de compras	to go shopping
sacar fotos	to take photos
salir con amigos	to go out with friends
jugar a las cartas	to play cards
tocar la guitarra y cantar	to play the guitar and sing

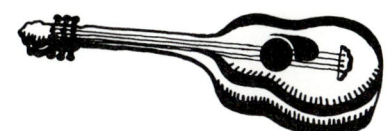

¡Cuidado! The verb *jugar* means to play a sport or a game, and the verb *tocar* means to play a musical instrument, a stereo, a radio or a tape recorder.

Cómo invitar

¿Quieres ir conmigo...	Do you want to go with me...
al cine (teatro)?	to the movies (theatre)?
a una fiesta?	to a party?
¡Cómo no! ¡Vamos!	Sure, why not. Let's go!
Sí, gracias. / De nada.	Yes, thank you. / You're welcome.
Ay, no puedo ir contigo.	Gee, I can't go with you.
No sé. ¿Cuándo y a qué hora?	I don't know. When and at what time?
Hoy a la una (a las dos).	Today at one (two) o'clock.
Mañana a las ocho y media.	Tomorrow at 8:30.
El... lunes.	On...Monday.
martes.	Tuesday.
miércoles.	Wednesday.
jueves.	Thursday.
viernes por la mañana.	Friday morning.
sábado por la tarde.	Saturday afternoon.
domingo por la noche.	Sunday evening.

Practiquemos

A **Asociaciones.** Empareje las frases de la columna a la derecha con el verbo apropiado de la columna a la izquierda.

Ejemplo: pescar   en el Océano Atlántico o en el Lago Erie

1. _____ caminar
2. _____ ir
3. _____ sacar
4. _____ jugar
5. _____ tocar
6. _____ nadar
7. _____ bailar
8. _____ dormir

a. a un concierto de jazz fabuloso
b. una buena siesta después de comer
c. por un parque para hacer ejercicio
d. con una amiga en el Océano Pacífico
e. al béisbol, básquetbol, vólibol, fútbol
f. el piano, el violín u otro instrumento
g. en una estupenda fiesta con mi novio(a)
h. fotos de la graduación de mi hermano(a)

B **¡Adivínelo!** *(Guess what it is!)* Trabaje con otro(a) estudiante. Una persona hace la pantomima de cada *(each)* pasatiempo, y la otra persona lo adivina.

1. esquiar
2. ir al cine
3. montar a caballo
4. jugar a las cartas
5. hablar por teléfono

6. pescar
7. ir de compras
8. jugar al básquetbol
9. tocar la guitarra
10. andar en bicicleta

C **¿Sí o No?** Pregúnteles a sus compañeros de clase sobre sus pasatiempos.

Ejemplo: mirar mucho la televisión
—¿Miras mucho la televisión?
—Sí.
—Escribe tu nombre aquí, por favor.

                                                          NOMBRE

1. leer novelas románticas   _____
2. bailar los fines de semana   _____
3. tocar un instrumento musical   _____
4. patinar cuando tienes tiempo   _____
5. hacer mucho ejercicio en casa   _____

6. andar en bicicleta por un parque   _____
7. descansar después de nuestra clase _____
8. salir con tus amigos con frecuencia _____

D **Pasatiempos favoritos.** Pregúntele a otro(a) compañero(a) de clase.

LOS DEPORTES

1. ¿Cuál es tu deporte favorito? ¿Qué otro deporte te gusta mucho?
2. ¿Cuál deporte prefieres: jugar al tenis o jugar al béisbol?
3. ¿Dónde esquías? ¿Con quién esquías? ¿Y dónde patinas?
4. ¿Nadas bien o mal *(badly)*? ¿Dónde y con quién te gusta nadar?
5. ¿Montas a caballo con mucha o con poca frecuencia? ¿Es fácil o difícil montar a caballo? ¿Es más fácil montar a caballo o andar en bicicleta?
6. ¿Es bueno o malo hacer ejercicio? ¿Dónde es mejor hacer ejercicio?

LA MÚSICA

7. ¿Prefieres escuchar música clásica o música moderna? ¿Vas a los conciertos con mucha o con poca frecuencia? ¿Tocas el piano, el violín u otro instrumento musical?
8. En tu opinión, ¿cantas bien o mal? ¿Dónde cantas más: en casa, en clase o en tu auto? En tu familia, ¿quién canta mal? ¿Y quién canta mejor?

No me gustan ni los pasatiempos ni los deportes. No quiero hacer nada más que descansar en mi hamaca.

Jai alai es un deporte popular en España, México y Cuba. ¿Qué deportes practica Ud.? ¿Le gustaría aprender a jugar al jai alai?

Notas culturales

Sports in the Hispanic World

Since 1930, half the championships of the *Campeonato mundial de fútbol* (World Cup Soccer Championships) have been won by teams from Latin America. *Fútbol,* called soccer in the United States and Canada, is a national passion in most Spanish-speaking countries. Baseball is also a favorite sport in Mexico, Central America, Venezuela, and the Caribbean countries. Many American coaches have recruited top players for their teams from these countries. Other popular spectator sports are bicycle racing, horse racing, auto racing, boxing, and of course, *la corrida de toros* (bullfights). Many Hispanics, however, consider bullfighting an art, not a sport.

The most popular participant sports in the Hispanic world are soccer, volleyball, swimming and basketball. Many Hispanics enjoy tennis, golf, and hunting. Today, there are both men's and women's teams in almost all sports.

Jai alai is a Hispanic sport that is popular particularly in Spain, Mexico, Cuba, and in some parts of the United States. The sport originated in the Basque provinces of Northern Spain. *Jai alai* is played in a rectangular court that has three walls with the fourth wall open to spectators. The players attach a special curve-shaped basket to their arm for throwing a hard ball against the wall. The ball can reach speeds of over one hundred miles per hour, which makes *jai alai* one of the fastest and most dangerous games in the world.

GRAMÁTICA FUNCIONAL

In this section you will learn how to tell time and how to describe what people do at different times.

Time Expressions with ser

—Perdón. ¿Qué hora es?
—Son las cuatro menos cinco, señor.

—¡Ay, Dios mío! ¡Muchas gracias!
—¡De nada, señor!

A. How to tell time

¿Qué hora es? This question can be answered in three ways, depending on the time.

1. On the hour

  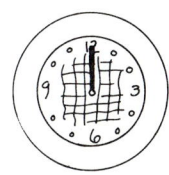 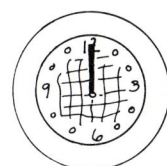

Es la una. **Son las siete.** **Es mediodía.** **Es medianoche.**

2. On the quarter or the half-hour

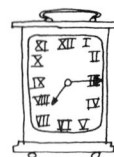 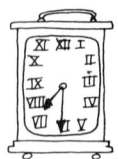

Son las siete y cuarto (quince).   **Son las siete y media (treinta).**

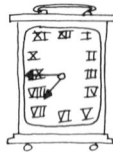

Son las ocho menos cuarto (quince).

3. Minutes before and after the hour

Son las dos menos diez.   **Es la una y diez.**

B. Additional information

1. As you have seen above, use *es* with *mediodía, medianoche,* and to tell time between one o'clock and two o'clock. Otherwise, use *son*.

2. Use *de la mañana* (in the morning) from midnight until lunchtime, *de la tarde* (in the afternoon) until it gets dark, then *de la noche* (in the evening).

3. To ask or tell at which time an event occurs, use the word *a*.

   —¿**A** qué hora vamos a llegar?   *What time are we going to arrive?*
   —**A** las dos de la tarde.   *At two o'clock in the afternoon.*

4. Time expressions

   tarde *late*   **en punto** *on the dot*
   temprano *early*   **a tiempo** *in time, on time*
   más tarde *later*   **es hora de** (+ infinitive)... *it's time to...*

   —Vamos a llegar tarde al cine. Ya son las tres menos quince y la película comienza a las tres en punto. ¡Es hora de salir!
   —Paciencia. Vamos a llegar a tiempo. ¡Hoy tengo el carro de mi hermano!

Manos a la obra

A **¿Qué hora es?**   Dígale la hora a un(a) compañero(a) de clase.

Ejemplo:

—¿Qué hora es?
—Son las tres y media.

         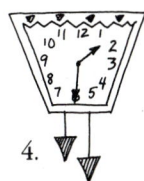

1.   2.   3.   4.

   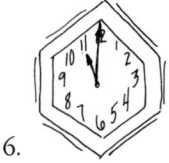      

5.   6.   7.   8.

B **Es hora de...**   Complete the following sentences in writing. Then read them to a classmate.

1. Nuestro(a) profesor(a) de español llega a clase (temprano/a tiempo/tarde). Llega a... Yo llego a nuestra clase a... Tengo otra clase a...

2. Trabajo a... Estudio español a... Me gusta escuchar la radio a... Miro la televisión a... Me gusta salir con mis amigos el (viernes/...) a... Me gustaría tener una fiesta el (sábado/...) a... Ahora (es/son) la(s)... Es hora de...

Charlemos

A **Su rutina diaria.**   Pregúntele a otro(a) estudiante.

1. ¿Haces mucho o poco ejercicio por la mañana? 2. ¿A qué hora tienes clases los lunes? ¿Y los miércoles? ¿Y los jueves? 3. ¿A qué hora sales para la universidad? 4. ¿Llegas temprano, a tiempo o tarde a tus clases? 5. ¿A qué hora llegas? 6. ¿A qué hora comes?

VENTA DE BILLETES FERROCARRIL
con antelacíon y sin recargo
Horario
mañana 9'30 a 13'30 horas tarde 3'30 a 6
Domingos y Festivos Cerrado

SERVICIO DE AUTOBUS ESTACION

Soria—Madrid	6'05
Soria—Zaragoza	6'30
Burgos—Soria—Calatayud	10'05
Madrid—Soria	11'
Castejón—Soria—Madrid	11'45
Madrid—Soria—Castejón	16'
Madrid—Soria—Pamplona—Bilbao	17'45
Bilbao—Pamplona—Soria—Madrid	17'45
Soria—Madrid	18'15
Soria—Burgos	19'15
Zaragoza—Soria	21'15
Madrid—Soria	22'15

[B] **Servicio de autobús.** Ask a classmate the questions below. He or she should refer to the schedule when answering you.

1. Usted está en la ciudad de Soria, España. ¿Cuántos autobuses hay para Madrid? ¿A qué hora llegan a Madrid?

2. Un amigo, que vive en Madrid, va a llegar a Soria hoy por la mañana. ¿A qué hora va a llegar?

3. Hoy usted y su amigo de Madrid quieren ir en autobús a la ciudad de Pamplona. ¿A qué hora sale el autobús? ¿Hay otro autobús más tarde?

4. Hoy es martes. Son las dos de la tarde. ¿Es posible comprar billetes *(tickets)* de autobús ahora? ¿A qué hora es posible comprar los billetes para ir a Pamplona?

[C] **Una invitación.** Write a brief invitation in Spanish and give it to one of your classmates. Mention the occasion, day of the week, time and place. Your classmate should... 1) read the invitation, 2) express appreciation, and 3) accept or decline (and give a reason).

NOTAS CULTURALES

24-hour System of Time

The 24-hour system of telling time, sometimes called "military time," is commonly used for plane, train, and bus schedules, radio and television programs, formal invitations, and announcements of official events. To use this system, count hours consecutively beginning with midnight.

OFFICIAL USE (24-hour system)	CONVERSATIONAL USE (12-hour system)
10:30 diez y treinta	10:30 las diez y media de la mañana
13:00 trece	1:00 la una de la tarde
23:00 veintitrés	11:00 las once de la noche

In Spain and Latin America many scheduled meetings or events such as business and doctor appointments, bullfights, religious services, and funerals begin on time. When you are invited to a **social** function, however, it is usually assumed that you will **not** arrive at the time the function is supposed to begin. When in doubt, you can ask the time and add *¿en punto?* Some Latin Americans ask *¿hora americana (inglesa) u hora latina?* (exact time or inexact time?). In Spanish, *ahora* usually means **now** in the sense of "within several hours from now." On the other hand, *ahora mismo* and *ahorita* usually mean right now, this very moment. (Careful! To Cubans and Puerto Ricans, *ahorita* means "within several hours from now"; *ahora* and *ahora mismo* mean "right now".)

GRAMÁTICA FUNCIONAL

In the next two sections you will continue describing the leisure-time activities that you and others enjoy.

Present Tense of Irregular Verbs

Some common verbs have irregular *yo* forms in the present indicative tense.

		YO FORM	EJEMPLO
hacer	*to do, make*	**hago**	**Hago** ejercicios los sábados.
traer	*to bring*	**traigo**	**Traigo** mi guitarra a las fiestas.

salir	to leave, go out	salgo	**Salgo** mucho con mi novio.
poner	to put	pongo	**Pongo** mi carro en el garaje.
saber	to know*	sé	**Sé** jugar al tenis.
conocer	to know	conozco	**Conozco** muy bien a mi novio.**

The other present tense forms of these verbs are regular. Note *hacer,* for example.

yo	**hago**	nosotros(as)	**hacemos**
tú	**haces**	vosotros(as)	**hacéis**
Ud. / él / ella	**hace**	Uds. / ellos / ellas	**hacen**

The verbs *dar, ir, estar, oír* and *ver* are irregular in more than one verb form.

dar (to give)	**ir** (to go)	**estar** (to be)	**oír** (to hear)	**ver** (to see)
doy	voy	estoy	oigo	veo
das	vas	estás	oyes	ves
da	va	está	oye	ve
damos	vamos	estamos	oímos	vemos
dais	vais	estáis	oís	veis
dan	van	están	oyen	ven

Manos a la obra

A **Querida Diane...** Write Anita's letter to her American friend by changing the infinitives to their appropriate verb forms.

Modelo: ¿Cómo (estar [tú])? → ¿Cómo estás?

---

*The verb *saber* means to know something or to know how to do something; for example: *Sé dónde está el parque, pero no sé jugar al tenis.* The verb *conocer* means to know people or to be familiar with a place; for example: *Conozco a Anita y a Carlos, pero no conozco la Ciudad de México donde viven.*

**The direct object of a verb is the person or thing that receives the action of the verb. For example, in the sentence, "I know Carlos," *Carlos* is the direct object. Spanish speakers use the preposition *a* immediately before a direct object that refers to a specific person or persons. This "personal *a,*" which has no English equivalent, is usually repeated before each noun or pronoun; however, it is usually not used with the verb *tener,* even when the direct object is a person.
Ejemplos:
Conozco a Carlos.
Conozco a Carlos y a Anita.
Carlos y Anita tienen muchos amigos.

¿Cómo (estar tú)? ¿Y cómo (estar) tu familia? Yo (estar) bien y mis estudios (ir) más o menos bien.

Ahora Carlos y yo (salir) frecuentemente y (hacer) muchas cosas juntos. Por ejemplo, el sábado (ir) a una fiesta en la casa de mi amiga Gloria Fuentes. Yo (saber) que tú no la (conocer), pero ella (ser) muy simpática. El domingo por la tarde [yo] (ir) al cine con Carlos. ¿(Ir) tú al cine con mucha frecuencia? [Yo] (ver) películas norteamericanas para practicar el inglés. Cuando [yo] (ir) al cine, (traer) chocolates y Carlos (traer) frutas. Qué divertido, ¿verdad? Ahora [yo] ir a estudiar un poco. ¡Chao! trae

Tu amiga, Anita

B **Entrevista.** Role play the following conversation with a classmate. Student A uses the *tú* form of the verbs in parentheses, and Student B answers in the *yo* form.

Modelo: Estudiante A: ¿Cómo (estar)? → *¿Cómo estás?*
Estudiante B: (Estar) bien. → *Estoy bien.*

ESTUDIANTE A

1. (Ser) deportista, ¿verdad?

3. ¿Qué (hacer) los fines de semana?

5. ¿Cuándo (ir) al parque?

7. ¿A qué hora (salir)?

9. ¿Con quién (ir)?

11. ¿(Saber) jugar al fútbol?

ESTUDIANTE B

2. Sí, (ser) deportista; me gustan los deportes.

4. (Hacer) ejercicio en el parque.

6. (Ir) los sábados por la mañana.

8. (Salir) a las siete y media.

10. (Ir) con una amiga.

12. No, pero (saber) jugar al tenis.

Charlemos

A **Los pasatiempos.** Pregúntele a otro(a) estudiante.

1. ¿Qué haces con más frecuencia los fines de semana: vas al cine, a fiestas o vas de compras? ¿Cuál es tu cine favorito? ¿Qué haces en las fiestas? ¿Adónde vas de compras?

2. ¿Qué vas a hacer hoy por la noche? ¿Vas a mirar la televisión o escuchar la radio? ¿Cuál es tu programa de (televisión / radio) favorito?

3. ¿Haces mucho o poco ejercicio? ¿Cuándo haces más ejercicio: por la mañana, por la tarde o por la noche? ¿Haces ejercicio en casa o en la universidad (el politécnico)?

4. ¿Qué sabes hacer mejor: jugar al béisbol o jugar a las cartas? ¿Con quién y dónde te gusta jugar al (béisbol / a las cartas)?

Ahora, su compañero(a) de clase va a hacerle las preguntas a Ud.

B Personas famosas.

1. Write down the name of a famous Hispanic whom you would like to invite to your Spanish class; for example: Isabel Allende, Gabriel García Márquez, Fidel Castro, Fernando Valenzuela, Rita Moreno, César Chávez, Julio Iglesias, Ricardo Montalbán, Guillermo Vilas, Gloria Estefan.
2. On the same piece of paper, write out ten questions you would like to ask the person of your choice.
3. Exchange papers with a classmate. Then interview each other as if you were the famous Hispanic you invited to class.

GRAMÁTICA FUNCIONAL

Present Tense of Stem-Changing Verbs

Some Spanish verbs have vowel changes in the stem of the present tense, except for their *nosotros(as)* and *vosotros(as)* forms. There are three types of stem-changing verbs:

	e → ie ***pensar***	**o → ue** ***volver***	**e → i** ***servir***
yo	p**ie**nso	v**ue**lvo	s**i**rvo
tú	p**ie**nsas	v**ue**lves	s**i**rves
Ud. / él / ella	p**ie**nsa	v**ue**lve	s**i**rve
nosotros(as)	pensamos	volvemos	servimos
vosotros(as)	pensáis	volvéis	servís
Uds. / ellos / ellas	p**ie**nsan	v**ue**lven	s**i**rven

Common **e → ie** verbs:

comenzar to begin
preferir to prefer
pensar to think
querer to want, to love
tener* to have
venir to come

Common **o → ue** verbs:

almorzar to have lunch
dormir to sleep
poder to be able to
recordar to remember
volver to return
jugar** to play

---

*The verbs *tener, venir, decir,* and *seguir* have an irregular *yo* form as follows: *tengo, vengo, digo, sigo*.
The verb *jugar* has **u → ue stem changes.

Common **e → i** verbs:

decir	*to say, to tell*	**seguir**	*to follow*
pedir	*to ask for, to order*	**servir**	*to serve*

Use of *se* with Verb Forms

When you want to express what people do in general, without referring to a specific person, use *se* + "*usted* verb form" with singular objects, and *se* + "*ustedes* verb form" with plural objects. The meaning of *se* in these constructions corresponds to English you, one, people, they or we.

—**Se come** bien aquí, ¿verdad? **People eat** *well here, huh?*
—Sí, **se sirven** buenos tacos. *Yes,* **they serve** *good tacos.*

Manos a la obra

A **Querida Anita...** Write Diane's letter to her Mexican friend by changing the infinitives to their appropriate verb forms.

Modelo: ¡Hoy [yo] (estar) muy feliz! → *¡Hoy estoy muy feliz!*

¡Hoy [yo] (estar) muy feliz! [Yo] (pensar) ir a México en agosto cuando [yo] no (tener) clases. Mis padres (querer) ir también, pero no sé si (poder) porque (decir) que no (tener) el tiempo. [Yo] (preferir) ir en autobús, pero mi papá (decir) que es mejor ir en nuestro auto. ¿Qué (decir) tú? [Yo] (pensar) volver a Wyoming el 2 de septiembre cuando (comenzar) mis clases. [Yo] no (poder) esperar a verte. [Yo] no (recordar) cómo se (decir) *Keep your fingers crossed!* en español.

Tu amiga, Diane

B **Unas preguntas.** Anita quiere conocer la cultura norteamericana. Escriba las preguntas que hace ella con **se,** luego contéstelas *(answer them).*

Ejemplo: ¿qué idioma / hablar / en tu ciudad?
    Anita: *¿Qué idioma se habla en tu ciudad?*
    Usted: *En mi ciudad se habla inglés.*
  o Usted: *En mi ciudad se hablan inglés y español.*

1. ¿en tu país / jugar / al fútbol y al jai alai?
2. ¿dónde / servir / buenos tacos en tu ciudad?
3. ¿qué / hacer / en tu casa los domingos?
4. ¿cómo / decir / "andar en bicicleta" en inglés?
5. ¿a qué hora / almorzar en los Estados Unidos?
6. ¿qué / comer / y qué / tomar para el almuerzo?

Charlemos

A **Una excursión maravillosa.** Imagine that you are going on the weekend trip advertised below. Have a classmate ask you the following questions about your trip. Answer the questions according to what you read.

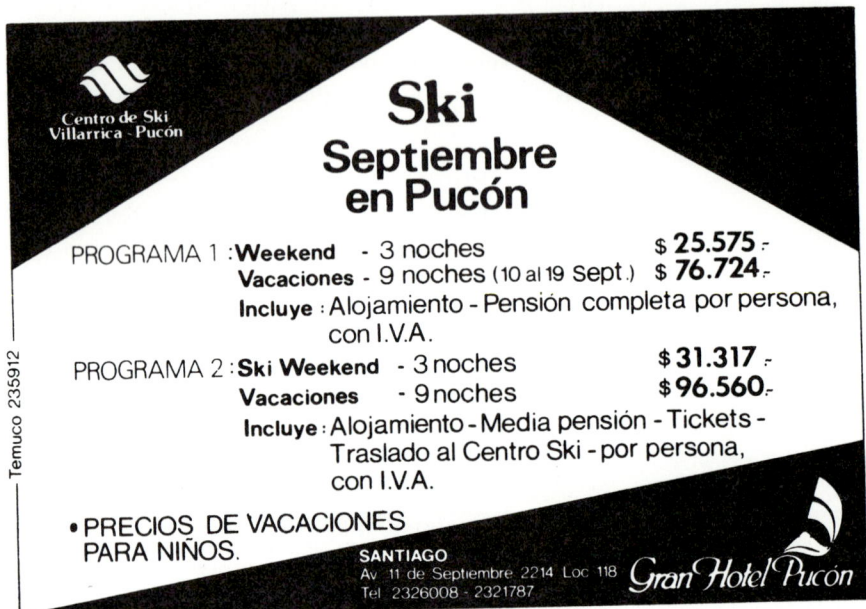

1. ¿Adónde vas? ¿Cuándo comienza la excursión? ¿A qué hora piensas salir? ¿Con quién vas? ¿Por cuánto tiempo? 2. ¿Dónde vas a dormir? ¿Cómo va a ser el hotel? 3. ¿Dónde vas a comer? ¿A qué hora te gustaría almorzar? ¿Qué vas a pedir para tomar y comer? 4. ¿Vas a jugar algún deporte? ¿Qué deportes hay en Pucón? ¿Qué deportes te gustan y no te gustan? ¿Prefieres jugar al vólibol o al básquetbol? 5. ¿Cuándo vas a volver a casa? ¿Qué vas a recordar de la excursión a Pucón?

B **Sé cómo eres.** Converse con otro(a) estudiante.

1. Write down in Spanish two ways you think your classmate is similar to you and two ways you think you are different. Use verbs from this section and vocabulary from previous sections.
2. Then tell each other about the similarities and discuss whether they are correct *(correcto)* or incorrect *(incorrecto)*.
3. Now talk about the differences and clarify any inaccuracies as you did before.

Un poco más

 ¡Escuche!

Your instructor will play a tape recording of three telephone conversations involving invitations. Describe the invitation by filling in the chart below.

	DÍA	HORA	ACTIVIDAD	¿ACEPTA?
TOMÁS Y JUANA:	___	___	___	___
ANITA Y JUANA:	___	___	___	___
CARLOS Y ANITA:	___	___	___	___

Perspectivas

Scan the following advertisement to locate specific information asked for in the comprehension exercise below.

¿Comprendió Ud.?

1. What is the name of the movie theater?
2. How much is the price of admission? Are there any restrictions? If so, what are they?

3. What are the show times?
4. Which movie interests you most, and at what time would you go see it? How much would you pay for admission?

¡Escriba!

Write a letter to Anita and Carlos. In the first paragraph of your letter, tell them about some leisure activities you, your family and your friends enjoy. In the second paragraph, invite them to visit you. Tell them what there is to see and do in your community.

Situaciones

Create short dialogues with a classmate illustrating the situations below. Try to use words and phrases that you have learned.

1. Your Puerto Rican friend invites you to have lunch. You're not hungry *(no tengo hambre),* but you want to join your friend anyway.
2. Your Mexican-American friend calls you on the phone to invite you to a football game. You are unable to accept the invitation. Say so tactfully.
3. A Cuban-American friend of yours invites you to go with her family to a lake *(un lago)* for the weekend. Think about your schedule, then decide whether or not to accept the invitation.
4. Friends of yours, a family from El Salvador living in the United States, send you an invitation to their daughter's fifteenth birthday party. You call them to say that you accept the invitation.

VOCABULARIO

Sustantivos

la carta *letter*
la cosa *thing*
el fin de semana *weekend*
la película *film*
la semana *week*
el tiempo *time*

Adjetivos

intensivo *intensive*
querido *dear*

Verbos

almorzar (ue) *to have lunch*
dar *to give*
decir (i) *to say, to tell*
descansar *to rest*

esperar *to hope,* to wait
estar *to be*
hacer *to do, to make*
invitar *to invite*
llegar *to arrive*
oír *to hear*
pasar *to spend (time)*
pedir (i) *to ask for, to order*
pensar (ie) *to think*
poder (ue) *to be able to*

poner *to put*
querer (ie) *to want, to love*
recibir *to receive*
recordar (ue) *to remember*
servir (i) *to serve*
tener (ie) *to have*
traer *to bring*
venir (ie) *to come*
ver *to see*
visitar *to visit*
volver (ue) *to return*

Adverbios

mal *badly*
pronto *soon*

Los días de la semana

el lunes *Monday*
el martes *Tuesday*
el miércoles *Wednesday*
el jueves *Thursday*
el viernes *Friday*
el sábado *Saturday*
el domingo *Sunday*

El tiempo

a tiempo *on time*
ahora mismo *right now*
de (por) la mañana *in the morning*
de (por) la noche *in the evening*
de (por) la tarde *in the afternoon*
en punto *on the dot*
es hora de *it's time to*
más tarde *later*
medianoche *midnight*
mediodía *noon*
tarde *late*
temprano *early*

Los deportes

andar en bicicleta *to go bicycling*
esquiar *to ski*
hacer ejercicio *to exercise*
montar a caballo *to go horseback riding*
nadar *to swim*
patinar *to skate*
pescar *to fish*

Los pasatiempos

bailar *to dance*
caminar *to walk*
cantar *to sing*
descansar *to rest*
dormir *to sleep*
ir al cine (teatro) *to go to the movies (theatre)*
ir de compras *to go shopping*
jugar a las cartas *to play cards*
pasear *to take a walk*
sacar fotos *to take pictures*
salir con amigos *to go out with friends*
tocar la guitarra *to play the guitar*

Expresiones idiomáticas

¡Cómo no! *Sure, why not.*
conmigo *with me*
contigo *with you (informal)*
De nada. *You're welcome.*
¡Vamos! *Let's go!*

PASO 2

¡Saludos a la familia!

SETTING: Venezuela

Lorena Velarde, a 23-year-old student of tourism, lives with her large, close-knit family in San Felipe, Venezuela. We join them for lunch, learn about their daily activities, and celebrate the important fifteenth birthday of Lorena's sister, Beti.

LECCIÓN 4

Abuelita, ¡te quiero mucho!

COMMUNICATIVE GOALS The students will be able to talk and write about their family and other relatives.

LANGUAGE FUNCTIONS Identifying people and things ♦ Describing people, places and actions

VOCABULARY THEMES Family members ♦ Types of housing and neighborhoods

PRONUNCIATION FOCUS Spanish b, v, z, c, qu

GRAMMATICAL STRUCTURES Possessive adjectives ♦ Adverbs ♦ Present progressive tense

CULTURAL INFORMATION Hispanic families ♦ Hispanic names

Antes Que Nada

The way in which a text is organized can help you predict what you will read. For example, look at the form of the text below. Note how it is printed and laid out.

En este Día Especial,
Para mi Querida ESPOSA...

Tú eres la amiga,
a quien siempre encuentro
para compartir una sonrisa,
para conversar sin prisa,
la que me comprende y me quiere.

Tú eres la novia,
a quien abrazo y beso
diciéndole "Te amo"
cada día, cada noche,
cada instante de mi vida.

1. What recurring pattern do you see in the text?
2. What do you think its main purpose is?
3. What is its central theme? The original text was printed in red. How would that color enhance this theme?

Besides understanding how a text is organized, it is essential to understand its content. One way of doing so is to recognize related words and phrases in the text.

1. Skim the text to get the gist of its content and tone. Do not stop to look up unfamiliar words in a dictionary; rather, try to guess their meaning from context.

    a. What is the content about?
    b. What is the tone of the writer?

2. Two recurring ideas in the text are love and friendship. Scan the text to find all the words and phrases related to these ideas and fill in the table below.

	SUSTANTIVOS	VERBOS
LOVE AND FRIENDSHIP		

3. Write the words whose meaning you could guess from the context. Which words, if any, could you not understand from using contextual clues?
4. This text was written specifically for a wife. Rewrite it to make it suitable for a husband to receive.

EN CONTEXTO

small

—¡Hola! Me llamo Lorena Luisa Velarde Salinas. Tengo veintitrés años. Vivo con mi familia aquí en San Felipe, una ciudad pequeña° de Venezuela.[1] Asisto a un politécnico donde sigo una carrera en turismo. Se aprenden cosas muy prácticas en el poli.[2]

big

—¿Cómo estás? Me llamo José Antonio Velarde Molinas. Soy el papá de Lorena. Trabajo en el Banco Sudamericano aquí en San Felipe; soy oficinista. Estoy muy contento en mi trabajo.
—¿Cómo te va? Mi nombre es Rosa María Salinas de Velarde y soy ama de casa. Mi familia es grande:° somos diez aquí en casa. Mi esposo José y yo tenemos cuatro niños; se llaman Roberto, Lorena, Tomás y Beti.

Abuelita, ¡te quiero mucho! ♦ 91

died
daughter / I'm looking for

older

—¡Mucho gusto! Me llamo Matilde Catalina Figueroa de Salinas. Tengo setenta y ocho años y soy viuda. Mi esposo Francisco murió° en 1984. Rosa María es mi hija;° quiero mucho a mi hija y a toda mi familia.

—¡Hola! Me llamo Elena María Velarde de Muñoz. José es mi hermano mayor;° él tiene cuarenta y ocho años y yo tengo treinta y cuatro. Soy divorciada y no tengo niños. Ahora trabajo en una pequeña boutique en el centro de San Felipe.

—¿Qué tal? Me llamo Roberto Javier Velarde Salinas. Soy el hermano mayor de Lorena. Tengo veintiocho años y estoy casado. Soy mecánico, pero ahora estoy desempleado. Busco° trabajo aquí en San Felipe.

—¡Mucho gusto! Mi nombre es Silvia Marcela Rodríguez de Velarde y tengo veintisiete años. Mi esposo Roberto y yo tenemos un hijo de cinco años que se llama Guillermo Luis o simplemente "Memo". Ahora vivimos con los padres de Roberto porque él no tiene trabajo.

to save / to travel

—¡Hola! ¿Cómo te va? Me llamo Tomás Bernardo Velarde Salinas y soy el hermano menor de Lorena. Tengo dieciocho años y estudio ingeniería petrolera en la universidad. Después de mi graduación, quiero trabajar en Maracaibo y ahorrar° dinero para viajar° a la Isla de Margarita con mi familia y poder comprar muchas cosas.³ Por el momento no tengo novia.

—¡Hola! Me llamo Beti Angélica Velarde Salinas. Lorena es mi hermana mayor. Soy la "bebé" de la familia porque tengo catorce años. Estudio en el Colegio Cervantes aquí en San Felipe. Tengo muchos amigos y me gusta salir con ellos al cine y a fiestas.

living room	Ahora, Beti entra en el salón° y comienza a charlar con su abuela.
	—¡Hola, abuelita![4] ¿Qué tal?
	—Bien, niña. ¿Cómo te va?
	—Más o menos. ¿Qué estás haciendo?
soap opera	—Estoy mirando una telenovela° muy interesante.[5]
	—¿Ah, sí? ¿Cómo se llama?
forever	—"Te quiero para siempre."° Es mi telenovela favorita.
	—¿Por qué, abuelita?
	—Porque adoro al actor Armando Salvaje. ¡Es un hombre joven, romántico y muy guapo!
	—Pero abuelita, ¡tienes setenta y ocho años!
	—Sí, soy muy joven, ¿verdad?
	—Abuelita, ¡te quiero mucho!

Notas de texto

1. *San Felipe* is the capital of the state of Yaracuy located west of Caracas, the capital of Venezuela.
2. A *politécnico (poli)* is a type of vocational school where adult students learn specific trades such as hotel management, carpentry, and bookkeeping.
3. *Maracaibo*, located in the northwest part of the country, is the second largest city in Venezuela. It is well known for its lake and important oil fields. *La Isla de Margarita*, which belongs to Venezuela, is located in the Caribbean Sea, northeast of Caracas. Venezuelans go to Margarita all year long, drawn to the island's many shops where goods from all over the world are sold at duty-free prices.
4. The names *abuelito, abuelita* (grandpa, grandma) and *papá* or *papi* (dad), *mamá* or *mami* (mom) carry strong feelings of affection.
5. *Telenovelas* (soap operas) are very popular in Hispanic countries just as they are in the U.S. Venezuela, with its thriving movie and television industry, has become one of the most important producers of the *telenovela,* and exports many of them to Spanish-speaking countries, as well as to the United States and Canada.

¿Comprendió Ud.?

1. Skim the reading once to get the gist of its content. Then decide whether the following statements are true *(cierto)* or false *(falso)*. If false, say why.

    a. La familia Velarde vive en América Central.

    b. La familia es grande, pero es feliz.

    c. Beti es la hija mayor de la familia.

2. ¿Qué parentesco tienen Silvia y Memo?

    a. Son hermanos.   b. Son madre e hijo.   c. Son tía e hijo.

3. ¿Qué relación tienen Elena y Roberto?

    a. Elena es su tía.   b. Elena es su cuñada.   c. Elena es su madre.

4. ¿En qué se especializa Lorena en el politécnico? En su opinión, ¿es una carrera interesante? ¿Por qué?

5. ¿Quiénes trabajan en la familia Velarde? ¿Dónde trabajan?

6. En la opinión de Beti, ¿es su abuelita joven o vieja? ¿Cuál es la opinión de doña Matilde? ¿Es la abuela una persona alegre o triste? ¿Por qué?

PRONUNCIACIÓN ESENCIAL

B and v. In Spanish, **b** and **v** are pronounced the same. Their pronunciation depends on their position in a word or a group of words. (The English **v** sound, as in **Victor** or **very,** does not exist in Spanish.)

1. At the beginning of a single word or group of words (after a pause) and after **m** or **n,** Spanish **b** and **v** are pronounced very much like the **b** in **boy.**

   Beti es mi hermana.   **V**amos a San Felipe, **V**enezuela.
   Vicente es mi primo.   **V**amos el **v**iernes, ¿**v**erdad?
   Beti es **v**enezolana.   **V**amos a **V**enezuela con **B**eti.

2. In all other positions, particularly between vowels, Spanish **b** and **v** are pronounced softly. To pronounce them correctly, start to say **b**, but at the last moment, do not quite close your lips.

   Tengo una **b**onita a**b**uelita **v**enezolana.
   Mi a**b**uelita **v**i**v**e en Maracai**b**o, **V**enezuela.
   Su teleno**v**ela fa**v**orita es "Cómo **v**i**v**ir **b**ien".

Z, c, and qu. In most of Spain, **z** and **c** before **e** or **i** are pronounced like the **th** in **think**. In Latin America, these sounds are pronounced like the **s** in **swim**.

    Cecilia Rodrígue**z** vive en Venezuela.
    Vive en la **c**iudad de Mendo**z**a, Venezuela.
    Cecilia se espe**c**iali**z**a en **c**ien**c**ias.

In all other positions, Spanish **c** has a hard sound like the **c** in **car.**

Ri**c**ardo aprende **c**osas prá**c**ti**c**as en el polité**c**ni**c**o.

Sus **c**ursos prá**c**ti**c**os son e**c**onomía y **c**ál**c**ulo.

Ri**c**ardo bus**c**a una **c**arrera prá**c**ti**c**a en **C**ara**c**as.

Spanish **qu** also has the hard **k** sound.

¿**Qu**é tal, **qu**erida? ¿**Q**úe estás haciendo?

Te **qu**iero, **qu**erida. ¿No me **qu**ieres a mí?

¿No **qu**ieres vivir conmigo a**qu**í en Albu**qu**er**qu**e?

Práctica extra

Mi prima, Cecilia Castro vive en La Habana, Cuba.

Mi cuñada, Carmen Camacho vive en La Paz, Bolivia.

Mi tía, Alicia Martínez trabaja en Quito, Ecuador.

Mi sobrino, Carlos Quintero trabaja en Caracas.

Vocabulario útil

In this section you will learn to describe your family and your relatives, and where they live.

Cómo conversar sobre la familia y el barrio

La familia

MASCULINO*		FEMENINO
el abuelo	*grandfather / grandmother*	**la abuela**
el nieto	*grandson / granddaughter*	**la nieta**
el hijo	*son / daughter*	**la hija**
el tío	*uncle / aunt*	**la tía**
el sobrino	*nephew / niece*	**la sobrina**
el primo	*male cousin / female cousin*	**la prima**
el suegro	*father-in-law / mother-in-law*	**la suegra**

*The masculine plural forms are used to refer to both sexes of relatives. For example, *abuelos* can mean grandfathers or grandparents; *padres* can mean fathers or parents; *hermanos* can mean brothers or brothers and sisters; *tíos*, uncles or aunts and uncles. The intended meaning of each plural form depends upon its context.

el cuñado	*brother-in-law / sister-in-law*	**la cuñada**
el yerno	*son-in-law / daughter-in-law*	**la nuera**

La familia de Lorena

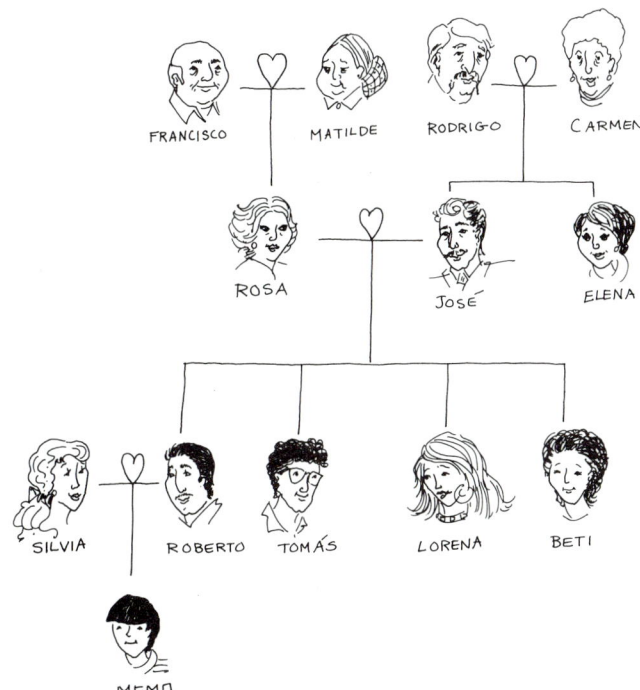

Cómo conversar sobre el barrio

—¿Dónde vive Ud.?
—Ahora vivo en...

    una casa   **un apartamento**   **una residencia estudiantil**

—¿Cómo es su barrio *(neighborhood)*?

—Es... **seguro** *safe*   **limpio** *clean*   **peligroso** *dangerous*
      sucio *dirty*   **tranquilo** *quiet*   **ruidoso** *noisy*
      viejo *old*   **nuevo** *new*

Practiquemos

A **La familia.** Complete la oración a la izquierda con el nombre del pariente apropiado.

PARENTESCO	PARIENTE
1. El padre de mis primos es mi _tío_.	prima
2. Mis padres son los hijos de sus _padres_	sobrino
3. Soy el (la) nieto(a) de mis _abuelos_	hermano
4. La hermana de mi tío es mi _tía_.	tío
5. Mi sobrino es el hijo de mi _hermano_	padres
6. La hija de mis tíos es mi _prima_	hija
	madre
	abuelos

B **Preguntas personales.** Pregúntele a un(a) compañero(a) de clase.

1. ¿De dónde eres? ¿Dónde vives ahora? ¿Cuál es tu dirección?
2. ¿Tienes teléfono donde vives? ¿Qué número es?
3. ¿Cuántos abuelos tienes? ¿Cómo se llama(n)?
4. ¿Cuántos tíos tienes? ¿Cómo se llaman tus tíos? ¿y tus tías?
5. ¿Cuántos primos tienes? ¿Dónde viven ellos?
6. ¿Quién es casado(a) en tu familia? ¿Cuántos niños tiene(n)?
7. ¿Eres tío(a)? ¿Cómo se llaman tus sobrinos? ¿Cuántos años tienen?
8. Ahora, cuéntame *(tell me)* un poco sobre el barrio donde vives.

C **Mi familia.**

1. Draw your family tree using Lorena's as a model.
2. Then write a description of a relative whom you like very much. Use words and phrases from this lesson and previous lessons.

    a. Cuántos años tiene *(Lección preliminar)*.
    b. Estado civil, personalidad y características físicas *(Lección 1)*.
    c. Profesión *(Lección 2)*.
    d. Pasatiempos y deportes favoritos *(Lección 3)*.
    e. Familia, casa y barrio *(Lección 4)*.

3. Bring a photograph of your relative and describe him or her to a classmate.

    Ejemplo: *Mi abuelito es una persona especial. Se llama Jorge Salas y tiene sesenta y cinco años. Es muy simpático y generoso. Es un* *poco bajo y es guapo. Mi abuelito es médico. A él le gustan los deportes. Le gusta jugar al golf y mirar la televisión. Mi abuelito tiene cuatro hijos y tres nietos; soy la menor de los nietos. Vive en un apartamento en un barrio viejo y muy tranquilo.*

Esta familia colombiana es muy unida. ¿Cuántas generaciones hay aquí? ¿Cuántas generaciones hay en la familia de Ud.?

Notas culturales

Hispanic Families

In Hispanic cultures the most important social unit to which a person belongs is the extended family or *familia*. In addition to the father, mother and children, *la familia* includes the parents of the husband and wife, their brothers and sisters, as well as nieces, nephews, cousins, and godparents.

Traditionally, Hispanic *familias* maintain very close ties. Often, Hispanics in need will turn to their extended family for both emotional and material support before going to their government, church or charities for help. In times of difficulty, strong family ties provide a welcome support system.

Because of strong emotional relationships and economic considerations, two or more generations may live together in one home. As you read in the *En contexto* section of this lesson, four generations of people live in the Velarde household.

Until recently, in most families, the father traditionally has been the undisputed head of the home. Generally, the wife's responsibilities have been to keep the house and to care for the children. As higher education for women becomes increasingly important, however, more and more women are taking jobs outside the home. Although at times this is due to economic necessity, more often it is because of the changing role of women and the world-wide trends towards women making career choices.

1. What does the word "family" mean to you?
2. How does your meaning of "family" compare with the Spanish word *familia*?
3. What family system do you prefer, and why?

Gramática Funcional

In this section you will learn to describe relationships with people and things.

Possessive Adjectives

Possessive adjectives indicate relationship or ownership. Like other adjectives, they match the gender (masculine or feminine) and number (singular or plural) of the nouns they describe.

A. How to form possessive adjectives

1. The possessive adjectives *mi, tu* and *su* have two forms: singular and plural.

	SINGULAR	PLURAL
my	**mi** prima	**mis** primas
your (informal)	**tu** tío	**tus** tíos
his, her, its, your (formal)	**su** casa	**sus** casas

2. The possessive adjectives *nuestro* and *vuestro* have four forms: masculine, feminine, singular, and plural.

	MASCULINE	FEMININE
our	nuest**ro** herman**o**	nuest**ra** famili**a**
	nuest**ros** herman**os**	nuest**ras** famili**as**

your (informal)*	vuestr**o** herman**o**	vuestr**a** famili**a**
	vuestr**os** herman**os**	vuestr**as** famili**as**

B. How to use possessive adjectives

1. As you can see in the examples above, the possessive adjectives *su* and *sus* have five translations in English (his, her, its, your, their). Usually, the context of the sentence clarifies their meaning. For example, try guessing the meaning of *su* and *sus* in the following conversation:

   —Aquí tiene **su** diccionario, profesora. Muchas gracias.
   —De nada, Diana. Y aquí tiene **sus** papeles; **su** trabajo es excelente.
   —Gracias, profesora. ¡Ah! mire... mi hermana está en el hospital, pero aquí está **su** trabajo.

2. If necessary, you can clarify or emphasize the meaning of *su* and *sus* by using the word *de* with a pronoun as follows:

   su auto = el auto
   - de él — ***his*** *car*
   - de ella — ***her*** *car*
   - de Ud. — ***your*** *car*
   - de ellos — ***their*** *car*
   - de ellas — ***their*** *car*
   - de Uds. — ***your*** *car*

3. In English, we express possession by attaching an **'s** to a noun. You can show this same relationship in Spanish by using *de* with a noun.

   —El Toyota es **su** auto.
   —¿Cómo? ¿De quién es?
   —Es **de ella.**
   —Ah, es el auto **de Ana.**

---

*Like *vosotros*, *vuestro* is used primarily in Spain when addressing a group of people in a familiar way. In Latin America, *su* would be used instead.

Manos a la obra

A **Familias diferentes.** Substitute the English words in parentheses with their Spanish equivalent, read aloud the paragraphs, then answer the personal questions.

1. *(My)* familia y yo vivimos en un apartamento pequeño. *(Our)* barrio es ruidoso porque hay mucho tránsito aquí. ¿Cómo es *(your)* barrio, amigo(a)?
2. *(My)* tíos Manuel y Alma viven en un barrio tranquilo. *(Their)* casa es grande y elegante. Tienen dos hijos, Mario y Beto, que son *(my)* primos. ¿Quiénes son *(your)* tíos y primos, amigo(a)?
3. *(My)* primo y yo tenemos mucho en común. *(Our)* familias pasean en el parque los domingos, *(our)* padres juegan a las cartas, *(our)* casa es moderna y *(our)* cine favorito es el Regis. ¿Cómo se llama uno de *(your)* primos y qué tienen en común ustedes, señor/señorita/señora?
4. *(Lorena's nephew)* anda mucho en bicicleta. *(Memo's bicycle)* es un poco vieja, pero le gusta. *(His)* padres se llaman Roberto y Silvia. ¿Cómo se llaman *(your parents)*, señor/señorita/señora?

B **Otros parientes.** Lorena conoce a la familia Rabanal. ¿Quiénes son?

Modelo: Marcelo / hermano / Mariela Rabanal
Marcelo es el hermano de Mariela Rabanal.

1. Luis Alberto / padre / Marcelo y Mariela
2. Marcelo / primo / el profesor Marcos Rabanal
3. Patricio Araya / cuñado / Bernarda Rabanal
4. la señora Rabanal / esposa / Luis Alberto
5. Cristina / abuela / Marcelo y Mariela
6. Luis Alberto / sobrino / el doctor Patricio Araya

Ahora, describa a su familia.

Ejemplo: *Me llamo Ann Gneiting. Soy la madre de Leah y Paul Gneiting. Leah y Paul son los primos de... etc.*

C **¿De quién es?** Identifique de quiénes son las siguientes cosas.

Ejemplo: *El teléfono es de Lorena.*

1. **Roberto**

2. **Matilde**

3. **Tomás**

4. **Memo**

Charlemos

A **Nuestro país.** Using words from each column, create sentences to express your opinions about our country. Be sure your adjectives match the gender and number of their nouns.

Ejemplos: *Nuestro país es grande y nuestra economía es buena.*

	país		rico / pobre
	gente		viejo / joven
	sociedad		limpio / sucio
Nuestro	economía		grande / pequeño
Nuestra	películas	es	inteligente / tonto
Nuestros	tradiciones	son	conservador / liberal
Nuestras	presidente		trabajador / perezoso
	hombres / mujeres		antipático / simpático
	líderes políticos		aburrido / interesante

B **¿Cómo son?** Ask a classmate about the following aspects of his or her life. Your classmate should respond by using statements like those in the model. Ask follow-up questions, if possible.

Ejemplo: familia

A: *¿Cómo es tu familia?*
B: *Mi familia es pequeña.*
A: *¿Cuántos son ustedes?*
B: *Somos cuatro.*

1. barrio
2. casa
3. familia
4. padres
5. hermanos
6. novio(a)

GRAMÁTICA FUNCIONAL

In this section you will learn to describe the manner and frequency in which actions take place.

Adverbs

An adverb is a word that modifies a verb, an adjective, or another adverb. It may describe how, when, where, why, or how much. You already know many adverbs such as *bien, mal, mucho, un poco, muy,* and others.

—¡Hola! ¿Qué tal, Lorena?
—**Muy bien,** gracias.
—Y tú, abuelita, ¿cómo estás?
—Estoy **mucho mejor,** gracias.

A. How to form adverbs

1. To form most Spanish adverbs, add **-mente** (English **-ly**) to an adjective; if the adjective ends in **-o,** add the **-mente** ending to its singular feminine form.

   especial → especial**mente**   *especially*

   perfecto → perfect**amente**   *perfectly*

2. Some common adverbs of frequency are as follows:

una vez	*once*	**nunca**	*never*
dos veces	*twice*	**siempre**	*always*
a veces	*sometimes*	**casi siempre**	*almost always*
muchas veces	*very often*	**cada día (año)**	*every day (year)*

B. How to use adverbs

1. When two adverbs ending in **-mente** are used together to describe the same action, only the second one carries the **-mente** ending.

   José llega a su trabajo **rápida y puntualmente.**
   José arrives at his work quickly and punctually.

2. Spanish adverbs do not change for agreement of gender and number; therefore, they have only **one** form.

   —¿Cómo es tu abuelita, Carmen?

—Es **un poco** baja y **muy** delgada.
—¿Hablan Uds. en inglés **a veces?**
—Sí, lo hablamos **cada día.**

Manos a la obra

A **Dos hermanas.** Beti y Lorena están hablando en casa. Para comprender lo que dicen, complete los párrafos que siguen tomando el adverbio apropiado de las listas.

| cada | nunca | normalmente |
| a veces | casi siempre | frecuentemente |

1. Beti: _____ fin de semana salgo con mis amigos. Vamos al Cine Regis_____ porque _____ tienen películas interesantes. _frecuentemente_, después de ver la película, vamos a un café para charlar pero, _____, vamos a mi casa para jugar a las cartas. _____ vemos telenovelas porque no nos gustan.

| muy | mejor | muy poco |
| bien | siempre | rápidamente |

2. Lorena: Me gustaría hablar inglés _____, pero es _____ difícil para mí. Cuando mi profesor de inglés habla _rápidamente_, comprendo _____. Pero cuando habla con pausas frecuentes, _siempre_ comprendo _bien_.

B **Cuatro parientes de Lorena.** Complete las conversaciones. Luego hable con otro(a) estudiante.

Modelo: A: —A mi hermano no le gusta estudiar.
B: —¡Pero mañana hay un examen! ¿Qué va a hacer?
A: —Va a estudiar *inmediatamente*. (inmediato / natural)

1. B: —Mi hermano está desempleado ahora.
   A: —¿Qué hace cada día?
   B: —Busca trabajo _____. (triste / intensivo).
2. A: —Mi papá tiene poco tiempo para comer por la tarde.
   B: —Pero siempre almuerza, ¿verdad?
   A: —Sí, pero almuerza _____ (fácil / rápido).
3. B: —Mi cuñada es una violinista muy buena.
   A: —¿Cómo toca ella el violín?
   B: —Lo toca _____ (perfecto / incorrecto).
4. A: —Mi tía es una persona muy nerviosa.
   B: —¿Y qué puedo hacer yo?
   A: —Puedes hablar _____ (paciente / normal) con ella.

A estos jóvenes les gusta andar en bicicleta los domingos. ¿A Ud. le gusta andar en bicicleta también?

Charlemos

A **¿Con qué frecuencia?** Forme preguntas como en el ejemplo. Luego, hágale las preguntas a otro(a) estudiante. Él (ella) responde apropiadamente con "Sí, casi siempre"; "Sí, a veces"; o "No, casi nunca".

Ejemplo: hacer ejercicio por tres horas cada semana
        A: —*¿Haces ejercicio por tres horas cada semana?*
        B: —*Sí, a veces. ¿Y tú?*
        A: —*No, casi nunca.*

1. montar a caballo o andar en bicicleta
2. pasear en el parque los fines de semana
3. caminar o andar en bicicleta a tus clases
4. jugar al vólibol o al básquetbol en un gimnasio
5. hacer ejercicio por una hora cada día
6. nadar para tener más energía física y mental

B **¿Cómo lo hacen?** Converse con un(a) compañero(a) de clase.

Ejemplo: Mi hermano duerme tranquilamente.

1. Mi papá (mamá) canta _____.   felizmente
2. Mi hermano (hermana) duerme _____.   casi siempre
3. Mis abuelos miran la televisión _____. un (muy) poco

4. Mis tíos visitan a mi familia ____.
5. Mi(s) ____ toca(n) la guitarra ____.
6. Mi(s) ____ va(n) al cine ____.
7. Y yo ____.

muy bien (mal)
frecuentemente
tranquilamente
cada día (semana)

Notas culturales

Hispanic Names

Hispanic children may be given more than one Christian name—**Juan Carlos** or **Ana María**, for example. Sometimes children are named according to the saint's day on which they are born. July 16 is the day of the **Virgen del Carmen,** and a girl born on that day might be called **Carmen** in addition to another name such as **María**; her name would then be **María del Carmen.** Parents may also choose a name for a child to honor another member of the family, or they choose a name simply because they like it.

Nicknames are just as common among Spanish speakers as they are among English-speaking people. They are often shortened forms of the name; for example, **Natividad** becomes **Nati** and **Guillermo** becomes **Memo**. Some nicknames do not resemble formal names, as occurs when Francisco becomes **Paco** or **Pancho.** Women who have compound names often abbreviate them; for example, **María del Carmen** may be called **Maricarmen.** The most common nicknames end in **-ito** for boys and **-ita** for girls; for example, **Carlos** becomes **Carlitos** and **Elena** becomes **Elenita.***

Hispanic people have two surnames: the first surname comes from the father's first surname, the second surname comes from the mother's first surname. For example, the son of **José Antonio García Gutiérrez** and **Rosa María Martínez Sarmiento** is called **Carlos Tomás García Martínez.** Sometimes only the first surname (the father's) is used and the second surname is abbreviated: **Carlos Tomás García M.** Both last names, however, are often required for legal purposes.

When a woman marries, she drops her maternal surname and adds *de* plus her husband's paternal surname. For example, when **Rosa María Martínez Sarmiento** married **José Antonio García Gutiérrez**, her name became **Rosa María Martínez *de* García**. People call her **señora de García** or simply **señora García**.

---

*The diminutive endings **-ito** and **-ita** are also used to express affection in Spanish.

Gramática Funcional

In this section you will learn to describe actions that are in progress.

Present Progressive Tense

Spanish speakers use the present progressive tense only to describe what is happening as they speak.

A. How to form the present progressive

1. The present progressive is composed of a form of *estar* and a present participle (e.g., *Estoy comiendo* = I'm eating). To form the present participle of most Spanish verbs, drop the infinitive ending, then add **-ando** to **-ar** verb stems and **-iendo** to **-er** and **-ir** verb stems.

	INFINITIVE	VERB STEM	ENDING	PRESENT PARTICIPLE	MEANING
-AR VERBS:	trabajar	trabaj	+ **ando**	**trabajando**	*working*
-ER VERBS:	comer	com	+ **iendo**	**comiendo**	*eating*
-IR VERBS	escribir	escrib	+ **iendo**	**escribiendo**	*writing*

—¡Hola, Beti! ¿Qué **estás haciendo?**
—**Estoy estudiando.** ¿Y tú, Ana?
—**Estoy mirando** la televisión.

2. Some common irregular present participles are as follows:

| decir | **diciendo** | servir | **sirviendo** | leer | **leyendo** |
| pedir | **pidiendo** | dormir | **durmiendo** | traer | **trayendo** |

¡Cuidado! The present participle does **not** change to match the gender or number of its subject; therefore, the present participle always ends in **-o**.

B. How to use the present progressive

As you know, Spanish speakers use the simple present tense to express what happens habitually, what happens over a period of time, and what happens at a later date. Spanish speakers use the present progressive tense to describe actions and conditions that are **happening right now—at this very moment.** The following sentences show how native speakers of Spanish use the simple present and the present progressive tenses.

USE OF SIMPLE PRESENT   USE OF PRESENT PROGRESSIVE

Happens habitually
Generalmente, Lorena **come** *(eats)* con su familia en casa.

Happening right now
Pero hoy Lorena **está comiendo** *(is eating)* sola en una cafetería.

Happens over a period of time
Este semestre Beti y Tomás **leen** *(read)* muchos libros en la escuela.

Happening right now
En este momento, Beti y Tomás **están leyendo** *(are reading)* en casa.

Happens at a later date
Mañana, Roberto, Silvia y Memo **caminan** *(walk)* por el parque con su perro, Frosti.

Happening right now
Silvia **está trabajando** *(is working)* en casa y Memo **está jugando** *(is playing)* con Frosti.

Manos a la obra

A **¿Aló?** Lorena está hablando por teléfono con varios amigos. ¿Qué preguntas les hace Lorena, y qué responden ellos?

Modelo: ¿Miguel, estudiar? → No, descansar ahora
Lorena: *Miguel, ¿estás estudiando?*
Miguel: *No, estoy descansando ahora.*

1. ¿Daniel, trabajar mucho? → No, leer una novela romántica
2. ¿Carlitos, leer ahora? → No, tocar el piano, pero muy mal
3. ¿Sra. Piñero, jugar a las cartas? → No, escribir una carta
4. ¿Ustedes, comer ahora? → No, mirar una telenovela buena
5. ¿Vosotros, almorzar? → No, estudiar para un examen ahora

B **Descripciones.** Describa lo que las personas están haciendo en **el ejercicio C** en las páginas 100–101.

C **Situaciones.** Read each situation, then write one or two sentences about what you think may be happening in each one.

1. Elena, la tía de Lorena, está con dos clientes en su boutique. ¿Qué está haciendo Elena? ¿Y sus clientes?
2. Lorena está en la oficina de su profesor de turismo. Mañana ella tiene un examen importante. ¿Qué está haciendo la joven en la oficina? ¿Y su profesor?

3. Doña Matilde está en el salón con su nieta Beti. A la abuelita le gusta leer. ¿Qué está haciendo doña Matilde? ¿Y su nieta?

4. Memo tiene cinco años. Hoy el muchacho está en el sofá del salón con su abuela Rosa María. Son las cuatro de la tarde. ¿Qué está haciendo Memo? ¿Y su abuelita?

D **Conversaciones.** Write a short dialogue that corresponds to one of the situations in **Activity C,** using words and phrases you have learned.

Charlemos

A **¡Adivínelo!** Adivine lo que están haciendo las siguientes personas en este momento.

Ejemplo: su abuelo
Ahora mi abuelo está trabajando.

1. su padre o madre
2. su mejor amigo o amiga
3. su hermano o hermana
4. el autor de *Poco a poco*
5. su actor o actriz favorito(a)
6. el presidente de los Estados Unidos

B **Charades.** On separate slips of paper, write several descriptions of actions in the present progressive tense, using verbs and nouns you know. Your instructor will correct your sentences. Then you and your classmates will take turns choosing slips and acting out what is written on them. The other students will try to guess what the actor or actress is doing.

Ejemplos: *Estás comiendo en casa.*
Estás mirando la televisión.

Un poco más

 ¡Escuche!

You will hear a conversation between Ana and Marta, two university students. As you listen, try to figure out where they are, what they are doing, and where Ana is from.

1. ¿Dónde están Ana y Marta?
2. ¿Qué están haciendo?
3. ¿Adónde van?
4. ¿De dónde es Ana?
5. ¿Cómo es su barrio?
6. ¿Acepta Marta su invitación?

Perspectivas

Lea el siguiente anuncio de un bautismo *(baptism)*.

Lucía

Nací en la ciudad de México, D.F. el día 28 de julio de 1979 y me bautizaron el día 8 de diciembre del mismo año en la Parroquia del Verbo Encarnado (La Sagrada Familia)

Mis Padres:
Gonzalo Aguilar Abarca
y
Norma M. de Aguilar

Mis Padrinos:
Marcelo Maldonado A.
y
Josefina R. de Maldonado

¿Comprendió Ud.?

1. ¿Cuándo y dónde es el bautismo?
2. ¿Cuál es el nombre completo de la ahijada *(goddaughter)*?
3. ¿Cómo se llaman los padrinos *(godparents)* de la bebé?
4. ¿Dónde viven la ahijada y su familia?

¡Escriba!

Describa a su familia en uno o dos párrafos, específicamente...

1. quiénes son (nombre y cuántos años tienen)
2. dónde viven (ciudad, barrio, casa o apartamento)
3. dónde trabajan o a qué escuela asisten ahora
4. qué pasatiempos y deportes les gustan más

Situaciones

Charle con otro(a) estudiante.

1. Bring to class some photographs of your family to share with a classmate. Describe your family as well as you can in Spanish.
2. Describe one of your favorite friends or relatives in Spanish to a classmate. Use the words and phrases you have learned in this and in previous lessons.

Estas dos niñas guatemaltecas son hermanas.

Vocabulario

Sustantivos

el barrio neighborhood
el salón living room
la telenovela soap opera

La familia

la abuela grandmother
el abuelo grandfather
la cuñada sister-in-law
el cuñado brother-in-law
la hija daughter
el hijo son
la nieta granddaughter
el nieto grandson
la nuera daughter-in-law
los parientes relatives
el (la) primo(a) cousin
la sobrina niece
el sobrino nephew
la suegra mother-in-law
el suegro father-in-law
la tía aunt
el tío uncle
el yerno son-in-law

Lugares para vivir

el apartamento apartment
la casa house
la residencia estudiantil dormitory

Adjetivos

contento happy, content
desempleado unemployed
grande big, large
limpio clean
mayor older
menor younger
nuevo new
peligroso dangerous
pequeño small
ruidoso noisy
seguro safe
sucio dirty
tranquilo quiet, calm

Adjetivos posesivos

mi(s) my
nuestro(a,os,as) our
su(s) his, her, your, its, their
tu(s) your
vuestro(a,os,as) your

Verbos

adorar to adore
ahorrar to save (money)
buscar to look for
viajar to travel

Adverbios

a veces sometimes
cada every, each
casi almost
casi siempre almost always
dos veces twice
muchas veces very often
nunca never
siempre always
una vez once

Expresiones idiomáticas

para siempre forever

LECCIÓN 5

¡Qué rica está la comida!

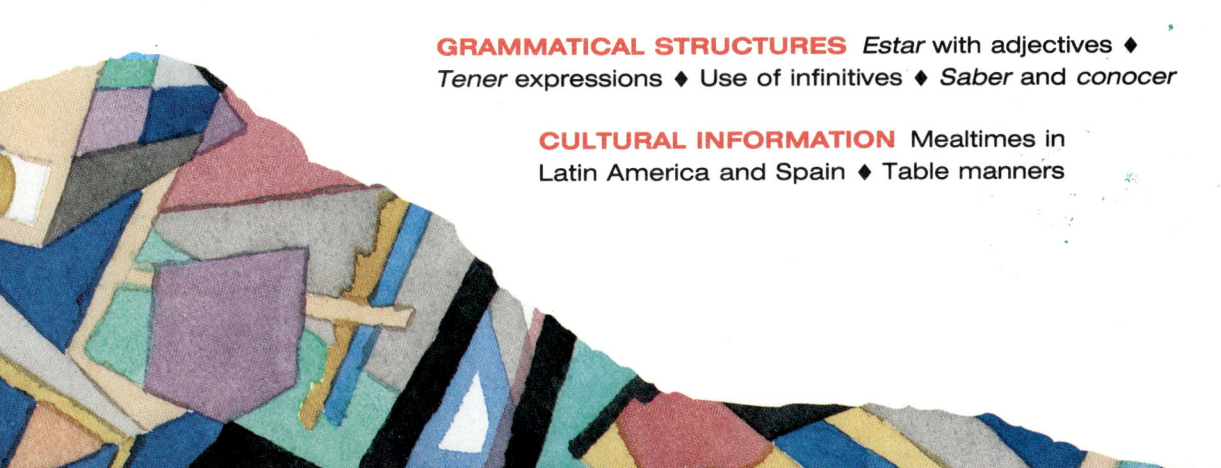

COMMUNICATIVE GOALS The students will be able to talk and write about foods and personal needs.

LANGUAGE FUNCTIONS Expressing likes and dislikes ♦ Giving opinions and advice ♦ Stating physical and emotional needs

PRONUNCIATION FOCUS Spanish d, r, rr

VOCABULARY THEMES Common foods

GRAMMATICAL STRUCTURES *Estar* with adjectives ♦ *Tener* expressions ♦ Use of infinitives ♦ *Saber* and *conocer*

CULTURAL INFORMATION Mealtimes in Latin America and Spain ♦ Table manners

Antes que nada

Let's review and practice some of the reading strategies you learned in previous lessons.

A. Skimming. Read the text below, then complete the following two statements.

1. This reading is about the . . .

    a. intricacies of the human nervous system.
    b. positive and negative aspects of exercise.
    c. advantages of drinking decaffeinated coffee.
    d. benefits and dangers of drinking coffee.

2. This . . . is based on . . .

    a. article / fact.   c. story / fact.
    b. story / fiction. d. article / fiction.

LO POSITIVO Y LO NEGATIVO DEL CAFÉ

El café es una de las bebidas más populares en todo el mundo, pero pocas personas saben realmente lo que una taza de café significa. Como contiene cafeína es un estimulante del sistema nervioso, cardiovascular y muscular. Es diurético y estimula la digestión. En cantidades normales, una o dos tazas al día estimula además la actividad intelectual y física, así como la lentitud cardiaca y digestiva, pero en cantidades elevadas provoca taquicardia y como descontrola al sistema nervioso, puede ocasionar temblores. Es preferible que se abstenga de tomarlo si tiene úlcera, hipertensión, insomnio o padece de los nervios. Si es así, prefiera el que viene descafeinado y no abuse, para que pueda saborearlo siempre.

"El café, lo positivo y lo negativo de esta bebida," Buenhogar, Año 23, No. 11, 17 de mayo, 1988, página 11.

B. Scanning. On a separate sheet of paper, draw and fill in a chart like the one on page 115. This task will help you find and reorganize the main ideas in the reading.

	CAFÉ CON CAFEÍNA	CAFÉ DESCAFEINADO
POSITIVO		
NEGATIVO		

C. Contextual guessing. Reread the text and write the Spanish equivalent for the English words below without using a dictionary.

1. Nouns: drinks, cup, palpitations
2. Verbs: means, to cause, to enjoy it
3. Adverbs: moreover

D. Dictionary. On a separate sheet of paper, write the words (if any) whose meaning you looked up in a dictionary.

E. Strategies. Rank from 1 to 8 the reading strategies you used to understand this text (1 = strategy used most often → 8 = strategy used least often).

_____ Skimming   _____ Knowledge of Spanish
_____ Scanning   _____ Knowledge of the topic
_____ Contextual guessing   _____ Recognition of cognates
_____ Completing the chart   _____ Use of a dictionary

EN CONTEXTO

Es la una y media de la tarde, y la familia Velarde está almorzando.[1]

MAMÁ: Estás comiendo muy rápido, mi hija. ¿Por qué?
LORENA: Porque estoy muy apurada,° mamá.
PAPÁ: Sí, ¿pero por qué la prisa?°
LORENA: Hoy a las cuatro tengo un examen de turismo, papá. Y los

I'm in a big hurry
hurry

I have to		exámenes del profesor Navarro siempre son muy difíciles. Tengo que° salir pronto porque no quiero llegar tarde a mi clase.
You should	ABUELA:	Paciencia, paciencia... vas a llegar a tiempo. Debes° comer más arepas, Lorena.² Estás muy delgada.
	LORENA:	Ay, no, abuela. Estoy muy gorda. No puedo comer más.
	BETI:	¡Yo, sí! ¡Qué rica está la comida, mamá! ¡Me gustan mucho las arepas! ¿Me sirves dos más?
Pienso / *you're very hungry*	MAMÁ:	¡Claro, mi hija! Creo° que tienes mucha hambre,° ¿eh?
	ROBERTO:	Lorena, ¿cuándo tienes vacaciones en el poli?
me gustaría	LORENA:	En agosto y septiembre, gracias a Dios.³ Ay, ¡tengo ganas de° descansar!
	TOMÁS:	¿Sabes qué, papá? ¿Por qué no vamos a la Isla de Margarita en agosto?
	PAPÁ:	¿A la Isla de Margarita? ¡Por Dios, mi hijo! Trabajo en el Banco Sudamericano, pero no soy el presidente del banco.

Notas de texto

1. Most Latin Americans and Spaniards have lunch—their main meal of the day—between 1:00 and 3:00 in the afternoon.
2. *Arepas* are flat pancakes made from white corn flour, water and salt. They are deep fried or baked, and are filled with butter, meat or cheese.
3. *¡Gracias a Dios!* is not considered to be a blasphemous phrase in Hispanic culture. It is perfectly acceptable to use exclamations containing the word "God" because they have lost their religious connotations. Other common expressions include *¡Dios mío!* (My gosh!), *¡Por Dios!* (For heaven's sake!), *¡Válgame Dios!* (Bless me!), and *¡Vaya con Dios!* (May God be with you!).

¿Comprendió Ud.?

- List the main ideas in *En contexto,* and identify the key sentence that best expresses each one.
- Reread *En contexto* and underline key words and phrases that provide additional information about the main ideas you identified.
- Ahora conteste estas preguntas.

1. Hoy Lorena está _____.

    a. nerviosa   c. aburrida

    b. contenta   d. tranquila

2. Lorena y su familia están comiendo _____.

    a. muy temprano   c. juntos en casa

    b. en un restaurante   d. con otra familia

3. Lorena está preocupada por ____.

   a. su querida abuelita   c. su profesor
   b. su examen de turismo   d. sus vacaciones

4. Es evidente que la familia Velarde ____.

   a. quiere a Lorena   c. come muy rápido
   b. es un poco rica   d. tiene mucha hambre

5. A Beti Velarde le gusta ____.

   a. ahorrar dinero   c. ganar dinero
   b. comer arepas   d. viajar mucho

PRONUNCIACIÓN ESENCIAL

A. Spanish d. Spanish **d** has two sounds, depending on its position within a word or phrase. At the beginning of a phrase or sentence, or after **l** or **n**, Spanish **d** is pronounced like English **d** in **dance,** but somewhat softer.

¿**D**iego? ¿**D**aniel? ¿**D**onal**d**o? ¿Qué están hacien**d**o?

Don **D**iego está almorzan**d**o ahora.

Don **D**aniel está an**d**an**d**o en bicicleta.

Don **D**onal**d**o está miran**d**o la televisión.

In all other positions, especially between vowels, Spanish **d** is pronounced like the **th** in **then.**

Es sába**d**o y son las **d**os **d**e la tar**d**e.

Es hora **d**e almorzar en la casa **d**e los Velar**d**e.

Beti Velar**d**e pi**d**e arepas to**d**os los sába**d**os.

Y **d**espués **d**e comer, le gusta **d**escansar o **d**ormir.

B. Spanish r and rr. Spanish **r** is pronounced like the **d** sound in the sentence: Betty had a little bitty kitty. Say the following phrase several times very fast: pot o' tea. Now you should be able to say *para ti* (for you) with near perfect pronunciation.

Son las t**r**es de la ta**r**de y es ho**r**a de almo**r**zar.

Lo**r**ena Vela**r**de está apu**r**ada po**r**que va a sali**r** p**r**onto.

El ma**r**tes ap**r**ende turismo y el vie**r**nes ap**r**ende po**r**tugués.

Ella no tiene tiempo pa**r**a hace**r** eje**r**cicio ni pa**r**a descansa**r**.

A Lo**r**ena le gusta**r**ía i**r** a la Isla de Ma**r**garita en septiemb**r**e.

In Spanish, **rr** is considered to be one consonant. It is formed exactly like the single **r**, but the tongue bounces several times against the ridge behind the upper teeth. It is trilled somewhat like a child imitating the sound of a motor. The single **r** is also trilled when it begins a word, and within a word after **l**, **n**, or **s**.

Rita y **R**ona Nava**rr**o son is**r**aelitas; son de Is**r**ael.

Ramona y En**r**iqueta Gutié**rr**ez son puerto**rr**iqueñas.

Rita tiene un ca**rr**o ho**rr**ible.

Rona tiene un pe**rr**o abu**rr**ido.

Ramona tiene una guita**rr**a te**rr**ible.

En**r**iqueta tiene un bu**rr**o i**rr**itable.

Sometimes the pronunciation of Spanish **r** and **rr** is important to distinguish meaning. Compare the following pairs of words.

| pe**r**o | *but* | ca**r**o | *expensive* |
| pe**rr**o | *dog* | ca**rr**o | *car* |

VOCABULARIO ÚTIL

Cómo conversar sobre la comida

In this section you will learn to describe the kinds of food you like and dislike, and offer your opinions about food in general.

El desayuno: mermelada, café con leche, jugo de naranja, pan tostado

El almuerzo (la comida): ensalada, vino blanco, pollo con papas, queso y fruta, pan con mantequilla, sopa de tomate

Las bebidas:

vaso de té helado
limonada
botella de cerveza fría
copa de vino tinto
taza de café con crema y azúcar

La merienda:

chocolate caliente
pasteles
sándwiches

La cena:

caldo (consomé) de pollo
panecillos
agua mineral
pescado con arroz

Las carnes y los huevos:

rosbif
huevos duros
chuletas de cerdo (puerco)
bistec

Practiquemos

A **Opiniones.** Lea cada oración, luego dígale su opinión a un(a) compañero(a) de clase: **Sí, No, No sé** o **Depende** *(It depends)*.

1. El arroz con pollo es una comida nutritiva.
2. El caldo de pollo es un tipo de sopa caliente.
3. Normalmente, la merienda es una comida muy grande.
4. Se debe tomar vino blanco con pescado, no vino tinto.
5. El café es una buena bebida para los niños de cinco años.
6. Un vaso de cerveza y un sándwich de queso son muy ricos.
7. En los Estados Unidos casi siempre se sirve vino con el desayuno.

B **Un menú personal.** Prepare una lista de la comida que a Ud. le gustaría comer mañana para el desayuno, el almuerzo y la cena.

C **¿Qué dice Ud.?** Pregúntele a otro(a) estudiante.

1. ¿A qué hora desayunas? ¿Dónde tomas el desayuno? ¿Desayunas solo(a) o con otras personas? ¿Quiénes? ¿Qué prefieres tomar por la mañana: café, té, leche, chocolate o jugo? ¿Qué otra cosa tomas? Los días de clase, ¿desayunas con prisa o tranquilamente? ¿Por qué? 2. En tu casa, ¿cuál es la comida principal del día: el desayuno, el almuerzo o la cena? ¿Dónde y a qué hora almuerzas los domingos? ¿Qué comes? ¿Qué no te gusta comer? ¿Qué te gustaría comer para la cena hoy?

NOTAS CULTURALES

Mealtimes in Latin America and Spain

Mealtimes differ in Hispanic countries from those in the United States and Canada. There are three basic meals: *el desayuno* (breakfast), *el almuerzo* (midday meal), and *la cena* (dinner). Some countries also have a late afternoon snack or tea called *la merienda* or *la once* (Chile).

El desayuno is eaten around 7:00 or 8:00 a.m. and is a very simple meal, which Europeans call a continental breakfast. Usually, it consists of *café con leche,* bread and butter or a sweet roll with marmalade, and sometimes fruit.

In Hispanic countries, the main meal of the day is *el almuerzo,* which is eaten between 1:00 and 3:00 p.m. Traditionally, children come home from school and adults return from work to eat together as a family. The *almuerzo* might consist of soup, a fish or meat dish with vegetables and potatoes or rice, maybe a green salad, and then fruit or cheese for dessert. Pastries such as cake and pies are served on special occasions. After the meal, the adults usually drink coffee and chat for a while, which is a custom called *la sobremesa* (literally, "over table"). After 3:00 p.m., the adults return to work and the children return to school or participate in other daily activities. However, these traditions are changing. More and more government and private offices are opting for shorter lunch hours. During the work week, quick lunches are becoming more popular than leisurely lunches and the traditional *siesta* hour.

La cena is usually eaten after 8:00 p.m. in Latin America, and is commonly served between 10:00 and 11:00 p.m. in Spain and Argentina. This evening meal is somewhat lighter than the midday meal. It may consist of meat and a rice or potato dish, bread, and a small salad.

Because the *cena* is served later in the evening, some Hispanics pause for a *merienda* about 5:00 or 6:00 p.m. *La merienda* is a snack consisting of sandwiches and pastries served with *chocolate, té, café con leche,* or a soft drink. In Chile, people say *"Vamos a tomar once"* when they prepare to have a *merienda*. It is said that Chilean men used this expression in colonial times when they would excuse themselves to go out and have a brandy *(aguardiente)*. To avoid offending the women, the men would say that they were going to "take eleven," which refers to the eleven letters in the word *aguardiente*.

GRAMÁTICA FUNCIONAL

In this section you will learn to describe conditions and to express physical and emotional needs.

Tenemos hambre y tenemos sed.

Y estamos muy cansados.

—¿Quieres ir al Café Austral?
—Buena idea, Tomás. ¡Vamos!

Estar *with Adjectives*

You can use the verb *estar* with adjectives to describe physical and emotional states.

ESTADO FÍSICO		CONDICIÓN EMOCIONAL	
rico(a)	*delicious*	**celoso(a)**	*jealous*
frío(a)	*cold*	**ocupado(a)**	*busy*
caliente	*hot*	**nervioso(a)**	*nervous*
cansado(a)	*tired*	**enojado(a)**	*angry*
enfermo(a)	*sick, ill*	**apurado(a)**	*in a hurry*
resfriado(a)	*have a cold*	**enamorado(a) (de)**	*in love (with)*
muerto(a)	*dead*	**preocupado(a) (por)**	*worried (about)*

Idiomatic Expressions with tener

You can also use the following expressions to describe physical and emotional conditions.

CONDICIÓN FÍSICA		CONDICIÓN EMOCIONAL	
tener frío	*to be cold*	**tener miedo**	*to be afraid*
tener calor	*to be hot*	**tener cuidado**	*to be careful*
tener hambre	*to be hungry*	**tener celos**	*to be jealous*
tener sed	*to be thirsty*	**tener prisa**	*to be in a hurry*
tener sueño	*to be sleepy*	**(no) tener razón**	*to be right (wrong)*

How to use these adjectives and expressions

1. Use *estar frío/caliente* to describe things and *tener frío/calor* to describe people.

   Beti tiene frío, pero su **chocolate está caliente.**

2. To express **very** with the *tener* expressions, use the adjective *mucho*, which must match the gender (masculine or feminine) and number (singular or plural) of its noun; for example: *mucho calor, mucha hambre (sed / prisa / razón), muchos celos.*

   Tengo **mucha sed.** Quiero tomar agua mineral.

   Y yo **tengo mucho sueño.** Voy a tomar una siesta.

Manos a la obra

A **¿Qué opina Ud.?** Empareje el estado físico o emocional de cada persona con la conclusión más lógica.

ESTADO FÍSICO O EMOCIONAL

1. Un mesero que está ocupado...
2. Una policía que está enojada...
3. Un artista que está nervioso...
4. Una escritora que está resfriada...
5. Una abogada que está muy cansada...

CONCLUSIÓN

está enfermo(a).
tiene mucho sueño.
no está muy feliz.
tiene prisa, a veces.
está preocupado(a).

B **Situaciones.** Lea cada situación, luego describa cómo están o qué tienen las siguientes personas.

Ejemplo: A mi primo y a mí nos gusta comer día y noche.
Probablemente ustedes tienen mucha hambre.

Probablemente... estar enamorado(a)   tener sed
                  enfermo(a)   prisa
                  cansado(a)   sueño
                  preocupado(a)   hambre

1. Mi tía no duerme bien, come muy poco y está un poco resfriada.
2. Nuestros hijos andan en bicicleta aquí en el barrio, hacen ejercicio en casa, nadan en el colegio y juegan al fútbol con sus amigos.
3. Desayuno a las 7:00, salgo de casa a las 7:15 y llego a la universidad a las 7:40.
4. En un momento mi hermano menor está contento, en otro momento tiene celos y está nervioso.
5. Después de montar a caballo, mi amiga y yo tomamos tres vasos de agua mineral y una botella de jugo.

Charlemos

A **¿Qué hace Ud.?** Complete las siguientes oraciones para describir lo que Ud. hace en cada situación. Luego, léale sus oraciones a otros(as) dos o tres compañeros(as).

Ejemplo: Cuando tengo mucha sed, tomo un vaso de agua.

1. Cuando tengo mucha hambre...
2. Cuando tengo mucha sed...
3. Cuando tengo mucho calor...
4. Cuando tengo mucho frío...
5. Cuando tengo mucho sueño...
6. Cuando tengo mucho miedo...

B **¡Adivínelo!** Form groups of three or four persons. Each student writes two or three sentences that 1) describe physical or emotional conditions and 2) can be acted out. Put all the sentences in a container. Then each person chooses one sentence, reads it and acts it out. The other group members try to guess what the sentence says.

Ejemplos: *Cuando tengo hambre, como fruta.*
Estoy muy cansado(a) después de un examen.

NOTAS CULTURALES

Table manners

In most Hispanic countries, to show respect, the seats at both ends of the table are usually reserved for the father and mother. If a visitor is not directed to a seat, he or she should sit in one of the side seats. While most Americans cut their food, put down the knife, eat a piece or two, and begin again, some Europeans and Latin Americans regard this way of eating as rather uncultured. Latin Americans and Spaniards eat with the fork in the left hand and the knife in the right hand. During the meal, the fork and knife may be placed with the tips on the plate and the handles on the table.

To signify that you have finished eating, place your silverware in the center of your plate. To indicate that you have had enough to eat and are no longer hungry, leave a bit of food on your plate. Otherwise, your Hispanic host or hostess may automatically serve you another helping! If you are offered more food and you wish to decline it, you can say: *"No, muchas gracias. Estoy satisfecho(a)."*

GRAMÁTICA FUNCIONAL

In this section you will learn to express your needs, ambitions and knowledge.

Use of Infinitives

Spanish speakers use certain verbs and expressions with infinitives to communicate different kinds of information, specifically...

1. To express wants, intentions, and ability

querer	*to want*	
preferir	*to prefer*	
gustaría	*would like*	
tener ganas de	*to feel like*	
pensar	*to think about*	
ir a	*going to*	
poder	*to be able*	

Roberto **quiere encontrar** trabajo como mecánico; **puede reparar** autos y autobuses. Él **prefiere trabajar** en San Felipe porque le **gustaría visitar** a su familia frecuentemente. Mañana **va a pedir** trabajo en una agencia Hertz; también **piensa** buscar trabajo en una compañía de autobuses. Roberto **tiene ganas de comprar** una casa, pero no tiene el dinero ahora.

2. To express obligation and advice

tener que	*to have to*	
hay que	*one must*	
necesitar	*to need*	
deber	*ought, should*	

Lorena **tiene que hacer** muchas cosas en casa y en el politécnico. Pero **hay que descansar** a veces, ¿verdad? Ella **necesita pasar** más tiempo con sus amigos; también **debe hacer** más ejercicio.

The Verbs saber *and* conocer

You have already learned that the verbs *saber* and *conocer* mean "to know," and that they have irregular *yo* forms *(sé / conozco).* Here's how they are used:

1. Use the verb *saber* to express **knowing something** or **knowing how to do something.**

    JOSÉ: ¿**Sabes** una cosa, Rosa? Tú **sabes** hacer las mejores arepas de San Felipe.

    ROSA: Gracias, José. **Sé** hacer arepas, sí. ¿Pero las mejores arepas de San Felipe? ¿Quién **sabe**?

2. Use the verb *conocer* to express **being acquainted** with a person, place or thing.

    TOMÁS: Papá, quiero **conocer** la Isla de Margarita. ¿La **conoces** tú?

    JOSÉ: No, hijo, pero **conozco** a un oficinista* de mi banco que trabaja en la isla.

    LORENA: Abuelita, ¿**conoces** todas las telenovelas venezolanas?

    MATILDE: Sí. También **conozco** muchas telenovelas mexicanas, argentinas y chilenas.

---

*The preposition *a* is used before a direct object that refers to a person.

Manos a la obra

A Madre e hija. Beti Velarde está hablando con su mamá. Use las formas apropiadas de **saber** y **conocer** para completar sus oraciones.

BETI: ¿_____ qué, mamá? No _____ a mis tíos y primos de Caracas. ¿Cómo son?

ROSA: Pues, tu tío Pablo es científico. _____ muchas partes de Sudamérica y _____ hablar tres idiomas. Yo no _____ bien a su esposa, pero _____ que está un poco enferma ahora.

BETI: ¿Y mis primos?

ROSA: Tu prima Alicia tiene doce años y _____ tocar bien el piano. Tu primo Omar tiene catorce años, es deportista y _____ esquiar bien.

BETI: ¿_____ su casa, mamá?

ROSA: Bueno, ahora viven en una casa, que no _____. Se dice que viven en un barrio bonito de Caracas, pero no _____ exactamente dónde está.

BETI: Mamá, tengo ganas de _____ a mis tíos y primos. También me gustaría _____ Caracas. ¿Cuándo podemos ir?

ROSA: ¿Quién _____, mi hija? Ahora no tenemos tiempo para viajar a la capital.

B Querida Amalia... Amalia Barros es la *"Dear Abby"* de San Felipe en Venezuela. Lea sus cartas, luego escriba una buena solución para cada una, usando expresiones de la siguiente lista.

deber +
- buscar otro novio/a (trabajo / ...)
- llamar por teléfono a un/a amigo/a (a...)
- hablar con unos parientes (con...)
- tener mucho cuidado (mucha paciencia / ...)
- descansar más (trabajar menos / ...)
- ir al cine (a una fiesta / a la casa de...)

Ejemplo: Querida Amalia,

Estoy locamente enamorado de una chica de quince años; yo tengo dieciséis. No puedo dormir, no puedo estudiar, no puedo comer. ¿Qué puedo hacer?   *Raúl*

Querido Raúl,
Debes descansar un poco. Tienes solamente dieciséis años. ¡Paciencia!

1. Querida Amalia,

    Estoy muy preocupada porque mi novio nunca me llama por teléfono. Creo que está saliendo con otra chica. Mi novio tiene treinta años y yo tengo dieciocho. No sé qué hacer.   *Una mujer con celos*

2. Querida Amalia,

    No sé qué hacer. Tengo once años. Vivo con mi mamá y mi hermana mayor, que tiene dieciocho años. Mi mamá le permite a mi hermana salir con su novio frecuentemente al cine, a bailar, a cenar, etcétera. Pero a mí no me permite hacer nada. No puedo salir con amigos ni ir al cine. Siempre tengo que estar en casa con mi mamá. ¿Qué puedo hacer?
    Mª. del Carmen

3. Querida Amalia,

    Soy vendedor para una compañía grande. Tengo cincuenta años y soy soltero. Quiero tener una esposa y niños, pero también me gusta mi libertad. ¿Qué solución tiene Ud.?   *Eddi*

Charlemos

A **¿Qué sabe Ud. y qué conoce?**   Hágales las siguientes preguntas a sus compañeros de clase, usando **sabes** y **conoces** correctamente. Si contestan que sí, deben escribir su nombre en la línea apropiada.

Ejemplo: A: *¿Sabes...* cuándo cenan los venezolanos?
              B: *Sí, cenan después de las ocho.*
              A: *Escribe tu nombre aquí, por favor.*

¿SABES...? / ¿CONOCES...?	NOMBRE
1. a una persona bilingüe	_____
2. que el pescado no es carne	_____
3. las novelas de García Márquez	_____
4. un buen restaurante alemán	_____
5. que la mantequilla es mala	_____
6. la comida japonesa o china	_____
7. el nombre de un café árabe	_____

B **Una conversación.**   Complete la siguiente conversación con otro(a) estudiante.

A: Tengo hambre. ¿Quieres _____?
B: Sí, _____. (No, porque tengo que _____.)
A: ¿Qué tienes ganas de hacer hoy?
B: Hoy pienso _____. ¿Y tú?
A: Pues, hoy debo _____.

Esta mujer mexicana está preparando una ensalada deliciosa y nutritiva.

C **Otra conversación.** Converse con otro(a) compañero(a) de clase.

ESTUDIANTE A

1. Greet your friend.
3. Decline the invitation, and say what you have to do that day.
5. Thank your partner and accept the invitation. Ask a few questions about the invitation.
7. Ask if his or her family will be at the lunch.
9. Express your feelings (gratitude for the invitation, interest in meeting his or her family . . .)

ESTUDIANTE B

2. Respond appropriately. Then invite your friend over for lunch on Saturday, and tell what you're serving.
4. React to what your friend says. Then invite him or her to lunch on another day.
6. Respond to the questions.
8. Answer the questions about your family.
10. End the conversation.

D **¿Quieres conocer a mi familia?** Bring some photographs of your family to class. Show these pictures to several classmates and tell them who the people are *(ser)*, what some of their skills are *(saber)*, and what interesting persons and places they are familiar with *(conocer)*. Jot down a few notes for each picture before sharing them.

E **Un fin de semana perfecto.** Use the chart below as a model to plan your next weekend. List your obligations and preferences, using words and phrases from this lesson. Then tell a classmate about your weekend plans.

	SÁBADO	DOMINGO
OBLIGACIONES		
PREFERENCIAS		

Un poco más

 ### ¡Escuche!

Lorena's friends are planning a surprise party. Listen to their conversation and then fill in the invitation and menu below.

```
UNA FIESTA
de _____ para _____
Fecha _____
Hora _____
Lugar _____
¡Es una sorpresa!
```

```
MENÚ
_____
_____
_____
_____
_____
```

Perspectivas

Skim through this reading selection to get the gist of it. Then scan the selection to locate specific information asked for in the comprehension exercise on page 130.

MEJORE SU SALUD° Y ALARGUE SU VIDA CON COMIDA

health

Después de todo la mayoría de las medicinas tienen productos químicos que se encuentran en los vegetales y frutas que están incluidos en nuestra dieta; conozca qué cualidades tienen ciertas frutas y verduras para mejorar y conservar su salud.°

La manzana: reduce el nivel° de colesterol, aminora la presión alta, estabiliza el nivel de azúcar, regula el apetito y reduce los riesgos de contraer resfriados.

level

Plátanos (bananas): previenen las úlceras y reducen el colesterol en la sangre, como contienen potasio ayudan a prevenir enfermedades de los huesos.°

bones

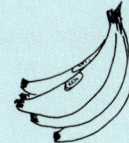

helps

iron
carrots

Bróculi: reduce los riesgos de contraer cáncer al colón, porque como es una fibra natural ayuda° a la digestión y mantiene saludable el colón.
Espinacas: ayudan al organismo porque contienen hierro° y combinadas con zanahorias° reducen los riesgos de cáncer en el páncreas.
Ajo: combate infecciones, ayuda a la coagulación de la sangre, combate también la parasitosis y su composición química previene también contra la formación de células cancerígenas, además de que estimula el sistema inmunológico.

"Mejore su salud y alargue su vida con comida," Buenhogar, No. 20, 20 de septiembre, 1988, página 5.

¿Comprendió Ud.?

1. Las frutas y los vegetales son _____.
    a. huesos
    b. enfermedades
    c. comidas
    d. células

2. El tema principal del artículo es _____.
    a. la ayuda
    b. la comida
    c. la vida
    d. la nutrición

3. Para reducir los riesgos de contraer cáncer, se debe comer _____, _____ y _____.

4. Dos comidas que reducen el nivel de colesterol en la sangre son _____ y _____.

5. Los _____ y el _____ son buenos para la sangre.

6. Otra palabra para "vegetales" es _____.

7. La mejor fruta o verdura para mí es (son) _____ porque...

8. Creo que el artículo es (interesante / aburrido / útil) porque...

¡Escriba!

Imagínese que Ud. es nutricionista en una clínica de San Felipe en Venezuela. Haga una lista de comidas que sus pacientes deben comer. También escriba lo que tienen que hacer para recuperarse lo más rápidamente posible.

1. Óscar tiene veintiocho años. Hoy está resfriado y no tiene ganas de trabajar.
2. Rosana es una niña de diez años. Está muy delgada y casi no tiene apetito.
3. Marcela tiene cuarenta y tres años y es una mujer de negocios. Sufre de una úlcera estomacal. Está nerviosa a veces porque hay mucha tensión en su vida.

Situaciones

Imagínese que Ud. está en un restaurante en Venezuela. Su compañero(a) de clase es el (la) mesero(a).

CAFE SOL

SOPAS
- Caldo de ave 95
- Sopa del día 115
- Sopa de pescado 130

PLATOS PRINCIPALES
- Pollo de la casa 265
- Chuletas al limón 310
- Bistec con papas fritas 350
- Hamburguesa sol 230

POSTRES
- Quesos variados 76
- Fruta 95
- Pastel de chocolate 125

BEBIDAS
- Agua mineral 50
- Limonada 75
- Café 35
- Té 35

1. Greet the waiter (waitress).
2. Say you're hungry and very thirsty. Order something to drink from the menu.
3. Change your mind and order something else to drink.
4. Order something to eat from the menu.
5. Complain about the food (e.g., not good, cold, hot).
6. Order dessert and coffee, if you wish.

Vocabulario

Sustantivos

la botella *bottle*
el carro *car*
la comida *food*
la copa *glass (for wine or champagne)*
el perro *dog*
la prisa *hurry*
la taza *cup*
el vaso *glass (for water, soda pop, beer)*

Las comidas

el almuerzo *lunch*
la cena *dinner, supper*
el desayuno *breakfast*
la merienda *afternoon snack*

Las bebidas

el agua mineral *mineral water*
el café *coffee*
la cerveza *beer*
el jugo *juice*
la leche *milk*
la limonada *lemonade*
el té helado *iced tea*
el vino blanco *white wine*
el vino tinto *red wine*

Las carnes y el pescado

el bistec *steak*
la chuleta de cerdo (puerco) *pork chop*
el pescado *fish*
el pollo *chicken*
el rosbif *roast beef*

Los condimentos

el azúcar *sugar*
la crema *cream*
la mermelada *marmalade*
la mantequilla *butter*

Las frutas y los vegetales

la fruta *fruit*
la naranja *orange*
la papa *potato*
el tomate *tomato*

Otra comida

el arroz *rice*
el caldo (consomé) *broth*
la ensalada *salad*
el huevo duro *hard-boiled egg*
el pan tostado *toast*
el panecillo *roll*
el pastel *pastry*
el queso *cheese*
la sopa *soup*

Adjetivos

apurado *in a hurry*
caliente *hot*
cansado *tired*
caro *expensive*
celoso *jealous*
duro *hard-boiled, hard*
enamorado (de) *in love (with)*
enfermo *sick, ill*
enojado *angry*
frío *cold*
muerto *dead*
nervioso *nervous*

ocupado *busy*
preocupado (por) *worried (about)*
rico *delicious*

Verbos

cenar *to have dinner (supper)*
creer *to believe, to think*
deber *ought to, should*
desayunar *to have breakfast*
encontrar (ue) *to find*
necesitar *to need*

Expresiones idiomáticas

estar resfriado *to have a cold*
hay que *one must*
no tener razón *to be wrong*
tener calor *to be hot*
tener celos *to be jealous*
tener cuidado *to be careful*
tener frío *to be cold*
tener ganas de *to feel like*
tener hambre *to be hungry*
tener miedo *to be afraid*
tener prisa *to be in a hurry*
tener que *to have to*
tener razón *to be right*
tener sed *to be thirsty*
tener sueño *to be sleepy*

LECCIÓN 6

¡Felicidades, Beti!

COMMUNICATIVE GOALS The students will be able to specify dates, comment on the weather, and describe people, places, conditions as well as their daily routines.

LANGUAGE FUNCTIONS Describing ♦ Expressing opinions ♦ Specifying when

VOCABULARY THEMES Months and dates ♦ Seasons and weather expressions

PRONUNCIATION FOCUS Spanish ll, y, ñ

GRAMMATICAL STRUCTURES *Ser* versus *estar* (summary) ♦ Reflexive verbs and pronouns

CULTURAL INFORMATION Climate in Hispanic countries ♦ The importance of the *quinceañera*

134 ♦ Poco a poco

ANTES QUE NADA

The *En contexto* for this lesson is about one of the most important days in the life of a Hispanic girl: her fifteenth birthday. You may want to read the *Notas culturales* on page 146 for some background information about this event.

Below are four ads you might encounter in the yellow pages when planning a 15th birthday party. Before you read them, first **anticipate** what these ads might contain. The more you look forward to reading a text, the easier it will be to grasp the main ideas in it.

1. What services might you need for a 15th birthday party?

a. **MODAS GLORIA**
DISEÑOS ESPECIALES
PARA TODO EVENTO SOCIAL
NOVIAS • MADRINAS
XV AÑOS • GRADUACIONES
PRECIOS ESPECIALES A GRUPOS
TEL. 12-24-00
MORELOS 206, ESQ. ABASOLO

b. **FOTO ESTUDIO VIHENA**
• BODAS
• XV AÑOS
• BAUTIZOS
• Y EVENTOS SOCIALES
SERVICIO A DOMICILIO
TEL. 16-08-42
Plan de Ayala y Rivera Crespo

c. **Florería Jazmín**
AV. ATLACOMULCO 318
CUERNAVACA, MOR.
12-81-41 y 12-22-68
14-16-55
F.T.D.   teleflora

d. **REPARE SU TV**
ESPECIALISTA EN COLOR Y REPARACION
DE TODA CLASE DE TELEVISORES DE COLOR,
BLANCO Y NEGRO, ESTEREOS, GRABADORAS
Y EQUIPOS DE SONIDO.
FONSECA T.V.
(213) 442-7088
PRESUPUESTOS EN SU CASA
11811 VALLEY BLVD.
EL MONTE
SIRVIENDO A TODO LOS
ANGELES Y TAMBIEN A
AL POMONA VALLEY

¡Felicidades, Beti! ♦ 135

Now read the ads.

2. Which of the preceding ads would you use? Which would you not use?
3. List what each advertisement offers.
4. Which ones advertise especially for a 15th birthday?

EN CONTEXTO*

she is / age

chica que cumple quince años

servicio religioso

everyone / to congratulate / kisses

Es sábado, 16 de julio. Es un día muy especial para Beti Velarde porque hoy cumple° quince años, edad° importante para una joven venezolana. Beti está en Santa Catalina, una iglesia católica de San Felipe en Venezuela. Están presentes los padres de la quinceañera,° sus hermanos Roberto, Lorena y Tomás, la abuelita Matilde, la tía Elena, Silvia y Memo. También otros parientes de Beti asisten a la misa° celebrada por el padre Ignacio Ribera, un amigo íntimo de la familia Velarde.

Cuando termina la misa, todos° salen de la iglesia y felicitan° a Beti con besos° y abrazos.

—¡Ay, qué misa tan bonita! ¡Felicidades, Beti!
—Muchas gracias, abuelita. ¡Ay, mamá, estoy tan contenta!
—También estás muy bonita. ¡Felicidades!
—Bueno, vamos a casa. Tengo hambre — dice Tomás impacientemente.
—Paciencia, hijo. Siempre estás muy apurado cuando piensas en la comida, ¿eh?— dice su papá con autoridad.

---

*Twice during this reading, you will be asked a question to help you concentrate on understanding content.

Estudiante: ¿Qué cree Ud. que va a pasar ahora?

invited guests   Ahora todos los invitados° van a la casa de la familia Velarde para diver-
to have fun   tirse.° El salón está decorado para la fiesta de los quince años de Beti. En una
table / presents / jewelry   mesa° están los regalos° de ella: recibe muchas joyas°, que son los regalos tradicionales para una quinceañera.[1]

songs / tapes   También recibe un disco de canciones° románticas, varias cintas° de música, un bonito suéter blanco, un álbum para fotos, una calculadora pequeña, un certificado de regalo para comprar ropa° en una boutique, una
clothing   caja de chocolates y un maravilloso estéreo de sus tíos de Caracas. En otras dos mesas se ven platos de comida venezolana: mondongo, sancocho, pabellón criollo, y un bien me sabe.[2] En otra mesa hay café, cerveza, vinos y otras
cake   bebidas. En el centro de una bonita mesa pequeña está un enorme pastel° de cumpleaños.

Estudiante: Dibuje el salón según la descripción.

Ahora se oye un vals venezolano, y solamente Beti y su papá comienzan a bailar. La reacción de los invitados es inmediata: aplausos y más aplausos para la quinceañera.

Termina el vals y la música continúa. Es evidente que todos están muy contentos, especialmente Beti, quien está hablando con su hermana en este momento:

—Mmmm. ¡Qué rico está el pastel, Lorena! También me gusta el bien me sabe.
sweets   —¡Beti! ¡Estás comiendo puros dulces!° ¿No quieres comer otra cosa? Hay ensalada, pabellón criollo, sándwiches de pollo y...
I love   —Pues, claro. Pero tú sabes que me encantan° los dulces. Mañana voy a levan-
to get up   tarme° temprano y hacer ejercicio por tres horas.

Notas de texto

1. Traditional gifts for a *quinceañera,* especially in Venezuela, are jewelry which can range from inexpensive earrings and necklaces to a valuable bracelet.

2. Some typical Venezuelan foods include: *mondongo* (tripe with vegetables), *sancocho* (meat stew with squash, sweet potatoes and bananas), *pabellón criollo* (shredded beef in spiced tomato sauce served with fried bananas, white rice and black beans), and *bien me sabe* (coconut custard on cake topped with meringue).

¿Comprendió Ud.?

- Escriba en inglés un resumen de la lectura en tres o cuatro oraciones.
- Ahora conteste las siguientes preguntas.

1. Beti ya es señorita hoy porque tiene _____ años.

2. El cumpleaños de Beti comienza con una _____.
3. El hermano menor de Beti está impaciente porque...
4. ¿Qué semejanzas y diferencias hay entre la fiesta de Beti y una típica fiesta de cumpleaños norteamericana?
5. ¿Qué opinión tiene Lorena de su hermana menor?
6. ¿Qué impresión tiene Ud. de la fiesta de Beti?
7. De toda la comida que hay en las mesas del salón, ¿qué cosas le gustaría comer a Ud.? ¿Qué **no** le gustaría comer?
8. De todos los regalos de Beti, ¿cuál le gustaría recibir, y por qué?

QUINCEAÑERA. Rodeada del afecto de sus seres queridos, conmemoró sus soñados quince años de venturosa existencia la gentil señorita Dellany García, hija del señor Gustavo García y señora, Olga Pérez de García, muy estimados miembros de nuestra colonia hispanoamericana. La felicitamos y le deseamos muchos, y muy dichosos, años más.

Pronunciación esencial

A. Spanish ll and y. Pronunciation of Spanish **ll** and **y** varies widely in the Spanish-speaking world. In general, **ll** and **y** are pronounced like the **y** in **yo-yo**. The word *y* (and) is pronounced like the **i** in **machine**.

Mi amiga se **ll**ama **Y**olanda María **Y**áñez Carri**ll**o.

Hoy **Y**olanda **ll**ega a mi casa de Sevi**ll**a, España.

Para e**ll**a tengo tortillas, po**ll**o **y** pabe**ll**ón crio**ll**o.

También a e**ll**a le gustan panecillos con mantequi**ll**a.

Y e**ll**a va a **ll**evar una bote**ll**a de vino. ¡A**y**, **Y**olanda!

B. Spanish ñ is pronounced approximately like the **ny** sound in **canyon**.

Ma**ñ**ana es el cumplea**ñ**os de una compa**ñ**era de do**ñ**a Matilde.

Su compa**ñ**era es la se**ñ**ora Mu**ñ**oz y ella es de Espa**ñ**a.

La se**ñ**ora Mu**ñ**oz tiene dos ni**ñ**os peque**ñ**os que son taca**ñ**os.

VOCABULARIO ÚTIL

In this section, you will learn how to specify dates and to comment on the weather.

Cómo decir la fecha

Los meses del año

enero	mayo	septiembre
febrero	junio	octubre
marzo	julio	noviembre
abril	agosto	diciembre

In English, we generally use ordinal numbers (first, second, third) to express dates with days of the month (It's the fourth of July). But Spanish speakers use ordinal numbers only to refer to the first day of the month *(primero)*; otherwise, they use cardinal numbers *(dos, cinco, quince)* with dates. To say what happens **on** a certain date, use *el* with the date.

—¿Cuál es la fecha de hoy? *What's the date today?*
—Es jueves, el primero de mayo. *It's Thursday, May 1st.*

—¿Cuándo es tu cumpleaños? *When's your birthday?*
—El veinticinco de marzo. *On March 25th.*

Cómo hablar del tiempo

En la primavera hace viento y llueve frecuentemente.

En el verano hace sol y, a veces, hace mucho calor en la ciudad.

¡Felicidades, Beti! ♦ 139

En el otoño hace fresco, pero muchas veces hace buen tiempo.

En el invierno hace mal tiempo porque hace frío y nieva o llueve.

Hoy en Chicago está nublado, ¡pero en San Diego está despejado!

Hoy está nevando en Philadelphia, y está lloviendo en San Francisco.

Note how to express the word **very** with the weather expressions above.

Use *mucho* before a noun: Hace **mucho calor.** *It's very hot.*
Use *muy* before an adjective: Está **muy nublado.** *It's very cloudy.*

Practiquemos

A **Días festivos.** Pregúntele a otro(a) estudiante. ¿Qué mes asocias con...

1. el Año Nuevo?
2. el Día de los Padres?
3. el Día de las Madres?
4. el Día de San Valentín?
5. el Día de Acción de Gracias?
6. el cumpleaños de Jesucristo?
7. el Día de la Independencia?
8. las elecciones presidenciales?

B **¡Feliz cumpleaños!** Dígale a otro(a) estudiante cuántos años tienen las siguientes personas y cuándo es su cumpleaños.

Modelo: Su papá: *Mi papá tiene cincuenta y tres años; su cumpleaños es el dos de mayo.*

1. sus padres
2. usted
3. su hermano(a)
4. su mejor amigo(a)

C **Todo el año.** Converse con un(a) compañero(a) de clase.

1. ¿Qué tiempo hace hoy? ¿Qué tiempo prefieres más: cuando hace calor, fresco o frío? ¿Por qué?
2. ¿Nieva mucho, poco o nada aquí en el invierno? ¿Dónde nieva mucho en los Estados Unidos? ¿En qué meses nieva más? ¿En qué meses llueve más?

Este muchacho corre las olas en Macuto, Venezuela. ¿Qué tiempo hace? ¿En qué estación está? ¿A Ud. le gustaría visitar Venezuela?

3. ¿En qué estación del año se puede esquiar? ¿Sabes esquiar en la nieve? ¿Dónde te gusta esquiar? ¿Con quién esquias?

4. De las cuatro estaciones del año, ¿cuál es tu favorita? ¿Por qué?

Ahora cuéntele a otro(a) estudiante sus preferencias.

5. En la primavera me gusta (ir a _____/ jugar al _____/...).
6. En el verano prefiero (nadar / dormir mucho / trabajar /...).
7. En el otoño me gusta (mirar los partidos de fútbol americano /...).
8. En el invierno prefiero (leer en casa / esquiar en la nieve /...).

D **¿Qué dicen Uds.?** Converse con un(a) compañero(a) de clase.

ESTUDIANTE A

1. ¡Hola! ¿Qué hay de nuevo?
3. Hace (buen / mal) tiempo hoy, ¿verdad?
5. Pues, tengo que... También debo... y... Oye, ¿crees que va a (llover / nevar / hacer _____ estar _____) mañana?
7. (Responda apropiadamente.) Bueno, ahora me voy. Tengo que...
9. _____.

ESTUDIANTE B

2. (Responda apropiadamente.) ¿Qué me cuentas?
4. Sí, hace (está) _____. Hoy tengo ganas de... ¿Y tú? ¿Qué piensas hacer hoy por la (mañana / tarde / noche)?
6. Sí (No / No sé), porque... ¿Qué crees tú?
8. Nos vemos. Chao.

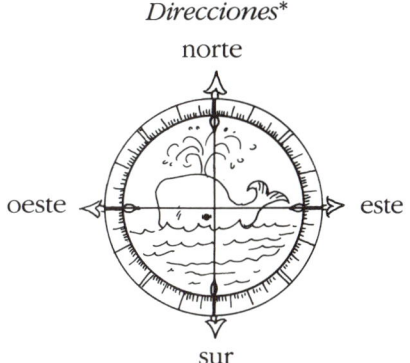

*Direcciones**

NOTAS CULTURALES

Climate in Hispanic Countries

Don't forget that the seasons of the year are reversed in the Northern and Southern Hemispheres. When it is winter in Fairbanks, San Francisco, Denver, Toronto, New York and Madrid, it is summer in Lima (Peru), Santiago (Chile) and Buenos Aires (Argentina). When Americans are celebrating a hot Fourth of July, Chileans and Argentineans are experiencing their rainy, windy winter.

Latin Americans and Spaniards use the Centigrade system to describe temperatures. You can compare the Centigrade system with the Fahrenheit system, using the thermometer on this page. Here are the formulas for converting Centigrade into Fahrenheit and vice versa.

To compute Fahrenheit: Multiply Centigrade degrees by 1.8 and add 32.

To compute Centigrade: Subtract 32 from Fahrenheit degrees and divide by 1.8.

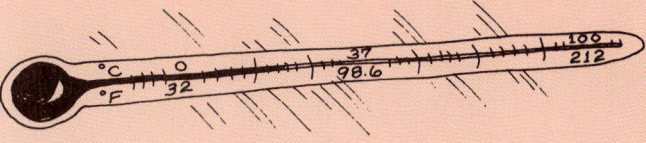

---

*Spanish speakers use the four directions when referring to large areas such as parts of countries, oceans, cities, and highways, but seldom use them when giving street directions. The directions are all masculine in gender: **el norte, el sur, el este, el oeste.**

GRAMÁTICA FUNCIONAL

In this section, you will practice describing people, things, places and conditions.

Ser *and* estar *(summary)*

As you know, the verbs *ser* and *estar* both mean to be; however, these verbs are used to express different kinds of information.

A. How to use *ser*

Use *ser* to express the following information:

• Identification	¿Quién **es** usted? / **Soy** Lorena Velarde.
• Origin	¿De dónde **es** usted? / **Soy** del Canadá.
• Citizenship	¿**Son** Uds. peruanos? / No, **somos** chilenos.
• Profession	¿**Eres** estudiante? / No, **soy** profesora.
• Nationality	Mi papá **es** español y mi mamá **es** árabe.
• Marital status	¿**Es** usted casada? / No, **soy** soltera.
• Ownership	Los vídeos nuevos **son** de mi cuñado.
• Time	¿Qué hora **es**? / **Son** las dos y media.
• Dates	Mi cumpleaños **es** el dieciséis de julio.
• Physical features	¿Cómo **es** tu tía? / **Es** alta y delgada.
• Personality traits	¿Cómo **es** tu novio? / **Es** muy simpático.
• What things are made of	¿De qué **es** tu bicicleta? / **Es** de aluminio.
• Location of events	¿Dónde **es** la fiesta? / **Es** en mi casa.

B. How to use *estar*

Use *estar* to express the following information:

• Location of people	¿**Está** Beti aquí? / Sí, **está** en el salón.
• Location of things	¿Dónde **está** mi radio? / **Está** en tu auto.
• Location of places	¿Dónde **está** Caracas? / **Está** en Venezuela.
• Physical states	¿Cómo **estás**? / **Estoy** un poco resfriado.
• Emotional states	¿Cómo **está** Ud.? / **Estoy** muy preocupado.
• Actions in progress	¿Qué **estáis** haciendo? / **Estamos** comiendo.

C. How to use *ser* and *estar* with adjectives

You can use some adjectives with either *ser* or *estar,* depending on what you want to communicate. Compare the following pairs of sentences.

¿Cómo **es** Ud.?	*What are you like?* (physical features)
¿Cómo **está** Ud.?	*How are you?* (physical or emotional states)
Papá, **eres** guapo.	*Dad, you're handsome.* (physical feature)
Papá, **estás** guapo hoy.	*Dad, you look handsome today.* (physical state)
Mis abuelos **son** ricos.	*My grandparents are rich.* (physical feature)
Ganaron la lotería. **Están** ricos hoy.	*They won the lottery. They are rich today.* (physical state)
Estoy enfermo hoy.	*I'm sick today.* (physical state)
¡Pero no **soy** enfermo!	*But I'm not a sickly person!* (physical feature)
Mi tía **es** aburrida.	*My aunt is boring.* (personality trait)
Siempre **está** aburrida.	*She's always bored.* (emotional state)
Mi primo **es** casado.	*My cousin is a married man.* (physical feature)
Mi primo **está** casado.	*My cousin is married.* (emotional state)

Manos a la obra

A **¿Quiénes son?** Cuéntele a un(a) compañero(a) un poco sobre Lorena, su papá y su abuela, usando las formas apropiadas de **ser** y **estar**.

Ejemplo: una mujer simpática de setenta y ocho años
Doña Matilde es una mujer simpática de setenta y ocho años.

Lorena   José   doña Matilde

1. estudiante de turismo en un politécnico
2. delgado, joven, un poco alto y muy guapo
3. enamorada del famoso actor Armando Salvaje
4. muy cansado porque tiene mucho trabajo en el banco
5. preocupada por un examen que tiene hoy por la tarde
6. en una pequeña boutique donde trabaja su hermana Elena

B **Mis padres y hermanos.** Complete las siguientes oraciones usando las formas apropiadas de **ser** o **estar**. Luego, léale sus oraciones a un(a) compañero(a) de clase.

Ejemplo: Mi papá _____... (adjetivo) hoy.
Mi papá está un poco enfermo hoy.

Mis padres: Mi papá _____ de... y mi mamá _____ de... Mi papá _____... (adjetivos), pero mi mamá _____... (adjetivos). Al momento, mis padres _____ en _____ (¿dónde?) Creo que ellos _____... (acción en progreso) en este momento porque...

Mis hermanos: Tengo un(a) hermano(a) que _____ un poco ... (adjetivo); se llama ... . _____... (estado civil) y _____ enamorado(a) de ... (nombre), quien _____ muy ... (adjetivo). Mi hermano(a) trabaja en ... (¿dónde?); _____... (profesión). Una cosa muy bonita que él/ella tiene _____ un(a) ... , que _____... (adjetivo). Al momento, ... (nombre) _____ en ... (¿dónde?) Creo que _____... (acción en progreso) ahora porque...

C **Querido(a) amigo(a)...** Write a letter to a member of the Velarde family, but don't sign it. Your instructor will collect and give your letter to another student who will read it, guess who it's from, and answer it. Your instructor will then collect this letter and deliver it to you from your secret pen friend.

Querido(a) _____,
Párrafo 1: De dónde es Ud., su nacionalidad, su estado civil, su edad y cumpleaños, su personalidad, su estado emocional por el momento
Párrafo 2: Sus estudios (universidad o politécnico, cursos, profesores), su trabajo (dónde trabaja, qué hace), sus ambiciones (carrera, profesión)
Párrafo 3: Su familia (nombre, edad, estado civil, apariencia física y personalidad de las personas)
Párrafo 4: Sus amigos, sus pasatiempos (deportes y otras actividades)

Charlemos

A Descripciones. Converse con un(a) compañero(a) sobre las siguientes personas, cosas y lugares *(places)*. Su compañero(a) puede reaccionar con sus ideas.

> *Ejemplo:* Usted: *El presidente es inteligente y guapo, está casado y vive en Washington, D.C.*
> Él/Ella: *El presidente no es muy guapo, pero es un buen líder.*

PERSONAS	COSAS	LUGARES
el presidente	una película	mi ciudad
un actor (una actriz)	mi auto / moto / bicicleta	los Estados Unidos
otra persona	otra cosa	otro lugar
Suggestions Name, age, height, country, nationality, personality, marital status, children, profession, pastimes	*Suggestions* Number, size, present location, age, usage, made from?, ownership, present condition	*Suggestions* Location, events held there, purpose, condition, historical importance, actions now in progress there

B En la casa Velarde. Imagínese que Ud. está hablando con una persona de la familia Velarde. Hable con él o ella (otro/a estudiante) usando las formas verbales apropiadas de **tú** y **Ud.**

1. Say where you are from, your age and marital status.
2. Tell the name of your town, where it is, and what it looks like.
3. Talk about your studies and/or what you do for a living.
4. Describe your family (names, ages, physical features, personality).

Y es este Cumpleaños
uno muy especial,
para alguien
que también lo es,
y que se merece
toda la alegría
y la felicidad
que en este mundo
se pueda dar.

MUY FELIZ CUMPLEAÑOS

Notas culturales

The importance of the quinceañera

In most Spanish-speaking countries, a girl's fifteenth birthday is a very special occasion. On that day, she participates in a semi-formal celebration, which represents the girl's break from childhood and her transition into womanhood. A fifteen-year-old girl is expected to enter social life and, with parental permission, to participate in dances and to entertain friends who may become *novios*. Also, at this age, *quinceañeras* may modify their appearance by using makeup and wearing more grown-up clothing.

If the young woman is Catholic, the celebration begins with a mass given in her honor and attended by her family and friends. Afterwards, a *fiesta* is given at the home of the young lady. This party can range from a simple family gathering to a gala debutante ball, depending on the financial status of the young woman's parents. In any case, the party begins when the *quinceañera* dances the first number with her father or another male member of the family. Then everyone joins in the dancing, followed by plenty of eating, drinking, and conversation. The importance of the *quinceañera* is another example of the solid traditions of many Hispanic families.

GRAMÁTICA FUNCIONAL

In this section you will learn how to talk and write about people's daily routines.

Present Tense of Reflexive Verbs

Reflexive verbs, such as *lavarse* (to wash oneself), reflect the action back to the subject of a sentence.

(Yo) me lavo.   *I wash myself.*   Beti se lava.   *Beti washes herself.*

A. How to form reflexive verbs

1. A reflexive construction consists of a verb (e.g., *lavar*) and a reflexive pronoun (e.g., *se*), which refers to the same person or thing as the subject. In the examples below, note how each subject is reflected in its reflexive pronoun.

SUBJECT	PRONOUN + VERB	
yo	**me lavo**	*I wash myself*
tú	**te lavas**	*you wash yourself*
usted / él / ella	**se lava**	*you wash yourself / he washes himself / she washes herself*
nosotros(as)	**nos lavamos**	*we wash ourselves*
vosotros(as)	**os laváis**	*you wash yourselves*
ustedes / ellos / ellas	**se lavan**	*you wash yourselves / they wash themselves / they wash themselves*

2. Here are some common reflexive verbs with examples. Study their meaning and read them aloud.

   EN EL DORMITORIO *(BEDROOM)*

ponerse	*to put on*	Roberto y Silvia **se ponen** los pijamas.
acostarse (ue)	*to go to bed*	**Se acuestan** a las once.
dormirse (ue)	*to fall asleep*	**Se duermen** fácilmente por la noche.
despertarse (ie)	*to wake up*	**Se despiertan** a las siete y cuarto.
levantarse	*to get up*	Luego, **se levantan** y van al baño.

EN EL BAÑO *(BATHROOM)*

afeitarse	*to shave*	En el baño Roberto **se afeita** bien.
quitarse	*to take off*	Después, el joven **se quita** el pijama.
ducharse	*to take a shower*	**Se ducha** por diez o quince minutos.
secarse	*to dry oneself*	Luego, sale del baño y **se seca** bien.
vestirse (i)	*to get dressed*	Pronto **se viste** muy elegantemente.
peinarse	*to comb one's hair*	Luego, **se peina** por tres minutos.
bañarse	*to take a bath*	Luego, Silvia va al baño y **se baña.**
sentarse (ie)	*to sit down*	Después, **se sienta** y se seca bien.
arreglarse	*to fix oneself up*	Ella **se arregla** por veinte minutos.
lavarse los dientes	*to brush one's teeth*	También **se lava** bien los dientes.

LAS RELACIONES HUMANAS

casarse	*to get married*	Una amiga de Silvia **se casa** hoy.
divertirse (ie)	*to have fun*	Todos **se divierten** en la fiesta.
sentirse (ie)	*to feel*	La gente **se siente** muy contenta hoy.

B. Where to place reflexive pronouns

1. In the simple present tense, reflexive pronouns always go before conjugated verbs.

    Me lavo por la mañana.

2. Reflexive pronouns can go before a verb + infinitive or a present participle combination, or they can be attached to the end of the infinitive or present participle. In the latter case, a written accent mark is needed on the stressed vowel of the present participle.

Me voy a lavar.	*or*	Voy a lavar**me**.
Me estoy lavando.	*or*	Estoy lavándo**me**.

C. How to use reflexive pronouns

1. You can use some verbs both reflexively and non-reflexively. Note how the reflexive pronoun changes the meaning in the following sentences.

dormir	*to sleep*	**Duermo** bien toda la noche.
dormirse	*to fall asleep*	A veces, **me duermo** mirando la tele.
llamar	*to call*	Lorena **llama** por teléfono a su abuelita.
llamarse	*to be named*	Ella **se llama** Matilde Catalina de Salinas.
poner	*to put*	Roberto **pone** los pantalones en la cama.
ponerse	*to put on*	**Se pone** los pantalones nuevos.

ir *to go*   **Vamos** a visitar la Isla de Margarita pronto.
irse *to go away; to leave*   **Nos vamos** el 15 de septiembre.

Silvia está bañando a su bebé.

Silvia está bañándose.

Roberto acuesta a su hijo temprano.

Roberto se acuesta temprano.

2. You can use reflexive pronouns to express **each other** or **one another**.

    Roberto y Silvia **se quieren** y **se conocen** muy bien.

    Robert and Silvia love each other and know one another well.

3. When *lavarse, quitarse* and *ponerse* are used with parts of the body or articles of clothing, use the definite article *(el, la, los, las)* to express possession.

    Beti está lavándose **las manos.** *Beti is washing her hands.*
    Tomás va a ponerse **el pijama.**   *Tomás is going to put on his pajamas.*

    but: Voy a ponerme **tu pijama.** *I'm going to put on **your** pajamas.*

Manos a la obra

A **¡Qué noche!** Hable sobre las actividades que ocurren una noche en la casa de la familia Velarde.

Ejemplo: Silvia (bañar) a su hijo Memo. *Silvia baña a su hijo Memo.*

Silvia (acostar) a Memo a las ocho. Más tarde, a las once, ella y Roberto (acostarse). A medianoche el bebé (despertar) a sus padres. Roberto (levantarse) rápidamente y (sentarse) con su hijo por media hora. Luego, Memo (dormirse) y su papá (acostarse) otra vez. A las tres y cuarto Memo (despertarse) y pide leche. Silvia (levantarse) y le da leche a su niño. Después, ella (lavarse) las manos y (acostarse). (Dormir) bien porque está cansada.

B **Mi rutina diaria.** Escriba un párrafo en el cual Ud. describe su rutina diaria. Luego, léaselo a un(a) compañero(a) de clase.

Los días de clase (acostarse) a las ____, y (despertarse) a las ____. Normalmente, (sentirse) ____ por la mañana. (Levantarse) a las ____, luego voy al baño a (ducharse / bañarse / ?). También...

Charlemos

A **Los fines de semana.** Hágale las siguientes preguntas a otro(a) estudiante. Él (Ella) puede responder con **Depende,** pero debe darle una explicación a usted.

1. ¿Prefieres acostarte temprano o tarde los viernes? Normalmente, ¿te duermes fácilmente o con dificultad? ¿Cuántas horas duermes?
2. ¿A qué hora te despiertas los sábados? ¿Y los domingos? ¿Te levantas fácilmente o con dificultad los fines de semana? ¿Cómo te sientes cuando te levantas? ¿Qué haces después de levantarte?
3. ¿Cómo te diviertes los fines de semana? ¿Qué actividades no te gusta hacer los sábados y domingos? ¿Por qué?

B **¿A qué hora?** Conozca mejor a otro(a) estudiante.

Find out . . .

1. what time your partner wakes up and gets up every day
2. what your friend has for breakfast
3. what else he or she likes to do in the morning
4. if he or she is usually in a hurry to leave the house and why
5. what your partner does all day
6. what time he or she returns home
7. what he or she does for fun at night

Un poco más

 ### ¡Escuche!

Usted va a escuchar un pronóstico del tiempo para el fin de semana. Escuche la cinta e indique qué tiempo va a hacer el viernes, sábado y domingo.

	VIENTO	NIEVE	DESPEJADO	NUBLADO	TEMPERATURA
VIERNES					
SÁBADO					
DOMINGO					

Después de escuchar este pronóstico del tiempo, ¿qué vas a hacer este fin de semana?

Perspectivas

¿Qué tiempo hace en Puerto Rico durante marzo? Lea el siguiente pronóstico *(forecast)* de tiempo.

Pronóstico general

La alta presión atmosférica en los niveles altos se continúa intensificando. Se espera tiempo bueno tropical hasta mañana con vientos del Sureste y temperaturas diurnas cálidas. La perspectiva para el fin de semana luce algo lluviosa debido a que un frente frío se acerca a Puerto Rico desde el oeste.

Pronóstico local

SAN JUAN y VECINDAD: Mayormente despejado con 20 por ciento de probabilidad de aguaceros. Temperaturas altas de 85 grados y bajas de 70 grados. Vientos del Sureste de diez a 15 millas por hora.

PONCE y SECCION SUR: Mayormente despejado con 20 por ciento de probabilidad de aguaceros. Temperaturas altas de 84 a 87 grados. Vientos del Sureste de 15 millas por hora.

MAYAGüEZ, OESTE e INTERIOR: Parcialmente soleado con 20 por ciento de probabilidad de aguaceros vespertinos bien dispersos. Temperaturas altas de 70 grados en las montañas y 87 grados en el oeste. Vientos del Sureste de diez a 15 millas por hora, excepto por la brisa marina vespertina.

¿Comprendió Ud.? Complete las siguientes oraciones y la tabla según *(according to)* el pronóstico en la página 151.

1. *Pronóstico general*
   a. Hoy hace... (buen tiempo / mal tiempo / frío / calor).
   b. Mañana va a hacer... (buen tiempo / mal tiempo / calor).
   c. El fin de semana va a... (llover / nevar / hacer sol).

2. *Pronóstico local*

	LLUVIA	VIENTO	TEMPERATURA
VECINDAD-SAN JUAN:	____%	15 millas por hora	____-____ grados
SUR DE PUERTO RICO:	____%	____ millas por hora	84-87 grados
OESTE-INTERIOR:	20%	____ millas por hora	____-____ grados

¡Escriba!

Escriba un pronóstico de tiempo ideal para sus vacaciones; por ejemplo, la temperatura en grados centígrado, posibilidad de lluvia o nieve, poco sol y viento.

Pronóstico general de _____ (región / estado / país):

Pronóstico local de _____ (lugar específico):

Situaciones

Cuéntele a otro(a) estudiante sobre uno de sus lugares favoritos.

Tell him or her...

- where your special place is.
- why that place is special.
- what time of the year you go there.
- how you get there (car, etc.)
- with whom you visit that place.
- what the weather is usually like.
- what you generally do there.
- when you plan to go there again.

Vocabulario

Sustantivos

el baño *bathroom*
el beso *kiss*
la canción *song*
el cumpleaños *birthday*
el diente *tooth*
el disco *record*
el dormitorio *bedroom*
los dulces *sweets*
la edad *age*
la fecha *date*
la iglesia *church*
el invitado *guest*
las joyas *jewelry*
la mesa *table*
la misa *mass*
la nieve *snow*
el pastel *cake*
el pijama *pajamas*
la quinceañera *fifteen-year old girl*
el regalo *gift*
la ropa *clothing*
el tiempo *weather*

Las direcciones

este *east*
norte *north*
oeste *west*
sur *south*

Las estaciones del año

el invierno *winter*
el otoño *fall, autumn*
la primavera *spring*
el verano *summer*

¿Qué tiempo hace?

Está despejado. *It's clear.*
Está nublado. *It's cloudy.*
Hace buen tiempo. *It's nice out.*
Hace mal tiempo. *It's bad out.*
Hace calor (frío). *It's hot (cold).*
Hace fresco. *It's cool.*
Hace viento. *It's windy.*

Los meses del año

enero *January*
febrero *February*
marzo *March*
abril *April*
mayo *May*
junio *June*
julio *July*
agosto *August*
septiembre *September*
octubre *October*
noviembre *November*
diciembre *December*

Adjetivos

primero *first*

Verbos

acostarse (ue) *to go to bed*
afeitarse *to shave oneself*
arreglarse *to fix oneself up*
bañarse *to take a bath*
casarse *to get married*
despertarse (ie) *to wake up*
divertirse (ie) *to have fun*
dormirse (ue) *to fall asleep*
ducharse *to take a shower*
felicitar *to congratulate*
irse *to go away*
lavarse (los dientes) *to wash oneself, to brush (one's teeth)*
levantarse *to get up*
llamar *to call*
llover (ue) *to rain*
nevar (ie) *to snow*
peinarse *to comb one's hair*
ponerse *to put on*
quitarse *to take off*
secarse *to dry oneself*
sentarse (ie) *to sit down*
sentirse (ie) *to feel*
terminar *to end, to finish*
vestirse (i) *to get dressed*

Adverbios

bajo *below*

Expresiones idiomáticas

cumplir # años *to be # years old*
¡Felicidades! *Congratulations!*
todos *everyone*

PASO 3

Día tras día

SETTING: Los Estados Unidos

Julio and Gloria Sepúlveda are a young Puerto Rican couple who moved to New York City. They go shopping for clothing with their two small children at Macy's department store shortly before Christmas. On December 24th, Julio's mother arrives from Puerto Rico.

LECCIÓN 7

¡Julio, es hora de levantarte!

COMMUNICATIVE GOALS The students will be able to describe where they live, their household chores and some recent activities.

LANGUAGE FUNCTIONS Describing ♦ Talking about past activities ♦ Specifying when and for how long

VOCABULARY THEMES House, furniture and appliances ♦ Household chores

GRAMMATICAL STRUCTURES Negative words ♦ Preterite of regular verbs ♦ *Hace, por,* and *para* with time

CULTURAL INFORMATION Housing in Spain and Latin America ♦ Sex roles in Hispanic cultures

Antes que nada

The better you are able to anticipate the information in a reading passage, the more easily you will understand what it is about.

1. Look at the photographs featured here. What do you think this ad will be about? _____
2. Scan the text for cognates to confirm if your guess on the content is correct. Read the text in the white box near the top left of the ad. Who is sponsoring this advertisement? _____
3. You may not know the word *edificio* but the word *apartamento* is a cognate. Guess the meaning of *edificio de apartamentos*. _____
4. Is financing available? Which phrase gives you a clue? _____
5. What is the ad promising when it says *"Un futuro mejor para toda la familia"*? _____

En contexto

Four years ago / moved

Hace cuatro años° Julio y Gloria Sepúlveda se mudaron° de San Juan, Puerto Rico a la ciudad de Nueva York.[1] Ahora viven en un pequeño apartamento de dos dormitorios en el centro de Manhattan. Julio tiene treinta años y es policía de la Policía Metropolitana de Nueva York. Su esposa tiene veintinueve años y es directora de una escuela secundaria. Los esposos Sepúlveda tienen dos niños: Juan Carlos, que tiene cinco años, y Susana María, que tiene solamente dos meses.

Yesterday

Ayer° a las 6:00 de la mañana Gloria se levantó, fue a la cocina y se preparó el desayuno: café con leche y pan tostado con mermelada. Luego, se sentó en el salón, miró la televisión y tomó el desayuno. A las 6:30 sonó el despertador° de Julio, pero él no oyó nada. Después de quince minutos, Gloria fue a despertar a su esposo.

alarm clock

—¿Julio? ... ¡Julio!
—¡¿Cómo?! ¡Qué... qué quieres, mi amor?
—¿No oíste el despertador? ¡Es hora de levantarte! Tenemos que trabajar hoy. Ya son las 6:45 y todavía° estás en la cama.

still

—¡Por Dios! ¿Son las 6:45 ya?
—Sí, buenos días, querido.
—Buenos días, mi amor. Ay, todavía estoy muy cansado. Quiero dormir un poco más.
—¡Chssst! Vas a despertar a los niños! Todavía estás cansado porque te acostaste a la una.
—Bueno, ya me levanto. ... ¡Ay! ¡Pero qué frío, mi amor! ¿Cuál es la temperatura?
—Está a dos grados centígrados bajo cero.
—¿Dos bajo cero? ¡Válgame Dios! No me gusta el invierno de aquí. Siempre hace frío y nieva casi todos los días.

—¡Qué exageración! Estamos en diciembre y en Nueva York hace un poco de frío en diciembre. ¿Qué quieres tú?
—Quiero volver a Puerto Rico. En la isla nunca hace frío, nunca nieva y hace sol todo el día.
—Querido, ¡todavía estás soñando!°

dreaming

Notas de texto

1. Over one million Puerto Ricans live in New York City today. Puerto Ricans are American citizens, since Puerto Rico is a commonwealth or "free associated state" of the United States, and have contributed tremendously to the culture and the economy of the United States.

¿Comprendió Ud.?

1. Complete el siguiente formulario según la lectura.

   Esposo: _____   Esposa: _____
   Edad: _____   Edad: _____
   Profesión: _____   Profesión: _____

   Hijos   No _____ Sí _____ ¿Cuántos? _____
   Nombres: _____
   Edad: _____

2. ¿De dónde es la familia Sepúlveda originalmente? ¿Qué nacionalidad tienen ellos? ¿Dónde viven ahora?
3. ¿A qué hora se levantan Julio y Gloria los días de trabajo?
4. ¿Por qué está enojado Julio? ¿Qué impresión tiene Ud. de él? ¿Qué impresión tiene Ud. de su esposa? ¿Quién es más realista y por qué?

VOCABULARIO ÚTIL

In this section you will learn to describe your home and household chores, and to express opinions about suitable types of housing.

Cómo conversar sobre su hogar

EL HOGAR

Cómo conversar sobre los quehaceres de la casa

sacar la nieve *to shovel the snow*
limpiar la casa *to clean the house*
lavar los platos *to wash the dishes*

hacer la cama *to make one's bed*
sacar la basura *to take out the garbage*
cortar el césped *to mow the lawn*

poner la mesa *to set the table*
recoger las hojas *to rake the leaves*
pasar la aspiradora *to vacuum*

¡Julio, es hora de levantarte! ♦ 161

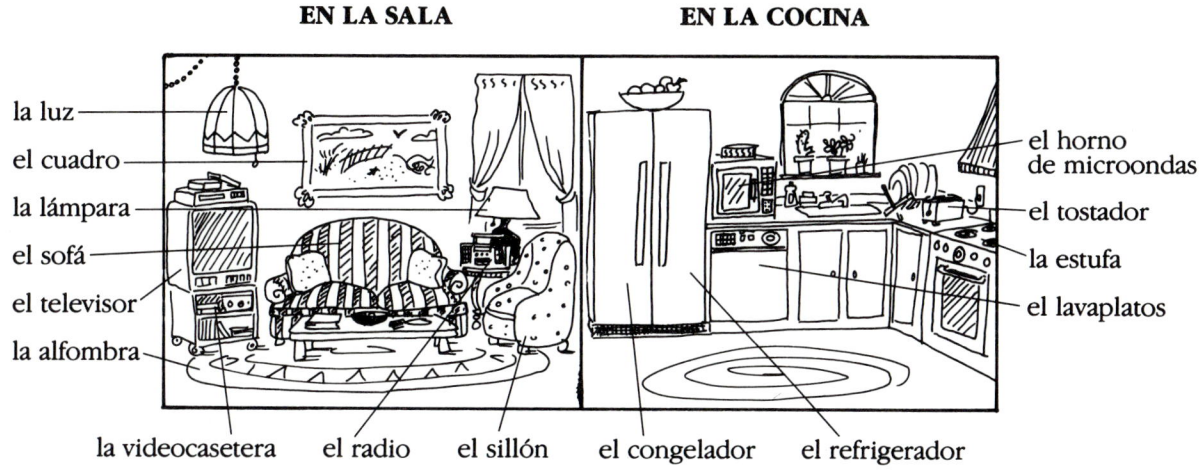

Practiquemos

A **Asociaciones.** Complete las oraciones que siguen con los lugares o cosas que aparecen en la columna a la derecha.

Ejemplo: Se juega al vólibol en... *la terraza*.

1. Se encuentra la comida fría en...   el sofá.
2. En el salón se puede dormir en...   el patio.
3. Por la noche se duerme bien en...   el salón.
4. Se desayuna, almuerza y cena en...   el dormitorio.

5. Se prepara la comida rápidamente en...   la televisión.
6. Por la tarde se juega al vólibol en...   el refrigerador.
7. Se miran los partidos de golf en...   el comedor/la cocina.
8. Se visita a los parientes en...   el horno de microondas.

B ¡Aquí tiene su casa!   Imagínese que un(a) amigo(a) de la familia Velarde va a vivir en su casa por un año. Escríbale una carta con la siguiente información.

1. ¿Quiénes viven con usted, cuántos años tienen, dónde estudian o trabajan y cómo son (apariencia física y personalidad)?
2. ¿Cómo es su barrio y qué tipo de hogar tiene Ud.?
3. ¿Cuántas habitaciones *(rooms)* tiene su hogar y cuáles son?
4. ¿Cómo es cada una de las habitaciones (muebles y aparatos eléctricos)?

C Mi casa preferida.   Dibuje *(Draw)* una casa en la que a Ud. le gustaría vivir algún *(some)* día. Después, cuéntele a un(a) compañero(a) de clase...

1. dónde le gustaría vivir (ciudad y barrio) y por qué
2. cuántas habitaciones quiere Ud. en su casa, y cómo van a ser (grandes/pequeñas, modernas, de estilo francés/italiano, etcétera)
3. qué muebles y aparatos eléctricos van a poner en cada habitación
4. quiénes van a ocupar los dormitorios

D Día tras día.   Complete cada oración, emparejándolas con las frases a la derecha.

1. Se limpia toda la casa   se recogen las hojas del patio.
2. Por la mañana   frecuentemente en el invierno.
3. Se pasa la aspiradora   en la terraza, el patio o el garaje.
4. Hay que sacar la nieve   de la cocina todos los días.
5. Se corta el césped   en primavera, verano y otoño.
6. En septiembre y octubre   cuando está muy sucia.
7. Si no se tiene lavaplatos   sobre las alfombras y los suelos.
8. Se lava el perro   se hacen las camas.
9. Después de levantarse   se lavan y se secan los platos a mano.
10. Se saca la basura   se pone la mesa para el desayuno.

E ¿Con qué frecuencia?   Vamos a ver si Ud. trabaja para vivir o si vive para trabajar. Complete el siguiente formulario según la frecuencia con que Ud. hace los quehaceres indicados. Compare sus resultados con los resultados de otro(a) estudiante. Use esta escala:

1 = casi nunca   2 = a veces   3 = frecuentemente

____ limpio el baño   ____ lavo los platos
____ hago la cama   ____ seco los platos
____ pongo la mesa   ____ paso la aspiradora
____ saco la basura   ____ trabajo en el patio
____ lavo la ropa   ____ limpio el salón

Puntos	**Interpretación**
10.0–14.9	Aparentemente, ¡el trabajo no es una de sus virtudes!
15.0–22.9	Usted trabaja mucho. ¡Diviértase más con sus amigos!
23.0–30.0	¡Usted debe ir de vacaciones a Cancún por una semana!

NOTAS CULTURALES

Housing in Latin America and Spain

In the Hispanic world, housing varies tremendously according to country, region, climate, economic status and personal taste. Architectural styles range from high-rise apartment complexes to gracious colonial homes with beautiful courtyards; from Hollywood-style mansions to slums in urban areas.

In cities, houses are generally built adjacent to each other so that their walls almost touch. This close proximity of housing helps people to know their neighbors well, and it builds close, supportive communities. Windows may open up right onto the sidewalk, and are often protected by attractively designed wrought iron bars. Instead of a yard, many houses have an inner patio which is often paved in tile, and lush with plants and flowers. Almost all the rooms in these houses open up to the patio. Today, in the larger cities, most people of the middle and upper classes have modern appliances, telephones, cars, and television sets. However, in some smaller towns and in remote areas, modern conveniences may be somewhat less common.

Uses of each room in the Hispanic home vary. Some families use the *sala de estar,* an informal living room, for family conversations, reading and other activities. The television set and radio are also usually found in this room where most of the family living takes place. *La sala,* however, may be the scene of more formal activities.

GRAMÁTICA FUNCIONAL

In this section you will learn more ways to express negative ideas in Spanish.

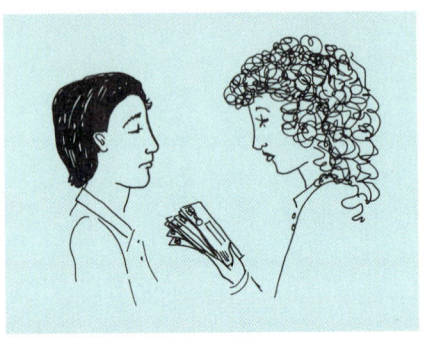

—Gloria, ¿hay alguna carta para mí?
—No, Julio. No hay ninguna para ti.
—¡Por Dios! Nunca recibo cartas.
—Claro, porque casi nunca le escribes a nadie.

Negative Sentences

A. Negative words and their opposites

Some common negative words are:

nada   *nothing, not at all*
nadie   *nobody, no one*
ningún*   *none, not any*
ninguno(a)**   *none, not any*
ni...ni   *neither . . . nor*
nunca   *never*
tampoco   *neither, not . . . either*

The opposite of these words are:

algo   *something, a bit*
alguien   *someone, somebody*
algún*   *some, any*
alguno(a/os/as)   *some, any*
o...o   *either . . . or*
siempre   *always*
también   *also, too*

B. How to form negative sentences

1. You already know how to express some negative ideas by placing *no* before a verb or before a pronoun-verb combination.

   Julio **no oyó** su despertador; por eso, **no se levantó.**

---

*Use *ningún* and *algún* before masculine singular nouns: ¿Tienes **algún amigo** en la escuela? / No, todavía no tengo **ningún amigo**. (Do you have any friends at school? / No, I don't have any friends yet.)

The plural forms *ningunos* and *ningunas* are seldom used. Instead, use the singular forms of these words: María no tiene **ningún amigo. (María doesn't have any friends.)

2. You also can express negative ideas as follows:

   no + verb + negative word
   No voy nunca al centro.
   No quiero casarme **nunca**.

   Negative word + verb
   Nunca voy al centro.
   Nunca quiero casarme.

Manos a la obra

A De larga distancia. Julio está hablando por teléfono con su mamá, que vive en San Juan. Hoy ella se siente enojada y siempre le contesta negativamente. ¿Qué dice la mamá de Julio?

Modelo: Mamá, ¿quieres venir a Nueva York? —*No, no quiero ir a Nueva York nunca.*

1. ¿Con quién sales los fines de semanas?
2. Mamá, ¿cuándo sales para ir de compras?
3. ¿Lees una novela interesante ahora?
4. ¿Haces mucho o poco ejercicio por la mañana?
5. ¿Sabes que tu nieto va a cumplir seis años?
6. Algún día quiero viajar a España. ¿Y tú?

B Estación tras estación. Complete el párrafo siguiente en un papel separado.

Donde yo vivo casi siempre (hace /está) _____ en el (otoño / invierno) y a veces (hace / está) _____, pero casi nunca (hace / está) _____. En la primavera (hace / está) _____ frecuentemente, pero nunca (hace / está) muy _____ por la (mañana / tarde / noche) ni (hace / está) _____ por la (mañana / tarde / noche). En el verano algunos días son _____ y otros son _____. En el invierno a ninguna persona de mi familia le gusta _____ por la mañana, pero algunas personas tienen que... Por ejemplo, mi (mamá / hermano / ?) siempre _____. También yo... , pero nunca [yo]... porque... Tampoco... En el invierno prefiero _____ (esquiar / patinar / ?) y muchas veces [yo] _____ con (algunos amigos / ?), pero casi nunca... porque...

Charlemos

A Dos conversaciones. Lea Ud. el primer diálogo con otro(a) estudiante. Luego, inventen Uds. otra conversación.

A: ¿Quieres viajar a Puerto Rico algún día?
B: Sí, pero no tengo ni el tiempo ni el dinero ahora. ¿Y a ti, cuándo te gustaría ir?
A: En diciembre porque hace buen tiempo.

Usen Uds. este modelo para su conversación.

A: ¿Quieres viajar a _____ algún día?
B: Sí, pero no... ¿Y a ti, cuándo te gustaría ir?
A: En _____ porque hace _____.

B **¿Es verdad o no?** Un(a) compañero(a) de clase va a leerle a Ud. las siguientes oraciones. Cierre el libro y contéstele apropiadamente.

Ejemplo: (Nada / Nunca) hace frío en la ciudad de Nueva York.
Usted: *Nunca hace frío en la ciudad de Nueva York.*
Él/Ella: *No tienes razón. En Nueva York hace frío en el invierno.*

1. Julio y Gloria (nadie/nunca) se levantan temprano por la mañana.
2. Los esposos Sepúlveda no tienen (ningún/ninguno) niño por el momento.
3. En la mañana Gloria prepara (nada/algo) caliente para tomar.
4. Julio tiene un trabajo, pero Gloria no tiene (ninguno/tampoco).
5. En Puerto Rico (algún/nunca) hace frío en el invierno.
6. (Muchos/Algunos) residentes de Nueva York son puertorriqueños.
7. Julio no trabaja en una primaria. Gloria (tampoco/también).
8. La familia Sepúlveda no es (o/ni) rica (o/ni) pobre, ¿verdad?

GRAMÁTICA FUNCIONAL

In this section, you will learn to talk and write about the past.

Preterite of Regular Verbs

Spanish speakers use the preterite tense to describe actions and events that happened in the past.

A. How to form the preterite

To form the preterite, add the following endings to the verb stem (a verb stem is the infinitive minus the **-ar, -er** or **-ir** ending). Note the identical endings for **-er** and **-ir** verbs.

	hablar	**aprender**	**escribir**
yo	hablé	aprendí	escribí
tú	hablaste	aprendiste	escribiste
Ud./él/ella	habló	aprendió	escribió
nosotros(as)	hablamos	aprendimos	escribimos
vosotros(as)	hablasteis	aprendisteis	escribisteis
Uds./ellos/ellas	hablaron	aprendieron	escribieron

Some regular verbs have spelling changes in the preterite in some forms. (The other preterite forms of these verbs are regular.)

1. Verbs ending in **-car**, **-gar**, and **-zar** have a spelling change in the *yo* form of the preterite tense to retain the sound of the infinitive: **c** changes to **qu**, **g** changes to **gu**, and **z** changes to **c**.

   buscar → bus**qué**   llegar → lle**gué**   comenzar → comen**cé**

   Ayer por la tarde visité a mi novia, Silvia. Salí de la casa y tomé el autobús al apartamento de Silvia. **Llegué** a las dos y **almorcé** con su familia. Después de comer, **toqué** algunas canciones con mi guitarra y **saqué** algunas fotos de Silvia. También **jugué** a las cartas con ella y sus dos hermanas.

2. **-Ir** and **-er** verbs that have a vowel before the infinitive ending require a change in the *Ud./él/ella* and *Uds./ellos/ellas* forms of the preterite tense: **i** between two vowels changes to **y**.

   creer: cre**y**ó, cre**y**eron   leer: le**y**ó, le**y**eron   oír: o**y**ó, o**y**eron

   Una noche Julio y Gloria **leyeron** en cama por dos horas, luego se durmieron. A las seis de la mañana, sonó su despertador. Gloria se levantó y **leyó** un poco más, pero Julio continuó durmiendo porque no **oyó** nada.

3. **-Ir** verbs that have a stem-change in the present tense have a stem change in the *Ud./él/ella* and *Uds./ellos/ellas* forms of the preterite: **o** becomes **u**, and **e** becomes **i**. **-Ar** and **-er** stem-changing verbs have no stem change in the preterite; use the infinitive stem (e.g. *pensó, volvieron*).

	dormir (o → u)	**vestirse (e → i)**
Ud./él/ella	d**u**rmió	se v**i**stió
Uds./ellos/ellas	d**u**rmieron	se v**i**stieron

Esta mañana Julio **se vistió,** luego **vistió** a sus niños. Más tarde, **se divirtió** con Juan Carlos en el salón. A las cuatro, los niños **se durmieron** en el sofá, y Julio **se sirvió** una taza de café.

B. How to use the preterite

Spanish has two simple past tenses that show two completely different attitudes toward the past from the standpoint of the present. The preterite tense is used to refer to past actions, states or events that the speaker or writer considers as **completed.** The speaker or writer focuses on a time in the past at which the action, state or event began and was viewed as completed.

> Ayer Julio **se despertó** un poco tarde porque no **oyó** su despertador. Gloria **llamó** a su esposo dos veces y finalmente él **se levantó.** Luego, Julio **fue** al baño, **se afeitó** y **se duchó** por cinco minutos.

You will learn how to form and use the imperfect in *Lección 9.*

Manos a la obra

A Los novios. Para aprender más sobre Julio y Gloria, complete los siguientes párrafos con las formas apropiadas del pretérito.

> ***Modelo:*** [Yo] (conocer) a Julio en San Juan, Puerto Rico.
> *Conocí a Julio en San Juan, Puerto Rico.*

Julio y yo nos (conocer) en San Juan donde [nosotros] (asistir) a la Universidad de Puerto Rico. Julio (estudiar) para ser policía y yo (especializarse) en ciencias sociales. Por fin, (llegar) el día de nuestro matrimonio. [Yo] No (dormir) muy bien y cuando (sonar) mi despertador, (continuar) durmiendo. Mi mamá (oír) el despertador y me (despertar). Luego, [yo] (levantarse), (bañarse), (arreglarse) y (vestirse) elegantemente. Mis padres y yo (desayunar) juntos y (conversar).

PAPÁ: ¿(Dormir) bien, mi hija?
YO: No, papá. (Dormir) mal. Toda la noche (soñar) con Julio.
PAPÁ: Ay, querida. Recuerdo el día en que tu mamá y yo (casarse) en Nueva York el 2 de noviembre. (Llover) por la mañana y (nevar) por la tarde.
MAMÁ: Y casi todas las fotos que tú (sacar) con tu cámara (salir) mal.
PAPÁ: ¿Por qué recuerdas las fotos, querida?
MAMÁ: Porque (salir) mal. Pero nuestro fotógrafo (sacar) muchas fotos buenas.
PAPÁ: Bueno, ¿(terminar) tu desayuno, Gloria?

[Nosotros] (Terminar) el desayuno, luego (salir) en auto a la iglesia donde Julio y yo (casarse) el 19 de marzo de 1984. Y gracias a Dios, ninguna foto (salir) mal.

B Después de casarse. Escriba una conversación o una narración entre Julio y Gloria que ocurrió el 20 de marzo de 1984, el día después de su matrimonio. Por ejemplo, ¿a qué hora se levantaron? ¿Qué comieron Julio y Gloria? ¿Adónde fueron? ¿Qué lugares visitaron?

Estos dos españoles salieron para comprar un paraguas. ¿Qué otras cosas se puede comprar aquí?

Charlemos

A **¿Qué hay de nuevo?** Cuéntele a un(a) compañero(a) sobre algunas de sus actividades recientes. Él (Ella) debe escribir lo que Ud. dice.

Ejemplo: *El lunes me levanté a las siete y jugué al tenis con mi amigo Paul. Después, comimos en la universidad...etc.*

La rutina diaria: acostarse a las... / dormirse a las... / dormir (bien/mal) / soñar con... / despertarse a las... / levantarse a las... / lavarse los dientes / ducharse / bañarse / arreglarse / afeitarse / peinarse / vestirse / desayunar con... / comer / tomar / almorzar (en casa / en... / con mi novio(a) / con...)

El trabajo: comprar un(a)... / trabajar en... / leer / escribir / estudiar... / pasar la aspiradora / recoger las hojas / lavar los platos (la ropa) / limpiar la casa / sacar la basura (la nieve) el (martes / domingo / ...)

Los pasatiempos: divertirse / bailar / cantar / nadar / caminar / invitar / descansar / esquiar / patinar / salir con amigos a... / mirar la televisión / montar a caballo / hablar por teléfono con... / escuchar el estéreo (la radio) / tocar la guitarra (el piano / la armónica /...) / jugar a las cartas (al tenis / al béisbol / al fútbol / ...) / comenzar a (leer una novela / escribir una carta /...) / sacar unas fotos de (mis amigos / mi familia / mi ...)

Ahora, su compañero(a) va a contarle a otro(a) estudiante algunas cosas que Ud. mencionó. Ud. debe escuchar bien para determinar si su compañero(a) dice la verdad.

Ejemplo: *El lunes Linda se levantó a las siete y jugó al tenis con su amigo Paul. Después, comieron en la universidad...etc.*

B **Un trabajo nuevo.** Imagine that you were recently hired as a census taker. Because you speak some Spanish, your supervisor has assigned you to interview people in a Puerto Rican neighborhood in New York City. Interview another student and fill in this chart. Your partner may make up some information if he or she wishes.

ESTADO DE NUEVA YORK
Oficina de Estadísticas Demográficas

Apellidos _____ Nombre _____

Calle _____ Número _____ Ciudad _____ Estado _____ Código Postal _____

Teléfono: Casa _____ Teléfono: Trabajo _____

Edad _____ Fecha de nacimiento _____ Lugar de nacimiento _____

EDUCACIÓN · CARRERA

Año | Escuela · Año | Trabajo

ESPOSO(A): _____

Apellidos _____ Nombre _____

Edad _____ Fecha de nacimiento _____ Lugar de nacimiento _____

EDUCACIÓN · CARRERA

Año | Escuela · Año | Trabajo

HIJOS Y OTROS FAMILIARES: _____

Nombre _____ Edad _____

Nombre _____ Edad _____

Nombre _____ Edad _____

Notas Culturales

Sex Roles in Hispanic Cultures

Modern times are changing traditional patterns of male and female roles in Latin America and Spain. Nevertheless, certain activities and responsibilities are considered to be in the realm of the male and others in that of the female. Until recently, women were expected to devote their time and talents to the home and caring for the children while men were expected to earn money to support the family. Now both women and men work while sharing the many household tasks and child care.

Traditionally, the Hispanic male has considered it important to engage in activities that assert his masculinity. Sociologists refer to this exaggerated emphasis on masculinity as *machismo*, which comes from the Spanish word *macho* meaning "male." *Machismo* is manifested in attracting women, enduring injury or illness without medical attention, and excelling in sports or business. Being *macho* often plays into the traditional "double standard" which establishes one set of values for men and a second set for women. On the positive side, *macho* describes not just a boy or a man who is showing off strength and aggressiveness, but also someone with an attractive, balanced personality who handles himself with poise.

For many years, the reverse of these male characteristics was the traditional ideal for Hispanic women. Instead of being active and outgoing, women were expected to be passive and sentimental. They were expected to be housewives and mothers and few had careers outside of the home.

The influence of the Hispanic woman was limited to her family. However, in that area, her authority was and still is great. With the father so often away from home, the mother became the recognized, although unofficial head of the household. This behind-the-scenes matriarchy was the focus and source of stability around which Latin American and Spanish society used to revolve, and still does in some areas of the Hispanic world.

Today, as many women have careers in fields such as business, education, and government, the traditional submissive role of the woman is changing. As in the United States and Canada, women in Spain and Latin America hold prominent positions in society. Women and men have more choices than they did in the past. Many of the traditional views of male and female roles have already disappeared in the cities, although they are changing more slowly in rural areas.

GRAMÁTICA FUNCIONAL

In this section, you will learn to express time in different ways.

Hace veinte años que duermo una siesta.

Hace, por, and para with Time

You can indicate time with reference to actions, events or conditions in several ways.

1. To express "has/have verb + -ing"

   hace + time period + present tense

   Hace un año que vivo aquí.   *I have been living here for one year.*

2. To express "has/have not + past time"

   hace + time period + *no* + present tense

   Hace un año que no vivo aquí.   *I have not lived here for one year.*

3. To express "ago"

   hace + time period + *que* + preterite tense

   Hace un año que viví aquí.   *I lived here one year ago.*

4. To express duration of time

   por + time period

   Viví aquí por un año.   *I lived here for one year.*

5. To express a specific time

   para + time period

   Compré un pastel para hoy. *I bought a cake for today.*

6. To express other specific times

   anteayer *the day before yesterday*
   ayer *yesterday*
   anoche *last night*
   pasado mañana *the day after tomorrow*
   esta mañana (tarde, noche) *this morning (afternoon, evening)*
   la semana pasada *last week*
   la próxima semana *next week*

Manos a la obra

A **Julio y Gloria.** Complete las siguientes oraciones según lo que Ud. sabe de los esposos Sepúlveda, utilizando expresiones de tiempo con **hace, por** y **para.**

Ejemplos: ... Julio y Gloria / vivir en Nueva York
Hace cuatro años que Julio y Gloria viven en Nueva York.

... ellos / mudarse de Puerto Rico
Hace cuatro años que ellos se mudaron de Puerto Rico.

1. ... Julio y Gloria / casarse
2. ... ellos / estar casados
3. ... Julio / ser un policía de Nueva York
4. ... los Sepúlveda / tener una hija
5. ... yo / conocer a la familia Sepúlveda

B **¿Hace cuánto tiempo?** Cuéntele a un(a) compañero(a) de clase cuánto tiempo hace que Ud. no hace las siguientes actividades.

Ejemplo: hacer ejercicio   *Hace dos días que no hago ejercicio.*

LOS QUEHACERES DE LA CASA

1. poner la mesa en mi casa
2. sacar la basura del garaje
3. pasar la aspiradora por el salón
4. lavar los platos después de cenar

LAS DIVERSIONES

5. leer un buen libro
6. tener una fiesta en casa
7. ir al cine con mis amigos
8. comer un sándwich de jamón

C **La semana pasada.** Escriba siete párrafos breves sobre sus actividades de la semana pasada.

Ejemplo: lunes, 12 de diciembre
Hoy me levanté a las siete, tomé una taza de café y comí pan tostado con mermelada. Luego, salí para la universidad y...

Charlemos

A **Ayer, hoy y mañana.** Pregúntele a otro(a) estudiante.

1. ¿Cuántas horas dormiste anoche? 2. ¿Dormiste bien o mal? 3. ¿A qué hora te levantaste hoy? 4. ¿Te levantaste con poco o con mucho sueño esta mañana? 5. ¿Cómo te sientes ahora? 6. Cuéntame qué pasó después de levantarte. 7. ¿Qué piensas hacer el resto del día de hoy? 8. ¿A qué hora vas a acostarte esta noche? 9. ¿Qué tienes que hacer mañana? 10. ¿Qué tienes ganas de hacer mañana por la noche?

B **¿Y ustedes?** Converse en español con un(a) compañero(a) de clase.

Find out...

1. where your partner lives (including his or her address) and for how long he or she has lived there. Ask whether he or she likes living there and why. Find out as much as you can about your partner's home and household chores.

2. whether or not he or she works and, if so, where and for how many hours per week. Ask what your partner does, and for how long he or she has been working there, and whether or not he or she likes the work, and why. If you know your partner well, ask how much he or she earns per hour.

Un poco más

¡Escuche!

Miguelito has just received a new tape recorder. He is now bothering all the members of his family, trying to make them speak into the microphone. Listen and make notes on what each person is doing at that moment and what they did earlier in the day.

	AHORA	ANTES
MAMÁ	_____	_____
PAPÁ	_____	_____
ISABEL	_____	_____

Perspectivas

Busque la mejor residencia para los siguientes clientes. Después, compare sus selecciones con las selecciones de otro(a) estudiante. Los precios *(prices)* están en dólares norteamericanos.

CONDOMINIOS

VENUS PLAZA I: Aprovéchese de los intereses bajos de este edificio aprobado por FHA con 3 dorms., 2 baños, en el corazón de Hato Rey. Sólo $75,000 con pronto bajo. 722-6363.

SAN MATEO PLAZA: En excelentes cond. y bien mantenido, apto. de 1 dorm. muy ventilado, hipoteca asumible de $32,400. elevador con llave, paga sólo $361.00. 722-6363.

CON. VISTA VERDE: ¡Pronto sólo $6,000 si cualifica! Lindo apto. 2 habs., 2 baños, piscina, guardi 24 horas y más! TIRI: 720-9331.

TORRIMAR: ¡Nueva en el mercado! Amplia y fresca res. 4 habs., 2 baños, family, cristalina piscina. ¡Pronto de $31,000 si cualifica! Llame 720-9331.

OASIS GDNS.: Bella res. remodelada 4 habs., 2½ baños, family. Bella piscina. ¡Pronto desde $20,000 si cualifica! 720-9331.

SANTA MARIA ESTATES: ¡Un paraíso! Espectacular res. 4 habs., 5 baños, family, estudio. Jacuzzi en el baño del master, piscina con cascada, todo lujo imaginable. Alarma sofisticada. Jardines preciosos. Piden $1,000,000. Llame TIRI, 720-9331.

VILLA CAPARRA: ¡Asuma hip. de $240,000! Espectacular res. 3 habs., 3½ baños, family, piscina, pisos de mármol. Calent. solar, alarma. Area exclusiva. Llame 720-9331 para cita.

CAPARRA HILLS: ¡Vecindario prestigioso! Magnífica res. 4 dorms., 3 baños, family, estudio. Pisos preciosos. Areas amplias. Véa para apreciar. Pronto desde $59,000 si cualifica. 720-9331.

El Mundo, *sábado 4 de marzo de 1989, San Juan, Puerto Rico, página 52.*

1. Andrés Aguirre es un estudiante soltero que tiene veinticuatro años. Busca un apartamento limpio, pero no muy caro.
2. Mario Zamudio y su esposa Juanita tienen un hijo adolescente y una hija de cinco años. Quieren comprar una casa, pero no pueden pagar más de $40.000.
3. La familia Ramírez es grande; son siete personas: Luis y Juana Ramírez, sus cuatro hijos: Víctor, Cristóbal, Angélica e Inés, y el papá de la Sra. Ramírez. El Sr. Ramírez es arquitecto y gana $3.000 al mes, su esposa es abogada y gana $3.250 al mes. Tienen ganas de vivir en una casa en excelentes condiciones.
4. Ahora busque una casa o un apartamento para Ud. y su familia, o para Ud. y un(a) amigo(a).

¡Escriba!

Escriba un anuncio de un apartamento o una casa ideal que a Ud. le gustaría alquilar *(to rent)* o comprar algún día. En su anuncio, mencione...

1. si es un apartamento o una casa
2. la ciudad y el barrio en que está
3. el número de habitaciones que tiene
4. los aparatos eléctricos que tiene
5. otras atracciones maravillosas
6. el número de su teléfono/dirección

Situaciones

ESTUPENDO APARTAMENTO
alfombrado, recién pintado, cocina amueblada, entrega inmediata. Ver hoy 10-13 y 16-19 horas. Tel: 2512988.

1. Estudiante A: Imagínese que Ud. tiene un apartamento para alquilar. En una hoja de papel separada, copie el siguiente formulario sobre el apartamento. Después, complete el formulario con la información apropiada.

   Dirección _____

   Número de habitaciones _____

   Son _____

¿Amueblado?   _____ sí   Muebles: _____
              _____ no   Aparatos eléctricos _____

¿Incluye...
agua?   _____ no _____ sí   Extras _____
gas?   _____ no _____ sí   Precio al mes $_____
luz eléctrica? _____ no _____ sí   Horas de visita: _____

2. Estudiante B: Imagínese que Ud. busca un apartamento para alquilar. Copie el formulario en un papel separado. Luego, llame por teléfono (a su compañero/a de clase) para informarse del apartamento.

3. Después de terminar la actividad, Uds. pueden comenzarla otra vez con otros dos estudiantes.

Vocabulario

En el dormitorio

la cama *bed*
el despertador *alarm clock*
el escritorio *desk*
el espejo *mirror*
el guardarropa *closet*
la mesita de noche *night table*
la silla *chair*

En la cocina *kitchen*

el congelador *freezer*
la estufa *stove*
el horno de microondas *mircowave oven*
el lavaplatos *dishwasher*
el tostador *toaster*

En la sala

la alfombra *rug*
el cuadro *painting*
la lámpara *lamp*
el sillón *easy chair*

el televisor *television set*
la videocasetera *videocassette player (VCR)*

Otras partes del hogar *home*

el balcón *balcony*
el baño *bathroom*
el comedor *dining room*
la escalera *stairs*
el garaje *garage*
el jardín *flower garden*
la luz *light*
la pared *wall*
el patio *yard*
la puerta *door*
el suelo *floor*
la terraza *terrace*

Verbos

mudarse *to move*
sonar (ue) *to go off*
soñar (ue) (con) *to dream (about)*

Los quehaceres *chores*

cortar el césped *to mow the lawn*
hacer la cama *to make one's bed*
lavar los platos *to wash the dishes*
limpiar la casa *to clean the house*
pasar la aspiradora *to vacuum*
poner la mesa *to set the table*
recoger las hojas *to rake the leaves*
sacar la basura *to take out the garbage*
sacar la nieve *to shovel the snow*

LECCIÓN 8

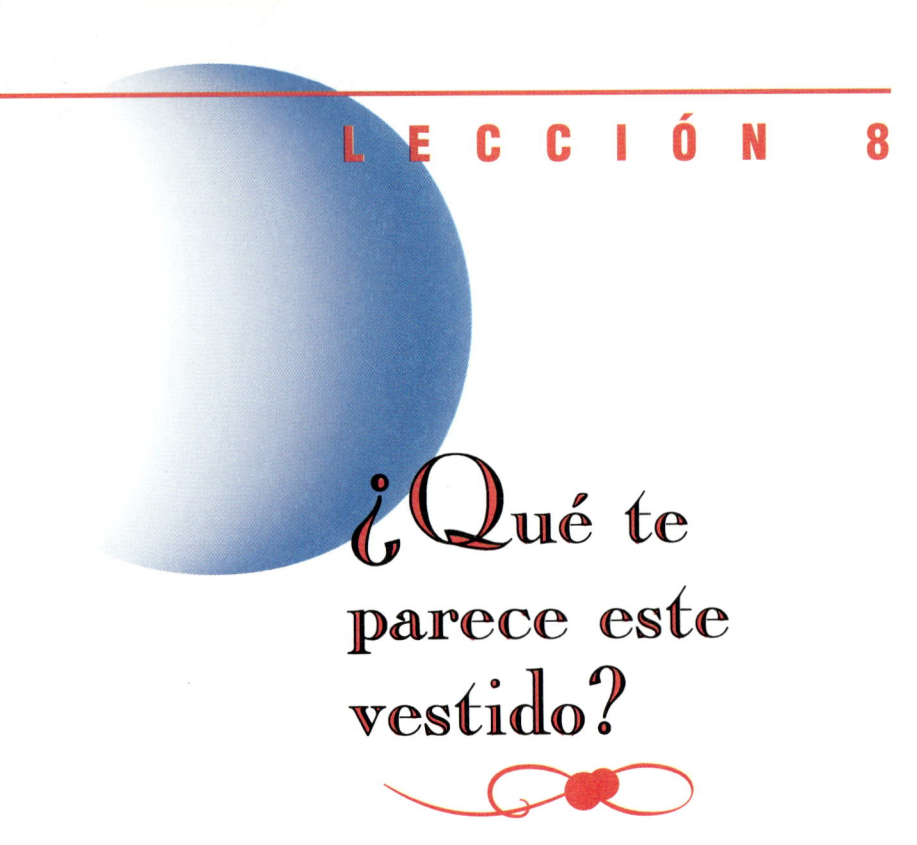

¿Qué te parece este vestido?

COMMUNICATIVE GOALS The students will be able to describe clothing as well as ask and answer questions about their personal activities.

LANGUAGE FUNCTIONS Expressing opinions ♦ Stating preferences ♦ Expressing likes and dislikes

VOCABULARY THEMES Clothing ♦ Colors ♦ Numbers 100–2,000,000

GRAMMATICAL STRUCTURES Direct object pronouns ♦ Indirect object pronouns ♦ Verbs like *gustar*

CULTURAL INFORMATION Dressing for the occasion

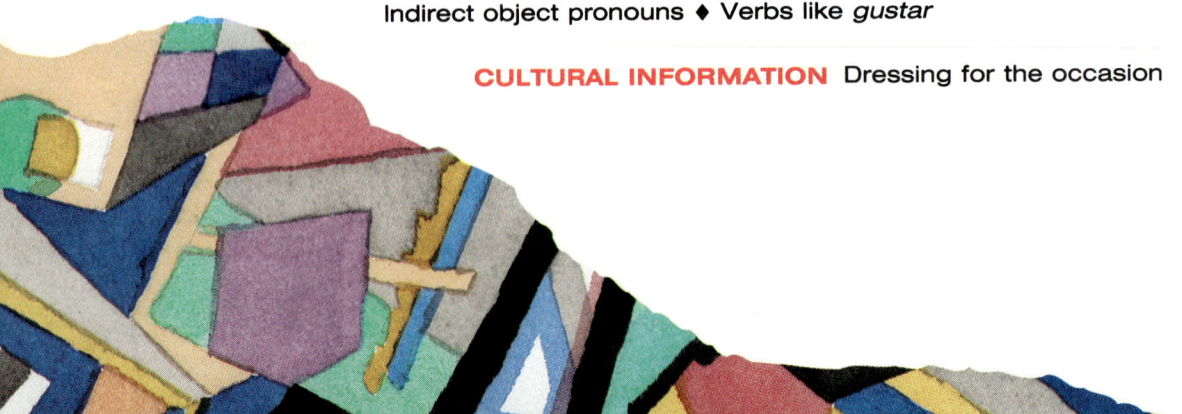

ANTES QUE NADA

Imagine that you are visiting a Chilean department store where an employee gives you the piece of information reproduced below. You read it quickly to see what it is about.

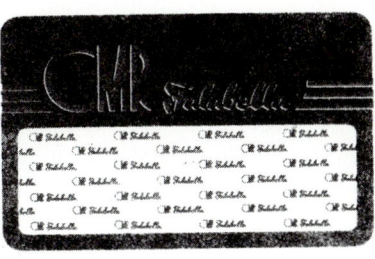

Aproveche todas las Ofertahorros de esta temporada y todos los artículos de Falabella con CMR Falabella, la tarjeta con la tasa de interés más baja del mercado.

Si Ud. aún no tiene su tarjeta, súmese hoy mismo a CMR Falabella y obtendrá innumerables beneficios:

1. Comprar al precio más bajo, ya sea contado, oferta o liquidación.
2. Comprar a 30 días, sin recargos ni intereses.
3. Comprar con la tasa de interés más baja del mercado.
4. Seguro de Desgravamen, que cubre el saldo total de su cuenta.
5. Y muchas otras grandes ventajas.

600.000 personas ya la tienen.

Y Ud. también puede ser uno de ellos, gozando siempre de las mejores ventajas para comprar de todo para Ud., la familia y el hogar.

Para obtenerla, desprenda la solicitud que viene dentro de esta Guía de Compras, complétela con todos sus datos y preséntela en cualquiera de los locales de Falabella.

Por su interés, piense en Falabella.

CMR *Falabella*

1. This text is...
   a. an ad   b. a recipe   c. a list   d. other:_____
2. CMR Falabella is a...
   a. company   b. store   c. product   d. credit card
3. *La tasa de interés* refers to...
   a. a cup   b. investments   c. interest rates
4. Another word for *temporada* is...
   a. *estación*   b. *oferta*   c. *tarjeta*   d. *ventaja*

5. A synonym for *beneficio* is. . .
   a. *tasa*   b. *ventaja*   c. *tarjeta*   d. *cuenta*
6. *Seguro de Desgravamen* refers to a kind of. . .
   a. article   b. account   c. market   d. other: _____
7. Check whether or not CMR offers the following benefits.

	Yes	No
• Credit card insurance	_____	_____
• Totally interest-free	_____	_____
• Bimonthly statements	_____	_____
• Pay balance by mail	_____	_____

Now let's analyze what reading strategies you used to understand the text. Check which skill(s) helped you **most** in answering the seven items above.

_____ Skimming skills   _____ Guessing from context
_____ Scanning skills   _____ Knowledge of the topic
_____ Use of a dictionary _____ Recognition of cognates
_____ Knowledge of Spanish _____ Visual presentation of text

En contexto

Hoy es sábado, dieciséis de diciembre. Julio y Gloria Sepúlveda y sus dos niños pequeños acaban de entrar° en el famoso almacén Macy's.[1] En este momento Gloria está probándose un vestido° blanco que quiere llevar° a una fiesta y Julio está esperándola con los niños. Ahora ella sale con el vestido, y le pide su opinión.

entraron
dress / to wear

—¿Qué te parece,° Julio? ¿Te gusta o no?
—¡Me encanta! Está elegante y te queda° muy bien, Gloria.
—Gracias. Va a ser perfecto para la fiesta de los Reynosa el próximo sábado, ¿verdad?
—¡Perfecto! ¿Recuerdas la fiesta estupenda que Jorge y Hortensia hicieron el año pasado?
—Nunca voy a olvidarla.° Cómo nos divertimos, ¿verdad? Bailamos salsas,[2] comimos cosas ricas y conocimos a mucha gente.
—Qué fiesta tan fabulosa, ¿no? Bueno, ahora voy a pagar° este vestido con mi tarjeta° de crédito.
—¿Vas a comprarte esa camisa°?
—Sí, pero voy a cambiarla° por una de color igual° a tu vestido.
—¡Qué simpático eres, Julio!

¿Qué opinión tienes?
it fits you

forget

pay for
card
that shirt
change it / exactamente

Notas de texto

1. Macy's is one of the largest department stores in New York City. It has many branch stores throughout the metropolitan area.
2. *La salsa* is one of many popular dances that originated in Latin America. Others include *la cumbia, el bossa nova, el merengue,* and *el chachachá.*

¿Comprendió Ud.?

1. ¿Quién diría *(would say)* las siguientes oraciones: Julio, Gloria o los dos?

    —Debes comprarte más camisas.

    —¿Qué te parece este vestido?

    —Debes comprar el vestido si te gusta.

    —Nos divertimos mucho en la fiesta, ¿verdad?

    —Vamos a divertirnos mucho el próximo sábado.

2. Lea la lectura otra vez. Luego, escriba un párrafo de tres o cuatro oraciones para explicar qué pasó en la tienda Macy's.

VOCABULARIO ÚTIL

In this section you will learn to talk and write about clothing, clothing accessories and colors.

Cómo conversar sobre la ropa

La ropa y los accesorios

Cuando se sale de casa se lleva una **bolsa,** una **cartera,** un **portafolio** o una **mochila.**

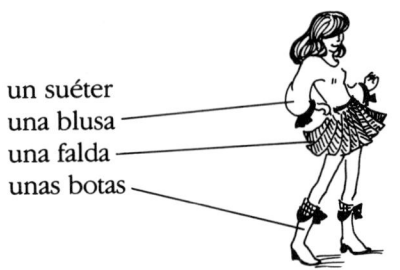
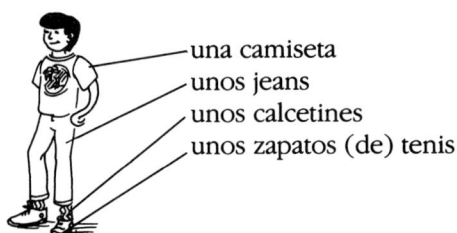

un suéter
una blusa
una falda
unas botas

una camiseta
unos jeans
unos calcetines
unos zapatos (de) tenis

una camisa
una corbata
un traje
 (un saco/unos
 pantalones)
unos zapatos

un vestido
un sombrero
unas medias

Los colores

amarillo(a)	yellow	**morado(a)**	purple
anaranjado(a)	orange	**negro(a)**	black
azul	blue	**rojo(a)**	red
blanco(a)	white	**rosado(a)**	pink
gris	gray	**verde**	green
marrón	brown	**violeta**	lavender

1. Other words for the color **brown** are *pardo(a), café* (for eyes) and *castaño(a)* (for hair). In Cuba and Puerto Rico the word *moreno(a)* is used to denote dark or brown skin. In other countries, however, *moreno* refers to a person with dark hair and eyes.

2. The color *violeta* is used with masculine or feminine nouns (e.g., *vestido violeta, blusa violeta*); the colors *marrón* and *café* do not have plural forms (e.g., *zapatos marrón, ojos café* [brown eyes]).

3. To express the meaning of light or dark with most colors, use *claro* or *oscuro,* respectively.

azul claro   light blue   **azul oscuro**   dark blue

Los números 100–2.000.000

100 cien (ciento)	**800** ochocientos(as)
101 ciento uno	**900** novecientos(as)
200 doscientos(as)	**1.000** mil
300 trescientos(as)	**2.000** dos mil
400 cuatrocientos(as)	**200.000** doscientos(as) mil
500 quinientos(as)	**1.000.000** un millón
600 seiscientos(as)	**2.000.000** dos millones
700 setecientos(as)	

1. Use *cien* before all nouns, before numbers greater than 100,000 and for counting. Use *ciento* with numbers 1 to 99 for expressing numbers 100 through 199 (e.g., 101, 102, 150, etc.).

100 **cien**	101 **ciento uno**
100 pesos **cien** pesos	102 **ciento dos**
100.000 pesetas **cien mil** pesetas	150 **ciento cincuenta**

2. Use the masculine forms of numbers 200 to 900 before masculine nouns and when counting; use feminine forms with feminine nouns.

550 pesos	**quinientos cincuenta** pesos
550 pesetas	**quinientas cincuenta** pesetas
900 pesos	**novecientos** pesos

3. Use *mil* to express one (a) thousand and with numbers over 1,000.
4. Note that when writing numbers, Spanish uses a period when English uses a comma, and vice-versa.

   English: $1,500.75

   Spanish: $1.500,75

¡Cuidado! The *peso* is the monetary unit of several Latin American countries; the *peseta* is the monetary unit of Spain.

Practiquemos

A **Asociaciones.** ¿Qué color asocia Ud. con las siguientes palabras?

Ejemplo: dientes → *blanco*

sucio	las botas	octubre	el vino tinto
jeans	los huevos	nublado	el pan tostado
el dinero	la limonada	el césped	la mantequilla

B **¡Qué precios!**   Hoy Bloomingdale's, un almacén exclusivo de Nueva York, tiene una liquidación. Lea los precios normales y los precios especiales de las siguientes cosas.

Modelo: suéter PIERRE CARDIN 300 dólares > 250 dólares
El precio normal de un suéter Pierre Cardin es trescientos dólares. Hoy el precio es doscientos cincuenta dólares.

	Precio Normal	*Precio Especial*
1. Bolsa GUCCI	$620	$510
2. Zapatos HUSH PUPPIES	335	175
3. Vestido ÓSCAR DE LA RENTA	1.690	1.225
4. Jeans CALVIN KLEIN	139	97
5. Traje de baño BONAIRE	265	205
6. Impermeable LONDON FOG	889	745

C **Mis preferencias.**   Pregúntele a un(a) compañero(a) de clase.

1. ¿Cuántos pares de jeans tienes? Y camisetas, ¿tienes muchas o pocas? Más o menos, ¿cuántas? ¿De qué colores son? ¿Qué tipo de camiseta te gusta comprar? ¿Cuántos pares de zapatos de tenis tienes? ¿Están viejos o nuevos? En tu opinión, ¿está bien llevar una camiseta con jeans y zapatos de tenis a una fiesta de cumpleaños informal? ¿Por qué?

2. ¿Tienes un traje de baño? ¿De qué color es? ¿Dónde te gusta nadar y por qué? ¿Nadas bien, mal o no nadas nunca?

3. Si está lloviendo cuando tienes que salir para tus clases, ¿te pones un impermeable, llevas *(carry)* un paraguas o llevas las dos cosas? ¿Qué ropa te pones cuando hace frío y está nevando? ¿Cómo prefieres llevar tus libros, lápices y papeles a la universidad o al politécnico: en la mano, en una bolsa, en un portafolio o en una mochila? ¿Por qué?

4. Cuando vas al cine en el invierno, ¿qué ropa prefieres llevar? Y cuando haces ejercicio en el verano, ¿qué tipo de ropa te gusta llevar? ¿Qué tipo de ropa no compras nunca, y por qué?

D **Situaciones.**   Hable con otro(a) estudiante. Lean Uds. las siguientes situaciones, luego respondan a las preguntas.

1. Estamos en octubre, hace sol y no hace viento. Uds. van con dos amigos a andar en bicicleta por un parque bonito. ¿Qué ropa van a ponerse y qué cosas van a llevar con Uds.?

2. El próximo domingo la sobrina de Gloria va a cumplir quince años. Uds. reciben una invitación a la misa y a la fiesta de los quince años. ¿Qué ropa van Uds. a llevar? ¿Qué creen que va a llevar la quinceañera?

3. Uds. piensan ir de vacaciones a Cancún, México por dos semanas en diciembre cuando hace muy buen tiempo. ¿Qué ropa van a llevar? ¿Qué ropa les gustaría comprar en Cancún?

4. Una amiga acaba de invitarlos a Uds. a esquiar en los Pirineos al norte de España por cinco días. Uds. aceptan la invitación y ahora tienen que decidir qué ropa van a llevar.

GRAMÁTICA FUNCIONAL

In the next two sections, you will be able to communicate in Spanish without sounding repetitive.

Direct Object Pronouns

A pronoun is a word that is used in place of a noun. In *Lección 1,* you learned to refer to people and things by using subject pronouns to avoid repeating names. For example, in the following sentences, the pronoun *ellos* refers to the nouns Julio y Gloria, and the pronoun *ella* refers to the noun *hija*.

Julio y Gloria están en Macy's.   **Ellos** no compran muchas cosas.
Su **hija** tiene sólo dos meses.   **Ella** lleva una gorra nueva hoy.

A. How to use direct object pronouns

1. Direct object pronouns also refer to **whom** or **what** was already mentioned to avoid repeating names of people, things or places. In the question-and-answer sets below, each question contains a direct object, and its answer contains a corresponding direct object pronoun.

¿Conoce Ud. a **los Sepúlveda**?   Sí, **los** conozco muy bien.

Gloria, ¿encontraste **mi suéter**?   No, no **lo** encontré, Julio.

Papá, ¿dónde están **mis botas**?   **Las** tengo aquí, hijo.

Julio, ¿no llamaste a **tu mamá**?   Sí, **la** llamé anoche, querida.

2. Note how direct object pronouns are used in the following sentences.

   SINGULAR

me	*me*	¿Por qué no **me** viste en la boutique?
te	*you (informal)*	**Te** veo mañana en el almacén Macy's.
lo	*you (formal), him, it (masc.)*	¿El vestido? **Lo** compré el año pasado.
la	*you (formal), her, it (fem.)*	Tu chaqueta, ¿dónde **la** compraste?

   PLURAL

nos	*us*	Gloria **nos** invitó a ir de compras.
os	*you (informal)*	María y Ana, **os** invito a mi boutique.
los	*you (formal), them (masc.)*	¿Los zapatos? No quiero comprar**los**.
las	*you (formal), them (fem.)*	¿Las camisetas rosadas? **Las** adoro.

B. Where to place direct object pronouns

1. Like reflexive pronouns, direct object pronouns always go before conjugated verbs.

   —Vas a comprar el vestido, Gloria?   —¿**Me llamaste,** mi amor?

   —Sí, querido. **Lo compro** el sábado.   —No, querido. No **te llamé.**

2. Direct object pronouns can also be attached to infinitives and present participles.

   Julio, Gloria y sus niños son mis amigos.

   Voy a visitarlos mañana.   *or*   **Los voy a visitar** mañana.

   Estoy visitándolos ahora.   *or*   **Los estoy visitando** ahora.

3. When reflexive pronouns and direct object pronouns are used together, they follow this order: reflexive pronouns + direct object pronoun.

   Cuando hace mucho frío me pongo dos suéteres.

   Voy a ponér**melos**.   *or*   **Me los** voy a poner.

   Estoy poniéndo**melos** ahora.*   *or*   **Me los** estoy poniendo ahora.

---

*Note that a written accent mark is needed on the stressed vowel of the infinitive when a reflexive pronoun and a direct object pronoun are attached to it, and on the stressed vowel of a present participle when a direct object pronoun is attached to it.

Manos a la obra

A **Padre e hijo.** Ahora Julio está solo en casa con su hijo Juan Carlos, que le hace muchas preguntas. ¿Qué dice Julio?

Modelo: ¿Dónde conociste a mamá? (en la universidad, hijo)
La conocí en la universidad, hijo.

JUAN CARLOS	JULIO
1. ¿Quieres mucho a mami, papá?	(sí, mi hijo)
2. ¿Me quieres a mí también?	(claro)
3. ¿Y quieres a Susana María?	(sí, también)
4. ¿Dónde aprendiste inglés, papi?	(en el colegio)
5. ¿Estudiaste chino y árabe?	(no, Juan Carlos)
6. ¿Estudiaste ciencias naturales?	(sí, naturalmente)
7. ¿Cuándo cumpliste cinco años, papá?	(hace mucho años)

B **En casa.** Lea las siguientes situaciones, luego complete las conversaciones en un papel separado. Después, practíquelas con otro(a) estudiante.

Ejemplo: Julio está en el salón con su esposa.
—¿Por qué estás escuchando música clásica, querido?
—*Estoy escuchándola porque quiero descansar un poco.*

1. Julio y Gloria, esposos muy enamorados, están comiendo un pollo exquisito con papas, ensalada, sopa de tomate y vino blanco.
   —¿Por qué preparaste una comida especial esta noche, Gloria?
   —_____

2. Gloria volvió muy contenta de su trabajo hoy. Ahora está hablando con su esposo.
   —¿Por qué vas a comprar videocaseteras para cada clase, Gloria?
   —_____

3. Gloria está hablando con su hijo, que va a jugar en la nieve con sus amigos.
   —¿Por qué tengo que ponerme el suéter, mami? No quiero.
   —_____

4. Julio acaba de sacar la basura. Ahora está en la cocina con su hijo.
   —¿Por qué estás lavándote las manos, papá?
   —_____

5. Son las nueve de la noche. Juan Carlos está hablando con su mamá en el baño.
   —¿Por qué debo lavarme los dientes cada noche, mamá? No me gusta.
   —_____

Charlemos

A **Los quehaceres de la casa.** Conozca Ud. un poco más a otro(a) estudiante, haciéndole las siguientes preguntas. Siga el ejemplo.

Ejemplo: poner la mesa en tu casa (¿Quién? / ¿A qué hora?)
A: *¿Quién pone la mesa en tu casa?*
B: *Mi hermano y yo.*
A: *¿A qué hora la ponen?*
B: *La ponemos a las ocho, a la una y a las seis.*

1. limpiar la casa (¿Quién? / ¿Cuándo? / ¿Con qué frecuencia?)
2. lavar los platos (¿Quién? / ¿Cómo? / ¿Con qué frecuencia?)
3. cortar el césped (¿Quién? / ¿Cómo? / ¿Con qué frecuencia?)
4. ir de compras (¿Quién? / ¿Dónde? / ¿Hace cuánto tiempo que no...?)

B **Sus pasatiempos.** Pregúntele a otra persona en clase.

1. ¿Cómo se llama tu mejor amigo? ¿Dónde lo conociste? ¿Cómo es? ¿Quién es tu mejor amiga? ¿Dónde la conociste? ¿Cómo es ella? ¿Cuándo la llamas por teléfono? ¿De qué hablan Uds.? ¿Cómo se divierten Uds.?
2. ¿Cuál es tu deporte favorito? ¿Cuándo y dónde lo juegas? ¿Cuánto tiempo hace que aprendiste a jugarlo? Normalmente, ¿con quién lo juegas? ¿Lo juegan Uds. bien o mal? ¿Lo jugaron la semana pasada? ¿Cuándo van a jugarlo otra vez? Cuéntame de otro deporte que te gusta mucho.
3. ¿Miras mucho o poco la televisión? ¿Por cuántas horas la miras cada semana? ¿Qué programas de televisión te gustan? ¿A qué hora los miras? ¿Con qué frecuencia los miras?
4. ¿Cuándo vas de compras? ¿Dónde compras tu ropa? ¿Por qué compras tu ropa allí? ¿Cuánto tiempo hace que no compras ropa? ¿Por qué?

Estos dos amigos se divierten conversando en un restaurante. ¿Cómo se divierte Ud. con sus amigos?

NOTAS CULTURALES

Dressing for the Occasion

Latin America is a study in contrasts concerning clothing. A visitor may walk down the elegant boulevards in *la Zona Rosa* in Mexico City, *la Avenida Nueve de Julio* in Buenos Aires, or *Sábana Grande* in Caracas, and admire some of the best-dressed men and women in the world, shopping for the latest fashions from Paris, London and New York. At the same time, in smaller villages one can see many Indian men and women dressed in their traditional costumes, sporting colorful beads and handmade jewelry.

In some Latin American countries, particularly in tropical and semi-tropical areas, men wear a shirt called a *guayabera,* which is made from cotton or synthetic materials. *Guayaberas* are sold in all sizes and colors, and are never worn with a tie. In many areas it is appropriate to wear a *guayabera* to semiformal social functions.

Generally, young Hispanics dress casually, although some prefer conservative styles and colors. Blue jeans and T-shirts are extremely popular among Hispanic teenagers and college students. However, when visiting other people's homes or appearing in public places, Hispanics avoid wearing extremely casual or sloppy clothing. Because of this a visitor should not wear Bermuda shorts and a T-shirt or other such apparel in the streets of Spanish and Latin American cities. This type of clothing is usually appropriate at beach resorts and for exercising in parks.

Indirect Object Pronouns

Indirect object pronouns refer to people and things already mentioned as indirect objects; that is, the object tells **to whom or for whom the action of the verb is done.**

In each set of sentences below, the first sentence shows the indirect object pronoun in English, and the second shows the same structure and pronoun in Spanish.

*Gloria gave **me** an umbrella.*   Gloria **me** dio un paraguas.

*Julio bought **her** a coat.*   Julio **le** compró un abrigo.

SINGULAR

me	to/for me	Mis padres van a dar**me** un traje nuevo.
te	to/for you (informal)	Voy a comprar**te** una corbata amarilla.
le	to/for you (formal), him, her	Voy a decir**le** cómo llegar al almacén. **Le** di mi portafolio a mi cuñado.

PLURAL

nos	to/for us	**Nos** pidió direcciones.
os	to/for you (informal)	Quiero decir**os** que os quiero mucho.
les	to/for you (formal), them (ellos/ellas)	Quiero hacer**les** un favor a ustedes. **Les** debo comprar una mochila nueva.

How to use indirect object pronouns

1. Because *le* and *les* have different meanings, you may add the expressions *a él, a ella, a Ud., a ellos, a ellas,* and *a Uds.* to the sentence for clarification or emphasis.

   - To clarify meaning

   —¿Cómo? ¿A quién le dijiste?   *What? Whom did you tell?*
   —**Le** dije **a ella.**   *I told her.*

   - To emphasize meaning

   —¿A quién le está hablando?   *Whom are you speaking to?*
   —Estoy hablándo**le a Ud.**   *I'm speaking to **you.***

2. When there is an indirect object in a sentence, the corresponding indirect object pronoun is also used. The preposition *a* always comes before the indirect object.

   Le doy la cartera **a Julio.**   *I'm giving the wallet to Julio.*
   Les compro los jeans **a Uds.**   *I'm buying the jeans for you.*

3. Indirect object pronouns are placed in the same positions as direct object pronouns, as shown in the examples above.

Manos a la obra

A **Quiero mucho a mi familia.**   Julio quiere mucho a su familia. ¿Qué dice Julio para explicarnos esto?

Modelo: decir a Gloria / que la / querer mucho
Le digo a Gloria que la quiero mucho.

1. saludar cada mañana a mi familia y / dar un beso a todos
2. escribir poemas de amor a Gloria y / comprar chocolates también
3. tocar la guitarra y cantar a mis dos niños y / dar muchos abrazos
4. contestar las preguntas de Juan Carlos y / leer libros divertidos
5. dar un beso a Susana María y / comprar mucha ropa de color rosado
6. escribir frecuentemente a mis parientes y / decir que estamos bien

B **Una conversación.**   Gloria volvió al almacén Macy's para comprar un par de zapatos y unas medias. Escriba una conversación entre ella y una vendedora.

Charlemos

A **Perdón...** Forme preguntas de las siguientes frases y hágaselas a diferentes compañeros de clase. Él o ella debe escribir su primer nombre en la línea apropiada en una hoja de papel.

Ejemplo: escribirles muchas cartas a tus amigos
A: *¿Les escribes muchas cartas a tus amigos?*
B: *¡Sí!*
A: *Escribe tu primer nombre aquí, por favor.*

	Nombre
1. darles un poco de dinero a algunos de tus amigos	_____
2. comprarle ropa elegante a tu mejor amigo(a)	_____
3. hacerle muchos favores a tu papá o a tu mamá	_____
4. pedirle perdón a gente cuando no tienes razón	_____
5. saludarme en español cuando nos vemos	_____
6. escribirles cartas a los actores y actrices de la televisión	_____

B **¡Qué generosidad!** Pregúntele a otro(a) estudiante qué regalos les va a comprar a las siguientes personas para sus cumpleaños. También puede contestar que no sabe lo que va a darles. La lista contiene solamente algunas sugerencias.

Ejemplo: a tu hermana
 A mi hermana le compro una blusa roja.
 o *No voy a darle nada porque...*
 o *No sé lo que voy a darle.*

una camisa	una cartera	dinero: _____ dólares
una blusa	un pastel	algo especial: _____
una bolsa	unos dulces	

1. a tu mamá
2. a tu papá
3. a tu hermano(a)
4. a tus tíos
5. a tus abuelos
6. a tu mejor amigo
7. a tu mejor amiga
8. a ti mismo(a)
9. a tu compañero(a) de cuarto

Gramática funcional

In this section, you will learn how to express different ways of liking and disliking people, places, things and ideas.

—Doctora, no me gusta el invierno aquí. El frío es horrible y me molesta sacar la nieve todos los días.
—Sr. Sepúlveda, creo que Ud. debe visitar Puerto Rico por dos semanas.
—¡Me parece una idea fabulosa!

Verbs like gustar

1. In *Lección 2,* you learned how to express likes and dislikes by using the verb *gustar* (to like; to be pleasing). Note the word order in the sentences below: 1) the indirect object pronoun (I.O.P.) indicates who likes, 2) a singular or plural form of *gustar,* and 3) its singular or plural subject that states what is liked.

I.O.P.	VERB	SUBJECT	
Me	gustan	tus zapatos.	*I like your shoes.*
Te	gusta	recibir regalos.	*You (informal) like to receive presents.*
Le	gustan	los jeans.	*He/She/It/You (formal) like(s) jeans.*
Nos	gusta	ir de compras.	*We like to go shopping.*
Os	gustan	los sombreros.	*You (informal) like hats.*
Les	gustan	mis bufandas.	*They/You (formal) like my scarves.*

2. The following verbs are used like *gustar*:

encantar	*to love (things)*	**interesar**	*to interest*
importar	*to matter*	**molestar**	*to bother*
fascinar	*to fascinate*	**parecer**	*to seem*

—**Les encantan** las boutiques, ¿no?   *You love boutiques, don't you?*
—Sí, **nos fascinan.**   *Yes, they fascinate us.*
—¿Qué **te parece** esta falda?   *What do you think of this skirt?*
—No **me interesa** nada.   *It doesn't interest me at all.*
—¿Por qué **te molestan** los jeans?   *Why do jeans bother you?*
—**Me importa** vestirme bien.   *It's important to me to dress well.*

How to use verbs like *gustar*

1. The verb matches its subject: both must be either singular or plural.

   Me enc**a**nt**a** **tu abrigo.**   *I love your coat.* (singular subject)
   Me enc**a**nt**an** **tus zapatos.**   *I love your shoes.* (plural subject)

2. An infinitive is considered a singular subject, no matter what follows it.

   ¿Te gust**a** **llevar** botas?   *Do you like to wear boots?*
   Te encant**a** **ir** de compras.   *You love to go shopping.*

3. To emphasize or to clarify the indirect object pronoun, use an emphatic phrase before it.

   ¡A mí me encanta tu nuevo abrigo!   *I love your new coat!* (emphasis)
   ¡A nosotros nos gusta también!   *We like it too!* (emphasis)
   A Julio le fascinan los niños.   *Julio likes children.* (clarification)
   A él no **le** molestan.   *They don't bother him.* (clarification)

Manos a la obra

A **Gente feliz.** Algunos amigos de Gloria están muy contentos con sus vidas. ¿Qué nos dicen?

   Modelo: un abuelo: encantar mis nietos porque / parecen simpáticos
   —*Me encantan mis nietos porque me parecen simpáticos.*

1. Jorge, un agricultor: gustar cuando hace sol y / encantar cuando llueve
2. Cecilia, una estudiante: no molestar los exámenes porque / gustar estudiar
3. Daniel, un intérprete: fascinar los idiomas y, por eso, / interesar visitar las Naciones Unidas

4. Max, un programador: interesar mucho la tecnología, pero / no importar los deportes

5. María Teresa, una policía: encantar mi trabajo porque / gustar trabajar con la gente

B **¿Y usted?** En uno o dos párrafos, escriba su filosofía de la vida usando los verbos nuevos de esta sección y el vocabulario que Ud. sabe.

Ejemplo: *Soy una persona conservadora. Me gusta trabajar y estudiar, pero me encantan los deportes también. Por ejemplo...*

FRASES ÚTILES

Soy una persona _____   Personalmente, creo que...
Para mí la vida es...   Otra cosa importante es...
Siempre es mejor...   Cuando tengo problemas...
En la vida hay...   Básicamente, mi filosofía es...

Charlemos

A **Hablando de compras...** Pregúntele a otro(a) estudiante.

1. ¿Qué te parecen los centros comerciales de nuestra ciudad? 2. ¿Te gusta ir de compras a los almacenes grandes o prefieres ir a las tiendas pequeñas? ¿Por qué te interesan más (los almacenes/las tiendas)? 3. Cuando compras ropa nueva, ¿qué te importa más: el color o el precio de la ropa? ¿Por qué? 4. ¿Qué te molesta, a veces, cuando vas de compras a las tiendas de ropa? ¿Y qué te gusta? 5. ¿Qué tipo de ropa te fascina, pero casi nunca la compras? ¿Por qué?

Parece que hay una venta de liquidación en esta zapatería. ¿Dónde compra Ud. los zapatos? ¿Qué tipo de zapatos le gusta?

B **En una tienda de ropa.** Imagínese que Ud. está en una tienda de ropa en un país hispano. Converse con un(a) compañero(a) de clase.

VENDEDOR(A)

1. Greet your customer.
3. Ask in what size (number).
5. Ask about color preference.
7. Show what you have in stock, then find out your client's reaction.
9. Either sell the merchandise or try to persuade the client to buy it.
11. Respond to your client.
13. Express your appreciation, then say good-bye.

CLIENTE

2. Respond, then say what article of clothing you want to buy.
4. Respond to the question.
6. Answer, then change your mind.
8. Express your likes or dislikes and say why.
10. Express your wishes.
12. End the conversation.
14. Respond politely.

Un poco más

 ¡Escuche!

Usted va a escuchar algunos anuncios comerciales de ropa. Complete la siguiente tabla con el nombre de la ropa o del accesorio, el nombre de la tienda en que se vende *(sells)* y su dirección.

ROPA/ACCESORIO	TIENDA	DIRECCIÓN
1. paraguas e_____	_____	Calle Barros Arana 845
2. _____	_____	Aníbal Pinto
3. _____	El buen vestir	Calle _____
4. _____	_____	Carrera 14 con

Perspectivas

Skim through this reading selection to get the gist of it. Then scan the selection to locate specific information asked for in the comprehension exercise on page 199.

LO QUE SU COLOR FAVORITO DICE DE USTED

Conozca su personalidad mediante los colores. Estas interpretaciones están sacadas del Test sobre el Color de Max Lüscher y de las teorías terapéuticas del color de la medicina alternativa. Estúdielos y elija el que más le guste. Su elección puede variar enormemente de acuerdo con su estado de ánimo.

Amarillo. Es el color de la primavera e indica disposición alegre y positiva. Sugiere habilidad para apartarse de los problemas, da vitalidad y contrarresta la depresión. También se asocia con urgencia y una tendencia a precipitarse y a apresurarse.

Como terapia suele usarse para activar los sistemas de hipoactividad. Sirve para mejorar el estado de ánimo. Se cree que es especialmente útil en dolencias digestivas.

Verde. Si lo prefiere por sobre otros colores, usted puede estar bastante alejado de la tensión y así saber enfrentar el estrés. Está en armonía con lo que la rodea y tiene apariencia equilibrada. Por esto, también puede ser un poco egoísta.

Como terapia el verde se usa en forma general para reequilibrar y promover el bienestar a un nivel totalmente emocional. También es de gran utilidad para aliviar el estrés y tiene un efecto calmante.

Rojo. Si es su color favorito, usted probablemente es competitivo en el trabajo y en el juego. Asumirá todo con el entusiasmo del ganador. Seguramente es una persona tan sensual que, a veces, juega con fuego. En terapias es usado como estimulante, excepto en trastornos inflamatorios o emocionales donde algunas veces puede empeorar la situación.

Azul. Es el color de la lealtad y la tranquilidad. Si es su primera opción, usted está feliz con su posición; lleva buenas relaciones con quienes la rodean. Si es su máximo favorito, temporalmente, significa que busca calma o liberarse de una crisis.

Indigo/Violeta. Es un color calmante asociado con el azul, pero indicará una mayor cualidad sensitiva e intuitiva que los que prefieren aquél. También podría sugerir inmadurez, mentalidad ansiosa o una tendencia a permanecer en la sombra. No sea una apocada del violeta, ¡decídase! y exhiba sus verdaderos encantos.

Como terapia se dice que estos colores son astringentes y que enfrían. Se usan para deprimir la agitación o los ánimos exhaltados, calmar el dolor y el nerviosismo.

Negro/Café/Gris. No son colores, estrictamente hablando, pero su elección indica rasgos de personalidad. El negro revela una posición extrema y la determinación al sacrificio con tal de conseguir lo que se quiere. El que señala que oculta o reprime emociones y retrasa discusiones. Se dice que quienes eligen el café como primer favorito, no han encontrado su lugar en la vida o que podrían estar descontentos con su salud o bienestar o que simplemente son inquietos e inseguros.

"Lo que su color favorito dice de usted", Buenhogar, *Año 23, No. 5, 23 de febrero, 1988, páginas 16–17.*

¿Comprendió Ud.? Complete la siguiente tabla en un papel separado según la información en la lectura.

	ELEMENTOS NEGATIVOS	ELEMENTOS POSITIVOS
AMARILLO		
VERDE		
ROJO		
AZUL		
VIOLETA/ÍNDIGO		
NEGRO/CAFÉ/GRIS		

¡Escriba!

Piense en la ropa y los colores que a las siguientes personas les gusta llevar. Luego, escriba un párrafo sobre la personalidad de **una** de estas personas.

1. un(a) profesor(a)
2. mi hermano(a)
3. mi mejor amigo(a)
4. yo

Situaciones

¡Felicitaciones! ¡Ud. acaba de ganar un viaje a Puerto Rico para dos personas! Piense en su viaje por un momento, y cuéntele a un(a) compañero(a) de clase sus planes usando las siguientes preguntas para dirigir sus ideas.

1. ¿A quién le gustaría invitar a Puerto Rico con Ud.? ¿Por qué prefiere ir con él (ella)? ¿Qué le gusta de él (ella)?
2. ¿Cuándo quieren salir para la isla? Dígale la fecha y la hora.
3. ¿Qué tiempo hace en Puerto Rico? Por eso, ¿qué ropa van a llevar?
4. ¿Qué pasatiempos les gustan a Uds.? ¿Cómo van a pasar su tiempo en la isla? Por ejemplo, ¿van a hacer una excursión, nadar, sacar fotos?
5. ¿Adónde van de compras en Puerto Rico? ¿Qué les gustaría comprar?
6. ¿Dónde van a comer en la isla? ¿Qué comida les gusta comer?
7. ¿Cuándo piensan volver del viaje? ¿Qué les van a decir a sus amigos?

—Nos fascinó (fascinaron) mucho...

—También nos encantó (encantaron)...

—No nos gustó (gustaron)..., pero sí nos gustó (gustaron)...

Vocabulario

Sustantivos

el almacén *department store*
la tarjeta *card*
la tienda *store*

La ropa *clothing, clothes*

el abrigo *overcoat*
la blusa *blouse*
las botas *boots*
la bufanda *scarf*
los calcetines *socks*
la camisa *shirt*
la camiseta *T-shirt*
la corbata *necktie*
la chaqueta *jacket*
la falda *skirt*
la gorra *cap*
los guantes *gloves*
el impermeable *raincoat*
los jeans *jeans*
las medias *stockings*
los pantalones *pants*
los pantalones cortos *shorts*
el saco *suitcoat, blazer*
el sombrero *hat*
el suéter *sweater*
el traje *suit*
el traje de baño *swimsuit*
el vestido *dress*
los zapatos *shoes*

Los accesorios

la bolsa *purse, bag*
la cartera *wallet*
la mochila *backpack*
el paraguas *umbrella*
el portafolio *briefcase*

Adjetivos

claro *light* (in color)
oscuro *dark* (in color)

Los colores

amarillo(a) *yellow*
anaranjado(a) *orange*
azul *blue*
blanco(a) *white*
café *brown*
castaño(a) *brown*
gris *gray*
marrón *brown*
morado(a) *purple*
moreno(a) *brown, dark-skinned*
negro(a) *black*
pardo(a) *brown*
rojo(a) *red*
rosado(a) *pink*
verde *green*

Verbos

cambiar *to change*
contestar *to answer*
encantar *to love* (things)
fascinar *to fascinate*
gustar *to like*
importar *to matter*
interesar *to interest*
llevar *to wear, to carry*
molestar *to bother*
olvidar *to forget*
pagar *to pay for*
parecer *to seem*
probarse *to try on*
quedarle (a uno) *to fit*
vender *to sell*

Los números 100-2.000.000

cien (ciento) *one hundred*
doscientos(as) *two hundred*
trescientos(as) *three hundred*
cuatrocientos(as) *four hundred*
quinientos(as) *five hundred*
seiscientos(as) *six hundred*
setecientos(as) *seven hundred*
ochocientos(as) *eight hundred*
novecientos(as) *nine hundred*
mil *one thousand*
un millón *one million*
dos millones *two million*

Expresiones idiomáticas

acabar de (+ infinitive) *to have just*
Creo que sí. *I think so.*
igual *just like, the same as*
por eso *therefore, so*
¿Qué te parece? *What do you think?*

LECCIÓN 9

¡Feliz Navidad, mamá!

COMMUNICATIVE GOALS The students will be able to ask for and understand directions in a city, and talk and write about how life was when they were younger.

LANGUAGE FUNCTIONS Asking for directions ♦ Narrating past experiences

VOCABULARY THEMES Places in a city ♦ Courtesy expressions

GRAMMATICAL STRUCTURES Preterite of irregular verbs ♦ Imperfect tense

CULTURAL INFORMATION Being a guest in an Hispanic home ♦ Hispanic religious holidays

Antes que nada

In this section, you will review and practice three kinds of reading strategies: skimming, contextual guessing, and scanning.

A. Skimming. Read the lyrics to the popular song below, then complete the following sentences.

1. This song is . . .
   a. sad   b. cheerful   c. neither sad nor cheerful
2. I think the title of this song in English is "_____." I came to that conclusion because. . .

> **CASCABEL**
>
> Andando por la nieve, en un lindo trineo,
> con la bella Susanita, salimos de paseo.
> Brillaba la alegría, en nuestros corazones
> en aquella tarde fría tan llena de ilusiones.
> Cascabel, cascabel, música de amor,
> dulces horas, gratas horas,
> Juventud en flor.
> Cascabel, cascabel, tan sentimental,
> no dejes, cascabel, de repiquetear.

B. Contextual guessing. As you know, you can often guess the meaning of many words that are difficult or unfamiliar to you by using contextual clues. Read the lyrics to the song again and guess the meaning of the following words.

1. **trineo:**   *barn / sleigh / path / tree*
2. **brillaba:**   *was glowing / brilliant / dancing*
3. **cascabel:**   *candy / sweetness / welcome / bell*
4. **gratas:**   *free / thankful / pleasant / nice*
5. **repiquetear:** *to jingle / to sing / to beat*

C. Scanning. Read the lyrics once again, then respond to the following items.

1. List words and phrases that convey the meaning of "winter."
2. List words and phrases that convey the meaning of "happiness."

¡Feliz Navidad, mamá! ♦ 203

```
LOS REYES DE ORIENTE

Los reyes de Oriente,
los magos llegaron a Belén,
anunciando la venida del Mesías.
Nosotros con alegría,
la anunciamos hoy también.
```

EN CONTEXTO

Ayer fue domingo, 24 de diciembre. Eran las nueve de la mañana y la temperatura en Nueva York estaba a quince grados centígrados bajo cero. Gloria estaba sentada con su bebé, que tomaba leche y Julio vestía a su hijo porque toda la familia iba a salir a misa muy pronto. De repente,° sonó el teléfono y Julio fue a contestarlo.

suddenly

—*Hello.*
—¡Hola, hijo! Habla tu mamá. Estoy aquí en el aeropuerto Kennedy. Acabo de llegar de San Juan.
—¡Mamá! ¿Estás aquí en Nueva York? Pero no sabía que venías.
—Pues, decidí venir al último° momento. Hace dos años que no te veo, y quiero conocer a mi nieta y pasar la Navidad° con ustedes.
—¡Qué bueno, mamá! Voy al aeropuerto a...
—No, mi hijo. Puedo ir en taxi a tu apartamento porque hay muchísimo tráfico aquí y vives muy lejos° del aeropuerto.
—Bueno. Te esperamos aquí en casa, ¿eh?
—Perfecto. Nos vemos pronto. Chao, hijo.
—Chao, mamá.

last
Christmas

far

Bienvenida—(así se llamaba la mamá de Julio)—salió de la terminal del aeropuerto con su maleta,° encontró un taxi y subió° a él. De repente, le dijo al joven taxista:

suitcase / to get in

—¡Ay, mi bolsa! ¡Se me olvidó la bolsa en la terminal! Espéreme un momento, señor. Voy por mi bolsa.

El pobre taxista no comprendía ni una palabra de español, pero sí sentía que pasaba algo urgente, y decidió esperar a la señora Sepúlveda. Ella bajó°

to get out

del taxi y se fue corriendo hacia la terminal. Fue directamente adonde había llamado por teléfono a su hijo, y vio su bolsa.

—¡Allí está mi bolsa! Gracias a Dios que la encontré.

Volvió al taxi muy contenta con su bolsa en la mano y le dio las gracias al taxista por haberla esperado. Las dos personas estuvieron en el taxi por media hora sin° decirse ni una palabra.

De repente, ¡pum! El taxi chocó con° un autobús que venía de otra calle y los dos vehículos se pararon° inmediatamente. Parecía que el taxista estaba tan

without
to crash into
to stop

traffic light
hurt / to become

cansado que no vio la luz roja del semáforo° y no paró. Afortunadamente, nadie fue herido,° pero Bienvenida se puso° furiosa.

—¡Tonto! ¡Imbécil! ¿No vio la luz roja? ¿Por qué no anda en bicicleta? Es menos peligroso para el público. Ahora voy a tomar otro taxi. Tome.

Le dio diez dólares al taxista y bajó del taxi con su maleta. El taxista no le dijo nada a Bienvenida. Solamente la miró con más miedo que cuando chocó con el autobús.

Bienvenida paró otro taxi en la calle y en él llegó finalmente al apartamento de su hijo, quien la esperaba en la puerta. Ella salió del taxi y los dos se saludaron con abrazos y besos.

—¡Feliz Navidad, mamá!

¿Comprendió Ud.?

Responda apropiadamente como está indicado.

INFORMACIÓN EXPLÍCITA

1. Hacía mucho frío el día en que llegó Bienvenida a Nueva York. Sí/No
2. El taxista no tuvo ningún problema en comprender a Bienvenida. Sí/No
3. _____ causó el accidente entre el taxi y el autobús.
    a. El taxista   c. Julio
    b. Bienvenida   d. Nadie
4. Bienvenida llegó _____ al apartamento de su hijo.
    a. en autobús   c. en taxi
    b. rápidamente   d. por la tarde
5. Bienvenida llegó a Nueva York en...
    a. el verano   c. el invierno
    b. la primavera   d. el otoño

INFORMACIÓN IMPLÍCITA

6. Bienvenida visitó a su hijo en Nueva York por primera vez. Sí/No
7. Ella es una mujer que no tiene miedo de nada ni de nadie. Sí/No
8. Julio se puso feliz cuando su mamá lo llamó del aeropuerto. Sí/No
9. El taxista pensaba que Bienvenida era una mujer...
    a. divertida   c. perezosa
    b. aburrida   d. antipática
10. Bienvenida no conocía todavía a su nieta, que es la _____ de Gloria.
    a. hermana   c. esposa
    b. hija   d. suegra

VOCABULARIO ÚTIL

In this section you will learn how to ask for and understand directions in town, and to express courtesy.

Cómo pedir y comprender instrucciones

Los lugares en la ciudad

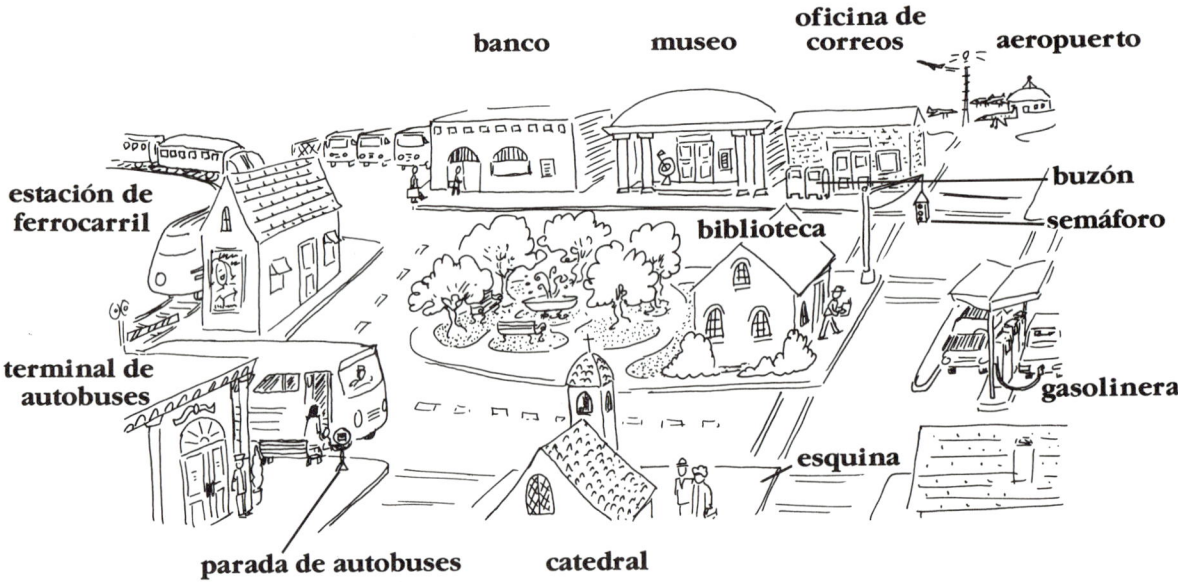

¿Dónde está...	Está...
el parque?	detrás *(behind)* de la biblioteca.
el museo?	entre *(between)* el banco y la oficina de correos.
el aeropuerto?	lejos *(far)* de aquí.
un buzón?	cerca *(near)* de la oficina de correos.
la catedral?	enfrente *(across)* del parque.
el parque?	todo derecho *(straight ahead)*.
la terminal?	a la izquierda *(left)*.
la gasolinera?	a la derecha *(right)*.

Para expresar cortesía

Perdón. — *Excuse me. (Used for getting someone's attention and apologizing)*

Con permiso. — *Excuse me. (Used for requesting permission to leave and when passing through a group of people)*

Pase Ud. / Pasen ustedes. — *Go ahead. (Common reply to* **Con permiso**.*)*

Un momento, por favor. — *Just a minute, please.*

Lo siento (mucho). — *I'm (very) sorry.*

Practiquemos

A **¿Adónde va Bienvenida?** Indique en una oración completa adónde va Bienvenida y qué hace allí.

Ejemplo: *Bienvenida va a un museo para ver una exposición histórica.*

Bienvenida va...

1. a un café
2. a un banco
3. a un museo
4. a la catedral
5. al aeropuerto
6. a la biblioteca
7. a la gasolinera
8. a la terminal de autobuses
9. a la Oficina de Correos

donde hay misa todos los domingos.
cuando viaja en autobús a otra ciudad.
cuando viaja a los Estados Unidos.
para buscar unos libros interesantes.
cuando necesita un poco de dinero.
porque su auto no funciona bien hoy.
con una carta que le escribió a Julio.
cuando tiene mucha hambre o sed.
para ver una exposición histórica.

B **¿Dónde está?** Pregúntele a otro(a) estudiante dónde están los siguientes lugares en su ciudad. Él (Ella) puede responder así:

—*Sí, hay un(a) en...*
o —*No, no hay ninguno(a) por aquí.*
o —*Lo siento, pero no sé.*

Ejemplo: una gasolinera

A: *Perdón, ¿hay una gasolinera por aquí?*
B: *Sí, hay una en la Calle Logan.*
A: *¿Está cerca o lejos?*
B: *Está cerca.*
A: *Muchas gracias, señor.*
B: *De nada.*

1. un cine
2. un banco
3. una biblioteca
4. un museo de historia
5. una oficina de correos
6. una estación de ferrocarril

C **Así es mi ciudad.** Traiga Ud. a clase (o dibuje) un mapa de su ciudad. Luego, practique dándole instrucciones a un(a) turista puertorriqueño(a), otro(a) estudiante, que le pregunta a Ud. dónde están varios lugares. Se puede usar las siguientes expresiones.

Ud. debe...	ir / seguir...
Ud. necesita...	subirse a / bajarse de...y...
Siga...	todo derecho / una cuadra más y...
Luego, doble...	a la izquierda / a la derecha y...

Ejemplo:

TURISTA: *Perdón. ¿Cómo llego al Parque Buenavista?*
USTED: *Siga* (Continue) *derecho y doble* (turn) *en la próxima esquina.*
TURISTA: *¿Doblo a la derecha o a la izquierda?*
USTED: *A la izquierda. Luego, siga todo derecho.*
TURISTA: *¿Por cuántas cuadras* (blocks)*?*
USTED: *Una. Luego, tome el autobús número dos.*
TURISTA: *¿Y dónde me bajo* (get off)*?*
USTED: *En la Calle Ballesteros.*
TURISTA: *¡Perfecto! Muchas gracias.*
USTED: *De nada.*

Notas culturales

Being a Guest in an Hispanic Home

Hispanic hospitality offers an unusual degree of generosity and courtesy. Guests in an Hispanic home are treated royally and are entertained with as much grace and elegance as people's means will allow.

When you arrive, you should greet your host and hostess and shake hands. If you know your hostess well or if she turns her cheek toward you, you may either touch cheeks and kiss the air or actually kiss her cheek lightly. A visitor should wait for women and older people in the room to be seated before taking a seat.

It is polite for a guest to take a small gift, such as flowers or candy, when invited for dinner. However, except for pastries, cakes or chocolate, food is not usually an appropriate gift. If you bring a bottle of wine, do not expect the recipient to open it while you are there. If you are offered a gift, you should accept it graciously and in most Hispanic countries you are not expected to open it immediately.

A visit to a Hispanic home is generally longer than most North Americans expect. A guest who leaves before visiting for a couple of hours might be considered rude. Spanish speakers take great pleasure in visiting each other and in communicating on a personal, one-to-one basis. When leaving a home, allow the host or hostess to open the door for you. Be sure to express your appreciation for their hospitality, and to shake hands or kiss once again.

Gramática Funcional

In this section, you will talk and write about past activities.

Preterite Tense of Irregular Verbs

As you know, Spanish speakers use the preterite tense to describe past actions, conditions and events. Some common verbs have irregular verb stems in the preterite; their endings have no accent marks.

INFINITIVE		PRETERITE ENDING	EXAMPLE: *estar*
estar	**estuv-**	e	**estuve**
hacer	**hic-**	iste	**estuviste**
poder	**pud-**	o	**estuvo**
poner	**pus-**	imos	**estuvimos**
querer	**quis-**	isteis	**estuvisteis**
saber	**sup-**	ieron	**estuvieron**
tener	**tuv-**		
venir	**vin-**		

The following verbs also have irregular forms in the preterite:

decir	**traer**	**dar**	**ver**	**ir / ser***
dije	traje	di	vi	fui
dijiste	trajiste	diste	viste	fuiste
dijo	trajo	dio	vio	fue
dijimos	trajimos	dimos	vimos	fuimos
dijisteis	trajisteis	disteis	visteis	fuisteis
dijeron	trajeron	dieron	vieron	fueron

The preterite of *hay* is *hubo* (there was, there were).

—¿Qué **hicieron** ustedes durante la Navidad?
—**Vinieron** unos amigos e **hicimos** una fiesta.
—Ah, ¿sí? Nosotros **tuvimos** una fiesta también.

---

*Note: the verbs *ir* and *ser* have identical preterite forms; context clarifies their meaning.

—¿Adónde **fuiste** el fin de semana pasado?
—**Fui** a visitar a mi abuelita. ¿Qué **hiciste** tú?
—Una amiga y yo **fuimos** al cine.

Manos a la obra

A **Después de la fiesta.** Anoche Julio y Gloria fueron a una fiesta de Navidad. ¿Qué hicieron cuando llegaron a casa?

Modelo: Julio: entrar en la casa y / ir a la sala
Julio entró en la casa y fue a la sala.

1. **Julio:** darle veinte dólares a Ana, que estaba con sus niños, y / darle las gracias por todo. Luego, / ir a su dormitorio y / acostarse sin quitarse la ropa. / Dormirse inmediatamente, pero / despertarse después de dormir por tres horas; no / poder dormir más. Afortunadamente, no / tener que trabajar más tarde.

2. **Gloria:** traerle varios pasteles a Ana, / darle las gracias y / decirle "Buenas noches". Luego, / ir al dormitorio de sus niños y / verlos durmiendo bien. / Ir al baño, / quitarse la ropa y / ducharse con calma. Después, / ponerse el pijama, / lavarse los dientes y / acostarse.

B **¡Qué fiesta!** En un papel separado, escriba lo que pasó en una fiesta que le gustó a Ud. Por ejemplo:

1. ¿quiénes fueron?
2. ¿qué trajeron?
3. ¿qué hicieron?
4. ¿qué dijeron?

Charlemos

A **Una fiesta estupenda.** Pregúntele a un(a) compañero(a) de clase.

1. ¿Cuándo fuiste a una fiesta estupenda? ¿Dónde fue la fiesta? ¿Qué tipo de fiesta fue (por ejemplo, una fiesta de cumpleaños)? ¿Con quién fuiste a la fiesta?

2. ¿A qué hora comenzó la fiesta? ¿A qué hora llegaste tú? ¿Llevaste un regalo? (¿Qué llevaste? ¿Para quién fue?)

3. ¿Quién vino a la fiesta? ¿A quién conociste? Cuéntame de él (ella).

4. ¿Qué hiciste en la fiesta?

5. ¿A qué hora volviste a casa? ¿Qué impresión tuviste de la fiesta?

B **¿Qué pasó ayer?** Converse con otro(a) estudiante.

ESTUDIANTE A

1. ¿Qué / hacer (tú) ayer?
3. Ayer / ir a... y / ver... También aprendí una cosa nueva ayer. (Yo) / saber que...
5. ¿Qué le / decir (tú) a...?
7. Sí. También estoy ocupado(a). Tengo que... (Chao / Adiós)...

ESTUDIANTE B

2. Hacer varias cosas. Primero... Luego,... ¿Y tú? ¿Adónde / ir ayer?
4. Ah, ¿sí? Ayer (yo) ver una cosa interesante en... / Ser...
6. Le / decir que... Perdón, ahora tengo que.... Nos vemos, ¿eh?
8. ...

C **Una fiesta aburrida.** Cuéntele a un(a) compañero(a) de clase sobre una fiesta verdadera o ficticia, la cual fue muy aburrida en su opinión.

Tell...

1. where and when the party was held.
2. how the weather was that day.
3. with whom you went.
4. how you got there.
5. what you wore.
6. what you brought along.
7. whom you met at the party.
8. what you did there.
9. what was boring and why.
10. where you went after the party.

NOTAS CULTURALES

Hispanic Religious Holidays

The celebration of religious holidays is a popular event in Hispanic countries. Each town or city has its patron saint or special day for the remembrance of the Virgin Mary. On these days, people come from miles around to bring bouquets of fresh flowers to church. Many people named after a saint celebrate their saint's day *(día del santo)* in addition to their birthday.

One of the most impressive religious holidays is *la Semana Santa* (Holy Week), the week before Easter Sunday. Whole cities and towns are transformed. The Holy Week celebration in Sevilla, a city in southern Spain, is particularly well-known. It begins with a slow and silent religious procession through the streets of town. Men from Sevilla, dressed in dark, black or violet-colored clothing that symbolizes penance, carry enormous 3,000-kilo platforms that are decorated with statues and Biblical scenes. People decorate the interior of their homes

with crucifixes, statues of their patron saint, bouquets of flowers, and violet cloths that symbolize the mourning of the Crucifixion. Children dress up like angels or Jesus and Mary and many adults wear violet-colored clothing during the processions. The tone of sadness becomes joyous on Easter Sunday when this special day is celebrated with a carnival, horse shows and races, music, bullfights and fireworks.

In Spain, the most lively religious ceremony is *la feria de San Fermín* celebrated on July 7th in Pamplona, a city in northern Spain. Ernest Hemingway describes this religious holiday in his novel *The Sun Also Rises*. He tells how the celebration begins with the running of the bulls. Groups of men, who wish to test their bravado, race ahead of the bulls, cheered on by a massive crowd of spectators. Sometimes men are injured or killed. Many Spaniards and foreign visitors also come to Pamplona to enjoy the street processions, dancing, fireworks, amusement attractions and, of course, the bullfights.

The first day of November is a religious holiday commemorating all the saints in the Catholic Church. It is called *el Día de Todos los Santos* (All Saints' Day). The following day, November 2, is *el Día de los Difuntos* (All Soul's Day). On that day, people visit cemeteries to decorate the graves of their loved ones with flowers and wreaths, and to light candles in remembrance of them.

In all Hispanic countries, celebrating the birth of Christ is the focus of the Christmas season. During this time, many people set up *un nacimiento* (nativity scene) in their homes. Occupying the center of the scene in a simple manger is the baby Jesus, who is surrounded by statues of Mary, Joseph, some shepherds and some animals—all set in a landscape of ancient Bethlehem. These statues vary in size from miniature figurines to life-size figures, and they may be made from clay, wood, paper, cork or cloth. Some families compete with one another to see whose *nacimiento* is the grandest. They decorate them lavishly with pine boughs and flowers. The background settings can be mountains, lakes, streams and forests.

GRAMÁTICA FUNCIONAL

In this section, you will learn how to talk and write about activities that you and others used to do.

Imperfect Tense

Spanish speakers use the imperfect tense to describe actions, conditions and events that used to occur repeatedly and habitually in the past.

A. How to form the imperfect

1. To form the imperfect, add the following endings to the verb stem (note identical endings for **-er/-ir** verbs):

	jug*ar* **jug-**	**hac*er*** **hac-**	**dorm*irse*** **dorm-**
(yo)	jug**aba**	hac**ía**	me dorm**ía**
(tú)	jug**abas**	hac**ías**	te dorm**ías**
(Ud./él/ella)	jug**aba**	hac**ía**	se dorm**ía**
(nosotros/as)	jug**ábamos**	hac**íamos**	nos dorm**íamos**
(vosotros/as)	jug**abais**	hac**íais**	os dorm**íais**
(Uds./ellos/ellas)	jug**aban**	hac**ían**	se dorm**ían**

2. **Only** three verbs are irregular in the imperfect.

	ir	**ser**	**ver**
(yo)	iba	era	veía
(tú)	ibas	eras	veías
(Ud./él/ella)	iba	era	veía
(nosotros/as)	íbamos	éramos	veíamos
(vosotros/as)	ibais	erais	veíais
(Uds./ellos/ellas)	iban	eran	veían

3. The imperfect tense of *hay* is *había* (there was/were, there used to be).

B. How to use the imperfect

You have learned that Spanish speakers use the preterite tense to describe past actions, conditions and events. For example, notice how Julio uses the preterite to tell **what happened** this morning at his home.

> Esta mañana mi despertador **sonó** a las seis como siempre. **Me levanté, fui** al baño donde **me afeité** y **me bañé.** Luego, **me vestí** y **desayuné** con mi esposa, Gloria. **Comimos** huevos con pan tostado y mermelada y **tomamos** café.

Spanish speakers use the imperfect to describe actions, conditions and events that occurred **habitually** or **repeatedly** in the past. Notice how Julio uses the imperfect to describe how things were when he was a boy.

> Cuando **era** niño todo **era** diferente de como es ahora. **Tenía** menos responsabilidades y **estaba** más contento. Por ejemplo, **me levantaba** tarde los sábados porque no **había** mucho que hacer en casa. **Iba** al baño y **me lavaba** los dientes. Luego, **iba** a la cocina, **me servía** un vaso de leche y **miraba** la televisión en el salón. Por la tarde, mi hermano Sergio y yo **jugábamos** al fútbol con nuestros amigos. Después, **comprábamos** unas limonadas bien frías y **nos divertíamos** un poco más en el centro. Sergio y yo **volvíamos** a casa cansados pero felices. ¡Ah, aquellos **eran** otros tiempos!

Another way Spanish speakers use the imperfect tense is to provide background information about what was going on in the past when something else took place or was taking place at that time. For example, notice how Julio uses the imperfect to tell **what was going on** when he got off the bus.

> Cuando me bajé del autobús, **hacía** mucho frío y **nevaba** mucho.

The imperfect tense can be translated in different ways, depending on the context of the sentence.

> De niña, Gloria **vivía** *(lived)* en Mayagüez, Puerto Rico. Los sábados ella y su mamá **iban** *(used to go)* de compras al centro donde **miraban** *(they would look at)* muchas cosas en las tiendas. Un sábado, cuando **caminaban** *(they were walking)* en la plaza, vieron un festival religioso enfrente de la catedral.

Manos a la obra

A **De niña.** Gloria está contándole a Juan Carlos algunas cosas que ella hacía de niña. ¿Qué le dice a su hijo?

Modelo: Yo / jugar al vólibol. → *Yo jugaba al vólibol.*

1. Mi familia y yo / vivir en un rancho cerca de Mayagüez, Puerto Rico. 2. (nosotros) no / tener auto, pero / tener muchos caballos. 3. Tu abuelo / ser agricultor; también, / comprar y / vender caballos. 4. Mi mamá / trabajar en casa. 5. Mis dos hermanos y yo / divertirse mucho: / andar en bicicleta, / montar a caballo e / ir a jugar a diferentes lugares. 6. (Nosotros) Nunca / estar aburridos porque / haber muchas cosas que hacer. 7. Antes de acostarnos por la noche, mi mamá / leernos o / contarnos cosas de cuando ella / ser niña. 8. A veces, mi papá / tocar la guitarra y / cantarnos viejas canciones puertorriqueñas. 9. Yo / querer mucho a mis padres y siempre / decirles que (yo) no / poder vivir sin ellos.

B **Mi querido esposo.** Bienvenida está pensando en los primeros años de su matrimonio con su esposo Raúl. En el siguiente párrafo, cambie los verbos al imperfecto para saber qué hacían ellos.

Vivimos en un apartamento en San Juan. No *tenemos* mucho dinero, pero Raúl *gana* suficiente para vivir. Él *vende* muebles en un almacén. Después de su trabajo, siempre me *trae* algo como unos chocolates o una rosa. Nos *queremos* mucho. Los domingos cuando *hace* buen tiempo, *vamos* al parque o *visitamos* a nuestros amigos. Cuando *llueve, jugamos* a las cartas o *miramos* la televisión. Realmente nos *divertimos* mucho porque *estamos* muy enamorados.

C **¿Y usted?** Escriba un párrafo sobre algunas actividades que Ud., su familia y sus amigos hacían cuando Ud. tenía entre diez y trece años.

Cuando yo tenía doce años, mi familia y yo... Mi papá... y mi mamá... Mis hermanos y yo... Mi mejor amigo(a) se llamaba... y... Él (Ella)... Nos divertíamos mucho cuando... También...

Charlemos

A **Recuerdos.** Pregúntele a un(a) compañero(a) de clase.

1. **La familia:** ¿Dónde y con quién vivías cuando tenías ocho años? ¿Cuántos hermanos tenías? ¿Quién era el menor? ¿Y el mayor? ¿Qué tipo de trabajo hacía tu papá? ¿Trabajaba tu mamá también? (¿Dónde? ¿Qué hacía?) ¿Cuándo visitabas a tus tíos y a tus abuelos? ¿Qué otras cosas hacían tú y tu familia?

2. **Los amigos:** ¿Tenías muchos o pocos amigos cuando tenías quince años? ¿Dónde te divertías con ellos? ¿Cómo se llamaba tu mejor amigo o amiga en la escuela secundaria? ¿Dónde vivía? ¿Qué hacían Uds. juntos(as)? ¿Tenías un(a) novio(a)? (¿Cómo se llamaba? ¿Cómo era? ¿Dónde vive ahora?)

3. **Los pasatiempos:** ¿Cómo pasabas el tiempo cuando no estudiabas o trabajabas? ¿Practicabas algún deporte? (¿Cuál?) ¿Con qué frecuencia ibas al cine? ¿Qué tipo de películas veías? ¿Qué programas de televisión mirabas? ¿Con quién los mirabas? ¿Qué otras cosas hacías para divertirte?

4. **Las posesiones:** ¿Tenías una bicicleta? (¿Era grande o pequeña? ¿De qué color era?) ¿Tenías un perro o un caballo? ¿Qué otras cosas tenías? ¿Cuál era la cosa más importante que tenías?

B ¿Qué hacías? Estudie las siguientes actividades. Luego, dígale a otro(a) estudiante las actividades que Ud. hacía a las horas indicadas.

Ejemplo: Anoche a las once... → *Anoche a las once dormía.*

comer	volver a...	leer un libro (...)
dormir	trabajar en...	lavar los platos (...)
estudiar	comenzar a...	salir con amigos (...)

descansar   divertirse con...   escuchar música (...)
bañarse   hacer ejercicio en...   tomar una cerveza (...)

1. Ayer a las diez de la mañana...
2. Ayer a las cuatro de la tarde...
3. Anoche a las once...
4. Esta mañana a las siete y media...
5. Hoy antes de venir a clase...

C **Hace muchos años.** Imagínese que Ud. y su amigo(a) ya tienen setenta años. Ahora conversen Uds. sobre su adolescencia.

USTED

1. ¿Cómo / ser cuando / tener 15 o 16 años?
3. Pues, mis padres / creer que yo / ser muy..., pero creo que / ser...
5. Él (ella) se / llamar _____ y / tener _____ años.
7. (Nosotros) salir a muchos lugares; por ejemplo... ¿Tener novio(a) tú a los 15 o 16 años?
9. ¡Qué bueno (triste)! ¿Qué tipo de ropa / llevar de adolescente?
11. Cuando / ir a clase / llevar..., pero, a veces, me / poner un(a)...
13. Bueno, me / encantar comer... ¿Qué te / gustar comer a ti?
15. Me parece que tú y yo..., ¿verdad?

SU AMIGO(A)

2. Bueno, recuerdo que yo / ser un poco... Y tú, ¿cómo / ser de adolescente?
4. Ah, ¿sí? ¿Cómo se / llamar tu primer(a) novio(a)?
6. ¿Cómo se / divertir Uds.?
8. Claro que sí... (Pues, realmente no porque...)
10. Pues, me / gustar llevar... ¿Y a ti?
12. ¡Qué interesante! ¿Y qué tipo de comida / comer?
14. Pues, por la mañana... Para el almuerzo... Y en la noche mi familia y yo...
16. Creo que sí (no) porque...

Un poco más

 ## ¡Escuche!

Los niños siempre quieren saber algo de la niñez de sus padres. Escuche la descripción y complete las oraciones.

1. Empezó la escuela a los _____ años.
2. En la escuela _____.
3. El momento más feliz del día era _____.

Perspectivas

Primero, lea rápidamente el siguiente poema para tener una impresión general. Luego, léalo otra vez y conteste las preguntas que siguen.

Mi botecito

el único juguete que tuve
fue un barquito
usado
de metal
viajó conmigo
silencioso
en su música
(de flor sedienta
de vino encantado
de llovizna de plata)
el único juguete que tuve
fue un barquito
chiquito y tan bonito

todavía bebo tu sonido
(de flor sedienta)
de restricciones
en el camarote de primera
mal pintado en su popa de metal

juguete único
te marchitaste en un olvido de óxido
estoy seguro
quizás te vendiste por un beso
o eres hoy juguete de otro niño
que no toca el sueño
¡Ay mi botecito!

Emilio Mozo. En el ala del mosquito, *El Editor Interamericano, Buenos Aires, 1988, página 23.*

¿Comprendió Ud.?

1. Generalmente este poema es:
   a. triste   b. divertido   c. alegre
2. ¿Cuál es el tema del poema? Para el poeta, el botecito simboliza:
   a. su niñez   b. su familia   c. sus amigos

3. ¿Cómo sabe Ud. que el poeta se refiere al pasado? ¿Qué adjetivos usa el poeta para describir el juguete? ¿Qué palabras y frases se repiten en el poema y por qué?
4. ¿Qué le paso al juguete?

¡Escriba!

En dos o tres párrafos, describa cómo era la Navidad cuando Ud. era más joven. Cuente sobre...

1. cómo era el exterior y el interior de su casa.
2. qué hacía Ud. la noche antes de Navidad (la Nochebuena).
3. qué regalos (cosas) recibía y si le gustaban.
4. quiénes venían a visitar, y a quiénes visitaba Ud.
5. qué comían Uds. para la comida de Navidad.
6. quién preparaba la comida y cómo era.
7. qué otras actividades hacían Ud. y su familia el día de Navidad.
8. un incidente divertido que le pasó a Ud. el día de Navidad.

Situaciones

Converse con un(a) compañero(a) de clase.

1. Estudiante A: Ud. está en una ciudad hispana donde va a visitar a una familia que lo(la) invitó a comer el día de Navidad. Ud. no sabe dónde está el apartamento de la familia y, por eso, decide hacerle algunas preguntas a un(a) policía. Ud. necesita la siguiente información: 1) la distancia aproximada al apartamento, 2) si debe ir en autobús o en taxi y 3) la parada y el número de autobús o la parada de taxi.

   Estudiante B: Ud. es un policía que conoce bien su ciudad. Ahora Ud. va a hablar con un(a) turista norteamericano(a) que necesita información. Escuche bien lo que quiere y sea cortés.

2. Estudiante A: Ud. decidió tomar un taxi para llegar al apartamento de sus amigos hispanos. Ahora antes de subir al taxi, hable con el (la) taxista para confirmar la distancia y negociar el costo del viaje.

   Estudiante B: Ud. tiene diez años de experiencia como taxista. Está lloviendo y es de noche, por eso, las cuotas (el costo) son diferentes a las del día cuando hace buen tiempo. Hable ahora con su cliente.

Vocabulario

Sustantivos

el buzón *mailbox*
el centro *center, downtown*
la cuadra *city block*
el lado *side*
la maleta *suitcase*
la Navidad *Christmas*
el semáforo *traffic light*

Los lugares en la ciudad

el aeropuerto *airport*
el banco *bank*
la biblioteca *library*
la catedral *cathedral*
el edificio *building*
la esquina *street corner*
la estación de ferrocarril *railway station*
la gasolinera *gas station*
el museo *museum*
la oficina de correos *post office*
la parada de autobuses *bus stop*
la terminal de autobuses *bus terminal*

Adjetivos

herido *hurt*
último *last*

Verbos

bajar *to get out*
bajar(se) (de) *to get off*
chocar con *to crash into*
decidir *to decide*
doblar *to turn*
parar(se) *to stop*
ponerse *to become*
seguir (i) *to continue*
subir(se) (a) *to get on/in*

Adverbios

cerca *nearby*
hasta *up to, until*
lejos *far (away)*
mientras *while*

Preposiciones

sin *without*

Direcciones

a la derecha *to the right*
a la izquierda *to the left*
al lado de *next to*
cerca de *near*
detrás de *behind*
enfrente de *across, in front of*
entre *between*
lejos de *far from*
todo derecho *straight ahead*

Expresiones idiomáticas

así *thus, so*
con permiso *excuse me*
dar las gracias *to thank*
de repente *suddenly*
hacia *toward*
lo siento (mucho) *I'm (very) sorry*
pase(n) Ud(s). *go ahead*
perdón *excuse me*
por aquí *around here*
un momento *just a minute*

PASO 4

¡A pasarlo lo máximo!

SETTING: España

Elena Navarro lives in Barcelona, Spain with her six-year-old daughter, Rita. They go grocery shopping in specialty stores, look for bargains in a department store, and visit the island of Mallorca with several relatives. Everywhere they go, Rita asserts her independence, pointing out what she wants, giving advice, and making demands—not always successfully.

LECCIÓN 10

¿En qué puedo servirle?

COMMUNICATIVE GOALS The students will be able to talk and write about common foods.

LANGUAGE FUNCTIONS Expressing opinions ♦ Specifying preferences ♦ Comparing and contrasting

VOCABULARY THEMES Food stores and their merchandise ♦ Fruits and vegetables

GRAMMATICAL STRUCTURES Demonstrative adjectives and pronouns ♦ Comparatives and superlatives

CULTURAL INFORMATION Shopping for groceries ♦ Hispanic markets

ANTES QUE NADA

Reading efficiently involves a great deal of guessing. You can often guess the theme of a passage even before you begin reading it by considering several organizational features of the passage itself.

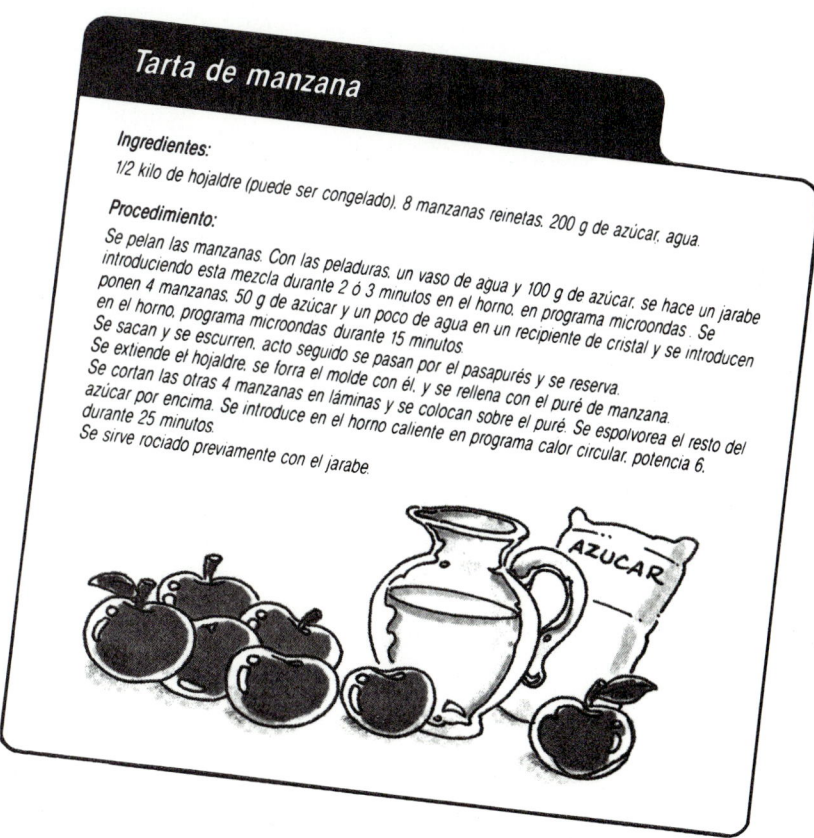

Tarta de manzana

Ingredientes:
1/2 kilo de hojaldre (puede ser congelado). 8 manzanas reinetas. 200 g de azúcar. agua.

Procedimiento:
Se pelan las manzanas. Con las peladuras, un vaso de agua y 100 g de azúcar, se hace un jarabe introduciendo esta mezcla durante 2 ó 3 minutos en el horno, en programa microondas. Se ponen 4 manzanas, 50 g de azúcar y un poco de agua en un recipiente de cristal y se introducen en el horno, programa microondas durante 15 minutos. Se sacan y se escurren, acto seguido se pasan por el pasapurés y se reserva. Se extiende el hojaldre, se forra el molde con él, y se rellena con el puré de manzana. Se cortan las otras 4 manzanas en láminas y se colocan sobre el puré. Se espolvorea el resto del azúcar por encima. Se introduce en el horno caliente en programa calor circular, potencia 6, durante 25 minutos.
Se sirve rociado previamente con el jarabe.

1. Based on the format of this piece, what would you guess it is?
2. Notice the title and the art. The word *manzana* may be unfamiliar but use your guessing skills to translate this title.
3. Read this piece through once. Then read it again and make a list of the words you don't know. Try to guess the meaning of these words through context.

EN CONTEXTO

 Elena Navarro es una mujer divorciada de treinta años. Tiene una hija de seis años que se llama Rita. Viven en Barcelona, una de las ciudades más grandes de España.[1] El sábado pasado a las 9:30, Elena y Rita salieron de su pequeño apartamento y fueron a comprar comestibles.°[2]

comida

En la carnicería venden...

Después de caminar unos minutos, entraron en la carnicería del señor Romero, quien conocía bien a Elena. Ellos se saludaron y hablaron del tiempo y de sus familias. Luego, el Sr. Romero le preguntó a su cliente:

—¿En qué puedo servirle, doña Elena?
—¿Está fresca° la carne de res hoy?—preguntó ella.

fresh

muy fresca	—¡Fresquísima!° Aquí tenemos la carne más fresca de toda Barcelona.
del verbo dar	—Bueno, déme° un kilo, por favor.
decirle "Adiós"	Elena le pagó al Sr. Romero,³ se despidió° de él, tomó la mano de su hija y las dos salieron de la carnicería. Pero Rita se puso impaciente porque pensaba solamente en su tienda favorita.
muy ricas	—Ahora vamos a la panadería Ideal, ¿verdad, mamá? Allí venden unas tortas riquísimas° y...
	En el momento en que Elena oyó la palabra "tortas", interrumpió a su hija.
	—¡Ay, Rita! Acabas de desayunar. También debes comer más frutas y vegetales.
	Claro que Rita oyó lo que dijo su madre, pero no quiso escucharla.
	—Mamá, por favor. Me encantan las tortas y quiero solamente...
suficiente	—¡Basta,° niña! ¡Vamos ya!

En la panadería venden...

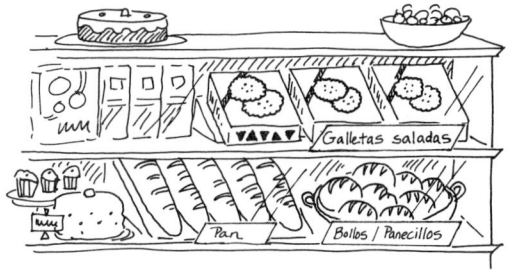

Cinco minutos más tarde, Elena y su hija entraron en la panadería Ideal donde vendían panes de diferentes tipos, bollos, galletas saladas y una buena selección de tortas y otros pasteles. Allí trabajaba Magdalena Ramírez, quien tenía dieciséis años.

—Buenos días, señora. ¿Cómo está?
—Bien, bien. ¿Qué tal, Magda?
—Bien, gracias. ¡Hola, Rita! ¿Cómo estás?

Rita todavía estaba enojada; por eso, no dijo nada.

—Ella quiere que yo le compre una torta aquí, pero ya desayunó hace una hora. No sé qué voy a hacer con ella. Oye, hace mucho tiempo que no te veo, ¿eh?
—Ah sí, señora. Mi familia y yo fuimos de vacaciones a Mallorca⁴ por dos semanas.
—¿Por dos semanas? ¡Pero qué maravilloso, Magda! ¿Qué te pareció la isla? Muy bonita, ¿verdad?

over there —Ay, sí. Nos divertimos mucho allá,° y todos los días hacía buen tiempo.
—Mejor que aquí, ¿no?
—Pues, claro que sí. Bueno, ¿en qué puedo servirle, señora?

Elena compró pan y una caja de galletas saladas. Continuó hablando con Magdalena sobre sus vacaciones, pero Rita no tenía interés ni en Mallorca ni en las vacaciones de la muchacha. A ella le interesaba una pequeña torta de chocolate.

—¡Mamá! Quiero esa° torta. *that*

La reacción de su madre fue inmediata.

—¡Rita! ¿Qué te dije en la carnicería? ¡No, no y no!

Y con esa exclamación final, madre e hija salieron de la panadería Ideal y fueron al mercado donde, desafortunadamente no vendían ni tortas, ni pasteles, ni chocolates ni ninguna de esas cosas maravillosas.

Notas de texto

1. Barcelona is located on the northeastern coast of Spain, and is the country's largest port city.
2. There are several words for grocery store in Spanish. *Tienda de comestibles, tienda de víveres,* and *tienda de abarrotes* are used in different regions of Latin America. *Colmado* and *bodega* are used in Puerto Rico and parts of South America. Spaniards commonly use *tienda de ultramarinos.* Most large cities in Spain and Latin America now have North American style supermarkets called *supermercados.*
3. Elena pays the bill in the monetary unit of Spain, the *peseta*. The current dollar value of the *peseta* is published in the business section of many newspapers in the United States and Canada.
4. Many Spanish and foreign tourists visit Mallorca, the largest of the Islas Baleares located off the east coast of Spain. Its beautiful beaches and chic boutiques attract thousands of visitors from many countries.

¿Comprendió Ud.?

1. ¿Quiénes son Elena y Rita Navarro? ¿Qué impresión tiene Ud. de cada persona?
2. Haga una lista de los comestibles que compró Elena, e indique dónde los compró.
3. ¿Qué sabe Ud. de Magdalena Ramírez? ¿Qué tiene en común con el Sr. Romero?
4. ¿Cuál es la tienda favorita de Rita? ¿Por qué?

Notas culturales

A comprar comestibles

Aunque los supermercados son cada año más populares en España y Latinoamérica, especialmente en las ciudades grandes, muchas personas prefieren comprar comestibles en tiendas especializadas. Como se indica en esta lección, hay muchos tipos de tiendas especializadas; por ejemplo, se puede ir a una lechería para comprar leche y huevos, a una carnicería por carne de res y a una panadería por pan. En una pastelería se venden tortas y galletas, y en una dulcería o confitería se vende una variedad de dulces. En otras tiendas se venden solamente comestibles; por ejemplo, en la frutería, la pescadería y la bollería. Muchas veces se encuentran dos tiendas combinadas en un solo lugar como, por ejemplo, la carnicería-pescadería y la panadería-pastelería. Fíjese que el nombre de todas estas tiendas termina en **-ería.**

Vocabulario útil

Cómo conversar más sobre la comida

In this section you will learn to buy food in Hispanic stores and markets, and to identify the fruits and vegetables that you like and dislike.

Tiendas y comida

En **la lechería** se puede comprar leche, queso, huevos, mantequilla, yogur y helado *(ice cream).*

En **la carnicería-pescadería** se venden carne de res, carne de cerdo (puerco), jamón, pollo, salchichas, pescado y camarones (gambas).

En **la panadería-pastelería** hay pan, panecillos, galletas saladas, pasteles, tortas y galletas dulces.

En **el mercado** se venden...

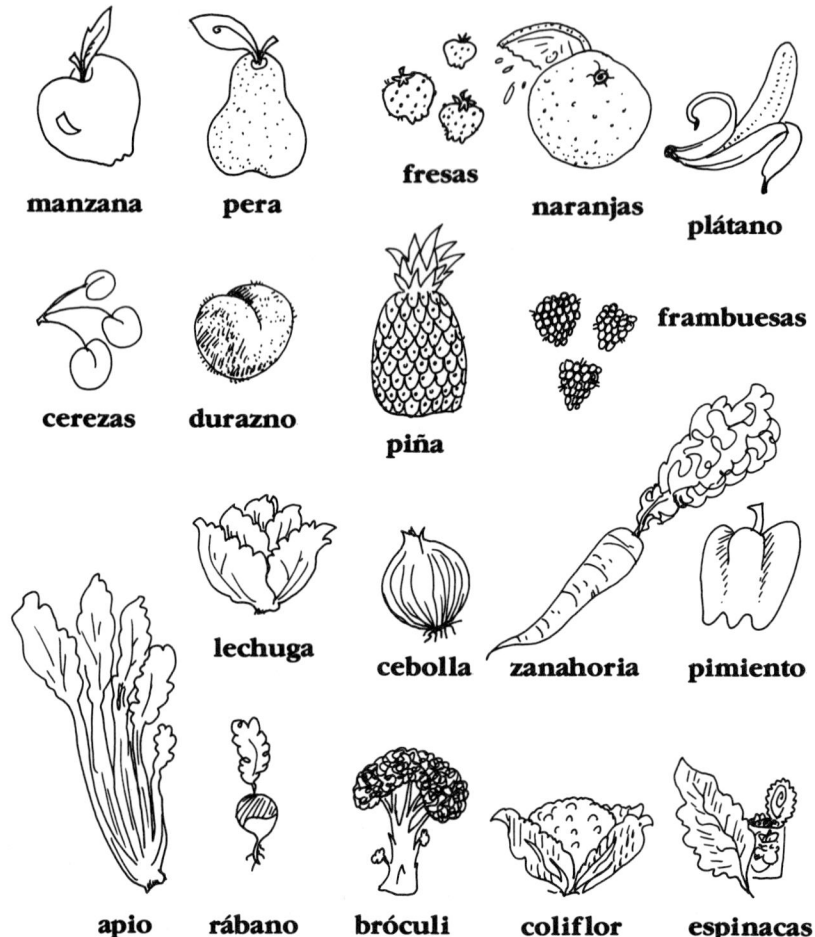

La cantidad de comida

—¿En qué puedo servirle, señora?
—Déme una docena (12) de huevos y un litro* de leche, por favor.
—Bien. ¿Algo más?
—Sí. Déme un kilo* de carne de res y medio (1/2) kilo de salchichas.
—Bien. ¿Qué más, señora?
—Quiero doscientos gramos* de estas galletas dulces. Eso es todo.

---

*1 litro = *1.05 quarts*. 1 kilo = *2.2 pounds*. 1000 gramos = 1 kilo.

—Aquí los tiene Ud.
—Muchas gracias.
—De nada, señora.

Practiquemos

A **Mi lista de comestibles.** Escriba una lista de comestibles que a Ud. le gustaría comprar esta semana. Luego, compare su lista con la lista de un(a) compañero(a) de clase. Después, contesten las siguientes preguntas.

1. ¿Quién va a comprar más comestibles, Ud. o su compañero(a)? 2. ¿Adónde van Uds. a comprarlos? ¿Por qué? 3. Más o menos, ¿cuánto van a costar sus comestibles? 4. ¿Qué producto es el más importante de sus listas? ¿Y el menos importante?

B **¡Vamos a jugar!** Write the following categories on an index card: *frutas, vegetales, carnes, bebidas, cosas dulces, lechería, panadería, pescadería*. Shuffle the cards and place them face down. Your partner takes the top card and reads it, then names items in Spanish that belong to that category. Set a specific time limit per round (e.g., 30 seconds), and take turns. Add one point for each item categorized correctly, and subtract one point for each incorrect item. The person who has the highest score at the end of three rounds, wins the game. Use only Spanish during this activity!

C **¿En qué puedo servirle?** Imagínese que Ud. está en la sección de un supermercado hispano donde se venden carnes y quesos. Comience su conversación con un(a) compañero(a) de clase.

EMPLEADO(A)

1. [Saludo apropiado.]
3. ¿En que puedo...?
5. ¿Algo más?
7. Aquí tiene Ud. ¿Qué más?
9. [Conteste la pregunta.]
11. ¿Quiere Ud. algo más?
13. Gracias a Ud. [Saludo apropiado.]

CLIENTE

2. [Conteste apropiadamente.]
4. Pues, déme... , por favor.
6. Sí, quiero _____ (litro / kilo / gramos) de...
8. ¿Tiene Ud. _____?
10. [Dígale algo apropiado.]
12. No, eso es todo, gracias.

Ahora, imagínense que Uds. están en la sección del supermercado donde se venden frutas y legumbres. Comiencen otra conversación, usando el mismo modelo.

Gramática Funcional

In this section, you will learn to point out people, things, places and ideas.

—¿Cuál prefieres, Rita: algunas de estas galletas dulces o uno de estos pasteles pequeños?
—Quiero esa torta de chocolate.

Demonstrative Adjectives

Adjectives are words that describe nouns or pronouns. Demonstrative adjectives refer to particular persons, places, things or ideas, as well as to varying distances from the speaker (**this** woman, **that** city, **these** cookies, **those** stores).

Spanish speakers use three basic demonstrative adjectives that convey distance in space and time. Like all adjectives, they must agree in gender (masculine or feminine) and number (singular or plural) with the nouns to which they refer.

1. To specify who or what is close to the speaker. / To indicate a short time ago.

	MASCULINE	FEMININE
THIS	**este** chico/año	**esta** tienda/semana
THESE	**estos** chicos/años	**estas** tiendas/semanas

—¿Vas de compras frecuentemente en **este** supermercado?
—¿Con **estos** precios? ¡No, por Dios!
—Por eso, **esta** tarde voy de compras al mercado.

2. To specify who or what is near the person spoken to. / To indicate some time ago.

THAT	**ese** chico/año (1988)	**esa** tienda/semana
THOSE	**esos** chicos/años (1980s)	**esas** tiendas/semanas

—¿Dónde compraste **ese** jamón y **esas** salchichas, mamá?
—Los compré en el mercado **esta** mañana.

3. To specify who or what is far from the speaker and the person spoken to. / To indicate a very long time ago.

THAT	**aquel** chico/año (1888)	**aquella** tienda/semana
THOSE	**aquellos** chicos/años (1880s)	**aquellas** tiendas/semanas

—**Aquel** mercado en Barcelona es estupendo.
—¿Por qué?
—Porque los precios son muy bajos.

Este carro pequeño
es de Diego.

Ese carro negro
es de Ramón.

Aquel carro grande
es de Ángela.

Demonstrative Pronouns

A pronoun is a word that is used in place of a noun. Demonstrative pronouns are used in place of demonstrative adjectives to point out particular persons, places, things or ideas that were already mentioned **(this one, that one, these, those).** They are identical to demonstrative adjectives, except that the pronouns carry a written accent mark.

1. To specify who or what is close to the speaker. / To indicate a short time ago.

	MASCULINE	FEMININE
THIS ONE	éste	ésta
THESE HERE	éstos	éstas

2. To specify who or what is near the person spoken to. / To indicate some time ago.

	MASCULINE	FEMININE
THAT ONE	ése	ésa
THOSE THERE	ésos	ésas

3. To specify who or what is far from the speaker and the person spoken to. To indicate a very long time ago.

	MASCULINE	FEMININE
THAT ONE	aquél	aquélla
THOSE THERE	aquéllos	aquéllas

—¿Qué torta quiere Ud. señora, **ésta** o **ésa**?
—Déme **ésa** con las fresas. Me gustan **éstas** aquí, pero tienen poca fruta.

Neuter Demonstratives

Neuter demonstrative pronouns refer to general ideas, situations, statements, or to objects that have not been identified yet. These pronouns are equivalent to English **this, this situation, these issues** (esto); and **that, that situation, those matters** (eso, aquello).

—¿Qué es **esto,** mamá?
—Es una fruta exótica, hija. Se llama "kiwi."

Manos a la obra

A **Impresiones de Barcelona.** Jim Leffler acaba de volver a Chicago después de pasar dos semanas de vacaciones en Barcelona. ¿Qué les cuenta Jim a sus amigos hispanos sobre sus experiencias en aquella ciudad?

Modelo: ciudad grande / tener museos fascinantes
Aquella ciudad grande tiene museos fascinantes.

1. mujeres en Barcelona / vestirse muy elegantemente
2. mercados y tiendas / tener precios baratos
3. Iglesia de la Sagrada Familia / ser muy diferente
4. almacén "El Corte Inglés" / aceptar la tarjeta VISA

B **¡Qué niña!** Elena y su hija están en la boutique Onda Joven. ¿Qué preguntas hace y qué le contesta Rita?

Modelo: botas blancas → zapatos de tenis
  Elena: *¿Quieres esas botas blancas?*
  Rita: *No. Quiero esos zapatos de tenis.*

ELENA   RITA

1. pantalones cortos →   bonitos jeans
2. blusa rosada   suéter rojo
3. falda verde   vestido azul
4. guantes pardos   dos camisetas
5. gorra gris   sombrero grande

C **En el supermercado.** Elena y Rita están comprando comestibles en un supermercado. ¿Qué comentarios le dice Elena a su hija sobre la comida?

Ejemplo: Me encantan estos rábanos, pero no me gusta esa lechuga.

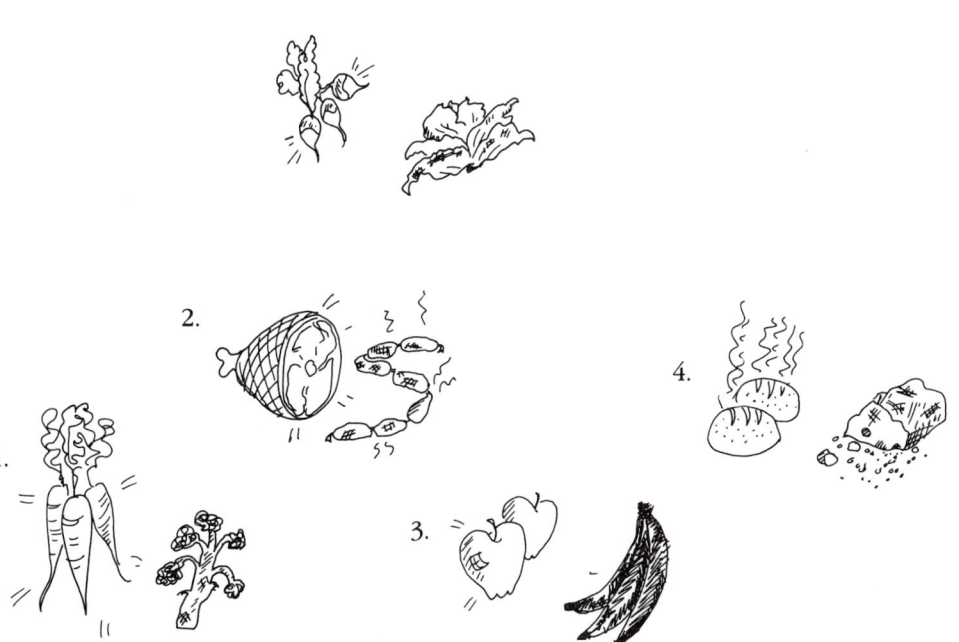

D En el mercado. Primero, complete la siguiente conversación con un(a) compañero(a) de clase, usando los adjetivos y los pronombres demostrativos apropiadamente. Luego, practiquen juntos la conversación.

VENDEDOR(A)

1. [Saludo apropiado.]
3. ¿En qué puedo servirle?
5. ¿_____? Pues, cuestan ochenta pesetas el kilo.
7. Bien. ¿Qué más?
9. ¿Cómo? ¿De _____ verdes o _____ rojas?
11. ¿Algo más?
13. Setenta pesetas, pero tengo _____ a sesenta pesetas porque es de ayer.
15. Aquí tiene Ud. Muchas gracias.
17. [Saludo apropiado.]

CLIENTE

2. [Saludo apropiado.]
4. ¿Cuánto cuestan _____ duraznos?
6. Bueno, déme medio kilo de _____ y un kilo de _____ plátanos.
8. Quiero seis de _____ manzanas.
10. De _____ rojas; no me gustan las verdes.
12. Sí. _____ apio. ¿Cuánto cuesta el kilo?
14. Pues, déme medio kilo de _____ apio; cuesta más, pero está más fresco. _____ es todo.
16. [Conteste.] Hasta luego.

Ahora, escriban Uds. otra conversación que ocurre en una carnicería entre un(a) vendedor(a) y su cliente.

Charlemos

A Entre amigos. Pregúntele a otro(a) estudiante.

1. Este semestre (trimestre) estudio... ¿Y tú? ¿Qué te parece esta clase? ¿Vas a continuar estudiando español este año? ¿Por qué?
2. ¿Qué tienes ganas de hacer esta semana? ¿Qué piensas hacer este fin de semana? Esta noche tengo que... ¿Y tú?
3. ¿Sabes qué? Este año (mes) quiero viajar a... En aquel lugar voy a... También me gustaría ir a... En (aquel / aquella) _____ se puede...

B ¡A conocerse mejor! Traiga a clase unas fotos de personas, cosas y lugares que conoce, y explíqueselas a un(a) compañero(a) de clase, como se hace en el ejemplo.

Ejemplo: A: *En esta foto ves a mi familia. Esta mujer es mi mamá y ese hombre es mi papá. Estos son mis hermanos; se llaman Chris y Jeff. Y éste es mi perro Lucky.*
B: *¿Quién es esa persona?*
A: *¡Soy yo!*

NOTAS CULTURALES

Los mercados hispanos

Básicamente, las dos funciones principales de los mercados hispanos son vender y comprar las cosas necesarias para vivir, y conversar con amigos, especialmente cuando hace mucho tiempo que no se ven. Tradicionalmente, casi todas las ciudades hispanas tienen un mercado, a veces llamado mercado al aire libre *(open-air market)*, donde se venden muchos productos diferentes. En algunas ciudades grandes hay un mercado permanente, pero generalmente en las ciudades pequeñas la gente va al mercado en días específicos, por ejemplo, los jueves por la mañana o todo el día los sábados. Mucha gente prefiere comprar en mercados porque sabe que puede encontrar allí mejores precios que en los supermercados, los almacenes o las pequeñas tiendas especializadas. A veces los productos agrícolas de los mercados están más frescos que en otros lugares porque se compran directamente de los agricultores, quienes los cultivan en sus ranchos.

Normalmente, los mercados están divididos en varias secciones. Por ejemplo, en una sección se venden frutas y vegetales frescos a precios razonables. Algunas personas venden solamente frutas como plátanos, fresas, manzanas, naranjas, piñas y otras, depende de la estación del año. Otros vendedores se especializan en vegetales como lechuga, zanahorias, pimientos verdes y amarillos, tomates, cebollas y otros. En otra sección puede haber una gran selección de carnes y pescado; también se puede comprar allí mantequilla, huevos, arroz y pan. Otra sección de los mercados está dedicada a la venta de ropa: zapatos, calcetines, medias, faldas, vestidos, blusas, pantalones, camisas y camisetas, chaquetas y abrigos.

Frecuentemente en los mercados de las ciudades grandes se puede comprar cosas de interés turístico. Por ejemplo, se venden artesanía, maletas, brazaletes, tarjetas postales y pinturas de lugares típicos de la región. Muchas veces estas cosas turísticas no tienen un precio fijo y, por eso, se puede negociar con los vendedores. En algunos mercados modernos se puede pagar por estos artículos con tarjeta de crédito.

Preguntas. Respondan en español.

1. En su opinión, ¿cuál es un aspecto interesante de un mercado hispano? ¿Le gustaría visitar uno? ¿Por qué?
2. Imagínese que Ud. está en un mercado hispano en este momento. ¿A qué sección del mercado le gustaría ir primero? ¿Y luego?
3. ¿Qué tipo de ropa le gustaría comprar en un mercado hispano? ¿Prefiere Ud. comprar ropa en un mercado, en un almacén o en una tienda especializada? ¿Por qué?
4. Discuta con un(a) compañero(a) de clase las ventajas (beneficios) y las desventajas de comprar en a) un mercado, b) un supermercado, c) un almacén y d) una tienda especializada.

Gramática funcional

In this section, you will learn how to make comparisons.

Más vale pájaro en mano que cien volando.

Comparatives

To make comparisons between people, things, places and ideas in English, we use the words **more** or **less** with an adjective (more interesting, less expensive), or we add **-er** to an adjective (cheaper, fresher). In Spanish, comparisons are made in the following ways:

1. Equal comparisons: *tan* + adjective/adverb + *como*

   tanto(a/os/as)* + noun + *como*

   tanto como

Este pan está **tan fresco como** ése.	This bread is as fresh as that one.
Almorzamos **tan temprano como** Uds.	We have lunch as early as you do.
Ahorro **tanto dinero como** Elena.	I save as much money as Elena does.
Tengo **tanta paciencia como** ella.	I have as much patience as she does.
Rita no tiene **tantos años como** yo.	Rita is not as old as I am.
Pero tiene **tantas tías como** yo.	But she has as many aunts as I have.
Esta torta cuesta **tanto como** ésa.	This cake costs as much as that one.

2. Unequal comparisons: *más/menos* + adjective/adverb/noun + *que/de***

Elena es **más** inteligente **que** Rita.	Elena is smarter than Rita.
Rita es **menos** paciente **que** su mamá.	Rita is less patient than her mother.

3. Irregular comparatives: *peor* (worse) and *mejor* (better)

    —Estas cebollas están buenas, pero ésas están **mejores.**
    —Creo que aquéllas en el otro mercado están **peores.**

Superlatives

When people make comparisons, sometimes they single out someone or something from an entire group. In English, we do so by adding **-est** to adjectives (richest, freshest), or we use expressions such as **the most, the least** with an adjective (the most economical, the least expensive). In Spanish, superlatives are formed in the following ways:

---

* Note: The adjective *tanto* must agree in gender and number with the noun it describes.

** Note: the word *de* is used before a number as the equivalent of **than.** Example: *Rita tiene menos de noventa pesos.*

1. To form most superlatives, use a definite article with the word *más* or *menos* before an adjective.
   el/la/los/las + noun + *más/menos* + adjective.

   —¡Ése es un mercado grande! That's a big market!
   —Sí, hijo. Es **el mercado** Yes, son. It's the biggest market in
   más grande de Barcelona. Barcelona.

2. To express **best** or **worst,** use the word *mejor(es)* or *peor(es)* before a noun (if any).
   el/la/los/las + *mejor(es)/peor(es)* + [noun]

   —Ésta es una de **las mejores tiendas** de Barcelona.
   —Sí, y la tienda Fonseca es **la peor** de la ciudad.*

3. To express the idea of **extremely,** drop the final vowel (if any) of an adjective and add **-ísimo(a/os/as).****

   —Estas peras están **fresquísimas,** pero son **carísimas.**
   —Sí, la fruta es **carísima** en esta tienda. Vamos al mercado.
   —Buena idea. Todo es **baratísimo** allí.

Manos a la obra

A **Los comestibles.**   Elena y Rita acaban de volver a casa del centro a donde fueron de compras. Compare con otro(a) estudiante la cantidad de comestibles que ellas compraron.

Ejemplo: peras
   A: *¿Cuántas peras tiene Elena?*
   B: *Tiene tantas peras como su hija.*

---

*Use the word *de* to express **in** or **at** after superlatives, as shown twice in this example.

Also, drop any accents on the adjective stem (e.g., *fácil* → *facilísimo*). A spelling change occurs when the final consonant of the adjective is **c, g, or **z;** for example: *fresco* → *fresquísimo, largo* → *larguísimo, feliz* → *felicísimo.*

1. naranjas
2. litros de leche
3. galletas dulces
4. tortas de chocolate
5. plátanos
6. panes
7. comestibles en total

B Comparaciones. Conteste las siguientes preguntas lógicamente.

1. Elena Navarro fue de tienda en tienda buscando la mejor carne de res por el precio más barato. Ella tiene la siguiente información.

TIENDA	CALIDAD	PRECIO (PESETAS EL KILO)
García	Regular	500 Pts.
López	Buenísima	650 Pts.
Ortega	Regular	450 Pts.
Vázquez	Buena	475 Pts.

    a. ¿Qué tienda vende la mejor carne?

    b. ¿Qué tienda tiene el peor precio? ¿Y el mejor?

    c. ¿Dónde debe comprar Elena la carne de res?

2. Ahora Elena está en un supermercado donde piensa comprar fruta y queso. Ella tiene la siguiente información:

	CALORÍAS		CALORÍAS
manzana	80	Camembert	85
pera	100	Suizo	107
naranja	58	Mozarella	80

    a. ¿Qué fruta y queso tienen menos calorías?

    b. ¿Qué combinación de queso y fruta es mejor?

    c. ¿Hay algún queso ideal para preparar pizzas?

    d. ¿Qué fruta y queso le gustan a Ud.? ¿Por qué?

C Buenísimo. Sandra escribe anuncios de radio. Usa formas superlativas mucho porque así la gente se pone muy entusiasmada con la idea del producto. Hoy es el primer día de trabajo de un empleado nuevo, Luis. Sandra tiene que cambiar lo que escribió Luis.

Ejemplo: La fruta del Mercado Martín es buena.
    ¡*La fruta del Mercado Martín es buenísima!*

1. Ud. puede comprar ropa muy bonita en El Corte Inglés.
2. Venden tortas deliciosas en la pastelería Arcelus.
3. En el supermercado Rex tenemos una selección grande.
4. Café Roma — donde Ud. come postres ricos.
5. En la pescadería Perla hay pescado fresco.

D **Querida Amanda...,** Lea y conteste las siguientes cartas. Luego, compare sus respuestas con las respuestas de otro(a) estudiante.

Ejemplo: Querida Amanda, / Anoche fui a una fiesta y volví a las dos de la mañana. Mis padres estaban enojadísimos conmigo. Tengo quince años y soy una mujer responsable. Mis padres son injustos, ¿verdad? Ermita.

Querida Ermita, No. Tú eres injusta con tus padres. Debes escuchar lo que te dicen y volver a casa más temprano. Eso es ser responsable.

1. Querida Amanda, / Tengo once años y mi hermana mayor cumplió dieciséis ayer. Ella es muy bonita, y yo soy muy fea. ¿Cómo puedo ser tan bonita como mi hermana?   Ana María

2. Querida Amanda, / Soy una viuda joven y vivo con mi hija de seis años. Ella nunca me escucha cuando le hablo. Por ejemplo, ayer en la panadería cuando le dije que no podía comprar un pastel, de repente protestó. ¿Qué puedo hacer con ella?   Elena

3. Querida Amanda, / Hoy vi a mi novia caminando mano a mano con otro muchacho más joven que yo (tengo diecisiete años). Ahora estoy celoso. ¿Qué hago?   Jorge

E **¡Vamos a votar!** Escriba cuatro descripciones diferentes indicando características de personalidad de cuatro personas diferentes de su clase. Su profesor(a) va a recoger *(to collect)* los votos y anunciar los resultados.

Ejemplos: Janice es la mujer más enamorada de la clase.
Greg es el hombre menos nervioso de la clase.

más enamorado(a) / más simpático(a) / menos aburrido(a) / menos nervioso(a)

Charlemos

A **Mis opiniones.** Converse con otro(a) estudiante.

1. Se venden las frutas y los vegetales más frescos de esta ciudad en ... En comparación con otros lugares, sus precios son (más / menos) ... ¿Qué opinas tú?

2. La tienda donde se vende la ropa más cara de la ciudad se llama ... Una tienda de ropa que me gusta es ... porque... ¿Qué te parece?

3. En mi opinión, el mejor restaurante de esta ciudad es ... porque... Al contrario, el peor restaurante es ... porque... Creo que una de las mejores comidas es .... ¿Qué crees tú?

B ¿Qué cree Ud.?   Haga algunas comparaciones con otro(a) estudiante, como se hace en el ejemplo.

Ejemplo: el inglés y el español
          (difícil / útil / interesante)
            El inglés es más difícil que el español.
          o *El inglés es tan útil como el español.*
          o *El inglés es menos interesante que el español.*

1. los seres humanos y los animales
   (peligroso / feliz / divertido / tonto / perezoso)
2. los autos norteamericanos y los autos japoneses
   (económico / ruidoso / seguro / bueno / elegante)
3. el este y el oeste de los Estados Unidos
   (bonito / viejo / limpio / interesante / intelectual)
4. ser soltero y estar casado
   (tranquilo / aburrido / solo / alegre / fascinante)

Se puede comprar muchas cosas en un mercado hispano. Aquí se venden las flores más bonitas y frescas de este mercado.

Un poco más

 ### ¡Escuche!

Usted va a escuchar cinco conversaciones entre Elena Navarro y varios vendedores. Escuche la cinta e indique 1) las tiendas donde están conversando y 2) qué compra Elena en esas tiendas.

	lechería	panadería	pastelería	carnicería	pescadería
1.					
2.					
3.					
4.					
5.					

Perspectivas

¿A Ud. le gusta la miel *(honey)*? Lea la siguiente información para saber un poco sobre un producto nuevo en Latinoamérica.

HONEY SMACKS está elaborado con trigo entero de la mejor calidad y además con deliciosa miel de abeja.

HONEY SMACKS de KELLOGG'S, un delicioso desayuno que con leche, además de rico sabor, proporciona el 25% del requerimiento diario de 6 vitaminas y hierro.

*KELLOGG'S recomienda un buen desayuno incluyendo una porción de **HONEY SMACKS** de KELLOGG'S con leche, jugo, pan tostado y un vaso con leche.

Contenido neto 430 g
Reg. S.S.A. No. 140046 "A" * Marcas Registradas.
Bajo licencia de Kellogg Company
Battle Creek, Michigan, E.U.A.
Elaborado por:
KELLOGG DE MEXICO, S.A. DE C.V.
Km 1 Camino Campo Militar sobre Km 3 Carretera
Querétaro - San Luis Potosí, Querétaro, Qro.
Hecho en México

Kellogg's®, Honey Smacks®, DIG'EM® and character design are registered trademarks of Kellogg Company. All rights reserved.

¿Comprendió Ud.?

1. ¿Cómo puede Ud. incorporar a Honey Smacks en un desayuno completo?
2. ¿Cuántas vitaminas importantes contiene este cereal?
3. ¿Cuáles son algunos de los otros alimentos nutritivos mencionados en la caja?.

   _____   _____
   _____   _____
   _____   _____
   _____   _____

4. ¿A Ud. le gustaría comer Honey Smacks para el desayuno? ¿Por qué?

¡Escriba!

Describa un interesante incidente verdadero o ficticio que le pasó a Ud. mientras estaba en un supermercado. Debe incluir la siguiente información: 1. el nombre del supermercado, 2. lo que Ud. estaba haciendo allí, 3. qué exactamente le pasó a Ud. (mencione la gente, las circunstancias, las acciones principales, las soluciones, etc.) y 4. las impresiones que Ud. tiene hoy día.

Situaciones

Hable con otro(a) estudiante.

TURISTA	RESIDENTE
1. Approach someone on the sidewalk, using an appropriate expression. Ask where you can find a _____ (food store).	2. Pretend you heard only the last part of the question. You need clarification.
3. Reply appropriately.	4. Say you understand, then give appropriate directions.
5. Ask how far the store is and how to get there.	6. Offer assistance by drawing a map, and explain more clearly.
7. Express your appreciation.	8. Respond accordingly.

Ahora, converse con otro(a) compañero(a) de clase. Imagínense que Uds. están en una tienda de comestibles en Barcelona.

1. Greet one another.
2. Ask each other how things are going.

3. Make some small talk about the weather.
4. Ask about each other's family.
5. Find out what the other person is going to buy today.
6. Make a few comments about the store you are in.
7. Make plans to get together soon.
8. End your conversation appropriately.

Vocabulario

Sustantivos

los comestibles   *groceries*

Las tiendas

la carnicería   *butcher shop*
la lechería   *dairy store*
el mercado   *market*
la panadería   *bakery*
la pastelería   *pastry shop*
la pescadería   *fish shop*

En la lechería

el helado   *ice cream*
el yogur   *yogurt*

En la carnicería-pescadería

la carne de cerdo (puerco)   *pork*
la carne de res   *beef*
los camarones (las gambas)   *shrimp*
el jamón   *ham*
las salchichas   *sausages*

En la panadería-pastelería

el bollo de pan   *roll*
la galleta dulce   *cookie*
la galleta salada   *cracker*
el pan   *bread*
la torta   *cake, torte*

Las frutas

la cereza   *cherry*
el durazno (melocotón)   *peach*
la frambuesa   *raspberry*
la fresa   *strawberry*
la manzana   *apple*
la naranja   *orange*
la pera   *pear*
la piña   *pineapple*
el plátano   *banana*
la zanahoria   *carrot*

Los vegetales

el apio   *celery*
el bróculi   *broccoli*
la cebolla   *onion*
la coliflor   *cauliflower*
las espinacas   *spinach*
la lechuga   *lettuce*
el pimiento   *pepper*
el rábano   *radish*

La cantidad   *quantity*

la docena   *dozen*
el gramo   *gram*
el kilo   *kilo*
el litro   *liter*
medio   *one-half*

Adjetivos

fresco   *fresh*

Verbos

despedirse de (i, i)   *to say good-bye*

Adverbios

allá   *there*

Expresiones idiomáticas

¿Algo más?   *Anything else?*
basta   *enough*
¿En qué puedo servirle?   *May I help you?*
Eso es todo.   *That's all.*
¿Qué más?   *What else?*

LECCIÓN 11

Aquí vendemos de todo

COMMUNICATIVE GOALS The students will be able to ask and answer questions in department stores and non-food specialty stores, and express opinions about store items.

LANGUAGE FUNCTIONS Making requests ♦ Giving advice and orders ♦ Asking for and giving information

VOCABULARY THEMES Non-food merchandise ♦ Shopping expressions ♦ Ordinal numbers 1st → 10th

GRAMMATICAL STRUCTURES Double object pronouns ♦ Formal commands

CULTURAL INFORMATION Shopping in specialized stores

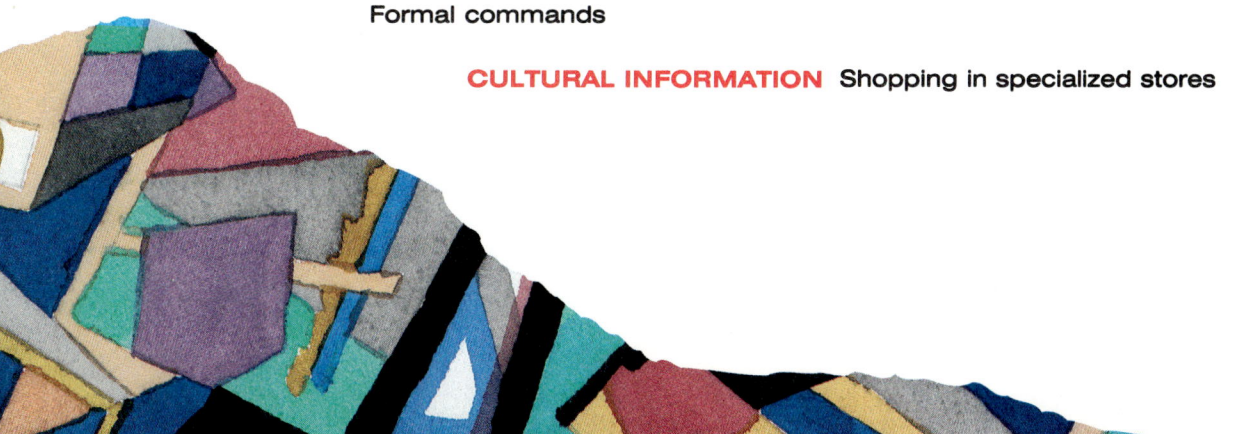

Antes que nada

Printed material often contains different kinds of cues that can help you skim, scan and guess words and ideas. For example, some words and phrases appear in large or boldface print to attract the reader's attention, some words are repeated several times to persuade the reader, and others appear together with a graphic design to help the reader remember a particular concept.

Read the printed materials below, then respond to the study questions.

La moda de El Corte Inglés ya está en la calle. Llenándola de color. Abriéndose paso para llegar hasta ti. Esta Primavera encontrarás una moda tan variada, que te va a sorprender. Nuevos diseños. Nuevos coordinados. Nuevos tonos... Una nueva moda. Brillante como la Primavera.

Hogar Textil. Mantelerías. Toallas. Visillos. Alfombras. Moquetas. Cortinas. Edredones. Ropa de cama y mesa. **Tejidos.** Mercería. Sedas. Lanas. **Departamento de Zapatería.**

SERVICIOS:

Lista de Bodas.

Niños-Niñas (4-14 años). Confección. Boutiques. Complementos. **Bebés.** Confección. Carrocería. Canastillas. Regalos Bebé. Zapatería Bebé. **Juguetería.**

SERVICIOS:

Estudio Fotográfico. Realización de Retratos.

Juventud. Confección. Tienda Vaquera. Lencería. Corsetería. Punto. Boutiques. Complementos de moda. Tienda de regalos "cosas". Peletería.

Preguntas.

1. Which words and phrases are printed the largest and why?
2. Which words and phrases appear in boldface type and why?
3. Which words and phrases are repeated most often and why?
4. Which words and phrases accompany a graphic design and why?
5. What do you think El Corte Inglés is?

6. In what ways do these printed materials help readers skim and scan for ideas?
7. How do cognates and your current knowledge of Spanish help you understand these printed materials?

Reading passages also contain cues that can help you make predictions and to guess what actions and events are most likely to occur as you continue reading. For example, as you read the *En contexto* section in this lesson, notice how punctuation such as exclamation marks and dashes help you anticipate information.

EN CONTEXTO

doll

clearance sale
has reduced

El miércoles pasado a las 4:30 de la tarde, Elena Navarro lavaba los platos del almuerzo en la cocina y escuchaba la radio mientras su hija Rita jugaba con su muñeca° y miraba la televisión en el salón. De repente, la niña oyó el siguiente anuncio.

El Almacén Palacio anuncia su sensacional venta de liquidación° de este viernes y sábado. El Almacén Palacio ha rebajado° los precios de miles de cosas de un 20 hasta un 60 por ciento. Venga a ver nuestra gran selección de

toys

bargains / take advantage of

elegantes abrigos y chaquetas sport. Son de todos los colores y estilos y de máxima calidad. Venga a ver nuestros electrodomésticos super modernos: refrigeradores, tostadores, televisores, videocaseteras, radios estéreos y mucho más. Venga a ver nuestra gran selección de bicicletas, juguetes,° muñecas y juegos para toda la familia. Aquí vendemos de todo. Tenemos la mejor calidad y los mejores precios de la ciudad. Prácticamente todo está rebajado al costo o por debajo del costo. ¡En esta liquidación Ud. va a encontrar muchísimas gangas!° Utilice su tarjeta de crédito Palacio y aproveche° estas fantásticas rebajas. ¡No lo olvide! Esta venta es sólo una vez al año. ¡Vaya al Almacén Palacio este viernes y sábado y ahorre más que nunca!

Después de escuchar ese anuncio, Rita se puso tan contenta que corrió rápidamente a la cocina con su muñeca en las manos.

—¡Mamá! Vamos al Almacén Palacio. Necesito otra muñeca.

laughed

Elena se rió°. Luego le contestó a su hija.

newspaper

—¿Cómo? ¿Al Almacén Palacio? Sí, hija, lo leí en el periódico°. ¿Por qué no vamos el sábado? Quiero comprar otro televisor. El del salón no funciona bien.

—¡Qué bueno, mamá! Y yo quiero comprar otra muñeca. ¿Ves? Ésta ya está viejísima y está tan fea... ¡puah! ¿Me compras otra, mamá?

—Pues, vamos a ver, hija. Paciencia, ¿eh?

El sábado siguiente a las 11:00 de la mañana, Elena y Rita fueron al Almacén Palacio para aprovechar de la fabulosa liquidación. Subieron al tercer piso[1] donde se venden muebles y electrodomésticos. Allí una vendedora saludó a Elena.

—Buenos días. ¿En qué puedo servirle, señora?
—Me gustaría ver el televisor Sony que está rebajado.

Claro

—¡Cómo no°, señora! Es éste. Es una ganga por 29.500 pesetas.
—¿Cómo? ¡Pero es tan pequeño!
—Sí, señora. Es un modelo portátil. Le gusta a la gente que viaja mucho. Tenemos otros televisores más grandes, pero no están rebajados en este momento.
—Bueno, espero otra liquidación. Muchas gracias—dijo Elena.
—De nada, señora. Hasta luego.

Luego, Elena y Rita subieron al cuarto piso donde se venden los juguetes, muñecas, bicicletas y juegos. Allí Elena habló con otra vendedora.

—Dígame, señora.
—A mi hija le gustaría ver la muñeca Muppet que está rebajada —contestó Elena.
—Lo siento, señora, pero ya las vendimos todas ayer.

I told you so

—¿Ves, mamá?—dijo Rita un poco enojada. —Te lo dije.° Te lo dije. ¿Por qué no vinimos ayer?

—Porque tuve que trabajar ayer, hija—dijo Elena.

—No se preocupe, señora— le dijo la vendedora con compasión. —Tengo otras muñecas. Por ejemplo, ésta toma agua, llora° y dice cosas en tres idiomas. Sólo cuesta 3.240 pesetas.

cries

—Ah, ¿sí?— dijo Elena con sorpresa. —¡Qué buena compañera para mi hija que habla tanto! ¿Te gusta la muñeca, Rita?

—Sí, mamá. ¡Me encanta!

—Pues, te la compro. Aquí tiene Ud. mi tarjeta de crédito del Almacén Palacio, señorita.[2]

Notas de texto

1. In Hispanic countries, the phrase *tercer piso* refers to what Americans call the fourth floor, not the third floor. The reason for this is that the ground (first) floor is called *la planta baja* (abbreviated PB in elevators), and therefore the second floor is called *el primer piso,* the third floor, *el segundo piso*, and so forth. The basement is called *el sótano*.

2. There are department stores throughout Spain and Latin America, although they are not as numerous as in the United States or Canada. Many of these stores have their own credit cards, while others accept international credit cards such as MasterCard and VISA.

¿Comprendió Ud.?

A. Lea la lectura. Luego conteste las siguientes preguntas.

1. La lectura está dividida en dos secciones: a) Elena y Rita en casa y b) Elena y Rita en el almacén. ¿Dónde comienzan estas secciones, y cómo lo sabe Ud.?

2. ¿Cuál es la idea más importante del anuncio comercial?

    a. "¡Venga al Almacén Palacio!"

    b. "¡Utilice su tarjeta de crédito!"

    c. "¡Compre un electrodoméstico nuevo!"

B. Lea la lectura por segunda vez, luego complete las siguientes oraciones.

1. En el Almacén Palacio...

    a. todo estaba rebajado   c. los precios eran altos

    b. hubo una buena rebaja   d. siempre hay muchas gangas

2. El Almacén Palacio tiene una venta de liquidación...

    a. una vez cada año   c. todos los viernes y los sábados

    b. los fines de semana   d. cada dos fines de semana

3. Anunciaron la liquidación...

   a. en la radio
   b. en el periódico
   c. en la televisión
   d. b y c

4. Elena...

   a. no compró nada en el almacén
   b. compró un televisor pequeño
   c. le compró una muñeca a Rita
   d. se compró un electrodoméstico

5. Rita se enojó en el almacén porque su mamá...

   a. no compró el televisor pequeño
   b. no pudo comprar la muñeca Muppet
   c. no compró nada allí
   d. no le compró nada a ella

C. Ahora, hágale las siguientes preguntas a otro(a) estudiante.

1. ¿Qué impresión tuviste de la venta de liquidación? ¿Qué cosas se venden en el Almacén Palacio que te gustaría comprar? ¿Qué cosas no te interesan allí y por qué? ¿Cuáles son algunas características de un buen almacén?

2. ¿Cómo son las dos vendedoras del Almacén Palacio? ¿Cómo son los vendedores de tu almacén favorito? ¿Cuáles son algunas características de un(a) vendedor(a) ideal?

Vocabulario Útil

In this section you will learn to identify and buy non-food items in specialty shops and department stores.

Cómo comprar

Sólo estoy mirando.	I'm just browsing.
¿Pudiera mostrarme...?	Could you show me...?
¿Pudiera ayudarme...?	Could you help me...?
Es posible mandarlo a...?	It is possible to send it to...?
Aquí se paga ...en la caja.	Here one pays...at the cashier's.
...en efectivo.	...in cash.
Aquí tiene Ud. su	Here's your
...cambio.	...change.
...recibo.	...receipt.

En la joyería-relojería

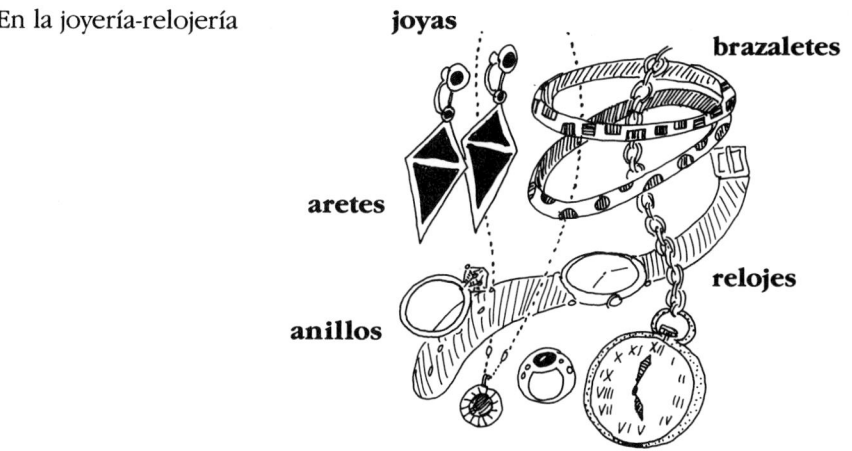

En la papelería

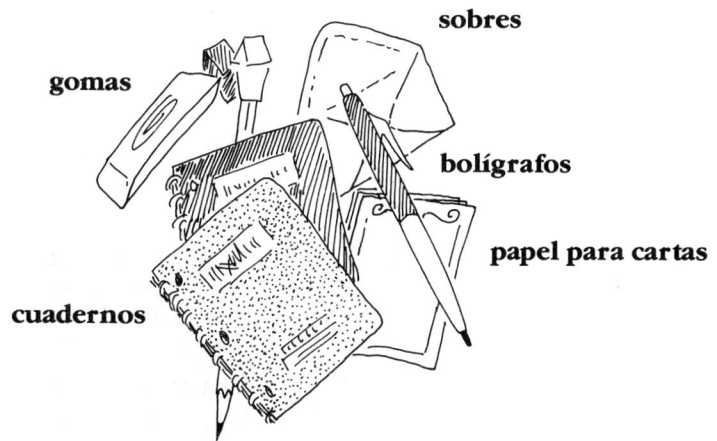

Los artículos eléctricos

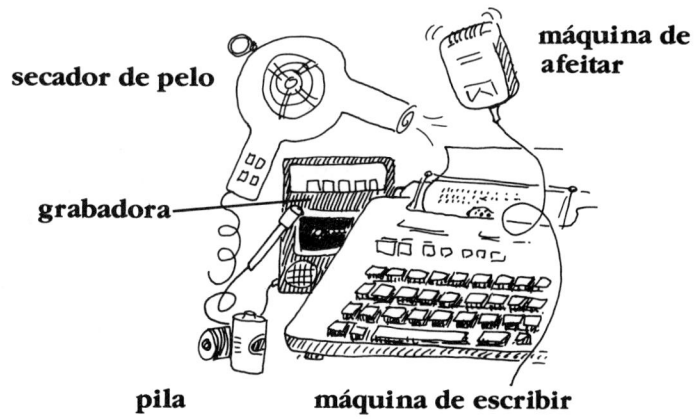

Los artículos fotográficos

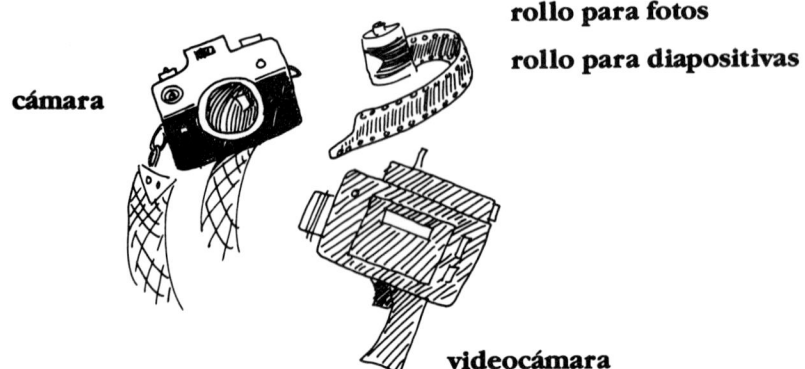

Los números ordinales

primero(a)	*first*	**sexto(a)**	*sixth*
segundo(a)	*second*	**séptimo(a)**	*seventh*
tercero(a)	*third*	**octavo(a)**	*eighth*
cuarto(a)	*fourth*	**noveno(a)**	*ninth*
quinto(a)	*fifth*	**décimo(a)**	*tenth*

1. Because ordinal numbers are adjectives, they must agree in gender (masculine or feminine) and number (singular or plural) with the nouns they describe. Ordinal numbers usually precede the noun; use *primer* and *tercer* before masculine singular nouns.

   Fue la **primera vez** que Rita fue con su mamá al Almacén Palacio. Subieron al **primer piso** donde compraron algunos sobres. Luego, subieron al **tercer piso** para mirar una grabadora rebajada. Rita quería ir al restaurante en el **quinto piso,** pero su mamá le dijo que no—por la **cuarta vez** esa mañana.

2. Spanish speakers seldom use ordinal numbers above *décimo;* instead they use cardinal numbers (*once, doce,* etc.), which are placed after the noun. Also, they often abbreviate numbers with superscript letters that show the adjective ending.

en el 5º piso (quinto piso)	*on the 5th floor*
la 3ª vez (tercera vez)	*the third time*
en el piso 14 (catorce)	*on the 14th floor*
en el Siglo XXI (veintiuno)	*in the 21st century*
Carlos V (Quinto)	*Charles the Fifth*
Luis XIV (Catorce)	*Louis the Fourteenth*

Practiquemos

A **¿En qué piso?** Imagínese que Ud. trabaja en el almacén, cuyo directorio se ve aquí. Dígales a sus clientes (otros estudiantes) en qué planta (piso) pueden encontrar lo que buscan.

Modelo: ¿Los muebles, por favor? *Están en la séptima planta.*

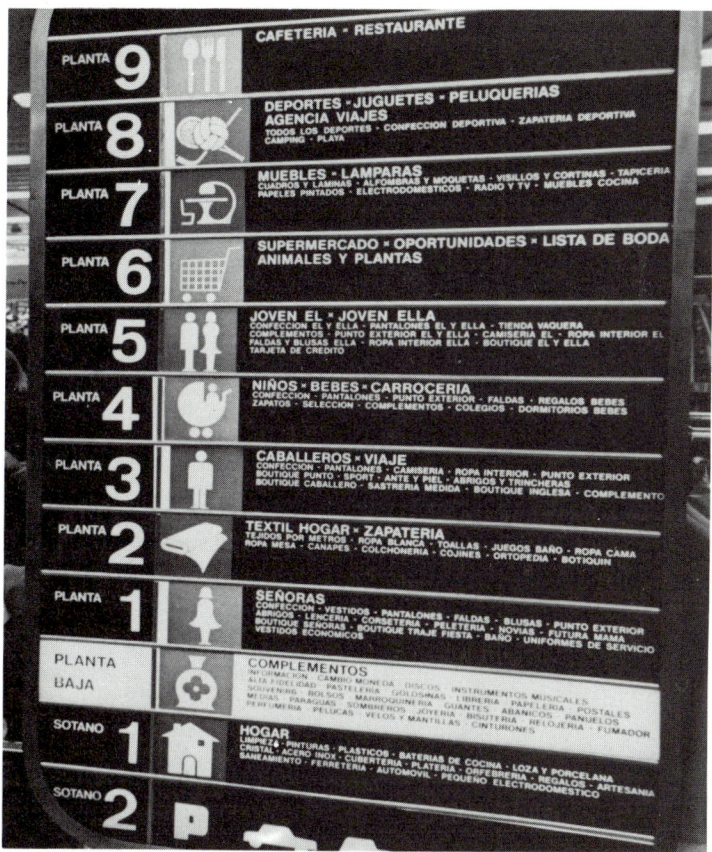

1. ¿Dónde están las blusas?
2. ¿Los relojes para hombre?
3. ¿Dónde se puede comer aquí?
4. ¿Los secadores de pelo?
5. Quiero comprar un perro.
6. Busco zapatos de tenis.

B **¡Felicidades!** Daniel Figueroa y Edith Francine van a casarse pronto, y ahora van de compras juntos. Dígale a un(a) compañero(a) de clase a qué tienda van y qué van a comprar allí, según cada situación.

Ejemplo: Daniel y Edith se casan el próximo año.
Van a una joyería para comprar los anillos.

TIENDAS	ARTÍCULOS
camisería	camisas, camisetas, corbatas, suéteres, pijamas
joyería	joyas, relojes, aretes, anillos, brazaletes
mueblería	mesas, sillas, sofás, sillones, lámparas, mesitas, camas, espejos, escritorios, alfombras
papelería	cuadernos, bolígrafos, lápices, gomas, papel para cartas, sobres, tarjetas
zapatería	zapatos, botas, calcetines, medias

Situaciones:

1. Daniel va a comprar un traje nuevo para la ocasión.
2. Daniel quiere comprarle algo especial a su novia.
3. A Edith le fascina la ropa más moderna de Italia.
4. Los dos jóvenes van a clases de francés juntos.
5. Ellos piensan vivir en un apartamento parcialmente amueblado.
6. Tienen que darles las gracias a todos los que van a darles regalos.

C En el Almacén Palacio. Converse con otro(a) estudiante.

A: Buenos días. ¿En qué puedo servirle, señor(ita/a)?
B: Sólo estoy mirando, gracias. Ah, sí... ¿Tienen _____?
A: Sí, señor(ita/a). Tenemos varios(as) _____. Por ejemplo, éste(a) es muy _____.
B: Pero es un poco _____. ¿Pudiera mostrarme otro(a) más _____?
A: ¿Más _____? Pues, tengo este modelo por _____ pesetas.
B: ¿Ah sí? Pues, me gusta mucho porque es _____. La(Lo) compro.
A: Puede pagarlo(la) en efectivo, con cheque o con tarjeta de crédito.
B: Prefiero pagarlo(la) _____.

Ahora, inventen Uds. otra conversación.

VENDEDOR(A)

1. Buenos(as) _____. ¿En qué...?
3. Pues, tenemos... ¿Le gusta?
5. Cómo no, señor(ita/a). Aquí tiene Ud...
7. Cuesta(n) sólo _____ pesetas.
9. [Responda apropiadamente.]
11. Muy bien. ¿Le interesa otra cosa?
13. [Termine la conversación.]

CLIENTE

2. Estoy buscando un(a)...
4. No tanto porque... ¿Pudiera mostrarme algo más _____?
6. ¿Cuánto cuesta(n)?
8. ¿Está(n) rebajado(a/os/as)?
10. Bueno, me gustaría...
12. [Comience a terminar la conversación.]
14. [Despídase con cortesía.]

NOTAS CULTURALES

De compras en las tiendas especializadas

Las pequeñas tiendas que se especializan en ciertas mercancías son más comúnes en los países hispanos que en los Estados Unidos o en el Canadá. En la *Lección 10,* Ud. aprendió los nombres de algunas de estas tiendas especializadas; por ejemplo, la panadería, la carnicería y la lechería. Fíjese que el nombre de casi todas estas tiendas termina en **-ería.** A veces, se encuentran dos tiendas combinadas en una sola tienda; por ejemplo, una joyería-relojería *(jewelry store-watch shop)* y una lavandería-tintorería *(laundry-dry cleaners).* Otras tiendas especializadas tienen dos nombres para el mismo tipo de tienda; por ejemplo, en México se compran aspirinas en una farmacia o en una droguería. En otros países se puede comprar flores en una florería o en una floristería. Y lo que es una peluquería en un país puede ser una barbería en otro. En la mayoría de las tiendas especializadas, los precios son fijos, y los clientes pagan en efectivo, con cheque o con una tarjeta de crédito. También es muy común oír a un cliente decir: —Anóteme eso ahí, por favor. Se lo pago la próxima vez.— Muchos dueños de este tipo de tienda tienen cuadernos especiales donde anotan a diario lo que le deben sus clientes.

Tiendas. Adivine lo que se vende en las siguientes tiendas:

camisería	florería	mueblería	pizzería
tabaquería	juguetería	papelería	zapatería
cristalería	librería	perfumería	sombrerería

GRAMÁTICA FUNCIONAL

In this section, you will learn more ways to ask for and give information.

Double Object Pronouns

In *Lección 8,* you learned how to use direct object and indirect object pronouns to refer to people, things, places and ideas. Sometimes you will want to use both kinds of pronouns together in the same sentence. Double object pronouns consist of a direct object pronoun and an indirect object pronoun used together. Indirect object pronouns always **precede** direct object pronouns.

A. How to form double object pronouns

Indirect before Direct

me		Hija: ¿**Me** compraste el vestido, papá?
te	**lo**	Papá: Sí, **te lo** compré esta mañana.
le →se	**la**	Hija: Y la blusa. ¿**Me la** compraste?
nos	**los**	Papá: Sí, hija. También **te la** compré.
os	**las**	Hija: ¡Dos regalos! ¡Dá**melos**, papá!
les →se		Papá: **Te los** doy mañana en tu fiesta.

B. How to use double object pronouns

1. The indirect object pronouns *le* and *les* always change to *se* when they are used together with the direct pronouns *lo, la, los,* and *las*.

   Elena **les** compró **algunos juguetes** a sus sobrinos.

   Se los compró ayer en un almacén.

   Elena **le** compró **una muñeca** a su hija.

   Se la compró la semana pasada.

2. To contrast, emphasize or clarify the meaning of the indirect object pronoun *se*, use *a Ud., a él, a ella, a Uds., a ellos,* or *a ellas,* as shown below.

   La muñeca está bonita. Elena no **se** la compró **a Ud.**

   Tampoco **se** la compró **a ellos**. **Se** la compró **a su hija.**

   Se la compró **a ella** cuando cumplió siete años.

3. The pronouns can be placed before conjugated verbs or attached to infinitives or present participles.

   Rita quiere comprarle un regalo a su mamá.

   Se lo va a comprar hoy.   or   Va a comprár**selo** hoy.

   Se lo está comprando ahora.   or   Está comprándo**selo** ahora.

Manos a la obra

A **Una tía generosa.** Una tía de Rita les compró varios regalos a sus parientes. Dígale a un(a) compañero(a) a quién se los compró.

   Modelo: Rita: ¿A quién le compró ese reloj? → a mi hijo
   Tía: *Se lo compré a mi hijo.*

RITA	TÍA
1. ¿A quién le compró esas botas?	a mi hijo
2. ¿A quién le compró ese disco?	a una sobrina
3. ¿Y esos cuadernos y lápices?	a mis hijos
4. ¿Y esa máquina de escribir?	a mi esposo
5. ¿A quién le compró esos aretes?	a tu abuelita
6. ¿Y esa caja de chocolates?	a todos vosotros
7. ¿Y esa muñeca tan bonita, tía?	a ti, Rita

¿Necesita Ud. gafas (anteojos) de sol? Esta tienda ofrece una selección excelente.

B **Para servirles.** Complete las siguientes conversaciones con un compañero(a) de clase. Estudiante A es el (la) cliente y Estudiante B es el (la) vendedor(a).

Modelo: A: Perdón, ¿me da una de esas pilas para mi despertador?
B: ¿Una de ésas? Sí, señor(ita/a). ____ traigo ahora.
¿Una de ésas? Sí, señorita. Se la traigo ahora.

A: Me gustaría ver ese reloj. ¿Pudiera mostrár____?
B: Claro que sí, señor(ita/a). ____ muestro ahora.
A: Nos gusta esa grabadora, pero es muy cara. ¿Es posible rebajár____ un poco?
B: Lo siento, pero no ____ puedo rebajar porque ya está rebajada.
A: A mi hija le encantan esos aretes. Ella quiere probár____.
B: Como no. ____ puede probar aquí en esta mesa.

A: Quiero ver las dos máquinas de afeitar que están rebajadas.
B: Un momento, señor(ita/a). _____ traigo ahora.

C Luego, ¿qué pasó?   Con otro(a) estudiante, continúe la conversación de la Actividad B. Después, escriban la conversación para practicar un poco más.

Ejemplo: A: *Perdón, ¿me da una de esas pilas para mi despertador?*
B: *¿Una de ésas? Sí, señorita. Se la traigo ahora mismo.*
A: *Pues, ésta es muy grande. No me sirve. ¿Pudiera mostrarme otra más pequeña?*
B: *Bueno, creo que...*

Charlemos

A Entrevista.   Pregúntele a otro(a) estudiante.

1. ¿Cuándo recibiste tu primera bicicleta? ¿Quién te la compró? Más o menos, ¿cuánto le(s) costó? ¿De qué color era? ¿Cómo te sentiste cuando anduviste en bicicleta por primera vez? Cuéntame de uno o dos lugares interesantes adonde ibas con aquella bicicleta.

2. ¿Te gusta escribir cartas? ¿Escribes cartas frecuentemente o sólo a veces? ¿A quiénes les escribes cartas? ¿Quiénes te escriben a ti? ¿Cuándo fue la última vez que escribiste una carta? ¿A quién le escribiste y por qué? ¿Quién te mandó una carta recientemente? ¿De dónde te la mandó?

B Unos favores.   Converse con un(a) compañero(a) de clase.

Ejemplo: A: *¿Me das cinco dólares? Te los devuelvo mañana.*
B: *¿Por qué los necesitas?*
A: *Los necesito para comprar dos cuadernos.*
B: *Bueno, te los doy porque eres mi amigo(a).*
o B: *Lo siento, no te los doy porque no tengo cinco dólares.*

ESTUDIANTE A

1. ¿Me das cinco dólares hasta la próxima semana?
3. _____ necesito para...
5. ¿Me das tu _____ hasta mañana?
7. _____ necesito para...
9. ¿Por qué...
11. Bueno,... (Lo siento, pero...)

ESTUDIANTE B

2. ¿Por qué _____ necesitas?
4. Bueno, _____ doy porque... (Lo siento, pero...)
6. ¿Por qué _____ necesitas?
8. Bueno, _____ porque... (Lo siento, pero...) ¿Me das _____ hasta...?
10. ...

GRAMÁTICA FUNCIONAL

In this section, you will learn to give advice and make requests to people you address with *usted* or *ustedes*.

Formal Commands

When we give advice to others or ask them to do something, we often use commands such as **Don't work too hard** and **Please help me.** Spanish speakers use formal commands to express this kind of information when communicating with people whom they address as *usted* or *ustedes*.

A. How to form formal commands

1. To form formal commands for almost all verbs, drop the **-o** ending from the present tense *yo* form and add the following endings to the verb stem: **-e/-en** for **-ar** verbs; **-a/-an** for **-er** and **-ir** verbs.

			FORMAL COMMANDS	
Infinitive	*yo* form	Verb stem	usted	ustedes
estudi**ar**	estudi**o**	**estudi-**	estudi**e**	estudi**en**
aprend**er**	aprend**o**	**aprend-**	aprend**a**	aprend**an**
escrib**ir**	escrib**o**	**escrib-**	escrib**a**	escrib**an**
dorm**ir**	duerm**o**	**duerm-**	duerm**a**	duerm**an**
hac**er**	hag**o**	**hag-**	hag**a**	hag**an**

¡**Vengan** a aprovechar nuestras gangas!
¡**Coma** en nuestro restaurante de primera clase!
¡**Miren** nuestra gran selección de chaquetas y abrigos!

2. Some irregular verbs do not match the pattern above.

Infinitive	usted	ustedes	Ejemplos
dar	**dé**	**den**	**Déme** dos pilas, por favor.
estar	**esté**	**estén**	¡Ay, niños! No **estén** nerviosos.
ir	**vaya**	**vayan**	**Vayan** al Almacén Palacio.
saber	**sepa**	**sepan**	¡**Sepan** que Uds. son bienvenidos!
ser	**sea**	**sean**	Niños, no **sean** malos. ¡Tomen la leche!

3. Always attach pronouns to affirmative commands, but place pronouns before negative commands. If the original command has two or more syllables, write an accent mark over the stressed vowel.

AFFIRMATIVE COMMAND	NEGATIVE COMMAND
Escríbame en español.	**No me escriba** en inglés.
Tráiganos otro café.	**No nos traigan** nada ahora.
Dígamelo, por favor.	**No me lo diga,** por favor.

B. How to use formal commands

You can soften commands to make them sound more like requests than demands, by using *Ud.* or *Uds.* after the command form.

Pasen Uds. por aquí, por favor.   *Please come this way.*
No hable Ud. tan rápido, señor.   *Don't speak so fast, sir.*

When you want people to do something, but you wish to say so very tactfully, ask a question or make a simple statement with reference to your wish rather than using a direct command. For example, suppose you are a dinner guest at a friend's house. The dining room is uncomfortably hot, and you want a window opened or the air conditioner turned on. You might say: *Hace calor, ¿verdad?*

Manos a la obra

 Escuchen a su jefa. La señora Valencia, una supervisora que trabaja en el Almacén Palacio, está hablando ahora con tres nuevos empleados. ¿Qué les dice a ellos?

Modelo: llegar a tiempo todos los días
Lleguen a tiempo todos los días.

1. contestar todas las preguntas de los clientes
2. no rebajar ningún precio sin autorización
3. ser corteses y simpáticos todo el tiempo
4. comenzar su trabajo a las nueve en punto
5. no salir temprano excepto si están enfermos
6. no hacerle ninguna pregunta personal a nadie
7. vestirse impecablemente todos los días
8. tener muchísima paciencia con la gente descortés
9. no olvidar que el cliente siempre tiene razón
10. darles las gracias a todos por hacer sus compras

B **¡Ayúdeme, por favor!** Imagínese que Ud. escribe una columna sentimental para un periódico hispano. Primero, lea la siguiente carta que Ud. recibió. Luego, contéstela usando algunos mandatos afirmativos y negativos.

> *Querida Amanda,*
>
> *Tengo muchísimos problemas en mi vida. Primero, el sábado pasado mi novio me dijo que ya no me quería y que conoció a otra chica de quien se enamoró. Segundo, el lunes murió mi abuelita a los 93 años de edad. Ella vivió conmigo por más de quince años y la quería mucho. Finalmente, hoy en el almacén donde trabajo de vendedora, mi jefe me despidió porque me dijo que yo no me concentraba bien cuando atendía a los clientes. Le expliqué lo de mi ex-novio y lo de la muerte de mi abuelita, pero no tuvo ninguna compasión. En este momento estoy muy triste. ¿Qué debo hacer?*
>
> *María Cristina*

Charlemos

A **Situaciones delicadas.** Lea cada situación; luego, reaccione diplomáticamente, como en el ejemplo.

> ***Ejemplo:*** Ud. está visitando a unos amigos hispanos. Hace mucho calor y, por eso, Ud. quiere poner el acondicionador de aire, pero no es su casa.
> Usted puede decirles: *¿Tienen Uds. calor?*

1. Ud. está almorzando con la familia Velarde en San Felipe, Venezuela. A Ud. le encantan las arepas y le gustaría comer dos o tres más.
2. Julio y Gloria Sepúlveda están visitándolo(la) a Ud. Ya es muy tarde y Ud. está cansadísimo(a). A Ud. le parece que sus amigos nunca van a volver a su hotel.
3. Ud. acaba de llegar a México D.F. donde va a vivir por tres meses con la familia de Anita Camacho. Casi toda la ropa que tiene en su maleta está sucia. Ahora Ud. está hablando con la mamá de Anita.
4. Ud. está hablando por teléfono de larga distancia con Elena y Rita Navarro por quince minutos. Ahora Ud. quiere terminar la conversación.

B Turista en Barcelona. Converse con otro(a) estudiante.

TURISTA

1. Perdón. ¿Qué autobús tomo para ir al centro comercial?
3. ¿Pudiera decirme dónde está la parada de autobús?
5. ¿Dónde debo bajarme del autobús?
7. Luego, ¿adónde voy?
9. ¿Cómo? No comprendí. ¿Adónde?
11. Y de allí, ¿está lejos o cerca el centro comercial?
13. [Exprese su gratitud.]

RESIDENTE

2. Pues, para ir allí... [responda]
4. Sí, cómo no, señor(ita/a). Está... [responda]
6. Debe bajarse en...
8. Mmmm... [conteste]
10. Bueno, ... [responda]
12. [Responda a la pregunta.]
14. [Responda.]

C ¡Bienvenidos! Imagínese que Ud. trabaja de guía estudiantil en un politécnico o en una universidad. Ud. es responsable por ayudar a un grupo de administradores y profesores mexicanos, quienes le hacen preguntas sobre varios lugares que quieren visitar. Ayúdelos, por favor.

Ejemplo: Profesor Martínez: No pude encontrar la librería. ¿Tienen Uds. una aquí?
Ud. puede decirle: Cómo no, profesor. Está cerca de Wells Hall. Camine Ud.... Luego, vaya...

1. Sr. Lozano: Perdón, ¿dónde está la oficina del (de la) presidente(a)?
2. Srta. Guzmán y Sra. Ortiz: Estamos buscando la biblioteca pública.
3. Profesor Corral: Perdón, pero no le comprendí. ¿Dónde dijo Ud. que puedo comprar una camiseta de su politécnico (universidad)?
4. Profesores García y Gutiérrez: Perdón, ¿hay un centro de computación por aquí?
5. Sr. Letrán: ¿Pudiera Ud. decirme dónde están los servicios (baños)?

Un poco más

 ¡Escuche!

Dos turistas van a un centro de información para pedir consejos sobre lugares de interés. Escuche lo que el señor les dice e indique en el mapa la ruta que él sugiere. Ud. comienza en la estación central de ferrocarril Concepción.

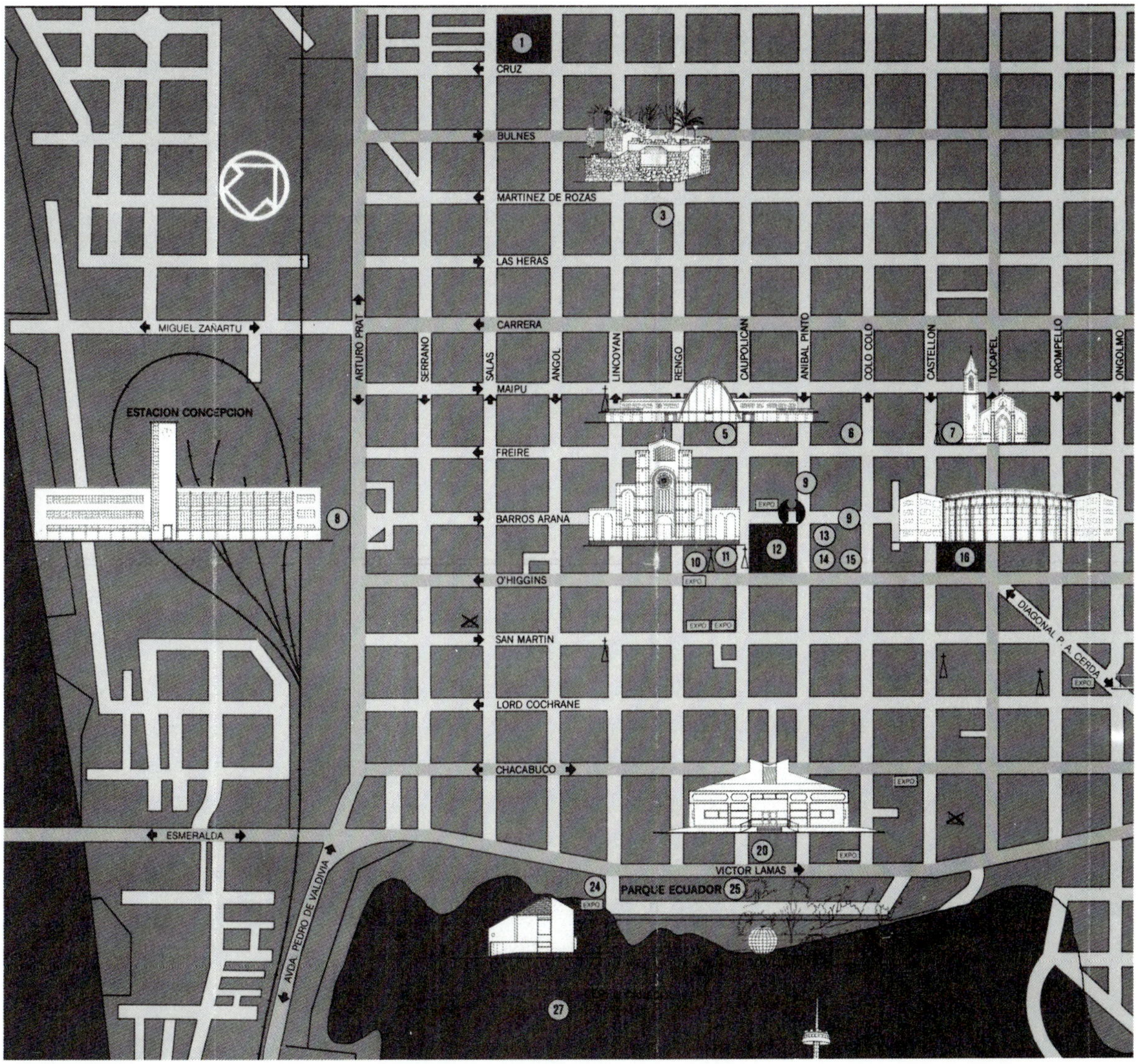

Perspectivas

LLEGARON...¡LOS ESPECIALES!

En su tienda favorita... ¡todo en rebaja! ¿Qué hacer? Le damos algunas sugerencias que le pueden ser muy útiles.

✔ Antes de salir, revise su guardarropa, los enseres de cocina, sus muebles, etc., y prepare una lista detallada de las cosas que necesita por orden de prioridades.

✔ Luego determine la cantidad de dinero que puede gastarse. Si tiene una calculadora de bolsillo, llévela con usted para que no se pase del dinero indicado. Si no la tiene, puede llevar un lápiz y un papel.

✔ Trate de ir los primeros días de la rebaja ya que es cuando más variedad de artículos, tallas y colores va a encontrar. Es importante que vaya sin prisa para que pueda hacer una buena compra.

✔ Una vez en la tienda, vaya directamente al departamento donde vendan lo que usted busca. Si encuentra algo muy barato y bonito pero que realmente usted no lo necesita, es mejor que no lo compre a que desperdicie el dinero.

✔ Revise cuidadosamente cada prenda o artículo, ya que en muchas tiendas no aceptan devoluciones cuando se ha tratado de una venta especial. Si encuentra lo que necesita y resulta que está maltratado, asegúrese de que la reparación sea sencilla y que valga la pena con respecto al precio. Si se trata de prendas de vestir, revise los botones, los ojales, las cremalleras y los dobladillos.

✔ Si va a comprar algún equipo eléctrico para su casa, asegúrese de que incluyan las instrucciones y el papel de garantía.

✔ Si va a comprar muebles, revise cuidadosamente el barniz, el tapiz y las patas, no vaya a ser que luego tenga que pagar una reparación costosa.

✔ No compre productos enlatados que estén maltratados o que no especifiquen la fecha de vencimiento aunque tengan un precio muy tentador.

Recuerde que la mejor compra no está determinada por la cantidad, sino por la calidad y el uso que se le vaya a dar al artículo, además del precio que pagó por él.

IDEAS 141

Ideas para su hogar, *Año 11, No. 11, noviembre de 1988, página 141*.

¿Comprendió Ud.?

A. (Skimming) Lea la lectura rápidamente para familiarizarse con su contenido. Luego, complete las siguientes oraciones apropiadamente.

1. Esta lectura es...
   a. un poema   b. un artículo   c. un ejercicio   d. una invitación
2. Un buen título para esta lectura es _____.
3. A _____ les gustaría mucho esta lectura porque...
   a. las mujeres   b. los hombres   c. los ricos   d. ?
4. Me gustó esta lectura _____ porque...
   a. un poco   b. muy poco   c. mucho   d. muchísimo

B. (Scanning) Ahora, lea la lectura por segunda vez. Luego, numere cada párrafo del 1 hasta el 9. Luego empareje las siguientes oraciones con el párrafo correspondiente.

_____ Don't spend beyond your means.
_____ When buying furniture, look for out defects.
_____ Buy only what you really need.
_____ Purchase products that have a guarantee.
_____ List what you need, then prioritize your list.
_____ Smart people shop for quality, not quantity.
_____ Shopper: beware before buying items on sale.
_____ Don't buy canned goods that have no expiration dates.
_____ The early bird catches the juiciest worms.

¡Escriba!

Escriba un anuncio comercial para un periódico. Ud. puede anunciar un producto verdadero o ficticio, una tienda especializada o un almacén que conoce. Use lenguaje descriptivo y persuasivo (adjetivos, adverbios, comparaciones, superlativos y mandatos apropiados) para atraer a muchos clientes hispanos. Su anuncio debe incluir una fotografía o un dibujo atractivo. Refiérase a varios anuncios comerciales de periódico para sacar otras ideas realistas. Sus compañeros de clase pueden votar por los mejores anuncios en diferentes categorías; por ejemplo: el más atractivo, el más persuasivo, el más original, etcétera.

Situaciones

Imagínese que Ud. está visitando Madrid, capital de España. Usted entra en una tienda especializada que le interesa para mirar lo que tienen y posiblemente para comprar algo allí. Hable con otro(a) estudiante; una persona es el (la) cliente y la otra persona es el (la) vendedor(a) (quien debe cerrar su libro en este momento).

1. Salude al (a la) vendedor(a) y dígale exactamente lo que Ud. quiere comprar (cosa, color, talla, etcétera).
2. Pídale que le muestre las cosas que le interesan.
3. Pregúntele los precios de las cosas que realmente le gustan. Muéstrese indiferente o reaccione con sorpresa o felicidad.
4. Dígale lo que Ud. quiere comprar y cómo va a pagarlo.
5. Pregúntele dónde está la otra tienda a la cual Ud. quiere ir.
6. Termine la conversación apropiadamente.

Vocabulario

Sustantivos

el anuncio *advertisement, announcement*
la caja *cashier*
la calidad *quality*
el cambio *change*
el costo *cost*
el electrodoméstico *electric appliance*
el estilo *style*
la ganga *bargain*
el juguete *toy*
la liquidación *clearance*
la muñeca *doll*
el periódico *newspaper*
el piso *floor (of a building)*
la rebaja *reduction (in price)*
el recibo *receipt*
el televisor *television set*
la venta *sale*

En la joyería-relojería

el anillo *ring*
el arete *earring*
el brazalete *bracelet*
el reloj *watch*

En la papelería

el bolígrafo *ballpoint pen*
el cuaderno *notebook*
la goma *eraser*
el papel para cartas *stationery*
el sobre *envelope*

Los artículos eléctricos

la grabadora *tape recorder*
la máquina de afeitar *shaver*
la máquina de escribir *typewriter*
la pila *battery*
el secador de pelo *hair dryer*

Los artículos fotográficos

la cámara *camera*
el rollo para fotos *print film*
el rollo para diapositivas *slide film*
la videocámara *video camera*

Los números ordinales

primero(a) *first*
segundo(a) *second*
tercero(a) *third*
cuarto(a) *fourth*
quinto(a) *fifth*
sexto(a) *sixth*
séptimo(a) *seventh*
octavo(a) *eighth*
noveno(a) *ninth*
décimo(a) *tenth*

Adjetivos

gran *great*
máximo *maximum*
portátil *portable*
rebajado *reduced (in price)*

Verbos

anunciar *to announce*
aprovechar(se) (de) *to take advantage of*
atraer *to attract*
ayudar *to help*
correr *to run*
funcionar *to work (function)*
llorar *to cry*
mandar *to send*
mostrar (ue) *to show*
rebajar *to reduce*
reírse (i,i) *to laugh*
utilizar *to use*

Adverbios

sólo *only, just*

Conjunciones

mientras *while*

Preposiciones

debajo de *below, under, beneath*
hasta *up to*

Expresiones idiomáticas

cómo no *of course*
en efectivo *in cash*
más que nunca *more than ever*
¿Pudiera mostrarme...? *Could you show me...?*
sólo estoy mirando *I'm just browsing*
Te lo dije. *I told you so.*
Vamos a ver. *Let's see.*
ya no *no longer*

LECCIÓN 12

¿Qué van a comer?

COMMUNICATIVE GOALS The students will be able to order a meal in a restaurant and describe personal experiences.

LANGUAGE FUNCTIONS Making requests ♦ Stating preferences ♦ Expressing opinions ♦ Narrating in the past

VOCABULARY THEMES Restaurant expressions ♦ Table setting

GRAMMATICAL STRUCTURES Informal commands ♦ Preterite and imperfect (summary)

CULTURAL INFORMATION Words with multiple meanings ♦ Hispanic restaurant customs ♦ *Tapas*

Antes que nada

Personal diaries, anecdotes, jokes, short stories and novels contain a series of interrelated actions and events that occurred in the past. Narrative descriptions in the past require you, the reader, to follow a sequence of events and to participate in a visual experience just as if you were there. To respond to this kind of narration, you must answer a central question that represents the main idea in the reading passage: What happened? Answers to the following questions will provide you with detailed information to support the main idea: Where, when and how did it happen? To whom did it happen, why and for how long? What else was going on when it happened?

Read the newspaper story that follows, then answer the comprehension questions.

Origen de algunos cultivos

Algunos niños piensan que las lechugas crecen en las neveras de los supermercados. Parece broma, pero es cierto. Tal vez nunca han visto una planta en la hortaliza.

Con los adultos ocurre algo parecido. Se desconoce el origen de muchas cosas que comemos o tomamos. Para ambos grupos, la siguiente información podría ser de utilidad.

Muchas de las cosas que se sirven en nuestra mesa, no se conocían antes de la llegada de los españoles. En aquel entonces, los conventos eran centros donde se experimentaba en la aclimatación de plantas, que luego serían distribuidas en el resto del continente.

La orden de los Carmelitas, se dedicaba a toda clase de frutas. La orden de San Francisco, fundada por el legendario Fray Junípero Sierra, organizó una serie de misiones en Nueva California, y cada una se dedicaba a un cultivo especial: frutas cítricas, olivos, frutas europeas y plantas medicinales.

En la isla compartida por Haití y Rep. Dominicana, se sembraron los primeros guineos, en el monasterio de San Francisco;

mientras por otro lado, los padres Gerónimos, se dedicaron a la caña de azúcar, cultivo que habría de transformar la vida de todos los antillanos y vecinos del Caribe.

¿Comprendió Ud.?

Empareje las frases en las dos columnas según lo que Ud. leyó en el artículo.

1. Mucha gente...
2. Los españoles...
3. Los Carmelitas...
4. Fray Junípero Sierra...
5. Los padres Gerónimos...

a. fundó la orden de San Francisco.
b. fundó el monasterio de San Francisco.
c. no piensa en el origen de los comestibles.
d. experimentaban en la aclimatación de plantas en el Nuevo Mundo.
e. se especializaron en el cultivo de la caña de azúcar.
f. se especializaron en investigaciones botánicas de frutas.

The *En contexto* section for this lesson is an example of a past narrative. It is divided into three parts. After each part, you will be asked to respond to three questions. Keep these questions in mind as you read and respond to each part.

EN CONTEXTO

La entrada

Elena Navarro, su hija Rita, los tíos Simón y Rosa Álvarez y sus dos hijos, Amalia (11 años) y Toño (20 años) estaban de vacaciones en la isla de Mallorca por una semana. Eran las 2:15 de la tarde y todos tenían muchísima hambre. Por eso, fueron al Torremolino, que es un restaurante de dos tenedores.°¹ Un camarero° los saludó:

forks / waiter

—Buenas tardes. ¿Cuántos son?
—Seis—dijo Simón.
—¿Seis personas? Muy bien. Síganme, por favor.

Luego, Rita le preguntó a su mamá si ellos podían sentarse en la terraza como lo hicieron el año pasado cuando comieron allí. Elena le explicó al camarero que su hija quería sentarse en la terraza porque a ella le encantaba el papagayo° que tenían allí.

parrot

—¿El papagayo?—preguntó el camarero. —Ah, sí, señora. Creo que hay una mesa afuera° para ustedes. Síganme, por favor.

outside

> ¿Qué pasó?
> ¿A quién le pasó?
> ¿Dónde pasó?

El pedido

Los seis turistas siguieron al camarero a un lugar tranquilo en la terraza donde se sentaron en una mesa grande. Luego, el camarero les dio el menú y les preguntó si querían tomar algo antes de pedir la comida. Amalia respondió inmediatamente:

—Una limonada para mí, por favor. ¡Con hielo!°
—Yo también, ¡pero bien grande!— gritó° Rita.
—Sí, Rita, pero no hables tan fuerte,° ¿eh?— dijo su mamá. —Se te puede oír hasta Barcelona. ¿Qué os parece pedir una jarra° de sangría?²— les preguntó a los mayores.

ice
shouted
loud
pitcher

Todos estuvieron de acuerdo° con la idea. El camarero salió con el pedido, y nuestros turistas leyeron y discutieron el menú. Después de diez minutos, el camarero volvió con las bebidas, las sirvió y sacó un lápiz para apuntar el resto del pedido.

to agree

—Ahora, ¿qué van a comer?
—Quiero papas fritas— dijo Rita con impaciencia.
—¡No, hija!— insistió Elena. —Estamos aquí para almorzar y debes comer algo más nutritivo. Las papas fritas tienen demasiada grasa,° ¿me oyes?

too much fat

Claro que Rita oyó a su mamá, pero no quiso escucharla. El camarero les preguntó si estaban listos° para pedir. Simón le dijo que todos querían comer paella a la valenciana³ porque era la especialidad de la casa y que a ellos les gustaba mucho. El camarero les dio las gracias, tomó el menú y salió con el pedido.

preparados

> ¿Qué pasó?
> ¿A quién le pasó?
> ¿Dónde pasó?

El papagayo

Luego, todos comenzaron a conversar sobre el papagayo en la terraza.

—Mirad el papagayo— dijo Rita. ¡Pa-pa... pa-pa...papagayoooo!
—Te miró cuando entrábamos a la terraza, Rita— dijo su tía Rosa. —Creo que

to fall in love with	se enamoró° de ti cuando estuvimos aquí el año pasado. —Sí, porque yo le di una galleta salada, tía— dijo Rita, riéndose.
parar	—Luego, el papagayo comenzó a hablar sin cesar,° ¿recordáis?—preguntó Toño.

—Sí, y después quería comer más galletas— dijo su tía Elena.

    Luego, vino el camarero con un magnífico plato de paella a la valenciana. Simón fue el primero en comentar:

—¡Qué rica parece la paella!

> ¿Qué pasó?
> ¿A quién le pasó?
> ¿Dónde pasó?

Notas de texto

1. In Spain, the quality of a restaurant can be judged by the number of fork symbols that are displayed near its entrance. For example, a two-fork restaurant is of average quality, whereas an elegant, expensive restaurant with excellent food would rate four forks.
2. *Sangría* is made from red wine, lemons, apples, grapes, oranges and other fruits, and is generally served cold.
3. *Paella* is a regional specialty of Valencia, a province of Spain. It consists of rice with saffron, assorted seafoods, chicken, pork, tomatoes, peas, lima beans, and black olives.

¿Comprendió Ud.?

1. Elena y sus parientes fueron al restaurante para...
   a. desayunar   b. almorzar   c. merendar   d. cenar
2. Amalia y Toño son los _____ de Elena.
   a. sobrinos   b. primos   c. niños   d. nietos
3. El camarero es un hombre...
   a. generoso   b. interesante   c. perezoso   d. paciente
4. Todos tomaron sangría con la excepción de...
   a. Simón y su esposa   c. Elena y su hija
   b. Amalia y su prima   d. Toño y su tía
5. A todos les interesaba...
   a. tomar sangría   c. hablar del papagayo
   b. gritar mucho   d. pedir cosas dulces

Ahora, hable con un(a) compañero(a) de clase.

1. ¿Qué es Mallorca? ¿Te gustaría viajar, trabajar o estudiar allí? ¿Por qué?
2. ¿Por qué quería sentarse Rita en la terraza del restaurante? Y a ti, ¿dónde te gusta sentarte cuando vas a un restaurante? ¿Por qué?
3. ¿Qué comieron y tomaron los seis parientes? ¿Cómo se llama tu restaurante favorito? ¿Qué pides cuando comes allí?

VOCABULARIO ÚTIL

In this section you will learn to identify more foods, and to order a meal in a restaurant.

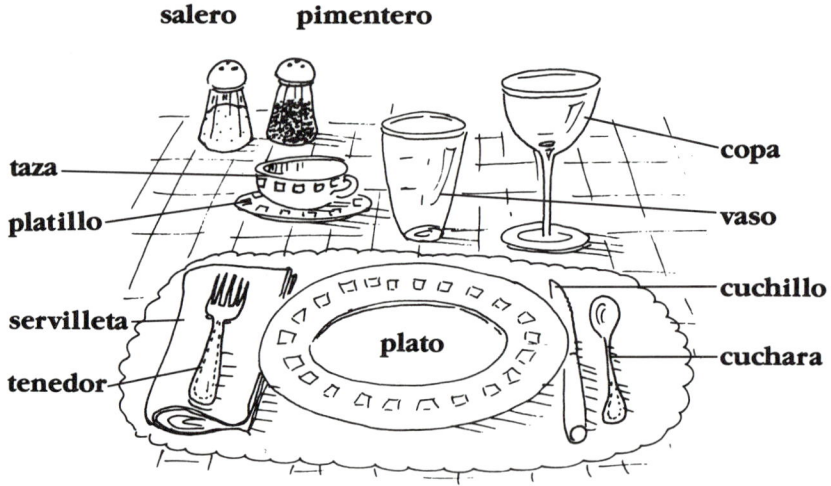

Cómo pedir en un restaurante

¿Pudiera traernos...la sal *(salt)*?
　　　　　　　　...la cuenta *(bill)*?
¿Está incluido el servicio *(service)*?
Esta propina *(tip)* es para el camarero.

ENTREMESES Y JUGOS DE FRUTA

Jugos de Tomate, Naranja	210
Entremeses variados	645
Lomo de Jabugo	1.415
Jamón de Bellota	1.785
Melón con Jamón	1475
Ensalada Riojana	550
Ensalada de lechuga y tomate	325
Ensalada BOTIN (con pollo y jamón)	685
Ensalada de endivias	630
Ensalada de endivias con Queso	775
Morcilla de Burgos	325
SALMON AHUMADO	1.465
SURTIDOS DE AHUMADOS	1.735

SOPAS

Sopa al cuarto de hora (de pescados y mariscos)	995
Sopa de Ajo con huevo	390
Caldo de ave	330
Gazpacho campero	475

HUEVOS

Huevos revueltos con salmón ahumado	790
Huevos revueltos con champiñón	430
Huevos a la Flamenca	430
Tortilla con gambas	840
Tortilla con jamón	430
Tortilla con chorizo	430
Tortilla con espárragos	430
Tortilla con escabeche	430

LEGUMBRES

Espárragos dos salsas	980
Guisantes con jamón	560
Alcachofas salteadas con jamón	560
Judías verdes con tomate y jamón	560
Setas a la Segoviana	705
Champiñón salteado	580
Patatas fritas	200
Patatas asadas	200

PESCADOS

Angulas	3.200
Almejas BOTIN	1.650
Langostinos con mahonesa	2.680
Cazuela de Pescados a la Marinera	1.970
Gambas a la plancha	1.890
Merluza rebozada	1.915
Merluza al horno	1.915
Merluza con salsa mahonesa	1.915
Calamares fritos	995
Lenguado frito, al hono o a la plancha (pieza)	1.915
Trucha a la Navarra	945
Chipirones en su tinta (arroz blanco)	900

ASADOS Y PARRILLAS

COCHINILLO ASADO	1.625
CORDERO ASADO	1.865
Pollo asado 1/2	580
Pollo en cacerola 1/2	760
Pechuga «Villeroy»	685
Perdiz estofada (o escabechada) 1/2	995
Chuletas de cerdo adobadas	850
Filete de ternera con patatas	1.365
Escalope de ternera con patatas	1.315
Ternera asada con guisantes	1.315
Solomillo con patatas	1.865
Solomillo con champiñón	1.865
Entrecot a la plancha, con guarnición	1.815
Ternera a la Riojana	1.420

POSTRES

Cuajada	380
Tarta helada	375
Tarta de crema	375
Tarta de manzana	375
Tarta de limón	450
Flan	265
Flan con nata	400
Helado de vainilla, chocolate o caramelo	325
Espuma de chocolate	370
Melocotón con nata	410
Fruta del tiempo	370
Queso	580
Piña natural al Dry-Sack	420

MENU DE LA CASA
(Primavera - Verano)

Precio: 2.680 ptas.

Gazpacho Campero
Cochinillo Asado
Helado
Vino o cerveza o agua mineral

CARTA
SERVICIO E I.V.A. 6% INCLUIDO

RESTAURANT
3ª Categoria

Practiquemos

A **¿Qué prefieres?** Imagínese que Ud. y un(a) compañero(a) de clase están en el restaurante Torremolino y que él (ella) no puede leer el menú en la página 275 porque ha olvidado sus lentes de contacto. Ayúdele a pedir lo que quiere comer (él/ella debe cerrar el libro en este momento).

Ejemplo: Entremeses:
A: *¿Quieres un entremés?*
B: *Sí.*
A: *Tienen melón o jamón. ¿Qué prefieres?*
B: *Yo quiero* _____.

1. **Entremeses:** Estos son los entremeses que tienen: _____. ¿Quieres un entremés? (¿Cuál?)
2. **Ensaladas:** De ensalada hay _____. ¿Cuál prefieres?
3. **Sopas:** Vamos a tomar una sopa. Dice aquí que tienen _____. ¿Qué sopa quieres?
4. **Entradas:** Ahora, las entradas. Escucha lo que tienen. Hay _____. ¿Cuál te gustaría pedir?
5. **Postres.** Ay, ¡escucha lo que hay de postre! Hay _____. ¿Quieres postre?

B **La hora del almuerzo.** Haga esta actividad con otros tres o cuatro estudiantes. Una persona lee las oraciones, otra persona es el (la) camarero(a) y las otras son clientes, quienes miran el menú en la página 275. Una persona lee las siguientes oraciones y las otras hacen la acciones.

1. Tomen los menús y léanlos para decidir lo que quieren pedir.
2. Individualmente, díganle al (a la) camarero(a) su pedido.
3. Mientras esperan la comida, hagan comentarios sobre el restaurante.
4. Ahora el (la) camarero(a) les sirve la comida. Coman y conversen.
5. Una persona debe llamar al (a la) camarero(a) y pedirle la cuenta.
6. Otra persona paga la cuenta.
7. Una persona pone la propina en la mesa.
8. Levántense, denle las gracias al (a la) camarero(a) y despídanse.

NOTAS CULTURALES

Words with Multiple Meanings

Several words used in Hispanic restaurants have more than one meaning. For example, the word *plato* can refer to a plate or a culinary specialty.

The word *cubierto* also has several meanings. The term can refer to eating utensils (fork, knife, spoon). It can also be a fixed menu, offering entire meals at a set price, which is almost always less expensive than ordering each item separately. *Cubierto* can also mean a cover charge.

The word *tortilla* can represent two different types of food. In most Spanish-speaking countries, it is a type of potato omelette. In Mexico and some Central American countries, a *tortilla* is a thin, round, unleavened bread made of corn and baked on a flat plate of iron.

GRAMÁTICA FUNCIONAL

In this section, you will learn to give advice and make requests to people you address as *tú*.

Informal Commands

Spanish speakers use informal commands to give advice to children, friends, relatives and pets, and to ask them to do something.

How to form informal commands

1. To form informal **affirmative** commands for almost all verbs, use the present tense of the *usted* form.

INFINITIVE	PRESENT TENSE OF UD.	TÚ AFFIRMATIVE COMMAND	MEANING
hablar	habla	¡Habla!	*Talk!*
comer	come	¡Come!	*Eat!*
escribir	escribe	¡Escribe!	*Write!*
dormir	duerme	¡Duerme!	*Sleep!*

2. To form informal **negative** commands for these verbs, use *no* before the *usted* command and add **-s** to it.

INFINITIVE	UD. COMMAND	TÚ NEGATIVE COMMAND	MEANING
hablar	hable	**¡No hables!**	*Don't talk!*
comer	coma	**¡No comas!**	*Don't eat!*
escribir	escriba	**¡No escribas!**	*Don't write!*
dormir	duerma	**¡No duermas!**	*Don't sleep!*

Rita, **no comas** esas papas fritas; **come** estos vegetales frescos.

3. Eight verbs have irregular **affirmative** *tú* commands.

decir	**di**	Te pido sólo una cosa: siempre **di**me la verdad.
ir	**ve**	¡Ay, perro! ¡**Ve**te! ¡**Ve**te de la cocina!
ser	**sé**	Niño, te dije mil veces: ¡**Sé** bueno, por favor!
hacer	**haz**	Rita, **haz**me un gran favor. Come tu ensalada.
salir	**sal**	Toño, **sal** con tu novia, pero vuelve a las dos.
poner	**pon**	Amalia, vamos a comer. **Pon** la mesa, por favor.
tener	**ten**	Por favor, **ten** paciencia con los niños, Simón.
venir	**ven**	Rosa, **ven** a comer con nosotros esta noche.

4. Attach pronouns to affirmative commands, but place pronouns before negative commands. If the original command has two or more syllables, write an accent mark over the stressed vowel.

AFFIRMATIVE COMMAND	NEGATIVE COMMAND
Escríbeme en español.	**No me escribas** en inglés.
Dímelo, por favor.	**No me lo digas,** por favor.

Manos a la obra

A **Una invitación.** Mientras Elena estaba de vacaciones en Mallorca, conoció a la familia Guzmán, que vivía en la isla. Ahora la Sra. Guzmán está hablando por teléfono con Elena para invitarla a almorzar en su casa. ¿Qué instrucciones le da para llegar allí?

Modelo: Salir de tu hotel. → *Sal de tu hotel.*

1. Doblar a la derecha y / caminar dos cuadras por la Calle Loreto. 2. Esperar el autobús número 4 en la esquina de Loreto con Cervantes. 3. Subir al autobús y / sentarse cerca de la puerta. 4. Leer los nombres de las calles. 5. Pasar el Restaurante Ibiza, luego / bajarse en la Calle Fonseca. 6. Caminar por Fonseca hasta que llegues al número 1072, que es nuestro edificio de apartamentos. 7. Luego, / subir al apartamento número 42.

B **¡Es hora de levantarse!** Son las ocho de la mañana y Rita está durmiendo todavía. Hoy Elena quiere salir con su hija para divertirse más en Mallorca. ¿Qué le dice a la niña?

Modelo: Rita, despertarse → ¡Rita, despiértate!

1. levantarse ahora mismo; / no dormir más 2. ir al baño y / lavarse bien los dientes 3. bañarse y secarse bien 4. ponerse el vestido azul 5. no olvidar peinarte 6. hacer la cama, / venir a la cocina y / desayunar 7. no comer tan rápidamente; tener más paciencia 8. salir conmigo al centro

C **Tres padres buenos.** Elena, Rosa y Simón son buenos padres y, por eso, les ayudan a sus hijos a portarse bien. ¿Qué les dicen los padres en el restaurante?

Modelo: Rita está pidiendo otra Coca-Cola. (un jugo)
¡Rita! ¡No pidas otra Coca-Cola! ¡Pide un jugo!

1. Amalia está bebiendo la sangría de su papá. (tu leche)
2. Rita está jugando con el papagayo. (tu muñeca)
3. Toño está sirviéndose el tercer vaso de sangría. (más agua)
4. Amalia está diciendo cosas muy tontas. (la verdad)
5. Rita está levantándose de la mesa. (sentarse en la mesa)
6. Toño está escribiendo su nombre en la mesa. (tu servilleta)

D **Querido(a) amigo(a)...** Imagínese que un(a) de sus amigos(as) va a vivir con una familia española por un mes. Haga una lista de consejos sobre lo que él (ella) debe y no debe hacer en España, usando mandatos.

Ejemplo: **Sé** simpático(a) y **haz** tu cama todos los días.
No hables inglés; siempre **habla** en español.

Charlemos

A **¡Qué mala suerte!** Imagínese que Ud. está comiendo con un compañero(a) de clase en un restaurante español. Él (Ella) está de muy mal humor hoy. Reaccione a lo que él (ella) le dice, usando mandatos informales de los verbos indicados u otros verbos apropiados.

Ejemplo: A: Ay, no me gusta esta sopa.
B: *Bueno, dámela, por favor.*
o B: *Pues, no la comas.*
o B: *Dile algo al camarero.*

PROBLEMAS   VERBOS POSIBLES

1. ¿Sabes qué? No tienen paella aquí.   → pedir
2. ¡Válgame Dios! Tengo muchísimo frío.   ponerse

PROBLEMAS	VERBOS POSIBLES
3. No pedí estas chuletas de cordero.	decir, pedir, dar
4. Ay, no me gustan estas cebollas.	dar, comer
5. Esta salsa está demasiado picante.	comer
6. Mira qué sucio está el salero.	usar
7. ¿Ves? Ese hombre está mirándome.	mirar
8. ¡Uf! Pero este flan está malísimo.	decir, pedir, dar
9. ¿Cómo? Esta cuenta no está correcta.	mostrar, dar, olvidar
10. No sé si está incluida la propina.	preguntar

B **Estudiante de intercambio.** Imagínese que Alfreda Montoya (un/a compañero/a de clase), una estudiante española, acaba de llegar a la universidad o al politécnico para estudiar por cuatro años. Alfreda sabe muy poco inglés y todavía no sabe cómo llegar a varios lugares. Ayúdela a encontrar los siguientes lugares.

Ejemplo: la cafetería
A: *Perdón, ¿puedes decirme dónde está la cafetería?*
B: *Sí, la cafetería está en el centro de estudiantes. Camina por Union Hall, pasando Gilbert Dorm. Dobla a la derecha y sigue caminando tres cuadras, luego dobla a la izquierda. Está al lado derecho del edificio Arps. ¿Comprendes?*
A: *...pues, no exactamente. Dímelo otra vez, por favor.*

1. el departamento de inglés 2. el centro de computación 3. la biblioteca central 4. la oficina para estudiantes extranjeros 5. el laboratorio de matemáticas 6. la estación de radio

C **Problemas y consejos.** Imagínese que algunos de sus amigos hispanos tienen los siguientes problemas. ¿Qué consejos puede Ud. ofrecerles? ¡Sea diplomático(a) con ellos, por favor!

Ejemplo: Ana se siente sola porque conoce a poca gente.
Ven conmigo, Ana. Voy a presentarte a mis amigos.

1. Juanita es tímida. No le gusta hablar con otras personas porque dice que tiene miedo de ellas.
2. Miguel tiene poco dinero, y le gustaría viajar a España el próximo año.
3. Emerita está muy nerviosa y siempre tiene prisa; por eso, corre a todas partes.
4. Esta mañana Roberto llegó tarde a clase por tercera vez. Dice que el despertador no funciona bien.
5. Mariana está triste porque su mamá está muy enferma y está en el hospital.

Notas culturales

Hispanic Restaurant Customs

In Spain and Latin America, most restaurants display a menu in a window or near the entrance. It shows the price of the a la carte entrées and the set meal called *el cubierto* or *la comida corriente*. The menu may have a service charge *(servicio)* and/or a surcharge *(recargo)*.

Waiters and waitresses generally meet customers at the entrance and escort them to a table. Waiters are usually addressed as *"mesero"* or *"mesonero,"* while waitresses are addressed as *"Señorita"* or *"Señora."* After the waiter takes the order, a customer can call the waiter back by holding up an index finger. Calling, whistling and shouting are inappropriate.

In Hispanic countries, people take time to savor and enjoy a good meal. Waiters assume that customers want to savor each course; thus the pace of service is more leisurely. At the end of the meal, the waiter does not bring the bill until the customer requests it. In fact, to do otherwise might be considered rude on his part. Often the bill includes the server's tip. If it does not, leave a tip of between ten and fifteen percent of the bill. If you are not sure it includes the tip, simply ask. Complimenting waiters and waitresses is almost as important as leaving them a tip. Spaniards and Latin Americans appreciate praise and give it generously and sincerely whenever it is deserved.

GRAMÁTICA FUNCIONAL

In this section, you will practice narrating in the past.

Preterite and Imperfect Tenses (summary)

In *Lección 9,* you learned to talk and write about the past, using the preterite and imperfect tenses. The choice of using one tense or the other, however, is not arbitrary; the choice depends on how a speaker or writer views the past actions, conditions and events. Compare the following ways in which Spanish speakers use the preterite and the imperfect.

A. How to use the preterite

The preterite is used for reporting completed actions and events. These actions occurred at a specific moment or at a definite time in the past and are now seen as complete.

1. Completed actions

    Un día, Elena **decidió** visitar a unos amigos en Mallorca. Ella **bañó** a Rita y la **vistió.** Después, **se duchó, se puso** un vestido y **se arregló.** Luego, las dos **salieron** del hotel.

2. Completed events

    El domingo pasado Rita **celebró** su primera comunión. La ceremonia **fue** en la iglesia de Santa María. Toda la familia de Rita **estuvo** allí.

B. How to use the imperfect

1. The imperfect is used for describing past actions and events that were repeated habitually. In English, we often express these actions with **used to** or **would** plus a verb. (We used to live in Detroit. Every winter we would go skiing in northern Michigan.) Thus, the imperfect describes how people, places, things, events and conditions were or how they used to be.

    Cada verano, mi esposo y yo **hacíamos** un viaje al sur de Francia. **Íbamos** a diferentes restaurantes, **andábamos** en bicicleta y **jugábamos** al tenis cerca de nuestro hotel. Ay, ¡cómo **nos divertíamos** en aquellos días!

2. The imperfect is also used for describing actions and conditions that were in progress in the past. The person describing them tells what was happening, often when something else was going on at the same time.

Eran las seis de la mañana y **hacía** buen tiempo para comenzar un viaje. Mientras **esperábamos** en la estación de autobuses, mi esposo **leía** el periódico y yo **miraba** a la gente despidiéndose de sus parientes. **Estábamos** un poco cansados.

C. How to use the preterite and imperfect together

Spanish speakers often use the preterite and imperfect tenses together to describe past experiences and to put past actions and events within the framework of what was happening at the time they occurred.

Eran las dos y cuarto de la tarde y todos **tenían** muchísima hambre. Por eso, **fueron** al Restaurante Torremolino. Rita le **preguntó** a su mamá si ellos **podían** sentarse en la terraza como lo **hicieron** el año pasado cuando **comieron** allí. Elena le **explicó** al camarero que su hija **quería** sentarse en la terraza porque a ella le **encantaba** el papagayo que **tenían** allí.

Manos a la obra

A Queridos abuelos... Imagínese que Ud. es un(a) niño(a) español(a), quien acaba de volver de su primera visita a Mallorca. Escríbales una tarjeta a sus abuelitos, contándoles de sus impresiones allí.

¿Cómo era? (Hacer) muy buen tiempo en Mallorca y el aeropuerto (ser) muy grande. Mientras mamá, papá y yo (esperar) nuestras maletas, muchas otras personas (llegar) de diferentes partes del mundo. Ay, qué contento(a) (sentirme) de estar allí.

¿Qué pasó? (Nosotros/dormir) en un hotel muy bonito. La próxima mañana (ir) en una excursión. (Yo/ver) dos palacios grandes, y papá (sacar) algunas fotos de mamá y de mí en la catedral. En la tarde, (nosotros/almorzar) en un café mexicano; papá y mamá (pedir) enchiladas con arroz y yo me (comer) dos tacos. Luego, (nosotros/visitar) el Parque Bellver donde (divertirnos) en grande. Yo (comprar) un libro interesante sobre Mallorca y lo (leer) más tarde en el hotel donde (nosotros/pasar) tres noches. ¡Cómo (divertirme) allí!

B Personas y cosas nuevas. Durante su visita a Mallorca, Elena y sus parientes conocieron a muchas personas y diferentes lugares bonitos. Cuéntele a otro(a) estudiante qué conocieron e hicieron allá.

Modelo: (Elena y Rita) pasear por un parque donde un hombre / vender helados
Ellas pasearon por un parque donde un hombre vendía helados.

1. (Toño) Ir a una fiesta que / ser fabulosa porque / haber mucha gente joven allí / Conocer a una muchacha venezolana, que / ser estudiante en Mallorca / y la / invitar a salir al cine

2. (Rita y Amalia) Querer ir con sus padres a nadar en el Mar Mediterráneo Primero, / ponerse el traje de baño, luego / ir en autobús a un lugar bonito donde / nadar por tres horas / Estar un poco nublado, pero la temperatura / ser de veinte grados centígrados / Volver a su hotel a las dos para almorzar

3. (Elena, Simón y Rosa) Ir a una fiesta donde / conocer a mucha gente / Divertirse tanto que / no querer irse / Finalmente, / volver a su hotel cuando / comenzar a llover / Ser las dos de la mañana, pero / estar contentísimos

4. (Amalia) Tener un accidente cuando / andar en bicicleta / Llevarla a un hospital porque / no sentirse bien / Estar allí por una hora, luego el médico les / decir a sus padres que ella / estar bien y que sólo / tener un poco de miedo, pero que / poder salir

C **Recuerdos de Mallorca.** Escriba la siguiente carta, que Elena quiere mandarle a su novio. Cambie los infinitivos por las formas correctas del pretérito o del imperfecto.

Querido Tomás,
    Quiero contarte algo de nuestro fabuloso viaje a Mallorca. Rita, Simón, Rosa, Toño, Amalia y yo *llegar* a la isla a las siete de la tarde, pero todavía *hacer* calor. ¡Qué bonito día *ser*, Tomás! (Nosotros) *Ir* directamente a nuestro hotel donde *tener* una reservación por una semana. ¿Sabes qué *ser* la primera cosa que *hacer*? ¡*Ponernos* el traje de baño y *nadar* en el Mediterráneo! El agua *estar* muy caliente. Después, *cambiarnos* de ropa y *tomar* un taxi al Restaurante Torremolino donde *haber* un papagayo en la terraza. Creo que Rita *enamorarse* de él porque le *dar* muchas galletas y hasta *querer* besarlo.

D **Un día inolvidable.** En dos o tres párrafos describa una experiencia que Ud. nunca va a olvidar. Use las siguientes preguntas como guía.

¿Qué le pasó a Ud. exactamente? ¿Dónde le pasó? ¿Qué tiempo hacía? ¿Qué hora era? ¿Con quién estaba Ud. cuando le pasó? ¿Cómo se sentía Ud.? Luego, ¿qué pasó y a quién? ¿Qué hizo Ud. después? ¿Con quién habló Ud.? ¿Cómo era él (ella)? ¿A Ud. le gustaría repetir esa experiencia? ¿Por qué?

Charlemos

A **Entrevista.** Pregúntele a otro(a) estudiante.

1. **Su niñez.** ¿De dónde eres originalmente? ¿Por cuánto tiempo viviste allí? Más o menos, ¿cuántas personas vivían en esa ciudad? ¿Te gustaba vivir allí? ¿Por qué? ¿Qué cosas no te gustaban allí? ¿Vivías en una casa o en un

apartamento? ¿Cómo era? ¿Cómo eran tus padres cuando vivías allí? ¿Tenías hermanos también? (¿Cómo era/eran?) ¿Cuántos años tenías cuando fuiste a la escuela por primera vez? ¿Tenías miedo? ¿Cómo se llamaba la escuela? ¿Cómo celebrabas tus cumpleaños cuando eras niño(a)? Durante tu niñez, ¿cómo pasabas los fines de semana? ¿Mirabas mucho o poco la televisión? ¿Qué programas te gustaba mirar y por qué?

2. **Su adolescencia.** ¿Cuántos años tenías cuando fuiste a la secundaria por primera vez? ¿Cómo se llamaba la escuela y dónde estaba? ¿Dónde vivías? ¿Tenías un(a) novio(a) cuando eras adolescente? (Cuéntame de él/ella, por favor.) ¿Cuántos años tenías cuando saliste con un(a) muchacho(a) por primera vez? ¿Qué hicieron Uds.? ¿Qué hacías los fines de semana cuando eras adolescente? ¿Adónde iban de vacaciones tú y tu familia? ¿Qué hacían allí? ¿Dónde y cómo era el lugar más bonito que visitaste durante tu adolescencia?

B **Había una vez...** Forme un grupo con otros dos o tres compañeros de clase. Luego, una persona comienza una historia con la siguiente oración: "Había una vez *(Once upon a time)* una persona invisible...".

Luego, las otras personas en su grupo toman turnos, continuando la historia lógicamente hasta su final. Use su imaginación para crear una historia interesante.

NOTAS CULTURALES

Tapas

In Spain, the *tapas* bars are like the neighborhood coffee shops in the United States or Canada. *Tapas* are a variety of hors d'oeuvres, placed on trays and served with one's favorite drink. Two typical *tapas* are *calamares* (thinly sliced squid, sometimes breaded and fried) and *gambas al ajillo* (small shrimp fried in olive oil and flavored with garlic). A very popular *tapa* is the *tortilla española,* which is a potato omelette flavored with garlic and fried in olive oil.

Tapas bars also serve alcoholic beverages, soft drinks, coffee, sandwiches and pastries. In the morning, a *tapas* bar is an excellent place to get a breakfast of *churros* (deep-fried dough) and Spanish hot chocolate. In the early evening, it becomes a place where Spaniards of all ages gather to meet old friends and make new ones.

Un poco más

 ## ¡Escuche!

Javier le invita a Carmen a salir por primera vez. Escuche su conversación en el restaurante y note: ¿Cómo se siente Carmen? ¿Cuáles son los platos del día? ¿Qué le preguntó Javier? ¿Crees que van a salir otra vez?

Write a letter about the date to a friend from Javier's point of view (or from Carmen's point of view). Give as many details as you can. Describe what happened and express your point of view.

Perspectivas

¿Conoce Ud. la etiqueta de mesa? Lea los siguientes consejos para aprender a comer correctamente con sus amigos hispanos.

MODALES EN LA MESA

ENSALADA. Para comerla utilice solamente el tenedor. Por ningún motivo vaya a cortar las verduras con el cuchillo.

POLLO. Aunque en la más estricta intimidad es corriente tomar con la mano el muslo de pollo, no se le ocurra hacerlo en una mesa de etiqueta. Utilice siempre tenedor y cuchillo, aunque se vea obligada a dejar algo de masa alrededor de los huesos más pequeñitos.

PAPAS FRITAS. Las que vienen en paquetes, cortadas en forma de rueditas ("chips" o al estilo norteamericano), se toman siempre con las manos (naturalmente, tampoco figuran nunca en comidas de etiqueta). Las papas fritas regulares se comen con el tenedor. Si son muy grandes para comerlas de un solo bocado (y esto ocurre en muchas ocasiones), se cortan con un lado del tenedor. Nunca con el cuchillo.

PAN. No lo corte con el cuchillo. Hágalo con la mano, tratando de que no se desmigaje, a medida que come (sólo el trocito que va a llevarse a la boca).

HUEVOS. Corte y coma los huevos duros con el tenedor, nunca con el cuchillo. El huevo poché se acompaña siempre con una cucharita.

PASTAS. La forma clásica de comer espaguetis y tallarines es enrollarlos en el tenedor.

Pero como esto requiere un poco de práctica, es permitido utilizar el tenedor en la forma regular. Ni los tallarines, ni ningún tipo de pasta, sin embargo, se corta con el cuchillo. Debe utilizarse siempre el lado del tenedor.

Adaptado de "Modales en la mesa", Ideas para su hogar, Año 11, No. 11, noviembre de 1988, página 71.

¿Comprendió Ud.? Mire los siguientes dibujos y escriba en un papel separado lo que es incorrecto en cada uno, según la lectura.

¡Escriba!

Imagínese que Ud. va a abrir un restaurante para servir a una clientela hispana. En un papel separado, haga un menú bonito que tenga el nombre de su restaurante, la comida que Ud. va a ofrecer y los precios.

MENÚ

Entremeses

_____
_____
_____
_____

Ensaladas

_____
_____

Sopas

_____
_____

Entradas

_____
_____
_____
_____
_____
_____

Postres

_____
_____
_____

Bebidas

_____
_____

¡Qué gusto es comer tapas y charlar con un(a) amigo(a)!

Situaciones

Converse con un(a) compañero(a) de clase. Una persona es el (la) cliente y la otra persona es el (la) camarero(a).

Customer:

1. Find out what kinds of drinks they have, then order one.
2. Ask about the house specialty. What other entrées are there?
3. Find out what kinds of salads they have. How about soups?
4. Now order what you'd like to eat.
5. Your food arrives, but something is wrong. Fix it, then eat.
6. Find out what's for dessert, then order some.
7. If you'd like an after-dinner tea or coffee, indulge.
8. Finish eating, then ask for the bill. Don't forget to tip!

Vocabulario

Sustantivos

el/la camarero(a) *waiter (waitress)*
la cuenta *bill*
la especialidad *specialty*
el hielo *ice*
la historia *story*
el mar *sea*
la niñez *childhood*
el papagayo *parrot*
el pedido *order*
la propina *tip (cafe, hotel)*
el rincón *corner (of a room)*
el servicio *service*

En la mesa

la cuchara *spoon*
el cuchillo *knife*
la jarra *pitcher (for liquids)*
el pimentero *pepper shaker*
el platillo *saucer*
el plato *plate*
el salero *salt shaker*
la servilleta *napkin*
el tenedor *fork*

La comida

el cordero *lamb*
la chuleta *chop*
la ensalada *salad*
la entrada *main course; entrance*
el entremés *appetizer*
el flan *caramel custard*
la gaseosa *soft drink* (Spain)
la grasa *grease, fat*
la mayonesa *mayonnaise*
las papas fritas *French fries*
el postre *dessert*
la sal *salt*
la salsa *sauce*
la tortilla *omelette* (Spain)

Adjetivos

demasiado *too much*
frito *fried*
fuerte *loud; strong*
listo *ready*
picante *hot (spicy)*

Verbos

apuntar *to jot down*
cesar *to stop*
comentar *to comment*
discutir *to discuss*
enamorarse (de) *to fall in love (with)*
gritar *to shout*
pedir (i,i) *to order*
sacar *to take out*

Adverbios

afuera *outside*

Expresiones idiomáticas

dar consejos *to give advice*
estar de acuerdo *to agree*
estar de vacaciones *to be on vacation*
quisiéramos *we would like*

PASO 5

¡Que se diviertan Uds.!

SETTING: Chile

We first meet Luis and Jorge as they vacation in the resort community of Viña del Mar on the coast of Chile. Back home in Santiago, the two university students learn that a young woman they saw at the beach has been selected as queen of an international song festival. Later Jorge and his girl friend attend the queen's wedding where they have a good time.

LECCIÓN 13

¡Vamos a la playa!

COMMUNICATIVE GOALS The students will be able to make plans for the weekend, and describe a short vacation trip, including where they went, with whom they went, and what they did there.

LANGUAGE FUNCTIONS Making recommendations ♦ Giving advice and persuading ♦ Expressing wishes and requests

VOCABULARY THEMES Seaside resort

GRAMMATICAL STRUCTURES *Para* and *por* ♦ Present subjunctive

CULTURAL INFORMATION Viña del Mar

ANTES QUE NADA

When you read a passage in English and come to an unfamiliar word or phrase, you most likely try to guess its meaning or skip over it and continue reading. This procedure allows you to read quickly and to focus on extracting information from the passage, rather than allowing yourself to be discouraged by a few difficulties. To prove to yourself that you are able to infer the meaning of unfamiliar words by guessing, do the following exercise.

The advertisement below contains a number of underlined words you may not understand. Can you guess their meaning from context?

A 300 mts. de la playa de Reñaca, se encuentra MOTELES AMANCAY, un hermoso conjunto de 24 cabañas de uno, dos y tres ambientes.

Todas ellas cuentan con Baño Privado, Citófono, Música Ambiental, Kitchenette con Refrigerador, Estacionamiento y Terraza Privada.

Además: Piscina, Snack Bar con T.V., Música Ambiental, Rincón Criollo para sus Asados, Comedores y Caja de Seguridad.

MOTELES AMANCAY, un hermoso lugar para su descanso en cualquier época del año.

CONSULTE NUESTROS PLANES ESPECIALES DE DESCUENTOS FUERA DE TEMPORADA.

amancay
MOTEL ESTILO AMERICANO
BALMACEDA 455 - FONO 902643 - REÑACA
VIÑA DEL MAR - CHILE

¿Comprendió Ud.?

Match the Spanish and English meanings of the underlined words in the advertisement above.

1. _____ playa
2. _____ conjunto
3. _____ estacionamiento
4. _____ piscina
5. _____ asados
6. _____ época
7. _____ temporada

a. swimming pool
b. time
c. beach
d. season
e. cookouts
f. parking
g. group

EN CONTEXTO

In this *En contexto* reading, the new words appear in italics but their definitions are not provided in the margin. Try to guess their meaning from context, your knowledge of Spanish, and your experiences at the beach. As usual, the *Vocabulario* at the end of the lesson includes the meaning of the new words, but do **not** refer to that section at this time.

Era un día de enero muy bonito en Viña del Mar, un *centro* turístico muy popular en la *costa* chilena. Ese día estaba casi despejado con mucho sol y la temperatura subió a treinta grados centígrados. Era un día perfecto para ir a la *playa*.

Luis Weissman y su amigo Jorge Grandinetti, estudiantes de ingeniería en la Universidad Católica de Chile,[1] estaban de vacaciones en Viña por todo el mes de enero.[2] Un día cuando estaban *tomando el sol* en la playa Reñaca,[3] pasó cerca de ellos una guapísima muchacha de dieciocho años. La reacción de Luis y Jorge fue inmediata: *trataron de* atraer la atención de la chica.

—¡Oye! ¡M'hijita linda!— gritó Luis.
—¡Adiós, muñeca![4]— dijo Jorge.

La joven no les *hizo caso* y siguió caminando hacia el mar, entró en el agua y comenzó a nadar.

—Ay, cómo me gustaría conocer a esa chica— le dijo Luis a su amigo, mirando a la chica al mismo tiempo que hablaba.
—A mí también— respondió Jorge.
—Hace mucho calor. Vamos a nadar— dijo Luis.
—¿Cómo?— preguntó su amigo con *sorpresa*. —Acabamos de almorzar, hombre.
—¿Y eso qué importa? ¡Vamos!
—No. Mira... yo te *sugiero* que *nos bronceemos* ahora y nademos más tarde, ¿qué te parece? Es mejor para la salud— contestó Jorge.
—Ay, tú con tu salud, fanático. Me voy a nadar. Chao.
—Chao. Pero recuerda que no nadas bien, ¿eh?

Luis no escuchó los consejos de su amigo, *sino que* salió corriendo por la *arena* caliente y entró en el mar. *Al poco tiempo* se encontró en una parte muy *honda*. Comenzó a nadar, pero con mucha dificultad cuando, de repente, sintió algo debajo de él... algo que le *tocó* la *pierna*.

¡Pánico completo! Luis gritó muy fuerte: —¡*Socorro*! ¡*Tiburón*! ¡Socorro! ¡Jorge, ayúdame!— Pero Jorge no lo oía ni lo miraba porque dormía una siesta. Luego, salió del agua al lado de Luis la misma chica que él y su amigo habían visto hacía poco en la playa. Luis no podía creerlo y ya no gritaba.

—Ah, eras tú,— dijo Luis.
—¿Lo *asusté?*— preguntó la joven.
—¿Yo? ¿*Asustado?* No tengo miedo de nada ni de nadie— contestó Luis.

En ese momento salió del agua un hombre con músculos enormes.

—¿Quién es él?— le preguntó Luis a la joven mujer.
—Es mi novio, Gregorio— explicó ella.
—Ah, perdón, señorita— dijo Luis. —¡Que les vaya bien!

¡Vamos a la playa! Esta magnífica playa chilena atrae a mucha gente de las ciudades, especialmente en los meses del verano: diciembre, enero y febrero.

Notas de texto

1. Luis Weissman and Jorge Grandinetti are names that represent many Chileans of Jewish and Italian descent, respectively. Large numbers of immigrants from Germany, Great Britain, Yugoslavia, and other countries have also contributed to Chile's population.

2. Remember that the seasons in the Southern and Northern Hemispheres are reversed; therefore, Chilean students are on their summer vacation during January and February.

3. Playa Reñaca, located about six kilometers from Viña del Mar, is a favorite beach for teenagers and young adults because of its white sand, huge waves, soda fountains, discos and bowling alleys.

4. In Spain and Latin America, men compliment attractive women as Luis and Jorge do here in this reading passage *(¡M'hijita linda!, ¡Adiós, muñeca!)*. These compliments are called *piropos,* and they vary considerably in their

intensity. For example, a *piropo* might be a very sweet poetic phrase (*¡Quien fuera estrella para vivir en el cielo de sus ojos!* I wish I were a star so I could live in the heavens of your eyes!). Or, depending on who offers the *piropo* and how it is said, it could be a gross expression (*¡Qué curvas! ¡Y yo sin frenos!* What curves! And me without brakes!). In general, the man offering a *piropo* seeks nothing more than the satisfaction of having said it. The woman who is the object of a *piropo* is not expected to respond to the giver. Although this custom is diminishing as the cultural norm, to many North American women, *piropos* may sound rather sexist and rude. One should understand, however, that *piropos* are **not** the equivalent of wolf whistles, nor are they part of any social convention per se; rather, they are intended as a means of complimenting women on their beauty and charm.

¿Comprendió Ud.?

A. (Skimming) Lea la lectura rápidamente para sacar las ideas más importantes. Luego, complete las siguientes oraciones.

1. Otro título apropiado para esta lectura es _____.
2. La acción de la lectura ocurrió en _____.
3. A Luis le gustó más (la playa / la chica / el sol / el mar / el tiempo) porque...
4. A Jorge le gustó más _____ porque...

B. (Scanning) Lea la lectura otra vez. Luego, lea las siguientes oraciones e indique si representan una idea central (IC) o una idea secundaria (IS).

1. _____ Luis y Jorge fueron a la playa.
2. _____ Hacía muy buen tiempo ese día.
3. _____ Los dos jóvenes estaban de vacaciones.
4. _____ Luis y Jorge son estudiantes universitarios.
5. _____ Más tarde, Luis conoció a una chica guapa.
6. _____ Luis no sabía nadar muy bien.
7. _____ Jorge y Luis son amigos de la universidad.
8. _____ Luis supo que la chica tenía un novio fuerte.
9. _____ Mientras Luis nadaba en el mar, se asustó.
10. _____ El novio de la muchacha se llamaba Gregorio.

C. (Vocabulario) Ahora, complete las siguientes oraciones apropiadamente.

1. Reñaca es (un mar / una chica / un hotel / una playa).
2. El verbo **broncearse** se asocia mejor con la expresión (tomar el sol / al poco tiempo / hacer caso / ¡Socorro!).

3. Luis se encontró en una parte honda del mar. La palabra **honda** significa (fresca / oscura / profunda / importante / bonita).
4. La muchacha no **les hizo caso** a Jorge ni a Luis; es decir, que ella no (los oyó / los buscó / los miró).
5. El sustantivo **chica** significa (bonita / mujer joven / siesta / elegante).
6. Un **tiburón** es (una persona / un juego / un animal / un lugar) que se encuentra en (el mar / un patio / una copa / un espejo).
7. El verbo **asustar** significa (despertar / dar las gracias / molestar / dar miedo / dar un beso).
8. Se usa la expresión **¡Socorro!** para pedir (una comida / un tiburón / ayuda / algo interesante).

VOCABULARIO ÚTIL

In this section you will learn to talk about beach-related experiences.

En un balneario

¡Vamos a la playa! Podemos...

    bucear *(scuba dive)*.
    alquilar *(rent)* un bote.
    flotar *(float)* en el mar.
    pasear en velero *(sailboat)*.
    comer pescados y mariscos *(seafood)*.
    construir un castillo *(castle)* de arena.
    recoger conchas *(collect shells)* en la playa.
    pasar una semana en un balneario *(beach resort)*.
    correr las olas *(surf)* si hay olas *(waves)* grandes.
    nadar en la piscina *(swimming pool)* del balneario.

Debemos llevar...

    una pelota *(ball)* de playa.
    una toalla *(towel)* de playa.
    anteojos para el sol *(sunglasses)*.
    crema bronceadora *(suntan lotion)*.

Practiquemos

A **Asociaciones.** Indique las asociaciones entre las palabras de las dos columnas y prepárese para explicar sus decisiones.

Ejemplo: siesta → *e. dormir*

1. _____ jugar	a. bote
2. _____ toalla	b. hotel
3. _____ velero	c. nadar
4. _____ bucear	d. pelota
5. _____ mariscos	e. dormir
6. _____ balneario	f. conchas
7. _____ flotar en el mar	g. secarse
8. _____ crema bronceadora	h. descansar
	i. anteojos para el sol

B **¡Vamos a Viña!** Hable con otro(a) estudiante. Imagínense que Uds. van a pasar una semana en un balneario. Primero, hagan una lista de todo lo que van a llevar con Uds. Luego, hagan una lista de las actividades que van a hacer cada día. Traten de usar el vocabulario de esta lección y de las lecciones anteriores. Mientras Uds. participan en esta actividad, hablen sólo en español.

Ejemplos: Cosas para llevar   Actividades en Viña
traje de baño   *Día 1: tomar el sol*
cien dólares   *comer mariscos*
una cámara   *sacar fotos*

C **Problemas y soluciones.** Converse con otra persona. Estudiante A debe leer el problema indicado y Estudiante B debe ofrecer una solución lógica.

Ejemplo: A: No me gusta nadar en el mar.
            B: *Puedes nadar en una piscina.*

1. No me gusta la carne porque soy vegetariano(a).
2. Quiero ir a un balneario, pero no tengo auto.
3. Algún día me gustaría aprender a bucear. ¿Dónde puedo aprender?
4. Siempre tengo miedo de broncearme demasiado cuando voy a la playa.
5. Me gusta pasear en velero, pero no tengo dinero para comprar uno.

NOTAS CULTURALES

Viña del Mar

Viña del Mar es la ciudad balnearia más famosa de Chile. Cuenta con diversas playas rodeadas de amplias veredas *(sidewalks)* peatonales y hermosas plazas y jardines floridos. Sus calles principales están adornadas de grandes palmeras; por ejemplo, en la Avenida Libertad hay un bonito túnel de follaje formado por enormes plátanos orientales. En los barrios residenciales de Viña se ven bellos *"chalets"* rodeados de jardines y en el borde del mar hay una larga avenida de altos edificios con balcones abiertos al océano, que se van alternando con una sucesión de plazas y jardines.

La actividad de Viña es intensa y continuada: existe una infinidad de restaurantes, bares, fuentes de soda, cafés, confiterías, heladerías y salones de té. También hay sitios de esparcimiento *(recreation)* como lugares de baile, juego y de prácticas deportivas. La vida cívica de la ciudad se concentra en la calle Valparaíso, centro comercial y lugar de reunión a mediodía en sus cafés y confiterías; el esparcimiento se concentra en sus playas, y en las noches, en los miles de entretenimientos que ofrecen los distintos centros del litoral.*

*Fuente: Turistel: Guía Turística de todo Chile, páginas 238 y 244-245.

GRAMÁTICA FUNCIONAL

In this section, you will learn to distinguish the uses of the prepositions *para* and *por*.

Uses of para and por

You have probably noticed in previous lessons that the prepositions *para* and *por* have different uses and meanings. In general, *para* conveys the underlying idea of purpose, use and destination.

1. Employment **(for)** —¿**Para quién** trabajas ahora?
—Trabajo **para mi tío** en Viña.

2. Deadline **(by, for)** —¿**Para cuándo** necesita el bote, señor?
—Lo necesito **para el próximo lunes.**

3. Destination **(to)** —¿**Para dónde** vas mañana en la tarde?
—Creo que voy **para la playa Reñaca.**

4. Recipient **(for)** —Estas conchas son **para ti,** mamá.
—¿**Para** mí? ¡Qué bonitas! Gracias.

5. Purpose **(in order to)** —¿Por qué te gusta ir al Solymar?
—**Para comer** mariscos fresquísimos.

The preposition *por* has a wider range of uses than *para*. In general, *por* conveys the underlying idea of a cause, reason or source behind an action.

1. Replacement **(for)** —¿Por qué no corriste las olas ayer?
—Trabajaba **por mi papá.** Estuvo enfermo.

2. Duration of time **(for)**	—**¿Por cuánto tiempo** fueron a Viña? —Fuimos allí **por una semana.**
3. Motion **(through, along)**	—Voy a caminar **por el parque.** —¿Por qué no caminamos **por la playa** hoy?
4. Mistaken identity **(for)**	—En Viña me tomaron **por una francesa.** —¿Sabes qué? ¡Me tomaron **por un chileno!**
5. Value or cost **(for)**	—¿Cuánto pagaste **por esas toallas?** —Pagué menos de dos mil pesos **por las dos.**
6. Unit of measurement **(by)**	—Allí venden pescado **por kilo.** —Y venden huevos **por docena.**
7. General area **(around)**	—¿Hay un buen café **por aquí?** —**Por aquí,** no, pero **por allá,** sí.
8. Reason **(because of)**	—¿Por qué llegaste tan tarde a la playa? —Llegué tarde **por la lluvia.**
9. Idiomatic expressions	En Viña hay gente **por todas partes.** Tráigame otra limonada, **por favor.**

Manos a la obra

A **Cuatro turistas.** Luis y Jorge conocen a dos chicas argentinas en la playa, a quiénes les hacen muchas preguntas. ¿Qué contestan ellas? Use **para** y **por** en sus respuestas.

Modelo: ¿Por qué hay tanta gente aquí? (el sol) *Está aquí por el sol.*

1. ¿Por qué decidieron Uds. venir a Viña del Mar? (divertirnos en la playa)
2. ¿Por cuánto tiempo van a estar en Chile? (una semana)
3. ¿Por qué querían venir a la playa Reñaca? (la vida activa/correr las olas)
4. ¿Qué piensan Uds. de esta playa? (nosotros, es un lugar maravilloso)
5. ¿Dónde trabajan Uds.? (una compañía de teléfonos en Buenos Aires)
6. ¿Adónde van Uds. hoy en la tarde? (el restaurante Pirulas)
7. No conocemos ese restaurante. ¿Dónde está? (la costa)
8. ¿En qué parte de la costa? (allá, en la Avenida Borgoño)
9. ¿Qué cosa interesante les pasó aquí? (Alguien nos tomó ... italianas.)
10. ¿Cuándo son sus reservaciones para volver a Buenos Aires? (mañana ... la mañana)

B En la playa. Imagínese que Ud. y otro(a) estudiante están en la Laguna Sausalito donde se alquilan botes. Conversen Uds., usando correctamente las preposiciones **por** y **para.**

CLIENTE

1. Perdón, ¿dónde puedo alquilar un bote _____ aquí?

3. Pues, _____ la tarde. ¿Cuánto cuesta alquilar uno?

5. ¡_____ Dios, señor(ita/a)! Soy estudiante; no soy rico(a).

7. ¿No pudiera rebajar el precio un poco más, _____ favor?

9. Está bien porque voy _____ la Isla Perlas _____ pescar.

11. Muchas gracias _____ todo, señor(ita/a). Hasta luego.

EMPLEADO(A)

2. Yo alquilo botes, señor(ita/a). ¿_____ cuándo lo necesita?

4. 1.000 pesos _____ hora.

6. Estudiante, ¿eh? Bueno, _____ Ud., tengo un precio especial: 700 pesos _____ hora.

8. Bueno, déme 600 pesos _____ hora, pero sólo si alquila el bote _____ 2 horas o más.

10. Está muy bonito _____ allá. Bueno, Ud. tiene la reservación _____ hoy en la tarde.

12. Adiós.

C Otra conversación. Escriba Ud. una conversación que corresponda al siguiente dibujo. Use las preposiciones **para** y **por** correctamente.

Situaciones posibles:

1. Invitación al cine: (destination, purpose, motion, duration of time)
2. Información: (general area, destination, idiomatic expressions)
3. Identidad incorrecta: (mistaken identity, idiomatic expressions)

Charlemos

A **¿Viajero(a) o no?** Indique si Ud. está de acuerdo o no con las siguientes ideas. Después, calcule el promedio *(average)* para saber qué tipo de viajero(a) es Ud. Luego, hable sobre los resultados con otro(a) estudiante.

Creo que no = 1   Sí, a veces = 2   Creo que sí = 3

_____ Para mí, no hay nada más interesante que viajar por el mundo.

_____ Me gustaría viajar para conocer a la gente de otros países.

_____ Por lo general, leo *National Geographic* casi todos los meses.

_____ Cuando viajo, la gente me toma por viajero(a), no por turista.

_____ Para mí, es muy interesante viajar con personas que no conozco.

_____ Algún día me gustaría ir a Viña del Mar a conocerla bien.

_____ Nunca me molesta viajar en auto por nueve o diez horas al día.

_____ Ya tengo organizado un magnífico viaje para el próximo verano.

_____ Ya viajé por muchas partes de los Estados Unidos y del Canadá.

_____ Aprendo español para poder comunicarme con personas hispanas.

_____ TOTAL

INTERPRETACIONES

24-30   ¡Ud. es un(a) viajero(a) incurable!

17-23   ¡Qué bueno que Ud. viaje tanto!

10-16   ¡Qué vida más tranquila tiene Ud.!

B **De vacaciones.** Muchos estudiantes norteamericanos están de vacaciones por una semana entre semestres o trimestres. ¿Qué hacen Uds. durante esas vacaciones? Pregúntele a un(a) compañero(a) de clase.

1. Tenemos vacaciones por (#) días comenzando el (día) de (mes), ¿verdad?
2. ¿Adónde piensas ir durante esas vacaciones?
3. ¿Con quién vas allí?
4. ¿Por cuánto tiempo?
5. ¿Cuándo vas a salir: por la mañana, por la tarde o por la noche?
6. ¿Por qué quieres ir a aquel lugar, por ejemplo: por el buen tiempo, para visitar a algunos amigos, etcétera?
7. ¿Vas a pagar por todos los que van contigo? ¿Por qué?
8. ¿Qué actividades vas a hacer por allá?
9. Cuéntame qué tienes que hacer para prepararte antes de comenzar tus vacaciones.

GRAMÁTICA FUNCIONAL

In this section, you will learn to express wishes, preferences, requests and recommendations.

The Subjunctive Mood

All Spanish verbs have a mood and a tense. Mood refers to how we view actions, conditions and events. You have used the **indicative mood** to "indicate" facts about what was, what is, and what will be (tense).

What was:	De niña, **me divertía** en la playa con mi familia.
What is:	Ahora **tengo** veinte años, pero todavía **voy** a la playa.
What will be:	El próximo verano mis amigos y yo **vamos a divertirnos** a Reñaca.

Spanish speakers use the **subjunctive mood** to react emotionally or with uncertainty to actions, conditions and events around them. These include making suggestions, persuading others and requesting their services, expressing opinions and attitudes, and communicating emotions such as hope, doubt, denial, fear, sorrow and joy—all of which occur in the mind of the speaker or writer.

(En el restaurante Solymar)
—¿Qué recomiendas que **pidamos,** Luis?
—Pues, no sé, Jorge. Mi mamá insiste en que yo **coma** menos. Mi papá me prohibe que **utilice** mis tarjetas de crédito. Y mi novia quiere que no **vuelva** a Santiago muy gordo. ¿Qué sugieres tú?
—¡Hombre! Te sugiero que no **pidas** nada más que una manzana pequeña.

Present Subjunctive

In general, the **present subjunctive** mood is used to express wishes, emotion, doubt and indefiniteness about the **present** and **future.**

A. How to form the present subjunctive

1. To form the present subjunctive of most verbs, drop the **-o** from the present indicative *yo* form, then add the endings shown.

	-ar verbs	**-er** verbs	**-ir** verbs
	lavarse	**hacer**	**escribir**
yo	me lav**e**	hag**a**	escrib**a**
tú	te lav**es**	hag**as**	escrib**as**

Ud./él/ella	se lav**e**	hag**a**	escrib**a**
nosotros(as)	nos lav**emos**	hag**amos**	escrib**amos**
vosotros(as)	os lav**éis**	hag**áis**	escrib**áis**
Uds./ellos/ellas	se lav**en**	hag**an**	escrib**an**

2. Stem-changing **-ar** and **-er** verbs have the same stem changes (**e → ie, o → ue**) in the present subjunctive as they do in the present indicative.

	pensar (ie)	*poder (ue)*
yo	p**ie**nse	p**ue**da
tú	p**ie**nses	p**ue**das
Ud./él/ella	p**ie**nse	p**ue**da
nosotros(as)	pensemos	podamos
vosotros(as)	penséis	podáis
Uds./ellos/ellas	p**ie**nsen	p**ue**dan

3. Stem-changing **-ir** verbs retain their stem changes (**e → ie, o → ue**) in the present subjunctive. The *nosotros* and *vosotros* forms also have a stem change (**e → i, o → u**).

	divertirse	*dormir*	*servir*
yo	me div**ie**rta	d**ue**rma	s**i**rva
tú	te div**ie**rtas	d**ue**rmas	s**i**rvas
Ud./él/ella	se div**ie**rta	d**ue**rma	s**i**rva
nosotros(as)	nos div**i**rtamos	d**u**rmamos	s**i**rvamos
vosotros(as)	os div**i**rtáis	d**u**rmáis	s**i**rváis
Uds./ellos/ellas	se div**ie**rtan	d**ue**rman	s**i**rvan

4. Some verbs are irregular in the present subjunctive.

dar	*estar*	*haber*	*ir*	*saber*	*ser*
dé	esté	haya	vaya	sepa	sea
des	estés	hayas	vayas	sepas	seas
dé	esté	haya	vaya	sepa	sea
demos	estemos	hayamos	vayamos	sepamos	seamos
deis	estéis	hayáis	vayáis	sepáis	seáis
den	estén	hayan	vayan	sepan	sean

B. How to use the present subjunctive

1. Spanish speakers use the following verbs of influence to persuade others to do something.

desear	to wish, want	**preferir (ie)**	to prefer
insistir (en)	to insist (on)	**prohibir**	to forbid
invitar	to invite	**querer (ie)**	to want
pedir (i)	to request	**recomendar (ie)**	to recommend
permitir	to permit	**sugerir (ie)**	to suggest

2. Verbs of influence are followed by the subjunctive when the subject of the dependent clause is **different** from the subject of the independent clause.

   Change of subject

   (Yo) deseo que **(nosotros) vayamos** a Viña del Mar.
   Independent clause   *Dependent clause*

3. In the examples below, the first verb (in italics) is in the independent clause, and the second verb (in boldface) is in the dependent clause; the two clauses are linked together by the word *que*.

Deseo que **vayamos** a Viña del Mar.	*I wish we'd go to Viña del Mar.*
¿Por qué *insistes* que **me broncee**?	*Why do you insist I get a tan?*
¿*Permiten* tus padres que **fumes**?	*Do your parents let you smoke?*
Se *prohíbe* que **paseemos** en velero.	*They won't let us go sailing.*
Sugiero que **nademos** más tarde.	*I suggest that we swim later.*

4. When an independent clause contains a verb of influence but has only **one subject,** the verb in the dependent clause must be in its infinitive form. Compare the following sentences.

ONE SUBJECT	CHANGE OF SUBJECT
Luis quiere **nadar** ahora.	*Luis* quiere que *Jorge* **nade** ahora.
Prefiero **comer** mariscos hoy.	*Prefiero* que *tú* **comas** mariscos hoy.

Manos a la obra

A **Todos quieren algo de mí.** Luis está contándole a Jorge lo que varias personas quieren que él haga. ¿Qué está diciéndole a su amigo?

Modelo: mi mamá / desear / estudiar más
          Mi mamá desea que yo estudie más.

1. mi hermana Rona no / querer / la asustar
2. mi mamá siempre me / pedir / hacer mi cama

3. mis padres no me / permitir / fumar en casa
4. mis amigos / sugerir / aprender a nadar mejor
5. mis profesores me / prohibir / dormir en clase
6. mi novia / preferir / le dar rosas, no chocolates
7. el padre Martínez / insistir en / ir a misa cada domingo

B **Preferencias.** Jorge está contándole a Luis de sus preferencias. ¿Qué está diciéndole a su amigo?

Modelo: Tú ya _____ (conocer) a algunas chicas aquí, pero quiero que _____ más.
Tú ya conoces a algunas chicas aquí, pero quiero que conozcas más.

1. Tú y yo _____ (dormir) sólo cinco horas al día, pero quiero que [nosotros] _____ siete u ocho horas esta semana.
2. Mis tíos _____ (tener) poco dinero ahora, pero deseo que _____ suficiente para que vayan de vacaciones por una semana.
3. Se _____ (vender) tantas cosas en Viña, pero sugiero que se _____ algunas cosas a precios especiales para estudiantes.
4. En el restaurante Solymar sólo _____ (servir) pescados y mariscos. Yo prefiero que los restaurantes _____ carne también.
5. En poco tiempo Uds. _____ (salir) para Santiago, pero no quiero que _____ tan pronto.

C **¡Socorro!** Imagínese que Ud. trabaja para un periódico y que contesta cartas de muchas personas. Lea las siguientes cartas, y luego contéstelas con diplomacia.

1. Vivo en una ciudad pequeña. Los fines de semana no hay nada que hacer. Tenemos un cine, pero las películas son viejas; sólo las cambian una vez a la semana. Tengo muchos amigos de mi edad (20 años), pero ellos dicen que están tan aburridos como yo. ¿Qué recomiendas que hagamos?
   Humberto

   Veo el problema que tienen Uds. Recomiendo que tú y tus amigos...

2. Tengo dos hermanos mayores que yo. Julio tiene veinticinco años, Tomás tiene veintidós y yo tengo catorce. Mis padres les dan a mis hermanos mucha libertad; por ejemplo, ellos pueden pasar la noche en la casa de sus amigos, pueden salir con ellos a la playa o al cine y pueden volver a casa a la una de la mañana. En cambio, yo no tengo tanta libertad como ellos y, por eso, protesto mucho en casa. Luego, mis padres se ponen furiosos conmigo. ¿Qué puedo hacer?
   Josefina

   Primero, Josefina, quiero pedirte que no... Segundo, sugiero que...

Charlemos

A Recomendaciones. Imagínese que Ud. trabaja de camarero(a) en el restaurante Solymar donde algunos de sus clientes le piden que les recomiende algo del menú. ¿Qué le contesta Ud. a cada persona? (Los verbos entre paréntesis son sugerencias; Ud. puede usar otros verbos.)

Ejemplo: Cliente: Tengo muchísima sed. (tomar)
Camarero(a): *Le recomiendo que tome agua mineral.*

1. Tengo mucha hambre, pero estoy a dieta esta semana. (pedir)
2. A mi niño le encantan los postres, pero es diabético. (comer)
3. Mi novio y yo somos vegetarianos y no sabemos qué pedir. (servir)
4. A mí me gustan mucho los mariscos. ¿Qué me recomienda? (traer)
5. Mi esposa y yo estamos aquí para celebrar mi cumpleaños. (comenzar)
6. Sólo tengo cien pesos, pero traje un cheque personal. (ir)

B ¿Y usted? Primero, complete las siguientes oraciones. Luego, dígale a otro(a) estudiante qué quieren las siguientes personas de Ud. y por qué.

Ejemplos: mis padres / (no) quieren que...
Mis padres quieren que estudie mucho porque se preocupan por mi educación.
Mis padres no quieren que yo vuelva a casa muy tarde porque tengo clases por la mañana.

1. mis padres / (no) quieren que...
2. mi papá (mamá) / (no) prohibe que...
3. mi hermano(a) / (no) sugiere que...
4. mi mejor amigo(a) / (no) permite que...
5. mis otros amigos / (no) prefieren que...
6. [otra persona] / (no) recomienda que...

VACACIONES PERFECTAS
ARQUEOLOGIA, HISTORIA, ARTE, DIVERSIONES, BUENOS HOTELES Y RESTAURANTES, JOYAS, ARTESANIAS... Y PRECIOS ¡MAS QUE RAZONABLES!

¿Adónde piensan viajar estos dos turistas? ¿Qué sugiere Ud. que ellos hagan antes de comenzar su viaje?

C **¡Felicitaciones!** Imagínese que Ud. acaba de ganarse un viaje a un balneario para dos personas (Ud. y un/a compañero/a de clase). Hablen juntos sobre sus planes para el viaje.

1. Decide on...

    a. where you want to go together.

    b. when you wish to leave.

    c. where you prefer to stay.

    d. what you want to do there.

2. Discuss what your friends and relatives recommend...

    a. that you see at the beach resort.

    b. what you should not do together.

    c. regarding restaurants and what to eat there.

    d. regarding stores and what to buy.

Un poco más

 ## ¡Escuche!

Usted va a escuchar un anuncio del balneario "Solymar". Mientras escucha el anuncio, indique las atracciones que tiene este balneario.

tenis	canoas	tiendas	esquí-acuático
playa	veleros	minibús	televisión cable
buceo	piscina	restaurante	aire acondicionado

Perspectivas

Lea la siguiente lectura rápidamente para sacar las ideas principales.

LA HISTORIA DE VIÑA DEL MAR

La historia de Viña es corta, recién centenaria. El lugar fue una hacienda desde la época de la colonia y su nombre proviene de una viña que existió donde hoy está la Quinta Rioja. En 1855 quedó unida a Valparaíso por el ferrocarril° y desde entonces los porteños° comienzan a visitar el valle de Viña, donde hacían paseos campestres, carreras° de caballos y asistían a los baños de mar instalados en la playa Miramar, hoy desaparecida. Hacia 1872, unos porteños, principalmente extranjeros, obtuvieron sitios en arriendo° próximos a la línea del tren, donde edificaron sus casas rodeadas de grandes terrenos con jardín, que la estrechez de Valparaíso no permitía. La propietaria de la hacienda de Viña, doña Dolores P. de Alvarez, tenía su casa y un bellísimo y exótico parque en los terrenos de la actual Quinta Vergara.

En 1874 se funda Viña del Mar; el municipio se instala 5 años después, la iglesia parroquial y el Sporting Club en 1882. En el intertanto se había edificado el elegante Gran Hotel —hoy desaparecido— que inició el flujo, hasta hoy ininterrumpido, de santiaguinos° a esta costa. El gran plan de Viña y la Avenida Libertad se lotean en 1892, iniciándose con ello la construcción de grandes mansiones de veraneo y las de los nuevos residentes venidos de Valparaíso. El crecimiento° de la ciudad balnearia ha sido desde entonces constante.

railroad
gente de Valparaíso
races

to rent

gente de Santiago

growth

Turistel: Guía Turística de todo Chile, *Impresora y Comercial Publiguías, S.A.*, Santiago de Chile, página 244.

¿Comprendió Ud.? Lea la lectura otra vez, luego ponga los números 1-7 al lado de cada frase, según su orden cronológico de la historia de Viña del Mar.

_____ Se ve una sola hacienda rodeada de viñas.

_____ Se construyen casas grandes en el siglo XIX.

_____ Se construyen casas grandes modernas en Viña.

_____ Se establece el Sporting Club de Viña del Mar.

_____ Se construye la Avenida Libertad en Viña del Mar.

_____ Se establece oficialmente la ciudad de Viña del Mar.

_____ Valparaíso y Viña del Mar se conectan por ferrocarril.

¡Escriba!

Prepare un reportaje oral sobre un balneario que ya conoce Ud. o sobre uno que le gustaría conocer algún día; por ejemplo, Waikikí (Hawaii), Cancún (México), Marbella (España), Viña del Mar (Chile), Isla de Margarita (Venezuela), Ipanema (Brazil), Mar del Plata (Argentina), Riviera (Francia). Preséntele el reportaje a su clase, usando fotos y otros materiales visuales.

Situaciones

Converse con otro(a) estudiante.

Estudiante A: Imagínese que Ud. está de visita en cierta región de los Estados Unidos o del Canadá. Ud. va a una agencia de viajes para informarse de lo que Ud., su esposo(a) y sus dos niños pequeños pueden hacer durante un fin de semana.

Estudiante B: Imagínese que Ud. trabaja en una agencia de viajes que se especializa en viajes de la región del país donde Ud. vive. Prepárese a hacerles recomendaciones a sus clientes hispanos sobre los lugares más interesantes que ofrece su región.

Vocabulario

Sustantivos

el castillo   castle
el centro   center
la muchacha   girl
el músculo   muscle
la pierna   leg
el promedio   average
la sorpresa   surprise
el tiburón   shark
el/la viajero(a)   traveler

En un balneario

los anteojos para el sol   *sunglasses*
la arena   sand
el balneario   beach resort
el bote   boat
la concha   shell
la costa   coast
la crema bronceadora   *suntan lotion*
los mariscos   seafood
la ola   wave

la pelota   ball
la piscina   swimming pool
la playa   beach
la toalla   towel
el velero   sailboat

Adjetivos

asustado   scared
hondo   deep

Verbos

alquilar   to rent
asustar   to scare
broncearse   to get a suntan
bucear   to scuba dive
desear   to wish, want
flotar   to float
insistir (en)   to insist (on)
pedir (i,i)   to request
permitir   to permit
prohibir   to forbid
recoger   to collect
recomendar (ie)   to recommend

sugerir (ie, i)   to suggest
tocar   to touch
tratar de   to try

Conjunciones

sino que   but

Expresiones idiomáticas

al poco tiempo   *in a little while*
correr las olas   to surf
dormir una siesta   *to take a nap*
esquiar sobre el agua   *to waterski*
hacerle caso   *to pay attention to*
pasear en velero   to sail
¡Socorro!   *Help!*
tomar el sol   to sunbathe

LECCIÓN 14

¿Qué hay en la tele?

COMMUNICATIVE GOALS The students will be able to discuss and write about matters related to watching television.

LANGUAGE FUNCTIONS Expressing opinions ♦ Expressing likes and dislikes ♦ Expressing doubt and indecision

VOCABULARY THEMES Television programs ♦ Expressions of emotion

GRAMMATICAL STRUCTURES Subjunctive following... expressions of emotion and opinion ♦ expressions of uncertainty and indefiniteness

CULTURAL INFORMATION The Song Festival in Viña del Mar ♦ Hispanic folkloric music and dances

Antes que nada

To read Spanish efficiently without stumbling on words and phrases you don't know, you need to discriminate quickly between what is essential and what is non-essential in complex sentences. The core of a complex sentence consists of its subject, its main verb and its object.

Read the following sentences and underline the subject and the main verb in each of them.

> **E**l Festival Internacional de la Canción es el principal evento artístico de Chile que se realiza desde el año 1960 en el Teatro al Aire Libre de la Quinta Vergara, durante el mes de febrero. Participan artistas y compositores en los géneros internacional y folklórico en un show de extraordinaria calidad. La difusión del Festival en el extranjero se hace a través de transmisión televisiva a más de veinte países.

Now read the following sentences and answer the questions that follow.

> **L**a Quinta Vergara está ubicada en pleno centro de Viña del Mar. Antiguamente formaba parte de la propiedad de la familia Vergara-Álvarez, fundadora de Viña del Mar y de la cual se conserva su casa palaciega, hoy ocupada por el Museo de Bellas Artes. En este recinto se encuentra el Teatro al Aire Libre, donde se realiza todos los años el Festival Internacional de la Canción, principal evento turístico del país (febrero).

What is the subject of *formaba*?

What is the subject of *conserva*, *encuentra* and *realiza*?

As you read the following *En contexto* section, underline the subject and the main verb in the longer sentences.

En contexto

Santiago, Chile. Eran las nueve y media de la noche de un 21 de febrero. Luis Weissman, su hermana Rona de quince años y Jorge Grandinetti cenaron juntos, luego fueron al salón para mirar la televisión. Jorge y Luis se sentaron en el sofá. Luis, que estaba un poco cansado, le pidió un favor a su hermana.

LUIS: Oye, Rona. Pon la tele, ¿eh?
RONA: ¿Cómo? Ponla tú mismo, perezoso.
LUIS: Pon la televisión, dulcísima hermana, por favor.
RONA: Así está mejor. ¿Qué canal quieres?
LUIS: El siete, claro. Queremos mirar la continuación del Festival de la Canción[1].
RONA: ¿Otra vez el Festival? Lo hemos visto cada noche esta semana y siempre ha sido la misma cosa. ¡Qué aburrido! Ahora quiero ver este programa de concursos° en el canal cinco.

quiz show

LUIS: ¡No lo cambies! ¡No lo cambies! Rona, ¿qué estás haciendo?
JORGE: Rona, pon el canal siete, por favor. Queremos ver el Festival.
RONA: ¡Puah! Los dejo con su festival aburrido. Lástima que no les gusten los programas de concursos. Uds. no van a aprender nada mirando el Festival, tontos.

Rona puso el canal siete y salió enojada del salón, y los dos jóvenes se alegraron por eso. Luego, vieron en la televisión a un guapísimo hombre muy bien vestido que anunciaba algo ceremoniosamente:

—*Señoras y señores, ahora llega el momento culminante de este magnífico Festival de la Canción de Viña del Mar. Es el momento que hemos esperado toda la semana. Tengo en la mano el nombre de la próxima Reina del Festival.[2] Este año la Reina es una cantante chilena. Se llama... ¡María Cristina Cabral Tártari!*

Aplausos espontáneos. Gritos por todas partes. De repente, Luis se levantó y gritó:

LUIS: ¡Oye! ¡Jorge! ¡Mira! ¡Mira! ¡Es ella! Aquella chica que vimos en la Playa Reñaca. No puedo creerlo.
JORGE: Cállate, hombre. No puedo oír nada. Escucha lo que está diciendo el señor.
LOCUTOR: "...*Señorita Cabral, esta noche maravillosa es una noche muy especial para toda Viña del Mar, todo Chile y todo el mundo. ¡Felicitaciones, señorita Cabral...Reina del Festival!*"
MARIA: "*Muchísimas gracias. Quiero darles las gracias a todos los organizadores del Festival, al público, a mi familia y a mis amigos. Les mando un gran beso a todos. Muchas gracias.*"

LUIS: ¿Oíste, Jorge? Ella ganó el título de la Reina del Festival. No puedo creerlo.

JORGE: A mí no me sorprende que sea la Reina; tiene talento, es simpática y es super bonita. Ahora vamos a mirar el partido de fútbol en el canal once.

LUIS: ¿El partido de fútbol? ¡Hombre! No me interesa.

Notas de texto

1. *El Festival de la Canción de Viña del Mar* is the most important artistic event in Chile. Since 1960, this annual event takes place every February in an open-air theater located in a beautiful park called Quinta Vergara. Singers and composers from all over the world come to Viña to compete for cash prizes. The international festival is televised by satellite to over twenty countries in North America, Latin America and Europe.

2. *La Reina del Festival* is selected by the newspaper reporters who cover the Festival de la Canción de Viña del Mar. The queen is chosen for her singing performance as well as her charm, grace and friendliness.

¿Comprendió Ud.?

A. Lea la lectura rápidamente, luego conteste las siguientes preguntas.

1. Escriba un título apropiado para esta lectura.
2. Indique el orden cronológico (1 → 5) de acciones de la lectura.

   _____ Jorge y Luis miraron una parte del Festival de la Canción.
   _____ Luis se entusiasmó al ver a María Cristina en la televisión.
   _____ Luis y Rona discutieron qué programa iban a ver en la tele.
   _____ La señorita Cabral ganó el título de la Reina del Festival.
   _____ Rona puso la televisión después de comer con Luis y Jorge.

B. Lea la lectura otra vez, luego complete las siguientes oraciones lógicamente.

1. El Festival de la Canción ocurre en _____ de Chile.
   a. la primavera   b. el verano   c. el otoño   d. el invierno
2. Rona _____.
   a. está feliz   b. es tonta, pero generosa
   c. es trabajadora y rica   d. no está contenta
3. Jorge es el _____ de Rona.
   a. tío   b. novio   c. cuñado   d. amigo   e. primo   f. hermano
4. La relación entre Luis y Rona es _____.
   a. normal   b. dulce   c. buenísima   d. malísima

5. María Cristina es _____.
   a. talentosa y guapa   b. delgada y rica   c. casada y joven
   d. soltera y vieja   e. gorda y pobre   f. alta y tacaña
6. Después de oír el anuncio de la Reina del Festival, _____.
   a. Luis quería jugar al fútbol   b. Jorge estaba aburrido
   c. María Cristina volvió a casa   d. Rona miró su programa favorito

VOCABULARIO ÚTIL

In this section you will learn to describe television programs and films you like and dislike, and to express several different emotions.

Cómo hablar sobre la televisión

¿Qué hay en la tele?

noticias / película de intriga / programa de entrevistas / pronóstico del tiempo

película del oeste / dibujos animados / película de guerra / programa deportivo

programa de concursos / documental / película de ciencia ficción / programa educativo

Cómo expresar sus emociones

Esperanzas y deseos

Esta noche Luis y Jorge quieren ver el Festival de la Canción en la televisión. Algún día esperan ir a Viña del Mar para ver el Festival en persona.

Espero que sí. / Espero que no.	*I hope so. / I hope not.*
¡Que se divierta(n) Ud(s).!	*Have a good time!*
¡Ojalá lo pase(n) bien!	*Hope you have fun!*

Confianza y duda

Es posible ver el Festival de la Canción en persona. No es caro; cuesta menos de dos dólares por un show. ¿Cree Ud. eso o no?

Creo que sí. / Creo que no.	*I think so. / I don't think so.*
¡Vaya! (¡Qué va!)	*Come on!*

Sorpresa

Julio Iglesias comenzó a hacerse famoso en el Festival de la Canción. Ahora es el cantante más famoso de los últimos 20 años, con millones de admiradores de muchos países.

¿En serio? (¿De veras?)	*Really?*
¡Qué bien!	*Great!*
¡No me diga(s)!	*You're kidding!*

Compasión

Una semana antes de iniciarse el Festival de la Canción de 1987, se anunció que Julio Iglesias ganó la primera "Gaviota de Oro" del Festival, un trofeo maravilloso. Desafortunadamente para los miles de fanáticos del cantante español, él no pudo venir a aceptar el premio en persona.

¡Qué lástima!	*What a shame!*
¡Pobrecito(a)!	*Poor thing!*

Practiquemos

A Dos conversaciones. Hable "por teléfono" con otro(a) estudiante.

A: ¿Aló?
B: Aló, Juan(ita). Habla Enrique(ta). Oye, hay una buena película en el Cine Ducal esta noche.
A: ¿De veras? ¿Cómo se llama la película?
B: "Hombre mirando al suroeste."

A: ¿Ah, sí? ¿Qué tipo de película es?
B: Es una película de intriga.
A: ¿En serio?
B: Sí, ¿quieres ir con Jorge y conmigo?
A: Gracias, pero no puedo porque mi mamá está enferma.
B: Ay, ¡qué lástima! ¿Qué tiene?
A: Está un poco resfriada, y tiene que cuidarse.
B: ¡Pobrecita! Bueno, nos vemos mañana, ¿eh?
A: Sí, hasta mañana. ¡Que se diviertan!
B: Gracias. Chao.

Ahora invente otra conversación con su compañero(a) de clase.

La televisión hace al mundo muy pequeño hasta en esta pensión.

B **Vamos a ver.** Primero, complete esta actividad por escrito. Luego, cuéntele a un(a) compañero(a) de clase sobre el tipo de películas que le gusta.

Ejemplo: *Casi siempre me gustan las películas de aventuras porque me gustan las situaciones peligrosas.*

casi nunca = 1   a veces = 2   casi siempre = 3

Tipo de películas:

____ policial   ____ documental   ____ de aventuras
____ de viajes   ____ de intriga   ____ de vídeo rock
____ del oeste   ____ de violencia   ____ de ciencia ficción

Ahora, sea Ud. más específico(a).

1. Una de mis películas favoritas es _____ porque... 2. Una película que quiero ver otra vez se llama _____ ; creo que es una película muy _____ porque... 3. Una película que no te recomiendo ver se llama _____ porque... 4. Al contrario, te recomiendo que veas una película maravillosa que se llama _____. Lo que me gustó de esa película es...

C Entrevista. Converse con otro(a) estudiante.

1. ¿Cuántos televisores tienes en casa? ¿Con qué frecuencia miras la televisión?* ¿Cuál es tu programa de televisión favorito? ¿Por qué te gusta tanto? Para ti, ¿qué programa de televisión te parece tonto? ¿Por qué crees que es un programa tonto?

2. ¿Con qué frecuencia vas al cine? Si tienes un cine favorito, ¿cuál es? Normalmente, ¿con quién vas al cine? ¿Quién es tu actor favorito y por qué? ¿Quién es tu actriz favorita y por qué?

NOTAS CULTURALES

El Festival de la Canción

El Festival de la Canción de Viña del Mar es el triunfo del amor, la música y la ilusión. Su embrujo,° su atractivo, lo cambia todo. Las primeras páginas de los diarios,° por una semana, soslayan° u olvidan las noticias adversas, volcando° sus preferencias al acontecimiento° artístico—musical. El país cambia. Adquiere el aire festivalero que escapa a toda edad o condición social. Es Chile que se une a un ritmo que marca el embrujo del Festival.

¿Qué decir de la TV, medio de difusión masivo que "se mete en nuestros hogares?" En esos días la televisión dirige las emociones de los chilenos al llevar a todo el país la fiesta viñamarina "en vivo y en directo." Y todos nos trasnochamos° frente a la pantalla chica.° Es que el Festival atrapa con la incertidumbre de la competencia° y el espectacular show renovado año tras año. Sólo se habla del Festival. Nadie se acuerda de la política, la economía u otros temas contingentes.

charm
periódicos / *put aside*
turning aside / evento

pasar toda la noche / *TV screen*
competition

"La semana del amor, de la música y la ilusión...," por Hernán Gálvez, La gaviota de la ilusión, *por Hernán Gálvez G., Editado por Mompracem, Santiago, Chile.*

---

*Note the use of the words *televisor* for television set and *televisión* for television viewing.

Preguntas

1. ¿Qué acontecimiento artístico de los Estados Unidos atrae tanta atención pública como el Festival de la Canción?
2. ¿Qué otros acontecimientos (políticos, educacionales, comerciales, etcétera) atraen tanta atención pública en los Estados Unidos o el Canadá como el Festival de la Canción?

GRAMÁTICA FUNCIONAL

In this section, you will learn to express your feelings, attitudes and opinions.

Subjunctive Following Expressions of Emotion and Opinion

In the previous lesson, you learned how to use the present subjunctive to express wishes and requests. Spanish speakers also use the subjunctive mood to express a wide range of emotions and opinions.

How to use the subjunctive

1. Spanish speakers often use verbs of emotion to express their feelings, and impersonal expressions to express their opinions.

   SOME VERBS OF EMOTION

   alegrarse (de) *to be glad*
   esperar *to hope*
   gustar *to like*
   molestar *to bother*
   preocuparse (de) *to worry*
   quejarse (de) *to complain*
   sentir (ie, i) *to be sorry*
   sorprender *to surprise*
   temer *to fear*

   SOME IMPERSONAL EXPRESSIONS

   es raro *it's odd*
   es mejor *it's better*
   es lógico *it's logical*
   es ridículo *it's ridiculous*
   es bueno/malo *it's good/bad*
   es importante *it's important*
   es (im)posible *it's (im)possible*
   es una lástima *it's a shame*
   es (in)necesario *it's (un)necessary*

2. Verbs of emotion and impersonal expressions are followed by the subjunctive when the subject of the dependent clause is **different** from the subject of the independent clause.

   Change of subject

   (Yo) espero que **(nosotros) nos divirtamos** mucho.
   Independent clause   *Dependent clause*

3. In the examples below, the first verb (in italics) is in the independent clause, and the second verb (in boldface) is in the dependent clause; the two clauses are separated by the word *que*.

   Siento que no **te guste** la película.   *I'm sorry you don't like the film.*
   Me sorpende que **sea** tan mala.   *It surprises me that it's so bad.*
   Temo que no **haya** ninguna mejor.   *I'm afraid there's no better one.*
   Es bueno que Uds. **corran** las olas.   *It's good that you go surfing.*
   Es raro que no te **guste** el golf.   *It's strange you don't like golf.*

4. When an independent clause contains a verb of influence or an impersonal expression but has only **one subject,** the verb in the dependent clause must be in its infinitive form. Compare the following sentence pairs.

   One subject

   (Yo) *Espero* **mirar** ese programa.

   Change of subject

   (Yo) *Espero* que *Ud.* **mire** ese programa.

   One subject

   Es normal **quejarse** a veces.

   Change of subject

   Es normal que *Rona* **se queje** a veces.

5. One way to express your hopes and desires is to use verbs like *esperar, desear* and *querer*. Another way to express those feelings is to use the expression *ojalá (que)* with the subjunctive. This expression has several English equivalents including: let's hope that..., I hope that..., and hopefully. *Ojalá (que)* is **always** followed by the subjunctive whether there is a change of subject or just one subject. The word *que* is often used after *ojalá* in writing, but it is often omitted in conversation.

OJALÁ (QUE) + SUBJUNCTIVE

Ojalá lo **pases** bien en Viña.	*I hope you have a good time in Viña.*
Ojalá que **pueda** ir algun día.	*I hope I can go some day.*

Manos a la obra

A **Dos hermanos.** Complete las siguientes oraciones para conocer un poco mejor a Luis y a Rona Weissman.

   Modelo: Rona tiene quince años. Es normal que ella _____ (ir a fiestas / expresar sus opiniones)
   Es normal que ella vaya a fiestas.
   Es normal que ella exprese sus opiniones.

1. A Rona no le gusta mirar los programas deportivos. Es posible que ella _____ (no ser deportista / no jugar ningún deporte / preferir escuchar discos o cintas / pasar mucho tiempo hablando por teléfono)

2. Luis está enamorado de María Cristina. Es una lástima que ella _____ (ya tener novio / casarse en abril / no vivir en Santiago / no saber que Luis la quiere)

3. Luis y su hermana Rona tienen muchos conflictos. Es normal que ellos _____ (discutir mucho en casa / decirse malas cosas, a veces / darse consejos el uno al otro / no siempre estar de acuerdo / gritarse mucho)

B **Telemundo.** Exprese sus opiniones usando las expresiones entre paréntesis, como en el ejemplo.

   Ejemplo: En los Estados Unidos ponen muchas telenovelas por la tarde. (¿Es eso bueno o malo?)
   Es bueno que pongan tantas telenovelas por la tarde.
   o *Es malo que pongan tantas telenovelas por la tarde.*

1. No se ven muchas películas de países hispánicos en la televisión norteamericana. (¿Es eso bueno o es una lástima?)

2. Hay pocos anuncios comerciales en el canal público de televisión en los Estados Unidos. (¿Es eso bueno o malo?)

3. Los niños canadienses ven muchos anuncios comerciales los sábados por la mañana. (¿Es eso absurdo o lógico?)

4. El Primer Ministro de la Unión Soviética se comunica con el público por la televisión. (¿Es eso ridículo o importante?)

5. En el futuro vamos a poder seleccionar más de doscientos canales diferentes de televisión. (¿Es eso probable o imposible?)

C ¡Ojalá! Usando la expresión **ojalá**, escriba diez deseos que a Ud. le gustaría realizar dentro de tres años. Luego, compare sus deseos con los de un(a) compañero(a) de clase.

Ejemplos: *Ojalá que me case con mi novia. Ojalá que ella no se enamore de otro chico.*

Charlemos

A ¿Qué piensa Ud.? Pregúntele a otro(a) estudiante sus opiniones sobre concursos *(contests)* como la Reina del Festival, Mr. World, Miss America, Miss Universo, etcétera.

1. ¿Qué piensas de concursos como Miss America? 2. ¿Qué te gusta o qué te molesta de este tipo de concurso? 3. ¿Qué es lo bueno de esos concursos? ¿Qué es lo malo de ellos? 4. Ahora, piense Ud. por un momento en una mujer joven que acaba de ganar el concurso de Miss Universo. ¿De qué se alegra ella? ¿De qué tiene miedo? ¿Qué esperan sus padres? ¿Qué temen? ¿De qué se pueden quejar un poco?

B ¿Está Ud. de acuerdo? Primero, escriba algunas de sus opiniones, positivas y negativas sobre alguna persona, lugar, evento o alguna condición, como en los ejemplos. Luego, léale sus opiniones a otro(a) estudiante, quien debe reaccionar positiva o negativamente, como en los ejemplos.

Ejemplos: A: *Es normal divertirse los fines de semana.*
B: *Estoy de acuerdo.*
A: *Es una lástima que no te diviertas más.*
B: *No estoy de acuerdo. Me divierto mucho.*

1. Opiniones positivas

   Es bueno (que)...   Es mejor (que)...
   No es malo (que)... Es importante (que)...
   Es natural (que)... Es interesante (que)...

2. Opiniones negativas

   Es malo (que)...   Es ridículo (que)...
   Es terrible (que)... Es una lástima (que)...

C **Un debate.** Escriba sus reacciones a dos o tres de los siguientes temas. Luego, forme un grupo con otros dos o tres estudiantes y discutan sus opiniones sobre estos temas.

Ejemplos: los concursos de Miss Universo
   A: *Me alegro que tengan esos concursos. Les dan muchas oportunidades profesionales a las chicas que ganan.*
   B: *No estoy de acuerdo. Es malo que pongan esos concursos en la tele. Las chicas son personas, no objetos.*

1. la violencia en los dibujos animados
2. las películas viejísimas a medianoche
3. la repetición de programas en el verano
4. la influencia de las noticias internacionales
5. la cantidad de programas deportivos los sábados
6. los programas educativos a las seis de la mañana
7. los anuncios comerciales cada diez o quince minutos
8. el sexo explícito en las telenovelas norteamericanas

NOTAS CULTURALES

Música y danzas folklóricas hispanas

Los hispanos han contribuido al mundo una gran variedad de música y danzas folklóricas. Cada región en España y cada país en Latinoamérica tiene su propia música y sus propias danzas características.

España, por ejemplo, es famosa por el baile y la música flamenca, popularizada por los gitanos de Andalucía, una provincia en el sur del país. En Cataluña, una provincia situada en el noreste de España, se

> originó la sardana, una danza antigua en ronda. La jota es una típica danza rápida de la provincia de Aragón, ubicada en el norte de España.
>
> La música latinoamericana tuvo tres influencias principales: la española, la india y la africana. Los instrumentos de cuerda como la guitarra, la mandolina y el arpa son de origen español. Los instrumentos de viento, especialmente la flauta, demuestran la influencia indígena en la música de Latinoamérica. Los instrumentos de percusión, tales como el tambor y el bongó, son de influencia africana. Como en España, cada región o país en Latinoamérica tiene su rasgo distinto en la música, el cual es determinado por la influencia dominante. Por ejemplo, el compositor mexicano Carlos Chávez, incorporó en su música los temas y ritmos de ritos ceremoniales de los indios aztecas, mayas e incas. Muchos bailes populares como el tango, la conga, la rumba, la salsa, la samba, el mambo, la cumbia, el bossa nova, el merengue y el chachachá tienen su origen en Latinoamérica.

Gramática funcional

In this section, you will learn to express doubt and indefiniteness.

Subjunctive Following Expressions of Uncertainty and Indefiniteness

Spanish speakers also use the subjunctive mood to express doubt, uncertainty, disbelief, unreality, nonexistence and indefiniteness.

How to use the subjunctive

1. Spanish speakers use different verbs and expressions to communicate uncertainty. These verbs and expressions are used like those shown in the previous section.

dudar	to doubt	*Dudo* que Rona **esté** muy enojada.
es dudoso	it's doubtful	*Es* dudoso que la niña **tenga** novio.
no creer	to not believe	*No creo* que la chica **sea** muy mala.
no estar seguro	to be uncertain	*No estoy* seguro que ella **tenga** celos.
quizás	perhaps, maybe	*Quizás* Rona no **sepa** divertirse.
tal vez	perhaps, maybe	*Tal vez* la joven **necesite** amigos.

2. Whether to use the indicative or the subjunctive often depends upon the degree of certainty or uncertainty of a statement. When Spanish speakers know or accept something to be certain, they tend to use the indicative mood. When they are unsure or skeptical about someone or something, they tend to use the subjunctive mood. Compare the following pairs of questions and sentences.

   ¿Crees que Rona **está** enojada?   (Indicative: Rona **is** angry.)
   ¿Crees que Rona **esté** enojada?   (Subjunctive: Rona **may be** angry.)
   Quizás **se siente** mejor ahora.   (Indicative: She **feels** better.)
   Quizás **se sienta** mejor ahora.   (Subjunctive: She **may feel** better.)

3. Spanish speakers use the indicative mood to refer to people and things they are certain about and believe to be true.

   > Conozco un festival chileno que **es** maravilloso. Se llama el Festival de la Canción. Creo que lo **presentan** cada febrero en Viña del Mar donde **hace** buen tiempo todo el año.

   The speaker tells us about a festival he knows about. He also knows its name, when and where it takes place, and how the weather is there. Because the speaker knows these facts or feels certain about them, he uses the indicative after *que*.

   On the other hand, Spanish speakers use the subjunctive after what is indefinite or unknown to them; that is, they are not sure whether the people, places, things or conditions they are describing exist or they do not believe they exist at all.

   > Quiero vivir en una ciudad que **sea** tan bonita como Viña del Mar, pero prefiero una que no **cueste** tanto para vivir. Busco una ciudad que **esté** limpia, que no **tenga** mucha violencia y que **esté** cerca del mar.

   Now the speaker tells us about an idealized city he is searching for. The city must have certain qualifications such as being in a beautiful location, be inexpensive, clean, have a low crime rate and be near the sea. So far, however, he has not found such a city, nor is he certain that he will find one. Because of his doubt and uncertainty about the situation, he uses the subjunctive after *que*. Note that the use of the indicative or the subjunctive does **not** depend on the concept conveyed by the verb in the independent clause.

¡Cuidado! The personal *a* is used before a direct object that refers to a specific person (in the indicative). But if the person referred to is not specified, omit the personal *a*, except before *alguien, nadie, alguno,* and *ninguno*.

¿Conoces **a** alguien que vaya al Festival?   (**a** + **alguien**)
Conozco **a** María Cristina que es cantante.   (**a** + specific person)

But: Necesito un amigo que vaya conmigo. (omit *a* —non-specific person)

Manos a la obra

A **Dos amigos.** Con otro(a) estudiante, complete las siguientes conversaciones entre Luis y Jorge, según el modelo. En la columna a la derecha hay posibilidades para completar la segunda oración.

Modelo: Luis: Mis padres creen / (yo) estudiar mucho
Jorge: ¿Cómo? no creo / (tú) estudiar mucho porque...
Luis: *Mis padres creen que estudio mucho.*
Jorge: *¿Cómo? No creo que estudies mucho porque eres perezoso.*

1. J: Quizás / comprarme un radio portátil
   L: Dudo / (tú) comprar uno porque...
2. L: Creo / (yo) ir al centro ahora mismo
   J: No creo / (tú) ir ahora porque...
3. J: Quiero / tú y yo volver a Viña del Mar
   L: Es dudoso / (nosotros) poder porque...
4. J: Mis padres creen / (yo) ser perezoso
   L: No dudo / (tú) ser trabajador porque...
5. L: Mi hermana no está segura / (yo) quererla
   J: No hay duda / (tú) quererla porque...

siempre estás ocupado
tienes poco tiempo
le diste un beso ayer
eres perezoso
hace muy mal tiempo
hablas sólo de ella
tenemos que estudiar

B **¡Qué molestias!** Cuando Luis y Jorge fueron a Viña del Mar, fueron a un hotel. Después de ver su cuarto *(room)*, los dos jóvenes se quejaron un poco. ¿Qué le dijeron al recepcionista?

Modelo: queremos un cuarto / tener dos camas
Queremos un cuarto que tenga dos camas.

PREGUNTAS SOBRE EL CUARTO:

1. ¿no hay ningún cuarto / estar en el tercer o cuarto piso?
2. ¿es posible darnos un cuarto / tener vista del mar?
3. ¿no tiene Ud. otros cuartos / costar un poco menos?
4. ¿hay alguien / poder subir nuestras maletas, por favor?

PROBLEMAS CON EL CUARTO:

5. deseamos un cuarto / no estar tan pequeño como ése
6. queremos otro cuarto con una ducha / funcionar mejor
7. buscamos una empleada / saber hacer bien las camas

C ¿Qué cree Ud.?   Escriba una lista de cinco ideas en las cuales Ud. cree, y otra lista de cinco ideas en las cuales Ud. no cree. Luego, léale sus ideas a otro(a) estudiante, quien debe reaccionar a ellas.

Ejemplo: Creo que la dieta es muy importante.
No creo que se deba comer mucho azúcar.

TEMAS POSIBLES:

1. La educación: los colegios, las universidades, los profesores, los administradores, los problemas, las tensiones
2. La familia: la influencia de los padres, las obligaciones de los niños, el rol de los abuelos, la familia del futuro
3. La buena salud: la dieta, el ejercicio, las comidas buenas y malas
4. La vida social: los pasatiempos, los cines y teatros, las relaciones personales, el matrimonio, el divorcio
5. La sociedad: la política, la religión, las drogas, la violencia, la televisión, los líderes, los héroes
6. El universo: la creación del universo, la exploración del espacio, la vida extraterrestre, el futuro de la humanidad

Charlemos

A **El futuro incierto.**   No hay otra cosa más incierta que el futuro. Converse con un(a) compañero(a) de clase sobre sus ambiciones.

Ejemplo: Algún día quiero vivir en un lugar que esté cerca del mar...etc.

Algún día quiero vivir en un lugar que... Para vivir allí sé que..., pero dudo que... No estoy seguro(a) que... en ese lugar, pero creo que... allí. En ese lugar, hay personas que realmente... . Por eso, quizás...

B **Un gran evento.** Descríbale a un(a) compañero(a) de clase un evento importante que Ud. celebra en su familia, su universidad o en su ciudad. Los verbos y las expresiones entre paréntesis son sólo sugerencias; Ud. puede usar otros.

Dígale...

1. el nombre del evento en español o en inglés. **(llamarse)**
2. la fecha y el lugar del próximo evento. **(es probable que..., ser)**
3. las actividades más interesantes del evento. **(es posible...)**
4. las actividades prohibidas del evento. **(no es posible...)**
5. su opinión sobre el evento. **(creo que...)**
6. lo que Ud. pone en duda de esa celebración. **(no creo)**
7. lo que va a pasar en la próxima fecha del evento. **(tal vez)**

Un poco más

¡Escuche!

Usted va a escuchar parte de un programa del radio.

1. ¿Cuál es la fecha del programa?
2. ¿Cuál es la noticia del día?
3. ¿Quiénes son los candidatos?
4. ¿Le gusta a Pacho Ferrer la película?
5. Write a headline in Spanish that would appear in the newspaper on the same day of this broadcast.

Perspectivas

La televisión forma una parte esencial de la vida moderna, y es importante mirarla correctamente para preservar la salud de la vista. ¿Está seguro(a) de que sabe lo suficiente al respecto? Complete este "test," y Ud. va a saber la verdad.

¿VERDADERO O FALSO?

1. Es mejor observar la televisión en la oscuridad o en la penumbra que con la pieza° iluminada de modo regular. — cuarto
2. Los televisores deben colocarse al nivel° de la vista. — level
3. Es un mito° que resulte perjudicial sentarse muy cerca del televisor. En realidad, cualquier sitio es bueno. — myth
4. El mejor asiento para ver televisión debe ser amplio y suave, del tipo que invita a "derrumbarse"° cómodamente haciendo un ovillo° con las piernas. — to plunk oneself down / knot
5. No es conveniente ejecutar otra labor (hacer ejercicios, tejer,° planchar° la ropa, etc.) mientras se mira televisión. — knit / iron

RESPUESTAS

1. Falso. Los especialistas de la visión recomiendan que se ilumine la pieza en la forma normal. El contraste entre la pantalla iluminada y los alrededores oscuros requiere constantes ajustes de los ojos, lo que a la larga puede cansar la vista.
2. Verdadero. Es lo mejor para la vista, y por otra parte evita tensiones y contracciones en el cuello, la espalda, etc. Sobre todo, no debe nunca mirar la televisión tendida boca abajo en el piso, con la barbilla apoyada en una mano y el cuello extendido hacia arriba.

3. Falso. Sí, su mamá tenía razón cuando la aconsejaba de niña no acercarse mucho al televisor. Eso es precisamente lo que recomiendan hoy los expertos (sólo que ellos fijan alrededor de cinco veces la anchura de la pantalla como la distancia ideal para sentarse).

4. Falso. Cualquier asiento que ayude a adoptar una postura de "rosca" o de "caracol," tan perjudicial para el cuerpo, no debe usarse. El asiento perfecto es una butaca cómoda, con dos brazos y un respaldo recto, que proporcione un buen soporte a la espalda. La parte alta de la espalda debe descansar en la silla, y la parte baja un poco separada para que se mantenga derecha. En cuanto a las piernas, lo mejor es elevarlas (aunque sea por medio de una banqueta) para que queden paralelas al piso.

5. Falso. En realidad, lo más indicado es dar un descanso a los ojos mirando ocasionalmente hacia otro sitio. En todo caso, si se está mirando la televisión continuamente, es recomendable levantarse cada hora y realizar cualquier otra actividad (aunque sea regar las plantas) durante unos cinco minutos.

"Mirando la televisión: Un 'test' útil," De todo un poco, *Año 1, No. 9, 27 de septiembre de 1988, página 21.*

¿Comprendió Ud.? Mire el siguiente dibujo y dígale a otro(a) estudiante lo que es correcto e incorrecto, según la lectura.

¡Escriba!

Con un compañero(a) de clase, escriba otra prueba útil con respuestas sobre uno de los siguientes tópicos. Luego, intercambien su prueba con la de otra pareja y complétenla juntos.

1. Cómo estudiar
2. Cómo broncearse
3. Cómo hacer amigos
4. Cómo comer muy bien
5. Cómo hacer ejercicio
6. Cómo andar en bicicleta

Situaciones

Lea la siguiente página de un teleguía y piense en los programas que a Ud. le gustaría ver y los que no le gustaría ver. Luego, compare sus gustos con un(a) compañero(a) de clase.

9:30

2 VALORES JUVENILES. GRAN FESTIVAL DE TRIUNFADORES. Raúl Velasco presenta la primera fecha eliminatoria, con Los Jay Bos: "Nieve de Limón", de A. Etiene; Mi Sol: "Corazón en Llamas", de Pablo Pinilla; José Luis Duval: "Loc de Recuerdos", de Mario Arturo y Eduardo Rodríguez; Daffné: "Disfraz", de Campos y Riba; Juan Santana: "Sara", de él mismo; Marcela: "Directo al Corazón", de Pablo Pinilla. Invitados especiales: Lara y Monarres. Producción y dirección general: Raúl Velasco.

5 ALFRED HITCHCOCK. Teleteatro de suspenso y ficción.

7 LAS BUENAS COSTUMBRES. Miniserie.

9 MEXICO EN LA CULTURA. Presenta: DE OPERA Y DANZA. Documental.

10:00

5 EL RETORNO DE MIKE HAMMER. Aventuras.

7 DIA A DIA. Noticiario. José Cárdenas.

11 PELICULA. El Hombre de Bronce. (Melodrama). ★★★ Burt Lancaster, Charles Pickford. Historia del atleta, indio piel Roja que compitiera en los Juegos Olímpicos de 1912, por los Estados Unidos y que ganara una cantidad impresionante de medallas.

10:30

2 CAMBIO CON RUMBO. Entrevistas, reportajes. Ricardo Rocha.

4 PELICULA. En Busca del DC-3. (Thriller). ★★★ Donald Pleasence, Ken Wahl. Un viejo alcohólico descubre por casualidad un avión medio hundido en un lago y cargado de barras de oro. Su hallazgo lo comunica a dos jóvenes, sin embargo otros también andan tras el oro.

7 SOBRE EL TERRENO DEL JUEGO. Presenta: Los aspectos más importantes de la jornada dominical del Campeonato mexicano. Entrevistas, resultados de la Segunda División. Futbol en Europa.

9 CONCIERTOS CON LA ORQUESTA FILARMONICA DE LA CIUDAD DE MEXICO. Música clásica.

11:00

2 NOTIVISA. Noticiario.

5 PELICULA. Eslabón Extraterrestre. (Ciencia Ficción). ★★★ Narrado por Rod Sterling. El creador de la popular serie de La Dimensión Desconocida, es el narrador de esta cinta en la que se analiza una conexión de fiera del espacio.

Vocabulario

Sustantivos

el/la cantante singer
el concurso contest
la confianza confidence
el cuarto room
la duda doubt
la esperanza hope
el grito shout
la lástima shame, pity
el partido game, match
la reina queen
la sorpresa surprise
el título title

Programas de televisión

los dibujos animados cartoons
el documental documentary
las noticias news
la película de ciencia ficción science fiction movie
la película de guerra war movie
la película de intriga mystery movie
la película del oeste western
el programa de concursos quiz show
el programa de entrevistas talk show
el programa deportivo sports program
el programa educativo educational program
el pronóstico del tiempo weather report

Adjetivos

culminante culminating
dudoso doubtful
espontáneo spontaneous
lógico logical
raro odd, strange
ridículo ridiculous

Verbos

alegrarse de to be glad
callarse to be quiet
dejar to leave
dudar to doubt
esperar to hope
poner to turn on, to show (movie)
quejarse (de) to complain
sentir (ie, i) to be sorry
sorprender to surprise
temer to fear

Expresiones idiomáticas

Creo que no. I don't think so.
Creo que sí. I think so.
¿De veras? Really?
¿En serio? Really?
Espero que no. I hope not.
Espero que sí. I hope so.
estar seguro to be certain
(no) estar seguro to be uncertain
¡No me diga(s)! You're kidding!
¡Ojalá! Hope so.
¡Ojalá lo pase(n) bien! Hope you have fun!
otra vez again
¡Pobrecito(a)! Poor thing!
¡Qué bien! Great! How nice!
¡Qué lástima! What a shame!
¡Que se divierta(n) Ud(s).! Have a good time!
¡Qué va! Come on!
quizás perhaps, maybe
tal vez perhaps, maybe
tú mismo yourself
¡Vaya! Come on!

LECCIÓN 15

¡Qué sorpresa!

COMMUNICATIVE GOALS The students will be able to discuss and write about actions, conditions and events taking place at a specific time.

LANGUAGE FUNCTIONS Expressing emotions ♦ Narrating in the past ♦ Expressing future plans

VOCABULARY THEMES Words and expressions of emotion

GRAMMATICAL STRUCTURES Subjunctive in adverbial clauses ♦ Past (Imperfect) subjunctive

CULTURAL INFORMATION Hispanic sweethearts ♦ Hispanic marriages

ANTES QUE NADA

Summarizing a reading passage can help you connect the ideas in the text with a string of related ideas that represent the essence of the passage itself. Some guidelines in writing a summary are as follows:

1. Notice how the text is organized and laid out.
2. Underline the most important words and phrases in the passage.
3. Box the topic sentence of the passage and circle the main ideas in it.
4. Use your own words, rather than copying verbatim from the passage.
5. Do not include your personal reactions and ideas in the summary.
6. Avoid the following common errors in summary writing:

   - too long
   - too short
   - wrong key ideas
   - too many details
   - main ideas not expressed
   - key ideas do not stand out

Querido Dick:

No estoy segura de que me pueda ayudar. Hace seis meses cumplí veinte años y tengo una vida social saludable. Disfruto el ser soltera y nunca pensé que me gustaría cambiar. Eso fue hasta hace poco. Hay un joven llamado Pedro, guapo, muy bueno y con gran sentido del humor. Cada vez que nos vemos el cielo se me abre. Sé que él me desea y yo a él, tanto que deseo gritar. Pero hay un problema, él se ve con mi amiga Lisa. Están saliendo desde hace un tiempo y no les ha ido mal. Lo que quiero decir es que a ella le gusta, pero no lo quiere; se ve con él por no estar sola. Pero mientras tanto, yo estoy loca por Pedro.

Dick, Lisa es una vieja amiga y me moriría si ella se enfada por robarle su novio, pero temo que se aleje y que pierda la oportunidad de vivir la vida con un hombre que me atrae tanto. ¿Debo decirle a Lisa cómo me siento, debo decírselo a Pedro y dejar que él sea el que confronte la situación? Por favor, Dick, apúrese. Me estoy volviendo loca, especialmente cuando los veo juntos y me digo que Pedro podría ser más feliz conmigo.

Firmado: "Enamorada del novio de una Amiga".

Estimada "Enamorada...".

Estás corriendo el riesgo de perder una buena amiga. Desde aquí, no estoy seguro si esa amistad con Lisa puede pasar esta prueba. Si crees que puedes hacerlo, pregúntale. Esto te dá dos alternativas: Dejar que Pedro hable con Lisa acerca de la situación de sus relaciones y su deseo de entablar una relación contigo, o esperar pacientemente que ellos rompan su amistad amorosa, de la forma que sea. Quizás Lisa te sorprenda y deje a Pedro, pero esto es una linea muy fina. Por favor, déjame saber qué ha pasado. Me gustaría también saber de otros lectores que se encuentren en la misma situación.

1. Write a summary of the letter in 15 words or less.
2. Summarize the advice given in one sentence.

En contexto

 El 14 de marzo Leticia Landeros, la novia de Jorge Grandinetti, recibió la siguiente invitación de su amigo, Gregorio Vega.*

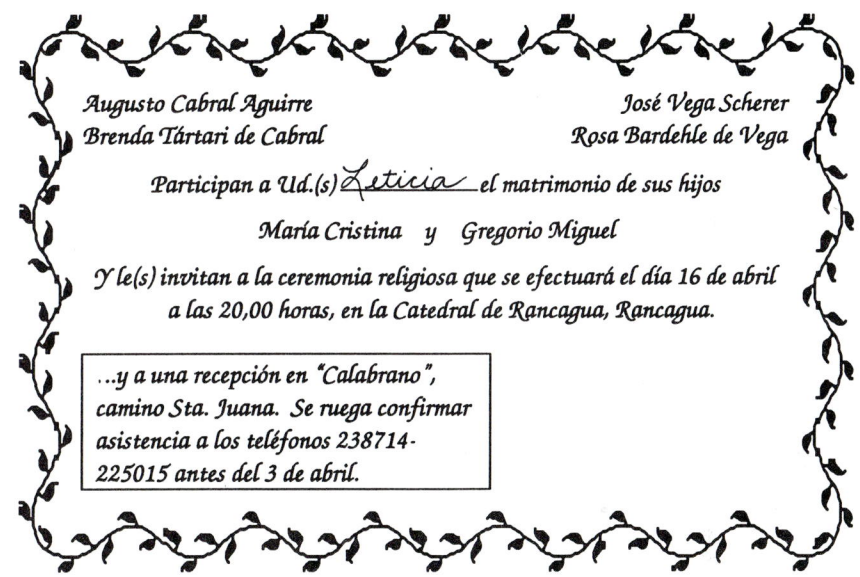

Augusto Cabral Aguirre
Brenda Tártari de Cabral

José Vega Scherer
Rosa Bardehle de Vega

Participan a Ud.(s) *Leticia* el matrimonio de sus hijos

María Cristina y Gregorio Miguel

Y le(s) invitan a la ceremonia religiosa que se efectuará el día 16 de abril a las 20,00 horas, en la Catedral de Rancagua, Rancagua.

...y a una recepción en "Calabrano", camino Sta. Juana. Se ruega confirmar asistencia a los teléfonos 238714-225015 antes del 3 de abril.

Leticia se alegró mucho que su amigo se casara y, por eso, llamó por teléfono a Jorge para invitarlo a acompañarla al matrimonio.

—Aló.
—Hola, Jorge. ¿Cómo estás?
—Bien, mi amor. ¿Qué tal?
—Muy bien. Oye, Jorge, ¿sabes qué? Acabo de recibir muy buenas noticias de mi amigo Gregorio Vega. Se va a casar el próximo mes con María Cristina Cabral Tártari.
—¡No me digas! ¿Con la Reina del Festival de la Canción?
—Sí, dice la invitación que se van a casar el 16 de abril en Rancagua.[1] ¿Quieres ir conmigo al matrimonio?

---

*In Chile, the names for different stages of courtship are as follows: *amigos* (friends), *pololos* (sweethearts), and *novios* (fiancés). In most other Hispanic countries, people use the words *novios* to mean both "sweethearts" and "fiancés."

—Claro que sí, Leticia. ¡Muchas gracias! ¿Sabes qué? Luis va a ponerse triste cuando yo le diga del matrimonio porque adora a María Cristina.
—Ya lo sé, pero así es la vida, ¿no? Bueno, ahora voy a llamar a Gregorio para felicitarlo. Chao, Jorge.
—Chao, Leticia.

Después de un mes, llegó el día del matrimonio. A las 8:00 de la noche más de cien familiares y amigos de María Cristina y Gregorio participaron en la ceremonia religiosa del matrimonio en la Catedral de Rancagua. Pronto llegó Gregorio, que llevaba un elegante traje negro. Estaba felicísimo, pero un poco nervioso. A las 8:30 llegó el Sr. Cabral con su hermosa hija vestida de blanco. A Gregorio le pareció un ángel.

Por fin, comenzó la marcha nupcial.° Gregorio y María Cristina caminaron lentamente por el pasillo° de la catedral hacia el altar. El padre Contreras inició la celebración de la misa y los novios prometieron cumplir con todas las responsabilidades del matrimonio. La ceremonia fue tan emocionante que lloraron algunos de los invitados. Después, los invitados les echaron arroz a los novios, quienes fueron en auto a un estudio de fotografía para que el fotógrafo les sacara fotos formales. Mientras tanto,° los invitados fueron al restaurante Calabrano para tomar una copa y esperar a la pareja.°

Una hora más tarde llegó Gregorio con su esposa. Todos los aplaudieron y los abrazaron y besaron. Después de un brindis,° la pareja y sus invitados entraron en un salón comedor para disfrutar° del banquete que fue realmente exquisito: palta Reina, consomé de ave, filete Rossini con ensalada surtida, vino tinto y blanco, y café con torta mil hojas.[2]

Después de esta suculenta cena, la orquesta comenzó a tocar música moderna y todos los invitados bailaron, hasta el abuelo de María Cristina, un simpático señor de ochenta y tres años. También bailaron la cueca[3] en que Jorge y Leticia salieron expertos. Más tarde, María Cristina tiró un ramo° de flores a las solteras y Leticia lo agarró.° Gregorio le quitó una liga° a su esposa y se la tiró a los solteros. Un primo de María Cristina la agarró. Luego, los dos ganadores° bailaron juntos.

Más tarde, Gregorio y María Cristina cortaron la torta de novios, que a todos les gustó mucho. Luego, el papá de Gregorio hizo un brindis por la felicidad de la joven pareja:

—María Cristina y Gregorio: espero que Uds. tengan mucha felicidad en su nueva vida, que pasen muchos años juntos en buena salud y que siempre estén tan contentos y tan enamorados como lo están en este momento feliz. ¡Muchas felicidades!

Todos aplaudieron y repitieron "¡Muchas felicidades!" y tomaron una copa de champán en honor de los recién casados. Luego, bailaron y bebieron hasta las 5:00 de la mañana.

wedding march
aisle

In the meantime
couple

toast
to enjoy

bouquet
caught / garter

winners

Notas de texto

1. Rancagua is a city of about 250,000 inhabitants located about 50 miles south of Santiago, the capital of Chile.
2. This menu typifies Chilean cuisine: *palta Reina* (a half avocado stuffed with chicken and topped with mayonnaise; *consomé de ave* (chicken broth); *filete Rossini* (steak served with onions and small potatoes); *ensalada surtida* (mixed salad of lettuce, tomatoes, avocado and beets); and *torta mil hojas* (cake with thin, crusty layers).
3. *La cueca* is the national dance of Chile. The instruments that are played to accompany this dance are the guitar, accordion, harmonica, harp and *caja* (a kind of drum).

¿Comprendió Ud.?

A. (Skimming) Lea la lectura rápidamente, luego haga los siguientes ejercicios.

1. ¿Cuál es el tema principal de esta lectura?
2. Indique el título más apropiado que describa la lectura.

    a. ¿Quieres casarte conmigo?
    b. El matrimonio de una reina
    c. Cuando se casa muy joven
    d. Un matrimonio primaveral

B. (Scanning) Lea la lectura otra vez. Luego complete las siguientes oraciones lógicamente.

1. ¿Cómo se llaman los padres del novio? ¿Y de la novia?
2. Indique el orden cronológico (1 → 5) de las acciones de la lectura.

    _____ Leticia recibió una invitación al matrimonio de Gregorio Vega.

    _____ Los invitados al matrimonio disfrutaron de una cena exquisita.

    _____ Gregorio Vega Bardehle se casó con la Reina del Festival.

    _____ Después de cortar su torta, los novios bailaron juntos.

    _____ El papá de Gregorio hizo un brindis por los recién casados.

3. En un párrafo breve, escriba sus impresiones del matrimonio.

Vocabulario Útil

In this section you will learn additional words and phrases for expressing your feelings in Spanish.

Cómo hablar de sus emociones

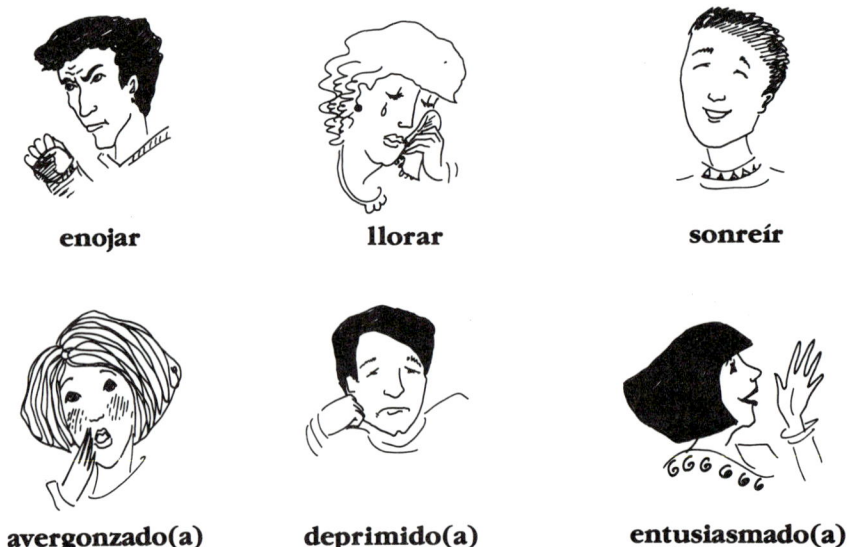

enojar   **llorar**   **sonreír**

avergonzado(a)   **deprimido(a)**   **entusiasmado(a)**

disfrutar (de) *to enjoy*
enojarse (con) *to get angry (with)*
mentir (ie, i) *to lie*
perdonar *to forgive*
desilusionado(a) *disappointed*
¡Qué barbaridad! *How awful! What an outrage!*
¡Qué lata! *What a nuisance! What a bore!*
¡Qué sorpresa! *What a surprise!*
¡Qué suerte! *How lucky! What luck!*
¡Qué susto! *How scary!*
¡Qué vergüenza! *How embarrassing! Shame on you!*
¡Son puras mentiras! *What a pack of lies!*

Practiquemos

A **Dos puntos de vista.** Lea las siguientes circunstancias de Leticia y su primo, Bernardo. Luego, indique cómo es la salud mental de cada persona. (Hay más de una respuesta.)

1. Leticia es una persona de mucho entusiasmo. Ella...
   a. disfruta de la vida.
   b. se enoja fácilmente.
   c. sonríe frecuentemente.
   d. por lo general está deprimida.
   e. perdona a los que le hacen mal.

2. Bernardo está deprimido. Él...
   a. llora fácilmente.
   b. se siente muy triste.
   c. por lo general es optimista.
   d. se siente solo frecuentemente.
   e. no se preocupa por cosas pequeñas.

B **Situaciones.** Imagínese que Ud. asistió al matrimonio de Gregorio y María Cristina. Lea cada una de las siguientes situaciones, luego, con una expresión de la lista, indique la reacción apropiada.

Ejemplo: Ud. recibe una invitación al matrimonio, pero su amiga no recibe ninguna y, por eso, está bastante desilusionada. Quizás Ud. pueda decirle: *¡Qué lástima!*

¡Qué barbaridad!	¡Qué lástima!	¡Qué susto!
¡Qué bien!	¡Qué sorpresa!	¡Qué vergüenza!
¡Qué lata!	¡Qué suerte!	¡Qué _____!

1. Ud. está en la misa del matrimonio y Gregorio no puede encontrar el anillo de la novia. Parece muy preocupado.
2. Por fin, Gregorio encuentra el anillo, que está en su saco. El joven está un poco avergonzado.
3. Después de la ceremonia religiosa, los novios salen de la catedral y todos los invitados los aplauden. ¿Qué les dice Ud.?
4. Está muy nublado hoy. De repente, comienza a llover bastante duro y todos corren a su auto. Usted también.
5. Durante la fiesta de matrimonio, Ud. agarra el ramo (la liga), lo que indica que Ud. se va a casar pronto. Todos esperan su reacción.

6. Mientras Gregorio y María Cristina están bailando, ésta se cae. Ud. quiere decirle algo apropiado.
7. Usted saluda a una amiga que no ha visto en cinco años. Usted no puede creerlo. ¿Qué va a decirle a su amiga?

NUPCIAS. Se juraron amor eterno, durante ceremonia religiosa en la Iglesia de Saint Dominic, la gentil señorita Ana Margarita Fernández, hija del señor Manuel Fernández y señora, Carmen Frías de Fernández, y el correcto caballero José Mendaña, hijo de la señora Felícita Capote vda. de Mendaña. El señor Mendaña es egresado de la East Carolina University y su joven esposa, de la Universidad Internacional de Florida. Para ellos, nuestros votos por su dicha imperecedera.

C **Una conversación breve.** Converse con un(a) compañero(a) de clase. Siga el modelo.

Modelo
A: *Estoy un poco deprimido(a) hoy.*
B: *¿Por qué?*
A: *Estoy preocupado(a) por mi papá.*
B: *¿Qué le pasa?*
A: *Está muy enfermo.*
B: *¡Qué lástima!*

Su conversación
A: Estoy un poco _____ hoy.
B: ¿Por qué?
A: _____.
B: ¿_____?
A: _____.
B: ¡Qué _____!

Notas culturales

Los novios hispanos

Las costumbres tradicionales de salir en pareja están cambiando rápidamente en Latinoamérica y en España pero, por lo general, todavía son distintas de las costumbres norteamericanas. Los jóvenes hispanos comienzan a participar en actividades coeducacionales en grupos alrededor de los catorce años. Ellos salen juntos al cine, a fiestas, a la playa y a eventos deportivos. Generalmente, los jóvenes hispanos comienzan a salir en pareja a una edad mayor que la de la mayoría de los jóvenes norteamericanos, y aun así están más restringidos que ellos. A veces, ya a los dieciocho o diecinueve años, salen en pareja, pero lo hacen solamente cuando piensan casarse. Al contrario de lo que creen muchas personas, la costumbre de salir en pareja acompañados con un chaperón o una chaperona ya no existe en muchos países hispanos.

Gramática funcional

In this section, you will learn to express future actions, conditions and situations.

echar la culpa
to blame

Subjunctive in Purpose and Time (Adverbial) Clauses

A conjunction is a word that links together words or groups of words such as an independent clause and a dependent clause. Spanish speakers use conjunctions of purpose and time, as shown below.

                Independent clause   Conjunction   Dependent clause

Purpose: Voy al matrimonio **con tal de que** vayas conmigo.
Time: Vamos al matrimonio **tan pronto como** llegues a casa.

A. How to use conjunctions of purpose

sin que	*without*	**con tal (de) que**	*provided (that)*
para que	*so (that)*	**en caso (de) que**	*in case (of)*
a menos que	*unless*		

1. **Always** use the subjunctive after the five conjunctions listed above.

    —Voy al matrimonio **con tal de que vayas** conmigo, Jorge.

    —Bien, Leticia. Traigo un paraguas **en caso que llueva.**

2. When expressing an idea with the conjunction *aunque* (although, even though), use the subjunctive to imply uncertainty, and use the indicative to state certainty.

    Uncertainty (subjunctive)
    Aunque el matrimonio **sea** en abril, no puedo ir.
    *(Although the wedding **may be** in April, I can't go.)*

    Certainty (indicative)
    Aunque el matrimonio **es** en abril, no puedo ir.
    *(Although the wedding **is** in April, I can't go.)*

B. How to use conjunctions of time

antes (de) que	*before*	**cuando**	*when*
después (de) que	*after*	**hasta que**	*until*
tan pronto como	*as soon as*	**en cuanto**	*as soon as*

1. The conjunctions listed above may be followed by a verb in either the subjunctive or the indicative mood. When an action, condition or event has not yet taken place (pending), use the subjunctive in the dependent clause. When referring to habitual or completed activities, use the indicative in the dependent clause.

    Pending action (subjunctive)
    Los invitados van a aplaudir **cuando lleguen** los recién casados.
    The guests are going to applaud when the newlyweds arrive.

Habitual action (indicative)
Los invitados siempre aplauden **cuando llegan** los recién casados.

The guests always applaud when the newlyweds arrive.

Completed action (indicative)
Los invitados aplaudieron **cuando llegaron** los recién casados.

The guests applauded when the newlyweds arrived.

2. One exception: **always** use the subjunctive after *antes (de) que*.

En un matrimonio chileno, las solteras tratan de agarrar el ramo de flores **antes de que** los solteros **traten** de agarrar la liga de la novia.

Manos a la obra

A **La ceremonia civil.** Indique las formas correctas.

La ceremonia civil de un matrimonio chileno es en la casa de la novia a menos que *(es/sea)* demasiado pequeña para el número de invitados; en ese caso, es en la casa del novio. Un día antes de que *(comienza/comience)* la ceremonia, se decora la casa con flores blancas para que *(está/esté)* muy bonita. Todos se ponen contentos cuando *(llega/llegue)* el juez [*judge*], quien comienza la ceremonia. En cuanto *(termina/termine)* ésta, se hace un brindis en honor de los recién casados.

B **Entre amigos.** ¿Qué consejos le da Leticia a su amigo Gregorio antes de que se case el joven?

Ejemplo: compra una casa / tan pronto como / *ser* posible
Compra una casa tan pronto como sea posible.

1. no compres cosas muy caras / a menos que / tu esposa lo *saber*
2. cuando / ella se *enfermar,* / haz todo lo posible para ayudarla
3. no le des consejos a tu esposa / a menos que / ella te los *pedir*
4. en caso de que / tus suegros te *enojar,* / perdónalos y sonríe
5. antes de que / María Cristina se *casar* contigo, piénsalo muy bien
6. habla frecuentemente con tu esposa / para que / Uds. se *comprender*
7. invítame a tu casa / después de que / ustedes *volver* de su viaje

Charlemos

A **Entrevista.** Pregúntele a otro(a) estudiante.

PREGUNTAS PARA LOS SOLTEROS

1. ¿Cuándo piensas casarte? ¿Dónde te gustaría casarte? Cuéntame de ese lugar.

2. ¿Qué te gustaría hacer tan pronto como te cases?
3. ¿Dónde vas a vivir con tu esposo(a) después de casarte? Cuéntame cómo va a ser tu apartamento o casa.
4. ¿Quieres tener niños o no? ¿Por qué? (¿Cuántos niños quieres? ¿Por qué? ¿Cuándo los quieres?) Cuéntame un poco más de la familia que quieres formar.

PREGUNTAS PARA LOS CASADOS

1. ¿Cuándo te casaste? ¿Con quién te casaste? ¿Por qué? ¿Dónde se casaron Uds.? ¿Por qué se casaron allí? Cuéntame de ese lugar.
2. ¿Qué hiciste tan pronto como te casaste?
3. ¿Dónde viviste con tu esposo(a) después de casarte? ¿Cuándo vivieron en su propia casa? Cuéntame de esa casa.
4. ¿Cuántos niños tienes? ¿Cómo se llaman y cuántos años tienen? Cuéntame un poco más de tu familia.

B **Sólo un sueño.**   Imagínese que Ud. acaba de casarse y que uno de sus parientes ricos les ha dado a usted y a su esposo(a) un viaje fabuloso por una semana. Hable con otra persona en clase.

TELL YOUR PARTNER...

1. where you would like to go and why. *(porque)*
2. when you plan on leaving for that place. *(cuando)*
3. what you are going to do as soon as you get there. *(tan pronto como)*
4. what you need to buy before you leave home. *(antes de/antes de que)*
5. what you'll do in case of bad weather. *(en caso de/ en caso de que)*
6. what you may buy while you and your spouse are traveling. *(mientras)*
7. what you plan to do after returning home. *(después de/después de que)*

NOTAS CULTURALES

Los matrimonios

Cuando dos novios piensan casarse, es posible que estén comprometidos *(engaged)* por varios años mientras trabajan y ahorran dinero para alquilar un apartamento y comprar muebles. Muchas veces, posponen el matrimonio hasta que el novio y la novia terminen sus estudios. Normalmente, los hombres se casan alrededor de los veintisiete años y las mujeres, entre los veinte y veinticuatro años.

Es común que el novio pida la mano de su novia al padre de ella. Si éste está de acuerdo, las dos familias comienzan a planear juntos el matrimonio.

Muchos matrimonios en Latinoamérica y España consisten en dos ceremonias oficiales: una civil y la otra religiosa. Esto es necesario porque la ceremonia religiosa no es legal. Por lo tanto, si los novios desean una ceremonia religiosa, deben casarse dos veces. Tradicionalmente, para los novios y sus familias, la ceremonia que cuenta (*counts*) es la religiosa. Frecuentemente, la ceremonia civil es en la casa de la novia o del novio, y participan en ella algunos familiares y amigos íntimos de las dos familias. Un(a) juez casa a los novios, leyendo palabras de un texto oficial. Después de prometerse cumplir con todas las responsabilidades del matrimonio, los novios están casados oficialmente. Luego, ellos y sus testigos (*witnesses*) firman (*sign*) los documentos correspondientes.

Gramática funcional

In this section, you will learn to express past actions, conditions and situations.

Past (Imperfect) Subjunctive

Spanish speakers use the past subjunctive to express wishes, emotions, opinions, uncertainty and indefiniteness about the past.

A. How to form the past subjunctive

To form the past subjunctive for **all** Spanish verbs, drop the **-ron** ending from the *ustedes* form of the preterite, then add the endings shown in boldface on page 348. Note that the *nosotros* form carries an accent mark.*

---

*The past subjunctive has alternate forms that use **-se** instead of **-ra** endings; for example: *hablase, hablases, hablase, hablásemos, hablaseis, hablasen; fuese, fueses, fuese, fuésemos, fueseis, fuesen*. These forms are often used in Spain and in many literary works.

	hablar	*venir*	*ir(se)*
Uds. *preterite form* →	habla**ron**	vinie**ron**	se fue**ron**
yo	habla**ra**	vinie**ra**	me fue**ra**
tú	habla**ras**	vinie**ras**	te fue**ras**
Ud./él/ella	habla**ra**	vinie**ra**	se fue**ra**
nosotros(as)	hablá**ramos**	vinié**ramos**	nos fué**ramos**
vosotros(as)	habla**rais**	vinie**rais**	os fue**rais**
Uds./ellos/ellas	habla**ran**	vinie**ran**	se fue**ran**

B. How to use the past subjunctive

1. In previous lessons, you learned under what circumstances to use the present subjunctive. Spanish speakers apply the past subjunctive in the same way.

   - To express wishes, preferences, suggestions, requests and recommendations.

     Gregorio esperaba que Leticia **viniera** a su matrimonio. Claro que el novio permitió que ella **invitara** a su amigo, Jorge.

   - To express happiness, hope, likes, complaints, worries, regret, sorrow, surprise, fear and other emotions.

     Gregorio y María Cristina se alegraron que todo **saliera** bien en su matrimonio. Gregorio esperaba que **hiciera** buen tiempo, pero su novia temía que **lloviera.**

   - To express opinions and attitudes.

     Era bueno que **hubiera** suficiente comida para todos los invitados que fueron al matrimonio.

   - To express uncertainty and indefiniteness.

     Leticia dudó que Gregorio y María Cristina **pudieran** bailar la cueca, pero cuando la bailaron bien, todos los invitados los aplaudieron. Gregorio y María Cristina le dijeron que después de casarse querían vivir en un apartamento que **fuera** limpio y barato, y que **estuviera** cerca de Viña.

2. Spanish speakers also use the past subjunctive of the verbs *querer, saber,* and *poder* to soften requests, to make polite suggestions and to persuade gently.

   —¿**Quisieran** ustedes acompañarnos?   *Would you like to accompany us?*

—Gracias, pero **debiéramos** volver. *Thank you, but we should return.*
—Quizás **pudiéramos** ir otra noche. *Maybe we could go another night.*

Manos a la obra

A **¿Recuerda Ud.?**   Indique las formas correctas.

Un día cuando Luis y Jorge (tomaban/tomaran) el sol en la playa Reñaca, vieron a una guapísima muchacha de dieciocho años. Luis quería que ella le (hizo/hiciera) caso cuando le (gritó/gritara) "¡M'hijita linda!", pero ella siguió caminando. Luis le sugirió a Jorge que (nadaron/nadaran), pero él insistió en (broncearse/se bronceara) en la playa. Jorge le aconsejó a Luis que (tuvo/tenía/tuviera) cuidado en el agua porque sabía que su amigo no (nadó/nadaba/nadara) bien. Mientras Luis (estuvo/estaba/estuviera) en el mar, sintió algo que le (tocó/tocara) la pierna. Temía que (fue/fuera) un tiburón, pero se alegró de que sólo (fue/era/fuera) María Cristina.

B **Querido Antonio...**   Luis está escribiéndole a Antonio, su hermano mayor sobre algunas cosas que le pasaron este año. ¿Qué le escribe a Antonio?

Ejemplo: Queríamos ir a un lugar donde (haber) mucho sol.
Queríamos ir a un lugar donde hubiera mucho sol.

14 de marzo
Santiago de Chile

Querido Antonio,
   En enero Jorge y yo fuimos a Viña del Mar porque queríamos ir a un lugar donde (haber) mucho sol y mujeres hermosas. Estábamos en la Playa Reñaca cuando (pasar) cerca de nosotros una chica guapa. Le echamos unos piropos, y nos molestó que no nos (hacer) caso. Yo quería seguirla, pero Jorge prefirió que (broncearnos). Le dije que me (acompañar), pero el tonto insistió en quedarse en la playa. Por eso, fui solo a nadar en el mar. ¡Ojalá Jorge (tener) más interés en las mujeres que en su salud!
   Mientras nadaba, algo me tocó la pierna y pensé que era un tiburón. Le grité a Jorge que me (ayudar), pero no me oyó porque dormía. Luego, salió del agua la misma chica que había visto hacía poco en la playa. Me sentía avergonzado aunque no se lo (indicar) para que ella no me (tomar) por loco. Cuando (estar) hablando con la chica, salió del agua su novio. Lástima que (ser) novios porque quería conocer mejor a la chica.

C **También recuerdo yo.**   Usando la carta de Luis, escriba uno o dos párrafos sobre una celebración en que Ud. participó este año. Use el indicativo y el subjuntivo apropiadamente.

Charlemos

A **Los sueños de la niñez.** Hágale las siguientes preguntas a un(a) compañero(a) de clase para saber un poco sobre su niñez.

1. **La familia:** ¿Qué te gustaba que hicieran tus padres cuando eras niño(a)? ¿Qué querías que hicieran ellos y por qué? ¿Qué no deseabas que hicieran? ¿Por qué?

2. **La escuela:** ¿Qué te prohibían tus profesores en la escuela primaria? ¿Y en la secundaria? ¿Qué preferías hacer tú? ¿Qué era importante que hicieras cuando llegabas a casa de la escuela?

3. **Los pasatiempos:** ¿Qué deportes practicabas cuando eras niño(a)? ¿En qué deportes te prohibían tus padres que participaras? ¿Por qué? ¿Qué pasatiempos sugerían tus padres que tuvieras? ¿Por qué?

B **La cortesía.** Imagínese que Ud. y un(a) compañero(a) de clase están de vacaciones en Chile. Ustedes desean ser corteses y, por eso, usan el subjuntivo del pasado de los verbos **querer, deber** y **poder.** ¿Qué les dirían a las siguientes personas?

Ejemplo: You ask someone to help you with your suitcase.
A: *¿Pudiera ayudarme con esta maleta?*
B: *Sí, con mucho gusto.*

1. One of your Chilean friends uses the word *polola,* which you don't understand. Ask for an explanation.
2. A maid knocks at your hotel door and asks if she could clean your room. Because you just got up, you ask her to come back in an hour.
3. You telephone a friend to persuade him or her to go shopping with you tomorrow.
4. You can't understand a police officer because he's speaking too fast.
5. You want two friends to do you a big favor.
6. While sightseeing in Viña del Mar, you and a friend meet a young couple who invite you to join them for dinner. Because you have a date that evening, you must decline their invitation, but you'd like to go out with them another time.

Un poco más

¡Escuche!

Usted va a escuchar una conversación entre Juan, su hermano Javier y su hermana Graciela. Conteste las siguientes preguntas.

1. ¿Qué le recomienda Javier a Juan?
2. ¿Qué piensa Graciela?
3. ¿Qué le recomienda Ud.?

Perspectivas

¿Qué sabe Ud. de la psicología humana? Lea la siguiente carta que recibió la famosa sicóloga, Dra. Joyce Brothers; luego, lea cómo la respondió. ¿Está Ud. de acuerdo con sus consejos?

¡MI HIJA SE CASA!

Querida Amalia,

¡Ayúdame, por favor! No sé que hacer en esta situación. Mi hija se casa dentro de seis meses. Ya estamos organizando la boda pero no estamos de acuerdo en una cosa muy importante. Soy viuda. Mi esposo se murió hace cinco años y no sabemos quien debe ser el padrino de la boda. Tengo un hermano pero él vive muy lejos y mi hija no le conoce muy bien. Mi hija prefiere que su hermano mayor sea el padrino. ¿Es posible? Mi hijo sólo tiene veintidós años. En mi opinión él es demasiado joven para ser padrino de una boda. ¿Qué cree Ud. que debo hacer?

Esta situación es común para muchas familias. Hay que darse cuenta del papel de un padrino en una boda. En el pasado el padrino presentaba a la novia a su futuro marido en el matrimonio. Hoy en día esta costumbre todavía existe pero no tan exagerada como antes. En cuanto a su pregunta, todo depende en lo que quiere su hija, la novia. Como es su boda, tiene el derecho de elegir a su padrino. Su hijo no es demasiado joven y puede ser padrino de la boda. Piense en la felicidad de su hija. Eso es lo más importante en ese día.

¿Comprendió Ud.?

1. Escriba en español un resumen de la carta y su respuesta, indicando brevemente a) el problema y b) la solución del problema, según Amalia.

2. Escriba sus propios consejos para resolver los problemas que se describen en la carta. Luego, compare sus consejos con los de un(a) compañero(a) de clase.

¡Escriba!

Lea de nuevo la carta "¡Mi hija se casa!" Luego, escriba una conversación entre la hija y su madre, según los datos que Ud. ha leído, e invente otros datos apropiados.

Situaciones

Primero, haga Ud. una lista de las ventajas y desventajas de casarse y quedarse soltero(a) como en el siguiente diagrama. Luego, discuta con un(a) compañero(a) de clase sus opiniones sobre este tema.

	QUEDARSE SOLTERO(A)	CASARSE
VENTAJAS		
DESVENTAJAS		

Vocabulario

Sustantivos

la asistencia *attendance*
el brindis *toast*
el estudio *study*
el ganador *winner*
el invitado *guest*
la liga *garter*
la marcha nupcial *wedding march*
el matrimonio *marriage, wedding*
la orquesta *band*
la pareja *couple*
el pasillo *aisle*
el ramo *bouquet*
los recién casados *newlyweds*

Adjetivos

avergonzado *ashamed, embarrassed*
deprimido *depressed*

desilusionado *disappointed*
emocionante *emotional*
entusiasmado *enthusiastic, excited*
estupendo *wonderful, marvelous*
hermoso *beautiful, handsome*
suculento *succulent*

Verbos

acompañar *to accompany*
agarrar *to catch*
aplaudir *to applaud*
confirmar *to confirm*
cortar *to cut*
cumplir (con) *to fulfill*
disfrutar (de) *to enjoy*
echar *to throw*
efectuarse *to take place*
enojar *to anger, upset*
enojarse (con) *to get angry (with)*
iniciar *to begin*
mentir (ie, i) *to lie*
participar *to participate*
pasar *to pass (by)*
perdonar *to forgive*
prometer *to promise*
rogar (ue) *to request*
sonreír (i, i) *to smile*
tirar *to throw*

Adverbios

hasta *even*
lentamente *slowly*

Conjunciones

a menos que *unless*
antes (de) que *before*
aunque *although*
con tal (de) que *provided (that)*
cuando *when*
después (de) que *after*
en caso (de) que *in case (of)*
en cuanto *as soon as*
hasta que *until*
para que *so*
sin que *without*
tan pronto como *as soon as*

Expresiones idiomáticas

amor *love; honey* (term of endearment)
conmigo *with me*
contigo *with you*
mientras tanto *in the meantime*
¡Qué barbaridad! *How awful! What an outrage!*
¡Qué lata! *What a nuisance!*
¡Qué sorpresa! *What a surprise!*
¡Qué suerte! *How lucky! What luck!*
¡Qué susto! *How scary!*
¡Qué vergüenza! *How embarrassing! Shame on you!*
¡Son puras mentiras! *What a pack of lies!*
tomar una copa *to have a drink*
vestido de *dressed in*

PASO 6

En busca de aventura

SETTING: Ecuador

Keri Cranson and her Japanese friend, Makiko Akaishi, are Spanish majors at the University of Kentucky. They travel together to Ecuador for one month during their summer vacation. We read in Keri's diary about their marvelous adventures in Quito, the Amazon jungle, and the Galápagos Islands.

LECCIÓN 16

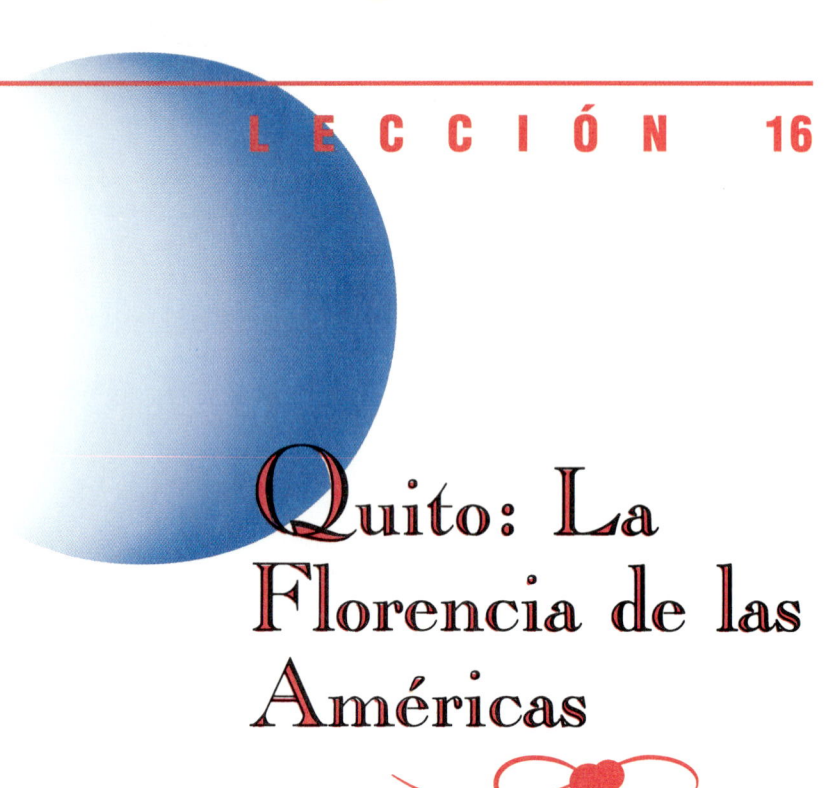

Quito: La Florencia de las Américas

COMMUNICATIVE GOALS The students will be able to communicate in travel agencies and airports in Spanish-speaking countries, and describe a vacation trip they have taken.

LANGUAGE FUNCTIONS Expressing opinions ♦ Making travel plans ♦ Describing recent activities

VOCABULARY THEMES Air travel

GRAMMATICAL STRUCTURES Present perfect indicative ♦ Adjectives used as nouns

CULTURAL INFORMATION How to change money ♦ Getting around in Latin America ♦ Getting around Spain

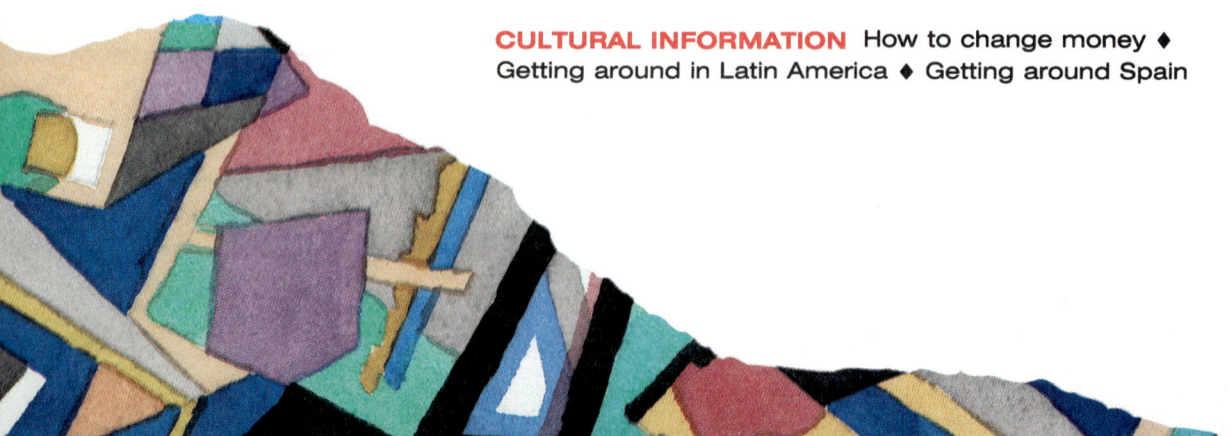

Quito: La Florencia de las Américas ♦ 357

ANTES QUE NADA

This section will help you develop your ability to read critically in Spanish. The first step in developing this ability is to be able to discriminate between factual information and the author's point of view and possible bias. The better you can discern fact from opinion, the more fully aware you will be of the writer's intention.

A. Read the following statements and check whether they are **facts** or **opinions**.

	FACT	OPINION
1. Traveling to foreign countries is educational.	____	____
2. Ecuador is a small country compared to Colombia.	____	____
3. Most Americans travel to South America by plane.	____	____
4. Ecuador is the most fascinating country in the world.	____	____
5. Quito, Guayaquil and Cuenca are Ecuadorian cities.	____	____
6. It's hard to imagine why few tourists visit Ecuador.	____	____
7. Quito, the capital of Ecuador, is near the equator.	____	____
8. Travel to and around Eduador is fairly inexpensive.	____	____
9. The Galápagos Islands are off the coast of Ecuador.	____	____

B. Now read the information about Cuenca, Ecuador on page 358. Look at the underlined statements and decide whether they are facts or opinions. If you think they are opinions, write the words that influenced your decision the most.

C. As you read the *En contexto* section beginning on the following page, try to separate the factual information from the personal opinions of the author. As you practice doing so, you will become a more critical reader of Spanish.

Cuenca

Cuenca, tal vez la capital de la artesanía ecuatoriana, se encuentra en una amplia hoya de la provincia del Azuay al sur del Ecuador. Regada por cuatro ríos que hacen de la llanura "grande como el cielo" o Guapdondeleg una de las áreas más bellas y plácidas del país. En este ambiente de flores, de gente de riqueza intelectual y espiritual surge una de las escuelas más finas de la artesanía ecuatoriana.

EN CONTEXTO

Keri Cranson y su amiga japonesa, Makiko Akaishi, son estudiantes de la Universidad de Kentucky donde se especializan en español. Ahora Ud. va a leer el diario de Keri y leer sobre su viaje° maravilloso al Ecuador.

trip

Querido Diario,

27 de junio. Estamos en el Hotel Imperio situado en el centro de Quito, capital del Ecuador. Anoche Makiko y yo estábamos tan cansadas después de nuestro viaje de los Estados Unidos que nos acostamos temprano. Esta mañana salimos del hotel y ¡qué ciudad más fascinante! Es como otro mundo: muy antiguo, muy colonial, con muchas plazas y muchas iglesias.[1] Compramos tarjetas postales en una librería y se las mandamos a nuestros padres y amigos para que supieran que llegamos bien. Después, tomamos un autobús al Cerro Panecillo² donde vimos una vista panorámica de la capital, de los Andes y del volcán Cotopaxi.³ Creo que es la vista más hermosa que hemos visto hasta ahora.° Comimos en el restaurante El Panecillo donde conocimos a una familia simpatiquísima de Cuenca, Ecuador. Se llaman Eduardo Pérez, su esposa Juana, y sus dos hijas, Lucía de diez años y Elena de seis. Nos han invitado a su casa en caso de que pasáramos por su ciudad mientras estamos en el Ecuador. Ojalá que podamos visitarlos, pero no creo que sea posible porque vamos a pasar sólo tres semanas en este país.

°up to now

> 1. Keri y Makiko visitaron la capital del Ecuador.
>   (¿Qué hicieron allí? Sea Ud. específico/a.)
> 2. Ellas conocieron a una familia ecuatoriana.
>   (¿Dónde? ¿Quiénes son? ¿De dónde son?)

28 de junio. Se dice que Quito es "la Florencia de las Américas" porque tiene muchos edificios coloniales, arte religioso y bella arquitectura. Hoy visitamos La Compañía, que es una iglesia conocida por su extraordinaria arquitectura musulmana° y por sus maravillosas esculturas y pinturas de los siglos° XVI al XVIII. Por la tarde, fuimos al mercado a comprar algunos recuerdos° de nuestro viaje. Yo compré un anillo y unos aretes, y Makiko compró un sombrero y una camiseta bonita. Mientras estábamos allí, conocimos a dos jóvenes que son estudiantes de la Universidad Católica de Quito. Se llaman Juan Ochoa Valderama y José Hernández Lillo. Juan tiene veintitrés años, es bastante inteligente y tiene un auto casi nuevo. José tiene veinte años y es guapo y muy simpático. Nos invitaron a tomar café en un restaurante donde charlamos por dos horas. Antes de salir, Juan nos invitó a una fiesta en su casa mañana. Hemos estado en Quito sólo dos días y ya tenemos seis amigos. ¡Qué simpáticos son los ecuatorianos!

°Moorish / centuries
°souvenirs

> 3. Keri y Makiko hicieron otras cosas en Quito.
>   (¿Qué hizo Keri? ¿Y Makiko? ¿Qué hicieron juntas?)
> 4. Ellas conocieron a otros dos ecuatorianos.
>   (¿Dónde? ¿Quiénes son? ¿De dónde son?)

29 de junio. Esta noche fuimos a la fiesta en casa de Juan. Allí conocimos a algunos de sus parientes y amigos, aprendimos a bailar salsa y tomamos pisco, que es el licor más fuerte que jamás° hemos bebido.⁴ Nos alegramos de haber estudiado español para poder comunicarnos con todos los invitados, aunque muchas personas hablaban inglés bastante bien. Mañana José, Juan, Makiko y yo vamos a hacer una excursión en auto; espero que lo pasemos bien.

°ever

> 5. Keri y Makiko fueron a una fiesta.
>   (¿Dónde fue? ¿Quién las invitó? ¿Qué hicieron?)

half

equator / foot

opposite

pleasant

30 de junio. Hoy a las nueve, Juan y José pasaron por nosotras y fuimos en auto a "La Mitad° del Mundo" que está aproximadamente a veinticinco kilómetros al norte de Quito. Allí visitamos un museo, un planetario y un monumento que marca la línea ecuatorial.° Makiko puso el pie° izquierdo en el Hemisferio Norte y el pie derecho en el Hemisferio Sur, y yo hice exactamente lo opuesto.° José se rió de eso y nos sacó unas fotos con nuestras cámaras mientras estábamos en esas posiciones ridículas. Volvimos a Quito cansadísimos pero contentos. Makiko y yo nos despedimos de nuestros dos amigos después de intercambiar direcciones con ellos para escribirnos cuando Makiko y yo volvamos a Kentucky. Tal vez José y Juan vayan a visitarnos allá algún día. Tres cosas nos llamaron la atención en este país: la gente ecuatoriana es muy simpática, el clima de Quito es agradable° y la arquitectura de esta ciudad es maravillosa.

Bueno, querido Diario, tengo que dejar de escribirte ahora porque estoy cansadísima.

> 6. Keri y Makiko salieron con sus amigos ecuatorianos.
>   (¿Con quiénes y a qué hora salieron? ¿Adónde fueron?)
> 7. Los cuatro amigos se divirtieron mucho.
>   (¿Qué hicieron juntos? ¿Qué impresiones tuvieron Keri y Makiko?)

En el centro de Quito hay muchos edificios coloniales y bella arquitectura. En esta fotografía, se ve La Compañía.

Notas de texto

1. Quito has reigned as a colonial capital of Ecuador since the eighteenth century. Although the city has a population of over one million people today, the heart of colonial Quito still has many dignified colonial buildings and beautiful Spanish architecture.
2. *Cerro Panecillo* (Breadloaf Hill) offers a sweeping view of the old section of Quito and the rugged Andes mountains that surround the city. It is thought that the Inca Indians reshaped the *Cerro* as a monument to the sun god.
3. *Cotopaxi,* located just thirty miles south of Quito, is the world's highest active volcano, at an altitude of 19,347 feet.
4. *Pisco* is a brandy that takes its name from the port city of Pisco, Perú.

¿Comprendió Ud.?

1. ¿En qué estación del año visitaron el Ecuador Keri y Makiko? ¿Cómo sabe Ud. eso?
2. Haga una lista de los lugares que Keri y Makiko visitaron durante sus primeros días en el Ecuador, los nombres de las personas que conocieron allí y las actividades que ellos hicieron juntos. Por ejemplo:

LUGARES	AMIGOS	ACTIVIDADES
una librería	—	compraron tarjetas postales

3. Imagínese que Ud. está en Quito en este momento. De todas las cosas que Keri y Makiko vieron e hicieron allá, ¿qué le gustaría ver o hacer a Ud.?
4. ¿Qué impresiones tiene Ud. de Makiko y Keri hasta ahora?

NOTAS CULTURALES

Para cambiar dinero

La mayoría de los aeropuertos grandes y las estaciones de ferrocarriles metropolitanas en Latinoamérica y España tienen un banco o una oficina donde se puede cambiar dinero por la moneda nacional. Pero no se puede cambiar dinero en todos los bancos; por eso, Ud. debe buscar el letrero **CAMBIO,** el cual se encuentra normalmente sobre el mostrador del banco cerca de un facsímile de un cheque de viajero en plástico. En caso de que el banco o la oficina esté cerrado, generalmente es

Cotizaciones monetarias

Las cifras representan la cotización de las monedas respectivas por cada dólar.

Argentina	(austral)	27.7900
Brasil	(cruzado)	.99000
Canadá	(dólar)	1.1949
Colombia	(peso)	342.50
Chile	(peso)	245.50
Ecuador	(sucre)	527.00
España	(peseta)	115.05
Francia	(franco)	6.2715
Inglaterra	(libra)	.5819
México	(peso)	2.353.00
Perú	(inti)	1.231.00
RFA	(marco)	1.8430.00
Uruguay	(peso)	481.00
Venezuela	(bolívar)	39.7500

posible cambiar dinero en un hotel grande y, a veces, en una tienda o en un restaurante, aunque en estos lugares se ofrece un tipo de cambio más bajo. Su pasaporte, visa o tarjeta de turista son los mejores documentos de identificación cuando se cambia dinero en el extranjero.

Vocabulario útil

In this section you will learn words and phrases for traveling by airplane.

De viaje en avión

En la agencia de viajes   *travel agency*

Quiero un **boleto de ida.**	*one-way ticket*
de ida y vuelta.	*round-trip*
¿Cuánto es **el pasaje**?	*fare*
¿Cuántas **escalas** hace el avión?	*stops*
Es un **vuelo sin escalas.** Aquí tiene Ud. el **horario.**	*nonstop flight* *schedule*
Me encanta **volar** (**ir en avión**), pero no me gusta **hacer la maleta.**	*to fly (to go by plane)* *to pack a suitcase*

En el mostrador de la línea aérea   *airline counter*

Quiero un **asiento**...	*seat*
en el **pasillo.**	*aisle*
al lado de la **ventanilla.**	*window*
en la **sección de (no) fumar.**	*(non) smoking section*
¿Tiene Ud. **pasaporte?**	*passport*
tarjeta de turista?	*tourist card*
visa?	*visa*
equipaje (de mano)?	*baggage (carry-on)*
Aquí tiene su...**boleto de equipaje.**	*baggage claim ticket*
tarjeta de embarque.	*boarding pass*
Ahora Ud. tiene que...	
pagar los **impuestos de aeropuerto**.	*airport departure tax*
pasar por el **control de seguridad**.	*security*
¡**Buen viaje!**	*Have a nice trip!*

En la sala de espera   *waiting area*

Su atención, por favor. Ecuatoriana anuncia la salida de su vuelo número 457 **con destino a** *(departing for)* Quito. Los **pasajeros** pueden **abordar** el avión por la **puerta** número 16.

Su atención, por favor. Aeroperú anuncia la llegada de su vuelo número 1050 **procedente de** *(arriving from)* Miami. Todos los pasajeros tienen que pasar por **inmigración** *(passport control)* y la **aduana** (customs). **Recojan** *(Claim)* su equipaje en el área "B," por favor.

Su atención, por favor. Avianca anuncia una **demora** *(delay)* de media hora de su vuelo número 54 procedente de Bogotá. Muchas gracias.

En el avión

El (la) asistente de vuelo dice:

—Vamos a **despegar** (**aterrizar**).   *to take off (to land)*
—**Abróchense el cinturón de seguridad.**   *Fasten your safety belts.*

Practiquemos

A **¿Qué opina Ud.?** Léale las siguientes oraciones a otro(a) estudiante, quien le debe decir a Ud. si está de acuerdo con ellas o no, y por qué.

Ejemplo: A: Es mejor volar en los aviones grandes que en los pequeños.
B: *Estoy de acuerdo.*
A: *¿Por qué?*
B: *Porque los aviones grandes llegan más rápidamente.*

1. Es mejor pagar el pasaje de avión antes de hacer el viaje que después de hacerlo.
2. Es mejor sentarse al lado de la ventanilla que en el pasillo del avión.
3. Cuando se viaja en avión, es más interesante sentarse en la sección de clase económica que en la sección de primera clase.
4. Es importante sentarse cerca de las puertas de emergencia en el avión.
5. Es ridículo viajar en avión con un bebé o con un niño pequeño.
6. Es bueno que los asistentes de vuelo hablen con los pasajeros durante un vuelo.

B **¡Para servirle!** Describa las responsabilidades de las siguientes personas, describiendo qué tipo de trabajo hacen y dónde lo hacen. Además, describa las ventajas y desventajas de su trabajo.

Ejemplo: Un(a) piloto...
Un piloto vuela el avión desde un aeropuerto hasta otro. Algunas ventajas de su trabajo es que viaja mucho a destinos interesantes, gana mucho dinero y conoce a muchas personas. Dos desventajas de su trabajo son que su trabajo puede ser peligroso y que no pasa mucho tiempo con su familia.

1. Un(a) mesero(a)...
2. Un(a) policía...
3. Un(a) agente de viajes...
4. Un(a) asistente de vuelo...
5. Un(a) vendedor(a) de periódicos y revistas...

Quito: La Florencia de las Américas ♦ 365

En el aeropuerto de Madrid, se nota que Iberia es la aerolínea nacional. ¿Adónde le gustaría Ud. viajar con Iberia?

C **De viaje en avión.** Haga esta actividad con otros dos estudiantes. Dos personas son pasajeros en el aeropuerto de Quito y la otra persona es agente de la línea aérea Ecuatoriana.

AGENTE:

1. Greet your passengers, and take their tickets.
2. Find out where they are going, and check in their luggage.
3. Ask their seating preference (smoking/nonsmoking; window/aisle).
4. Say how much the airport departure tax is and collect it.
5. Tell them when and where they will board the aircraft.
6. Return their flight documents and express your appreciation.

PASAJEROS:

1. Greet the agent according to the time of day or evening.
2. Find out whether or not your plane is going to leave on time.
3. Ask about the weather conditions at your destination.
4. Ask for directions on how to get to the departure gate.
5. Find out where you can exchange dollars for *sucres* (Ecuadorian currency).
6. Ask the agent what time it is, then express your appreciation.

Notas culturales

Getting around in Latin America

Many Latin Americans depend on public transportation systems because cars, car parts, gasoline and oil are expensive. Also, many areas are not easily accessible by car. If you anticipate traveling in dense jungles, desert regions, in the rugged Andes mountains, or in the rainy season, it is wise to fly or take the train. All Latin American countries are served by various airlines, and there are many airports throughout the area. There is also excellent train service between many cities.

Buses: An extensive system of buses furnishes inexpensive transportation within and between Latin American cities. Some buses are extremely modern with video movies and beverage service. Other buses may be old, repainted school buses, and they make frequent stops along their route. Normally, people board city buses at *paradas,* but sometimes they flag them down at other places along the street.

Subways: Some cities have modern subway systems that greatly reduce travel time. For example, Mexico City has an extremely modern subway that rides on nitrogen-filled wheels. A one-way ticket along its extensive route costs about one cent. Caracas, Buenos Aires and Santiago also have modern subway systems.

Taxis: In most Latin American cities and towns you can hail a taxi on the street or reserve one by telephone. Some countries have special taxis called *colectivos* which are shared as if they were small buses. Before getting into a taxi, it is a good idea to ask the driver what the fare is to your destination. If the driver uses a meter, be sure it is set properly. Often you must pay an extra fare at night, if you telephone the cab company to pick you up, or when you have a great deal of luggage.

PREGUNTAS

1. ¿Cómo es el transporte público en su ciudad?

2. ¿Usa Ud. el transporte público con poca o con mucha frecuencia? ¿Por qué?

3. ¿Cuáles son las ventajas y desventajas del transporte público?

Gramática Funcional

In this section, you will learn to describe actions, conditions and events that have taken place recently.

—¿Ya has escrito todas esas tarjetas postales?
—¡Claro! Pero todavía no he terminado. Voy a escribir cinco más.

Present Perfect Indicative

Spanish speakers use the present perfect indicative tense to describe what has and has not happened.

A. How to form the present perfect

The present perfect is composed of the present tense form of *haber* (to have) and the past participle of a verb.

Present of *haber* + past participle (of *vivir*)

yo	**he**		I have
tú	**has**		you have
Ud./él/ella	**ha**	vivido	you have, he/she has	lived
nosotros(as)	**hemos**		we have
vosotros(as)	**habéis**		you have
Uds./ellos/ellas	**han**		you/they have

B. How to form past participles

1. To form a past participle, add **-ado** to the stem of **-ar** verbs and **-ido** to the stem of **-er** and **-ir** verbs.

	VERB	VERB STEM	PAST PARTICIPLE	MEANING
-AR	trabaj**ar**	**trabaj**	trabaj**ado**	*worked*
-ER	aprend**er**	**aprend**	aprend**ido**	*learned*
-IR	permit**ir**	**permit**	permit**ido**	*permitted*

   EDUARDO: ¿**Han comido** Uds. en El Panecillo antes?
   MAKIKO: No, ésta es la primera vez que visitamos Quito.
   KERI: Uds. son los primeros ecuatorianos que **hemos conocido.**

2. Several **-er** and **-ir** verbs you know have an accent mark on the **í** of their past participles.

caer	caído	*fallen*	traer	traído	*brought*
leer	leído	*read*	reír	reído	*laughed*
creer	creído	*believed*	sonreír	sonreído	*smiled*

   JOSÉ: Te **he traído** un libro interesante. ¿Lo conoces?
   KERI: *En busca de aventura.* No, todavía no lo **he leído.** ¡Gracias!

3. Other verbs have irregular past participles.

abrir	**abierto**	*opened*	morir	**muerto**	*died*
decir	**dicho**	*said, told*	poner	**puesto**	*put*
describir	**descrito**	*described*	romper	**roto**	*broken*
escribir	**escrito**	*written*	ver	**visto**	*seen*
hacer	**hecho**	*done, made*	volver	**vuelto**	*returned*

   JUANA: ¿Qué **han hecho** Uds. esta mañana, Keri?
   KERI: **Hemos escrito** muchas tarjetas postales.

   ¡Cuidado! The past participle **always** ends in **-o.**

Other Perfect Tenses

The three perfect tenses explained below are described and illustrated here so that you will be able to recognize their meaning; however, you will not practice using them in this section.

1. *PAST PERFECT INDICATIVE*
   The past perfect tense indicates what **had** or **had not** happened before another action, condition or event that occurred in the past. This tense is

composed of the following forms (the imperfect tense) of *haber* and a past participle: *había, habías, había, habíamos, habíais, habían.*

JOSÉ: Ud. y Keri hablan muy bien el español, Makiko.
MAKIKO: Gracias. Antes de venir al Ecuador, Keri y yo **habíamos estudiado** español por cuatro años.

2. *PRESENT PERFECT SUBJUNCTIVE*
The present perfect subjunctive tense indicates what has or has not happened when the subjunctive is required. It is composed of the following present subjunctive forms of *haber* and a past participle: *haya, hayas, haya, hayamos, hayáis, hayan.*

JUAN: Espero que Uds. **se hayan divertido** esta tarde.
KERI: ¡Sí, muchísimo! Siento que el día **haya pasado** tan rápidamente.

3. *PAST PERFECT SUBJUNCTIVE*
The past perfect subjunctive tense indicates what had or had not happened when the subjunctive is required. It is composed of the following past (imperfect) subjunctive forms of *haber* and a past participle: *hubiera, hubieras, hubiera, hubiéramos, hubierais, hubieran.*

KERI: Hemos visto tantas cosas contigo, Juan. Muchas gracias.
JUAN: Si **hubiéramos tenido** más tiempo, les habría enseñado (*I would have shown you*) más lugares cerca de Quito.

Manos a la obra

A **Querido Juan...** Después de volver a su casa, Makiko le escribió a su amigo ecuatoriano Juan Ochoa, sobre algunas de sus actividades recientes. ¿Qué le dijo en su carta?

Ejemplo: (yo) hacer mucho ejercicio hoy *He hecho mucho ejercicio hoy.*

(yo) andar en bicicleta esta semana / comenzar a estudiar negocios / leer la revista que me diste / soñar con nuestro viaje a "La Mitad del Mundo" / hablar con ella por teléfono / decirle que Keri debe escribirte pronto

(Keri...) cumplir veintiún años esta semana / enamorarse de su profesor de antropología / vender su motocicleta / no sentirse bien

(Keri y yo...) ir de compras recientemente, pero / no comprar nada / salir con nuestros amigos al centro donde / conocer a una estudiante del Ecuador / aprender a jugar a póker pero / no ganar ningún dinero

(¿Y tú, Juan?) ¿Cómo estar? / ¿Qué hacer recientemente? / ¿Comprender mi carta?

B **¿Y Ud.?** Escríbale una carta a un(a) amigo(a) hispano(a) y cuéntele lo que Ud., su familia y sus amigos han hecho recientemente. También hágale algunas preguntas para saber de sus actividades recientes. Trate de usar el vocabulario que Ud. ha aprendido en otras lecciones.

Párrafo 1: información sobre Ud. (salud, estudios, trabajo, pasatiempos, problemas)

Párrafo 2: actividades de su familia y sus amigos

Párrafo 3: preguntas para su amigo(a) (familia, actividades, etcétera)

Charlemos

A **De viaje.** Forme un grupo de otros dos compañeros de clase. Estudiante A va a hacerle las siguientes preguntas a Estudiante B, quien va a contestarlas. Estudiante C debe escuchar esta conversación y escribir las respuestas del (de la) Estudiante B. Al terminar la conversación, el (la) Estudiante C va a decir lo que el (la) Estudiante B ha hecho.

Ejemplo: A (Rick): *¿Adónde has viajado este año?*
B (Kathy): *He viajado a California en abril y...*
Estudiante C: *Kathy ha viajado a California en abril y...*

1. ¿Adónde has viajado este año? ¿Cuándo fuiste allá y con quién? ¿Cómo llegaste allí: en avión, en autobús, en auto? Cuéntame un poco más de tu viaje, por favor. ¿Has pensado volver a aquel lugar? ¿Por qué?

2. ¿Has estado en otro país? ¿Qué problemas encontraste en ese viaje? Cuéntame más de tu viaje en el extranjero, por favor.

B **¡Adivinen Uds.!** Cada estudiante en su clase de español va a escribir en un papel pequeño una acción que él o ella ha hecho recientemente. Luego, Uds. van a formar grupos de cinco o seis personas. Mientras cada persona pantomima lo que escribió, sus compañeros de grupo tratan de adivinarlo; luego, esa persona confirma o no confirma la adivinanza *(riddle)*.

Ejemplo: Usted escribe: *He comido bien.*
Se adivina así: *¿Has comido bien?*
Usted responde: *¡Sí, tienes razón!*

GRAMÁTICA FUNCIONAL

In this section you will learn to refer to specific persons, places, things or ideas, and to describe general qualities relating to them.

MAKIKO: Perdón, Keri, esa mochila es la mía.
KERI: Ah, sí. La azul oscura es la mía y la azul clara es la tuya.
MAKIKO: Creo que lo mejor es escribir nuestro nombre en las mochilas.

Adjectives Used as Nouns

You can avoid repeating unnecessary words in Spanish by using adjectives in place of nouns as follows:

1. Use a definite or indefinite article before an adjective. The adjective must agree in gender (masculine or feminine) and number (singular or plural) with the noun to which it refers. Note that in English the word **one** or **ones** follows the adjective when it becomes a noun.

    —¿Qué te parecen estas tarjetas postales, Makiko?
    —Me gustan **las pequeñas,** pero mándales **una grande** a tus padres.

    What do you think of these postcards, Makiko?
    *I like **the small ones,** but send **a big one** to your parents.*

2. Use *lo* with a masculine singular adjective to describe general characteristics and abstract ideas.

    —**Lo bueno** de viajar es que se conoce a mucha gente.
    —Sí, ¡pero **lo malo** es que cuesta mucho dinero!

    ***What's good** about traveling is that you meet lots of people.*
    *Yes, but **the bad part (thing)** is that it costs a lot of money!*

3. You have already learned possessive adjectives; for example *mi* (my). The following are stressed possessive adjectives: *mío* (mine). When used as adjectives, they follow the noun. They are used when you want to emphasize possession. *(Es la maleta mía.* It is **my** suitcase). As always, the adjective must agree in gender and number with the noun to which it refers.

SINGULAR	PLURAL	
mío(a)	**míos(as)**	*mine*
tuyo(a)	**tuyos(as)**	*yours*
suyo(a)	**suyos(as)**	*yours, his, hers, its*
nuestro(a)	**nuestros(as)**	*ours*
vuestro(a)	**vuestros(as)**	*yours*
suyo(a)	**suyos(as)**	*yours, theirs*

Note how stressed possessive adjectives are used as nouns.

—Aquí tienes tu boleto, Makiko. Tengo **el mío** en mi bolsa.
*Here's your ticket, Makiko. I have **mine** in my purse.*

—Perdón, Makiko. Éste es **el mío** y ése es **el tuyo**.
*Excuse me, Makiko. This one is **mine** and that one is **yours**.*

Manos a la obra

A **En el departamento de ropa.** Keri y Makiko están expresando sus preferencias en un almacén de Quito. ¿Qué dicen ellas?

Ejemplo: MAKIKO: ¿Te gusta esta camiseta azul o ésa roja?
KERI: Prefiero _____ porque me gusta el color rojo.
*Prefiero **la roja** porque me gusta el color rojo.*

1. MAKIKO: ¿Compro esta blusa amarilla o ésa azul clara?
   KERI: Compra _____ porque el color amarillo es feo.
2. KERI: ¿Debo comprar estos pantalones baratos o ésos caros?
   MAKIKO: Compra _____ porque no tienes mucho dinero.
3. MAKIKO: ¿Prefieres este suéter gris o ése blanco?
   KERI: Prefiero _____ porque no me gustan las cosas que parecen sucias.
4. KERI: ¿Te gustaría probarte esta falda grande o ésa pequeña?
   MAKIKO: Quisiera probarme _____ porque estoy más delgada ahora.
5. MAKIKO: ¿Crees que debo comprar estas botas negras o ésas de color café?
   KERI: Creo que debes comprar _____ porque ya tienes unas de color café.

B **¿De quién es?** Cuando Keri y Makiko llegaron a casa de su viaje al Ecuador, sacaron de sus mochilas las siguientes cosas. Conteste cada pregunta lógicamente.

Ejemplo:

¿De quién es esta tarjeta de crédito? ¿Es de Keri?
¿Qué tipo de tarjeta de crédito tiene usted?
Sí, es la suya. (O: *No, no es la suya. Es de... .*)
La mía es VISA también. (O: *No tengo tarjeta de crédito.*)

1. Estos señores son los padres de alguien. ¿Son los padres de Keri? ¿Cómo son los padres de Ud.?

2. Aquí Ud. ve varias tarjetas postales. ¿Son de Makiko? ¿Cómo son las tarjetas postales que Ud. ha recibido?

C **Querido(a)...** Escríbale una carta a un(a) compañero(a) de clase, completando las siguientes frases. Después, déle su carta a su amigo(a) y pídale que la conteste pronto.

Mi vida académica Ahora estudio en... Lo bueno de esta universidad (este politécnico) es..., y lo triste es... Al momento, estudio... Lo interesante de mis estudios es... Lo aburrido de la vida académica es...

Mi vida social Al momento, mi vida social es (fantástica/inexistente/...) porque... Lo agradable (desagradable/ridículo) de esto es... Creo que lo importante de tener amigos (novio/novia) es... Mi mejor amigo(a) se llama _____ . Lo mejor de él (ella) es...

Charlemos

A **¡Bienvenido a Quito!** Imagínese que Ud. acaba de llegar a Quito. Hágale las siguientes preguntas a un(a) compañero(a) de clase.

Ejemplo: Quito tiene barrios antiguos y modernos. ¿Qué barrio de la ciudad te gustaría visitar primero: el más antiguo o el más moderno y por qué?
Me gustaría visitar el más antiguo porque me gusta la arquitectura colonial.

1. Quito tiene barrios antiguos y modernos. ¿Qué parte de la ciudad te gustaría visitar primero: la más antigua o la más moderna y por qué?
2. Hay varios restaurantes excelentes en Quito. ¿En dónde te gustaría comer hoy: en un restaurante ecuatoriano, o en uno chino o en uno italiano? ¿Por qué?
3. En Quito hay muchas tiendas diferentes. ¿Adónde te gustaría ir de compras mañana por la tarde: a las tiendas grandes o a las pequeñas? ¿Por qué?
4. Quito tiene un mercado fascinante. ¿Qué te gustaría comprar allí: la fruta común como plátanos y naranjas o la exótica como papayas y mangos? ¿Por qué?

B **Lo mejor y lo peor.** Dígale a otro(a) estudiante sus impresiones de las siguientes ideas.

Ejemplo: viajar en avión
Lo mejor es que se llega rápidamente al destino.
Lo peor es que cuesta mucho dinero.

1. llegar bastante temprano al aeropuerto
2. sentarse en la sección económica de un avión

3. viajar con un grupo grande de estudiantes
4. lavarse los dientes en el baño del avión
5. trabajar como piloto o asistente de vuelo

Notas culturales

Getting around Spain

By air. In general, flying from one city to another is more expensive in Spain than in the United States or Canada. However, do not hesitate to inquire about discount fares for students as well as special fares on night flights. Iberia, Avianca and Spantax are three airlines that serve the major cities of Spain.

By train. Most Spaniards travel between cities by train. Generally, foreigners are pleasantly surprised by the excellent conditions and extensive service of the nationalized Spanish railroad system, called RENFE, meaning *Red* (Network) *Nacional de Ferrocarriles Españoles*. First and second-class fares are available on most trains, and most overnight trains have sleeping cars, as well as second-class couchettes, called *literas,* that are like bunk beds.

By bus. Spain's extensive bus system is particularly useful for reaching the small towns that are not serviced by railroad. Most buses are comfortable, less expensive than traveling by train, and can take you to your destination faster than trains—especially for short distances. It is a good idea to make reservations if you are planning to travel over main bus routes.

By car. Traveling by car is the most convenient and comfortable way to visit many interesting places that are located off the beaten tourist path. Although Spain's highways are reasonably good, some Spaniards do not take long trips by car because gasoline is very expensive—about three times the price in North America. Nevertheless, many people prefer to see Spain by private or rented automobile because it provides the most flexibility in visiting smaller towns and enjoying the beautiful Spanish countryside.

In town. Taxis, buses, and the underground subway or *metro* (in Madrid and Barcelona) provide inexpensive and efficient ways of getting around Spanish cities. Some towns also have microbuses in addition to the regular buses. These are smaller, less crowded, and often air-conditioned.

Un poco más

¡Escuche!

Usted va a escuchar cinco anuncios que se oyen en el aeropuerto de Quito. Escuche cada anuncio y complete la siguiente tabla.

LÍNEA AÉREA	VUELO	PROCEDENCIA/DESTINO
Ecuatoriana	_____	Galápagos
_____	_____	_____
_____	_____	_____
_____	_____	_____
_____	_____	_____

Perspectivas

¿A Ud. le gustaría visitar el Ecuador? Lea este anuncio para saber lo atractivo que es aquel país.

VISITE ECUADOR *sin costo alguno*

En su viaje al norte o sur del Continente, sea nuestro invitado en Quito o Guayaquil, ECUATORIANA le ofrece la oportunidad de conocer una de estas atractivas ciudades sin costo adicional.
Con el pasaporte "mitad del mundo" usted podrá disfrutar de los siguientes servicios:

- Transporte aeropuerto-hotel-aeropuerto.
- Cocktail de bienvenida.
- Alojamiento en hotel cinco estrellas.
- Alimentación. • Tour por la ciudad.

El pasaporte "mitad del mundo" es otro gran detalle que hace de ECUATORIANA una excelente elección!
Informes sobre este servicio en su agencia de viajes preferida o en las oficinas de ECUATORIANA de AVIACION.

¿Comprendió Ud.? Conteste las siguientes preguntas.

1. ¿A qué "Continente" se refiere?
2. Busque las ciudades de Quito y Guayaquil en un mapa del Ecuador. ¿Qué ciudad le gustaría visitar y por qué?
3. ¿Qué es "La Mitad del Mundo"?
4. Para Ud., ¿qué es lo más atractivo de este anuncio? ¿Por qué?

¡Escriba!

Imagínese que Ud. es agente de viajes. Escriba un anuncio atractivo para atraer a clientes latinoamericanos y españoles a visitar los Estados Unidos o el Canadá. El anuncio debe contener la siguiente información:

1. todo lo que incluye la excursión y el precio total en dólares
2. las fechas del viaje o la duración de éste
3. la agencia de viajes (nombre, dirección, teléfono)
4. los nombres de algunos lugares de interés turístico

Situaciones

Hable con otro(a) estudiante; una persona es agente de viajes y la otra es su cliente.

CLIENTE	AGENTE
1. Salude al (a la) agente y sonría porque Ud. está de vacaciones en el Ecuador.	2. Responda apropiadamente. Luego dígale a su cliente que se siente. *¿En qué puedo servirle?*
3. Conteste: Ud. acaba de llegar a Quito y quiere conocer la capital y sus alrededores.	4. Descríbale una excursión de la ciudad en autobús y otra a "La Mitad del Mundo" en auto.
5. Dígale qué excursión le interesa más y pregúntele sobre el costo, la duración y las fechas del viaje.	6. Conteste todas las preguntas y escriba esta información en un papel. Déselo al cliente.
7. Mire el papel y reaccione positivamente a lo que lee.	8. Sonría y pregúntele cómo le gustaría pagar por la excursión.
9. Responda apropiadamente y pague el viaje.	10. Déle las gracias, tome el dinero, escriba un recibo y déselo con el boleto de viaje.
11. Conteste apropiadamente y despídase del (de la) agente.	12. Responda apropiadamente.

Vocabulario

Sustantivos

el diario *diary*
el edificio *building*
la escultura *sculpture*
Florencia *Florence*
el hemisferio *hemisphere*
la línea ecuatorial *equator*
la mitad *half*
el monumento *monument*
el pie *foot*
la pintura *painting*
el planetario *planetarium*
el recuerdo *souvenir*
el siglo *century*
la vista *view*

Viajar en avión

el cinturón de seguridad *safety belt*
el control de seguridad *security control*
los impuestos de aeropuerto *airport departure tax*
la línea aérea *airline*
la puerta *gate*
la tarjeta de embarque *boarding pass*
el vuelo *flight*

abrocharse *to buckle up*
aterrizar *to land*
despegar *to take off*

hacer escala (en) *to make a stop (on a flight)*
sin escala *nonstop (flight)*
ir en avión *to go by plane*
volar (ue) *to fly*

Viajar en general

la aduana *customs area*
la agencia de viajes *travel agency*
el asiento *seat*
el boleto de equipaje *baggage claim ticket*
el boleto de ida *one-way ticket*
el boleto de ida y vuelta *round-trip ticket*
la demora *delay*
el equipaje *baggage, luggage*
el equipaje de mano *carry-on baggage, luggage*
el horario *schedule*
la inmigración *passport control (immigration)*
el mostrador *counter*
el pasaje *fare*
el (la) pasajero(a) *passenger*
el pasaporte *passport*
la sala de espera *waiting area*
la sección de (no) fumar *(non) smoking section*
la tarjeta de turista *tourist card*
la ventanilla *window*
el viaje *trip*

abordar *to board*
hacer la maleta *to pack a suitcase*
recoger (recojo) *to pick up, claim*

¡Buen viaje! *Have a nice trip!*
con destino a *departing for*
procedente de *arriving from*

Adjetivos

agradable *pleasant*
antiguo *old*
bello *beautiful*
musulmán *Moorish*
opuesto *opposite*
situado *situated*

Verbos

fumar *to smoke*
intercambiar *to exchange*
marcar *to mark*

Adverbios

jamás *never*

Expresiones idiomáticas

hasta ahora *up to now*
llamar la atención *to call to attention*

LECCIÓN 17

Aventuras en el Amazonas

COMMUNICATIVE GOALS The students will be able to obtain lodging in Spanish speaking countries, discuss their travel plans, and speculate on past and future events.

LANGUAGE FUNCTIONS Discussing future plans ♦ Expressing needs ♦ Making speculations

VOCABULARY THEMES Lodging (hotel)

GRAMMATICAL STRUCTURES Future tense ♦ Conditional tense

CULTURAL INFORMATION Hotel tips for Spain and Latin America ♦ Finding lodging in Spain

ANTES QUE NADA

People write for many different purposes. Some write to entertain readers, others write to reassure, to inform, to persuade or to shock. Often you can sense a writer's attitude toward his or her subject matter in the tone of the reading passage itself. The tone may be matter-of-fact, humorous, angry, persuasive or ironic, depending on the writer's attitude. Being aware of the writer's intention and tone will help you more easily understand what you read.

Read the three texts below, then respond to the statements that follow them. (There may be more than one answer.)

HOTEL DE TURISMO

El Hotel Montecarlo está ubicado en pleno centro de la ciudad, a un costado del Cerro Santa Lucía, lo que le permitirá disfrutar de un inolvidable panorama al despertar.

Las Hamacas

Es un hotel que le encantará por su ambiente único. El hotel se encuentra localizado en la bahía de Acapulco, dentro de una plantación de coco con bellísima y exhuberante vegetación. Todas las habitaciones tienen aire acondicionado y están alfombradas y decoradas con buen gusto. Se cuenta con todas las facilidades de un hotel moderno como son: amplia piscina, bar, grill, restaurant con un servicio de primer orden, agencia de viajes (Wagons Lits Cook) oficinas de American Airlines y Night Club El Fuerte con estupenda variedad Flamenca.

El Motel Nilahue es un lugar diferente, ubicado en el mismo borde costero en la recta de Reñaca, avenida preferida por los miles de turistas que año a año llegan a la V Región para disfrutar de unas excitantes e inolvidables vacaciones.

1. What do you suppose the authors' intention was in writing these texts?

    a. to inform
    b. to shock
    c. to reassure
    d. to persuade
    e. to criticize
    f. to entertain

2. What do you feel is the authors' tone in these passages?

   a. ironic
   b. humorous
   c. persuasive
   d. favorable
   e. skeptical
   f. sympathetic
   g. indifferent
   h. matter of fact

As you read the *En contexto* section, try to be aware of the author's purpose for writing it as well as the tone of the reading.

EN CONTEXTO

town / along the shore / jungla

1° de julio. Querido Diario... Esta mañana Makiko y yo llegamos en avión a Coca, un pueblo° pequeño situado a la orilla° del Río Napo en la selva° amazónica. Cuando bajamos del avión, la temperatura estaba a 38 grados centígrados con alta humedad. ¡Qué cambio radical del clima agradable de Quito donde el aire es tan fresco!

Luego, fuimos en autobús a un barco extraordinario llamado el Flotel Orellana.[1] Makiko y yo fuimos a nuestra cabina donde nos duchamos, nos pusimos camisetas, pantalones cortos y sandalias, y fuimos a la terraza del Flotel para escuchar una orientación con los otros pasajeros. Nuestro guía, un hombre de veintiocho años, guapo, de pelo negro se nos presentó:

—¡Bienvenidos a bordo del Flotel Orellana! Soy Óscar Montoya.

Óscar usó un mapa de la región para explicarnos los lugares que íbamos a visitar y lo que íbamos a hacer allí durante los próximos cuatro días. Después de la orientación, Makiko y yo fuimos al pequeño bar del Flotel donde tomamos unos refrescos fríos y conocimos a algunos de los otros pasajeros.

> 1. Makiko y Keri viajaron a la selva amazónica.
>   (¿Cómo llegaron allí? ¿Qué les impresionó?)
> 2. Ellas escucharon la orientación de su viaje.
>   (¿Cómo se llama su guía y cómo es?)

2 de julio. Cuando nos levantamos esta mañana, vimos que estábamos lejos de Coca y que nos encontrábamos solos en el río. Después del desayuno, todos los pasajeros nos pusimos botas y salimos del Flotel con Óscar y Luis, un guía indio, en dos piraguas° motorizadas.

dugout canoes

En una hora nos bajamos de las piraguas y comenzamos a caminar por la selva con nuestros guías. Todo nos parecía exótico pero al mismo tiempo maravilloso: palmeras gigantescas, árboles raros que parecían paraguas abiertos, hermosas flores multicolores y bonitas mariposas° tan grandes como mis dos manos juntas. Al poco tiempo, llegamos a un río pequeño donde Óscar y Luis nos llevaron tranquilamente en una piragua doble sin motor hasta el Lago Tarocoa. Vimos muchas tortugas° tomando el sol a la orilla del río, y miles de pájaros volando de árbol en árbol.

butterflies

turtles

Luego, fuimos a un lugar bonito donde Óscar y Luis nos prepararon un almuerzo riquísimo de bistec, papas fritas y plátanos. Después de almorzar, Makiko y yo salimos en la piragua con algunos amigos para nadar en el lago. Cuando dos muchachas de nuestro pequeño grupo pescaron una piraña, Makiko y yo salimos del agua rapidísimo. Esta noche volvimos muy tarde al Flotel con media docena de pirañas y un millón de recuerdos inolvidables.

> 3. Makiko y Keri tuvieron muchas aventuras en la selva.
>   (¿Qué hicieron antes de llegar al Lago Tarocoa?)
> 4. Ellas tuvieron más aventuras cuando llegaron al Lago Tarocoa.
>   (¿Qué vieron allí? ¿Qué hicieron? ¿Qué les sorpendió?)

3 de julio. A las siete de la mañana salimos del Flotel otra vez en las piraguas motorizadas y seguimos el Río Jivino hasta Limoncocha. Allí trabaja un grupo de misioneros norteamericanos que traducen la Biblia a diferentes lenguas indias.[2] Compramos varios recuerdos en la pequeña tienda de Limoncocha, visitamos la iglesia y en un lugar vimos pájaros, papagayos, tortugas y otros animales que los misioneros van a mandar a varios parques zoológicos de los Estados Unidos.

Esta noche fuimos en canoa a la Hacienda Primavera donde disfrutamos de una cena suculenta: jabalí, plátanos y chicha[3]. ¡Esta noche todos los pasajeros vamos a dormir bien!

> 5. Makiko y Keri visitaron a varios grupos de misioneros.
>   (¿Dónde vivían ellos? ¿Por qué vivían allí?)
> 6. Después, fueron a la Hacienda Primavera.
>   (¿Cómo llegaron allí? ¿Qué hicieron en aquel lugar?)

monkeys

4 de julio. Hoy fuimos a la Isla de los Monos° donde viven algunos monos "Wooly". Me alegré de haber traído mi lente telefoto porque saqué muchas fotos de esos animales tan simpáticos. Luego, seguimos por el río hasta llegar a un pueblo muy pequeño donde viven los indios aucas, quienes nos mostraron cómo usar una cerbatana° para cazar° animales en la selva.

blowgun / to hunt
good-bye

Esta noche tuvimos una fiesta de despedida° en la terraza del Flotel. Makiko tocó la guitarra y yo canté algunas canciones patrióticas porque es el Día de la Independencia. Luego, Óscar y nuestros amigos cantaron varias canciones ecuatorianas, bailamos con música latinoamericana y conversamos hasta la una de la mañana. ¡Qué viaje!

Bueno, querido Diario, dejo de escribirte ahora. Mañana Makiko y yo tenemos que levantarnos temprano para ir en avión a las Islas Galápagos.

> 7. Makiko y Keri salieron del Flotel otra vez.
>   (¿Adónde fueron? ¿Qué vieron e hicieron allí?)
> 8. Ellas tuvieron una fiesta de despedida.
>   (¿Qué pasó en la fiesta? ¿Cómo terminó?)

Notas de texto

1. *El Flotel Orellana,* named after the Spaniard Francisco Orellana, who explored the Ecuadorian jungle in 1541, is a fully-equipped floating hotel (hence "Flotel"). This 124-foot, three-deck, flat-bottom riverboat was built to navigate the wide rivers of the Amazon jungle. Part of the boat's crew are Napo Indians who take Flotel passengers ashore in wooden dugout canoes equipped with outboard motors. Once ashore, the passengers take side trips to the places of interest described in the diary.
2. Since 1953, missionaries at the *Instituto Lingüístico de Verano* have been studying the many languages spoken by various Indian tribes in the Amazon region. They are applying their work to teaching the Indians how to read and write, to translating the Bible, and to educating young people to be bilingual/bicultural instructors.
3. *Jabalí* is wild boar and *chicha* is a strong, alcoholic drink.

¿Comprendió Ud.?

1. Escriba un título apropiado para esta narración.
2. Escriba un resumen corto (no más de 50 palabras) en inglés de los cuatro días que Keri y Makiko pasaron a bordo del Flotel Orellana.
3. ¿Qué le gustó a Ud. de la excursión de estas dos jóvenes? ¿Qué no le gustó de su excursión y por qué?
4. Compare y contraste tres de los siguientes elementos que Makiko describe en su diario con los mismos elementos donde vive Ud.

   a. la vida   c. la gente   e. la región
   b. el clima   d. la comida   f. los animales

VOCABULARIO ÚTIL

In this section you will learn to express your preferences and needs at a hotel in a Spanish-speaking area or country.

Cómo comunicarse en el hotel

QUÉ DECIR PARA **REGISTRARSE** EN UN HOTEL — TO CHECK IN

Quisiera un **cuarto sencillo (doble)**... — *single (double) room*
   con **cama sencilla (doble)**. — *single (double) bed*
   con **ducha (baño privado)**. — *shower (private bath)*
   con **aire acondicionado**. — *air conditioning*
   con **pensión completa**. — *three meals a day*
   que **dé (no dé)** a la calle. — *faces (doesn't face)*

CÓMO PEDIR INFORMACIÓN

¿Cuál es la **tarifa**?	*rate*
¿A qué hora debo **dejar** el cuarto?	*vacate*
¿Hay un **mensaje** para mí?	*message*
¿Dónde está...la **recepción**?	*front desk*
el **ascensor**?	*elevator*
la **piscina**?	*swimming pool*
el **estacionamiento**?	*parking lot*

CÓMO HABLAR CON LA **CAMARERA**   MAID

¿Pudiera...

traerme una **almohada** (**manta**) más?	*pillow (blanket)*
plancharme estos pantalones?	*iron*
lavarme **en seco** este traje?	*dry clean*

CÓMO QUEJARSE

La **habitación**... está sucia.	*room*
no está **arreglada.**	*made up*
El (**lavabo**) **inodoro** está **tapado.**	*sink / toilet / clogged*
No hay...**jabón.**	*soap*
papel higiénico.	*toilet paper*
ganchos (perchas).	*coat hangers*
No funciona...la **llave.**	*key*
la **ducha.**	*shower*
el **calentador de agua.**	*hot water heater*
el **grifo.**	*faucet*
Voy a llamar... a un **botones.**	*bellboy*
al (a la) **gerente.**	*manager*

Practiquemos

A ¡Adivínelo!   Lea cada oración descriptiva, luego busque en esta sección la palabra que mejor corresponda a la descripción.

Ejemplo: Es información para otra persona.   *un mensaje*

1. En este lugar están los autos de los clientes del hotel.
2. Se debe pedir esto si hace mucho calor en el hotel.
3. Se usa para lavarse las manos o cuando se toma una ducha.
4. Esta persona limpia los cuartos y hace las camas del hotel.

5. En este lugar uno se registra y recibe mensajes importantes.
6. Hay uno de estos en los hoteles que tienen más de tres pisos.
7. Uno se queja con esta persona cuando se encuentran problemas.
8. Esta persona es responsable por llevar el equipaje al cuarto.
9. Es agradable nadar aquí, especialmente cuando hace mucho calor.
10. Después de registrarse, se recibe esto para abrir la puerta.

B **Un plan especial.** Primero lea el siguiente anuncio de un hotel chileno y conteste las preguntas. Luego, escriba otro anuncio que contenga un plan especial de un hotel que Ud. conoce personalmente.

1. ¿Por cuánto tiempo es el plan especial?
2. ¿Cuál es la tarifa del plan? Si un dólar es el equivalente de 300 pesos, ¿es barato o caro el plan?
3. ¿Qué significa "1/2 pensión"?
4. ¿Está cerca o lejos el Océano Pacífico de la hostería? ¿Cómo sabe Ud. eso?
5. En su opinión, ¿qué es lo más atractivo del plan especial?

C **¡Bienvenido a Quito!** Imagínese que Ud. acaba de llegar a Quito, Ecuador, y ahora está en la recepción de un hotel. El (la) recepcionista (otro/a estudiante) lo (la) saluda con "Buenos días." Continúen Uds. la conversación mientras hacen las siguientes cosas.

CLIENTE

1. Greet the receptionist, then ask for a single room for three days. Be specific about the kind of room you want. Then ask how much it costs and if you may see it.
2. You look at the room and find several things wrong with it. Say what is wrong with the room and ask to see another one.
3. Once you have decided on the room, register at the front desk and ask about the check-out time.
4. Find out the following information:
    a. where you can change dollars for *sucres*
    b. the location of an inexpensive restaurant nearby
    c. suggestions for sightseeing in Quito by day and night
5. Express your appreciation to the receptionist.

RECEPCIONISTA

1. Greet your hotel guest. Politely inform him or her about the prices and availability of the rooms at your hotel.
2. Accommodate your guest by answering all of his or her questions.
3. Register the guest, then inform him or her about the hotel's facilities and their location.
4. Respond to your guest's questions to the best of your ability.
5. Say something appropriate that would make your guest feel genuinely welcome in your hotel and city.

NOTAS CULTURALES

Hotel Tips for Spain and Latin America

When checking into a hotel in Spain, you may be asked to leave your passport with the desk clerk who will register you with the local police. This is for your safety as well as for the hotel's protection. Your passport will be returned to you several hours later or the next morning. In Latin American countries, you will need to record your passport number on the registration form when you check in.

It is perfectly all right to ask to see a hotel room before accepting it, especially at an inexpensive hotel. Also, a small service charge may be added to your hotel bill. If you are not sure about this, you can ask:

> *¿Está incluido el servicio?* It is a good idea to have small change ready to tip the bellboy for carrying your luggage to your room.
>
> Remember that in Spain and in some Latin American countries, the first floor of a building is called *planta baja,* often abbreviated as PB in elevators. The second floor is the *primer piso,* the third floor is the *segundo piso,* and so forth. This is most critical in elevators. Be careful not to press the button numbered 1 if you want the street level; instead, push the one for PB. In Chile, floors are numbered the same as in the United States and Canada.

GRAMÁTICA FUNCIONAL

In this section, you will learn to express future plans, and to speculate about current and future situations.

Future Tense

You have learned to use the construction *ir a* + infinitive for expressing actions, conditions and events that are going to take place soon. (*Voy a hacer un viaje este fin de semana.* I'm going to take a trip this weekend.) Spanish speakers use this construction frequently in everyday conversation. Another way to express future ideas in Spanish is to use the future tense, which is used often in the news media.

A. How to form the future tense

1. To form the future tense, add the following endings to the infinitive of most verbs: **é, ás, á, emos, éis, án.**

	viajar	*volver*	*vivir*	*ir*
(yo)	viajar**é**	volver**é**	vivir**é**	ir**é**
(tú)	viajar**ás**	volver**ás**	vivir**ás**	ir**ás**
(Ud./él/ella)	viajar**á**	volver**á**	vivir**á**	ir**á**
(nosotros/as)	viajar**emos**	volver**emos**	vivir**emos**	ir**emos**
(vosotros/as)	viajar**éis**	volver**éis**	vivir**éis**	ir**éis**
(Uds./ellos/ellas)	viajar**án**	volver**án**	vivir**án**	ir**án**

—Cuando lleguemos a Coca, ¿qué **pasará,** Keri?

—Creo que **iremos** directamente al Flotel.

When we get to Coca, what will happen, Keri?

I think we'll go directly to the Flotel.

2. Add the identical endings shown above to the irregular stems of the following verbs.

VERB	STEM	ENDING	EXAMPLE: **decir**
decir	**dir**		
hacer	**har**	é	**diré**
poder	**podr**	ás	**dirás**
querer	**querr**	á	**dirá**
saber	**sabr**	emos	**diremos**
salir	**saldr**	éis	**diréis**
tener	**tendr**	án	**dirán**
poner	**pondr**		
venir	**vendr**		

Note: The future tense of *hay* is *habrá* (there will be).

—Óscar, ¿**habrá** tiempo para nadar en el Lago Tarocoa?
—Claro, Keri. **Tendrás** más de media hora para nadar allí.
—¿Qué otras cosas **haremos** en esta excursión?
—Cuando lleguemos al Lago Tarocoa, te las **diré.**
—¿Me **podrás** enseñar a pescar pirañas después de nadar?
—Sí, también **tendremos** tiempo para eso.

B. How to use the future tense

1. Spanish speakers use the future tense to express actions, conditions and events that will take place, particularly at a distant future time.

   Su excursión a bordo del Flotel Orellana **comenzará** en Coca, un pueblo situado a la orilla del Río Napo. Usted **llegará** al aeropuerto de Coca a las once de la mañana, luego **abordará** el Flotel y **almorzará** en nuestro salón comedor con los otros pasajeros. Después del almuerzo, su guía les **explicará** lo que ustedes **harán** durante la excursión. ¡Buen viaje!

2. Spanish speakers also use the future tense to wonder or speculate about actions, conditions and events that are probably taking place at this time or will probably occur sometime in the future.

   —¿Qué tiempo **hará** en Quito?

   —**Estarán** a veinte grados ahora.

   I wonder what the weather is like in Quito.

   It's probably twenty degrees now.

—¿Adónde **viajará** Keri después?   I wonder where Keri will travel to afterwards.

—**Irá** a Guayaquil.   She'll probably go to Guayaquil.

Manos a la obra

A **En un año.**   ¿Qué harán las siguientes personas el próximo año?

Modelo: Óscar: recibir a otro grupo de pasajeros
Recibirá a otro grupo de pasajeros.

1. Makiko: volver a Japón / estudiar para intérprete / encontrar un buen trabajo / vivir con su hermana mayor
2. Keri: sacar un título en geología / especializarse en ingeniería petrolera / cumplir veintiún años / ir a España con otra amiga
3. Óscar y su novia: casarse en Quito / vivir en Coca / tener un niño guapo / hacer muchos amigos / ser muy felices

B **Dos opiniones.**   Mire el dibujo, luego conteste las preguntas en la página 391.

1. ¿Qué dirá el señor a la izquierda?
2. ¿Qué pensará el señor a la derecha?

C **Cinco predicciones.** Escriba cinco acciones, condiciones o eventos interesantes que pasarán durante el resto de este siglo. Luego, compare sus predicciones con las de otro(a) estudiante.

Ejemplos: *Viajaré a Europa o a Sudamérica con una amiga. Mi mejor amigo se casará con una de mis primas. Una mujer será presidenta de los Estados Unidos.*

Charlemos

A **¡Bienvenido(a)!** Imagínese que Ud. acaba de llegar a un hotel de un país hispano. Hágale las siguientes preguntas a otro(a) estudiante.

1. ¿Qué harás en la recepción? ¿Con quién hablarás? ¿Qué tipo de cuarto pedirás? ¿Quién te ayudará con las maletas?
2. ¿Qué harás en el hotel? ¿Qué información pedirás? ¿Dónde y qué comerás? ¿Cómo te divertirás? ¿Qué problemas tendrás en el hotel? ¿Qué comprarás y para quién?
3. ¿Cuándo saldrás del hotel? ¿Cómo pagarás la cuenta? ¿Adónde irás después? ¿Cómo llegarás allí? ¿Quién te recibirá?

B **Plan de vacaciones.** Piense en un plan para sus próximas vacaciones, luego cuéntele a un(a) compañero(a) de clase sobre ese plan.

Say...

1. where you will go.
2. why you plan to go there.
3. how will you get there
4. who will accompany you.
5. when you plan to leave.
6. what time you will depart.
7. what you plan to do there.
8. when you intend to return.

NOTAS CULTURALES

Finding Lodging in Spain

The Spanish government strictly regulates all accommodations in Spain. It has classified hotels into various categories and ratings, which are shown on a blue plaque at each hotel's entrance. Depending on its quality and facilities, a *hotel (H)* is rated 1 to 5 stars, five stars representing the finest and most expensive hotel. A *hostal (Hs)* provides the same facilities as its equivalent-star hotel, but usually it occupies only part of a building and is served by a common elevator. A *hostal residencia (HsR)* has rooms and breakfast available but it offers no other meals. A *pensión (P)* has fewer than twelve rooms and the owner/manager has the right to charge for three meals per day in addition to your room. A *fonda (F)* offers the least expensive form of hotel. The Spanish government operates a number of fine hotels called *paradores* which are often historic castles with magnificent settings, antique furnishings and excellent facilities, including a restaurant. The government also owns smaller but comfortable inns called *albergues* which are intended mainly for motoring tourists.

If you are traveling on a very low budget, you could stay at any one of forty youth hostels *(albergues para la juventud)*. Unfortunately, many of them are located outside the more popular tourist areas and are, therefore, difficult to reach conveniently by public transportation. During the summer months, you could rent an inexpensive room at many university residences called *colegios mayores*. These are open to students who have an International Student Card.

The least expensive means of lodging in Spain is camping. There are over five hundred campsites in the country. Of course, you must bring all your own camping gear, but nearly all the sites have food supplies available.

The Spanish government sets the prices for all types of lodging in Spain, and the prices must be posted for public inspection. If you have a legitimate complaint about hotel charges, services or personnel, ask for the complaint book *(libro de reclamaciones)* and register your grievances in it. Hotel personnel are required to report all complaints to the government within twenty-four hours; there are several penalties for failing to do so.

GRAMÁTICA FUNCIONAL

In this section, you will learn to express conditional actions, states of being and events, and to speculate about past situations.

Conditional Tense

In English, we express hypothetical ideas using the word **would** with a verb (If I had the time and money, I would travel). Spanish speakers express these ideas by using the conditional tense, which you have already used in the expression *me gustaría: Me gustaría viajar al Ecuador.* (I would like to travel to Ecuador.)

A. How to form the conditional tense

1. To form the conditional tense, add the following endings to the infinitive of most verbs: **ía, ías, ía, íamos, íais, ían.**

	viajar	*volver*	*vivir*	*ir*
(yo)	viajar**ía**	volver**ía**	vivir**ía**	ir**ía**
(tú)	viajar**ías**	volver**ías**	vivir**ías**	ir**ías**
(Ud./él/ella)	viajar**ía**	volver**ía**	vivir**ía**	ir**ía**
(nosotros/as)	viajar**íamos**	volver**íamos**	vivir**íamos**	ir**íamos**
(vosotros/as)	viajar**íais**	volver**íais**	vivir**íais**	ir**íais**
(Uds./ellos/as)	viajar**ían**	volver**ían**	vivir**ían**	ir**ían**

—¿Te **gustaría** viajar conmigo?
Would you like to travel with me?

—**Viajaría** contigo ahora mismo.
I would travel with you right now.

2. Other verbs are irregular. Add the identical endings shown above to the irregular stems of the verbs on page 394. Notice that the irregular stems are the same as those used for the future tense.

VERB	STEM	ENDING	EXAMPLE: **decir**
decir	**dir**		
hacer	**har**	ía	**diría**
poder	**podr**	ías	**dirías**
querer	**querr**	ía	**diría**
saber	**sabr**	íamos	**diríamos**
salir	**saldr**	íais	**diríais**
tener	**tendr**	ían	**dirían**
poner	**pondr**		
venir	**vendr**		

Note: The conditional tense of *hay* is *habría* (there would be).

B. How to use the conditional tense

1. To express the same idea as **would** in English.

   Viajaríamos al Ecuador, pero no tenemos el dinero.
   We would travel to Ecuador, but we don't have the money.

   ¡Cuidado! When **would** implies **used to** in English, Spanish speakers use the **imperfect tense,** not the conditional tense.

   Cuando era niña, mi familia y yo **hacíamos** un viaje todos los años.
   When I was a girl, my family and I would (used to) take a trip every year.

2. To express hypothetical statements about what **would** happen in a particular circumstance or under certain conditions, use the conditional tense and the past subjunctive tense together.

   Viajaríamos al Ecuador si tuviéramos el dinero.
   We would travel to Ecuador if we had the money.

3. To request and persuade politely.

   —**Me gustaría** viajar contigo, pero no tengo dinero.
   I would like to travel with you but I don't have the money.

   —**Podrías** buscar otro trabajo que te pague más.
   You could look for another job that will pay you more.

4. To wonder or speculate about actions, conditions and events that probably took place in the past.

   —¿Adónde **irían** Keri y Makiko después de visitar la selva?
   I wonder where Keri and Makiko went after visiting the jungle.

   —**Visitarían** las Islas Galápagos.
   They probably visited the Galápagos Islands.

Manos a la obra

A **¡Ojalá!** ¿Qué harían las siguientes personas si tuvieran más dinero?

Ejemplo: Óscar visitaría a su familia en Quito.

Óscar	visitar a su familia en Quito
Makiko	casarse pronto con su bonita novia
Keri y Makiko	estudiar microbiología en el Ecuador
	invitar a Juan y a José a visitarlas
	visitar a la familia Pérez en Cuenca
	no ser guía en el Flotel Orellana
	llamar a sus padres en Osaka, Japón
	quedarse en la selva por más tiempo

B **Situaciones.** ¿Qué harían las siguientes personas si les pasaran las circunstancias indicadas?

Ejemplo: Si Keri no tuviera miedo, ella / pescar pirañas
Si Keri no tuviera miedo, ella pescaría pirañas.

1. Si Óscar fumara durante la orientación, Keri y Makiko / enojarse
2. Si empezara a llover muy duro, Makiko / ponerse el impermeable
3. Si los pasajeros quisieran nadar, Óscar / decirles que sí
4. Si Makiko quisiera aprender a pescar pirañas, Luis / enseñarle
5. Si los indios vendieran sus cerbatanas, Keri / comprar una
6. Si el Flotel chocara con otro barco, los capitanes / tener problemas
7. Si yo tuviera el dinero y el tiempo, / hacer un viaje al Ecuador
8. Si mis amigos y yo fuéramos al Ecuador, / aterrizar en la capital

Charlemos

A **Deseos de viajar.** Pregúntele a otro(a) estudiante.

1. ¿Qué lugar en el Ecuador preferirías visitar: Quito o la selva amazónica? ¿Por qué te gustaría conocer aquel lugar?
2. ¿Cuándo saldrías para el Ecuador? ¿Con quiénes irías allá?
3. ¿Cómo viajarías tú para llegar al Ecuador: en barco o en avión? ¿Cómo viajarías en aquel país: a pie, a caballo, en bicicleta, en auto, en moto, en autobús, en tren, en barco o en avión?
4. ¿Cuánto dinero llevarías contigo? ¿Qué cosas comprarías antes de hacer tu viaje?
5. ¿Dónde te quedarías en Quito (la selva)? Cuéntame lo que harías el primer día allá.

B Problemas en el hotel. Dígale a un(a) compañero(a) de clase lo que Ud. haría en las siguientes situaciones. La letra **"d"** sugiere otras posibilidades.

Ejemplo: La cama de su cuarto no está hecha cuando vuelve en la tarde.
  a. hacerla yo mismo(a)   c. no hacer ni decir nada
  b. decírselo a la camarera   d. ...
  Se lo diría a la camarera.

1. Hay un calentador de agua en el baño, pero Ud. no sabe cómo funciona.
   a. llamar a la recepción   c. no usarlo
   b. no hacer nada   d. ...

2. Dos personas en otro cuarto empiezan a gritar a la una de la mañana.
   a. leer un libro   c. no hacerles caso
   b. dormirme otra vez   d. ...

3. Usted está duchándose en su cuarto cuando suena el teléfono.
   a. (no) contestarlo   c. enojarme
   b. continuar duchándome   d. ...

4. Un niño está molestándole mientras Ud. nada en la piscina del hotel.
   a. no hacerle caso   c. buscar a sus padres
   b. echarle agua   d. ...

5. Cuando recibe la cuenta del hotel, usted nota que no es correcta.
   a. llorar   c. fumar un cigarrillo
   b. pagar la cuenta   d. ...

C Especulaciones. ¿Cómo serían la selva y sus habitantes si se prohibiera a los turistas ir allá? Conteste esta pregunta, luego dígale a otro(a) estudiante si Ud. está de acuerdo o no con la respuesta indicada, y por qué.

Ejemplo: muchos habitantes / querer salir de la selva
  Muchos habitantes querrían salir de la selva.
  No estoy de acuerdo porque la selva es parte de su hogar.

1. los indios / ser aún más pobres que ahora
2. la gente / no saber ni leer ni escribir su idioma
3. haber / más animales y plantas en la selva
4. mis amigos y yo / no poder conocer aquella región
5. yo / no saber mucho sobre la selva y su gente
6. los animales / tener menos miedo de la gente
7. el aire y el agua / estar menos contaminados
8. los habitantes / estar mucho más felices que ahora

Un poco más

 ¡Escuche!

Imagínese que Ud. trabaja como recepcionista en un hotel donde llega mucha gente hispana. Tres personas van a hacer una reservación por teléfono; escriba la información apropiada abajo.

Apellido	N° personas	Fecha de entrada	N° días
	1		1

Perspectivas

Lea los dos anuncios, luego conteste las preguntas que les siguen.

¿Comprendió Ud.?

1. ¿Qué hotel tiene una oferta más atractiva? ¿Por qué es más atractiva?
2. Si Ud. fuera de vacaciones a la costa del oeste de México, ¿qué oferta preferiría Ud. y por qué?
3. Si una pareja de recién casados, con dinero, quisiera pasar cuatro días en la costa del oeste de México, ¿cuál de estos dos hoteles les recomendaría Ud.? ¿Por qué?
4. ¿En qué hotel debe quedarse una familia mexicana por dos días? ¿Por qué?

¡Escriba!

Escríbale una carta al gerente de reservaciones del Hotel Acapulco Imperial. En su carta, indique ...

1. que Ud. quiere reservar un cuarto.
2. el número de días y las fechas de la reservación.
3. cuántos adultos y menores estarán en su grupo.
4. que quiere que le mande una lista de todos los precios.
5. que le informe a Ud. si hay planes especiales para grupos.
6. cómo llegarán ustedes a México (e.g., autobús, etc.).
7. que le mande a usted alguna propaganda sobre el hotel.
8. su nombre completo, su dirección y número de teléfono.

Situaciones

Imagínese que Ud. es el (la) gerente de reservaciones del hotel mexicano en el cual a Ud. le gustaría quedarse. Léale a su asistente (otro/a estudiante) la información de la carta mientras él (ella) completa la siguiente tarjeta de reservación.

HOTEL IMPERIAL

APELLIDOS	NOMBRE	Nº PERSONAS
DOMICILIO	Nº	CIUDAD
PAÍS		TELÉFONO
FECHA DE ENTRADA		FECHA DE SALIDA

Vocabulario

Sustantivos

la Biblia *Bible*
la cabina *cabin*
la despedida *good-bye; farewell*
el lente *lens*
el mensaje *message*
el parque zoológico *zoo*
el pelo *hair*
el pueblo *town*
la sandalia *sandal*
la tarifa *rate*

En la selva *jungle*

el barco *boat*
la cerbatana *blowgun*
el/la guía *guide*
la humedad *humidity*
el (la) indio(a) *Indian*
la mariposa *butterfly*
el (la) misionero(a) *missionary*
el mono *monkey*
el pájaro *bird*
la palmera *palm tree*
la piragua *dugout canoe*
la piraña *piranha*
el río *river*
la tortuga *turtle*

En el hotel

el aire acondicionado *air conditioning*
la almohada *pillow*
el ascensor *elevator*
el botones *bellboy*
el calentador de agua *hot water heater*
la cama sencilla (doble) *single (double) bed*
la camarera *maid*
el cuarto sencillo (doble) *single (double) room*
la ducha *shower*
el estacionamiento *parking lot*
el gancho *coat hanger*
el/la gerente *manager*
el grifo *faucet*
la habitación *room*
el inodoro *toilet bowl*
el jabón *soap*
el lavabo *sink*
la llave *key*
la manta *blanket*
el papel higiénico *toilet paper*
la pensión completa *three meals a day*
la piscina *swimming pool*
la recepción *front desk*

Adjetivos

amazónico *Amazon*
gigantesco *giant*
motorizado *motorized*
privado *private*
tapado *clogged*

Verbos

arreglar *to make up* (a room)
cazar *to hunt*
cruzar *to cross*
dejar *to vacate*
planchar *to iron*
registrarse *to check in*
traducir *to translate*

Expresiones idiomáticas

a bordo de *aboard*
a la orilla del mar *along the shore*
dar a la calle *to face the street*
lavar en seco *to dry clean*

LECCIÓN 18

Viaje a las islas encantadas

COMMUNICATIVE GOALS The students will be able to discuss health-related matters, and to describe past incidents and experiences.

LANGUAGE FUNCTIONS Giving advice ♦ Telling stories ♦ Describing impressions

VOCABULARY THEMES The human body ♦ Illnesses and treatments

GRAMMATICAL STRUCTURES Indicative and subjunctive (summary) ♦ Unintentional incidents with *se* ♦ Passive voice

CULTURAL INFORMATION Medical advice for travelers

Antes que nada

In previous lessons you learned different strategies for becoming a more proficient reader of Spanish. In this section, you will practice integrating several of these reading strategies as you acquire some background knowledge for understanding the *En contexto* section of this lesson. Use the step-by-step approach outlined below as you read the text on page 403. They are all strategies you have used before.

Prereading: to establish a purpose for reading

1. Read the **title** of this lesson, then the title of the reading on page 403. What words in these titles provide additional clues about the theme of the reading on page 403.
2. Now think about the theme itself; what **background knowledge** do you have about it?

First reading: to get the gist of the reading passage

1. Quickly **skim** the text on page 403 to get the **gist** of its content. Use cognates, word stems, prefixes and suffixes to help you guess the meaning of words you do not know, and skip over any words that are unfamiliar to you.
2. Answer the following questions about your **initial impressions** of the paragraph's content.

    a. What is the paragraph about?

    b. Where would you expect to find it?

    c. What is the author's intention and tone?

Second reading: to locate specific information in the text

1. **Scan** the paragraph and underline the **main ideas** in the paragraph.
2. Circle the **details** that elaborate upon these main ideas.

Third reading: to check for total comprehension

1. Write a very brief summary of the text in English.
2. Answer the true-false statements that follow the text.

LAS ISLAS GALÁPAGOS

Las Islas Galápagos consisten en trece islas principales y docenas de islas pequeñas situadas aproximadamente a 600 millas al oeste del Ecuador continental. Las islas, que fueron formadas por erupciones volcánicas, tienen más de tres millones de años. Este grupo de islas ha sido nombrado un parque nacional del Ecuador para conservar los animales salvajes, muchos de los cuales no se encuentran en ninguna otra parte del mundo. Allí las iguanas terrestres y marinas parecen dinosaurios en miniatura. Además, hay una gran variedad de pájaros en las Islas Galápagos.

Los visitantes llegan a las islas en avión desde Quito y Guayaquil (aterrizando en la Isla Baltra) o en barco desde Guayaquil. Los visitantes pueden hacer una excursión de las islas en un yate alquilado, o pueden ir en avión a la Isla Santa Cruz y explorar las islas en un barco pequeño. Todos los visitantes pagan una tarifa al parque nacional para visitar las Islas Galápagos; además, tienen que ir acompañados por un guía-naturalista oficial.

¿Comprendió Ud.?

Lea cada oración, luego indique si es verdadera o no, según la información en el párrafo.

1. Las Islas Galápagos están en Sudamérica.   Sí   No
2. Hay pocos animales en las Islas Galápagos.   Sí   No
3. Algunos de los animales son únicos y raros.   Sí   No
4. Es mejor visitar los Galápagos en barco.   Sí   No
5. Es posible ir en autobús a estas islas.   Sí   No
6. La entrada a este parque no cuesta nada.   Sí   No

En contexto

11 de julio. Querido Diario... He estado tan ocupada que no he tenido tiempo para escribirte por una semana. Makiko y yo volvimos a Quito donde pasamos dos días visitando algunos lugares en la capital. Luego, tomamos el autoferro[1] a Guayaquil en la costa donde nos quedamos cuatro días antes de llegar aquí a las Islas Galápagos en avión. ¡Qué calor hacía! Fuimos en autobús desde el aeropuerto hasta una bonita bahía° donde estaba esperándonos Alfredo Ochoa, el capitán del Tortuga, nombre del pequeño barco en que vamos a visitar las Islas Galápagos. También conocimos a los otros pasajeros: Katrin Schärer de Alemania, Carla Risecchi de Italia, Peter y Tineke Bouman de Holanda, Jürgen y Ulrike Rütti de Suiza y Mildred Gottlieb de California. Nuestro guía, Tomás Portero, nos describió adónde iríamos, qué veríamos allí y qué haríamos durante los próximos cinco días. Después de almorzar, salimos para la Isla Bartolomé donde subimos a un enorme volcán inactivo para ver la vista panorámica maravillosa de la Bahía Sullivan y de varias otras islas. Pasamos el resto del día nadando en el mar y tomando el sol en esa hermosa playa.

bay

1. Keri y Makiko llegaron a las Islas Galápagos. (¿Cómo fueron allá? ¿A quiénes conocieron?)
2. Ellas comenzaron su excursión con su grupo. (¿Cómo viajaron de isla en isla? ¿Qué vieron?)

12 de julio. Hoy nos levantamos temprano para ir a la Isla Santiago donde vimos cientos de focas,° muchas iguanas marinas, docenas de cangrejos° grandes, algunos pelícanos y flamencos° de color rosado comiendo en un lago° tranquilo. También visitamos una mina de sal abandonada que exploramos antes de volver al Tortuga. Por la noche empezaron algunos conflictos en nuestro grupo. Jürgen y Ulrike se quejaron de la cena porque era la tercera vez en dos días que comíamos pescado fresco con arroz. Y Mildred, a quien llamamos "Abuelita" por sus setenta y cinco años, se quejó mucho del capitán Ochoa porque fumaba cigarrillos en su presencia.[2]

seals / crabs
flamingos
lake

> 3. Makiko y Keri vieron mucho el segundo día.
> (¿Qué animales vieron? ¿Qué otras cosas vieron?)
> 4. Había unos pequeños problemas en su grupo.
> (¿Qué problemas? ¿Tienen soluciones?)

13 de julio. Hoy visitamos la Bahía Correo donde los marineros° del Siglo XVIII metían cartas en un barril para intercambiar información con otros marineros. Luego, fuimos al Punto Conmorán donde vimos más flamencos y muchos otros pájaros diferentes. Esta noche comimos otra vez pescado fresco con arroz y Makiko se enfermó. Ella dice que fue por la comida, pero yo creo que fue por las muchas actividades que hemos tenido en la excursión hasta ahora.

sailors

> 5. El tercer día Keri y Makiko visitaron dos lugares.
> (¿Qué lugares y qué vieron allí? ¿Qué le pasó a Makiko?)

14 de julio. Makiko está más enferma que ayer y el Capitán Ochoa le dio unas píldoras° para ver si se siente mejor antes de que salgamos hoy. Le aconsejé que fuera al hospital cuando lleguemos a la Isla Santa Cruz mañana. Continuamos nuestra excursión en barco hasta la Isla Española donde vimos leones marinos, iguanas marinas de color verde y rojo y diferentes tipos de pájaros "booby". Lo increíble aquí es que uno puede acercarse a los animales sin que se vayan rápidamente porque no tienen miedo de la gente. Ahora comprendo por qué esta región se llama las Islas Encantadas.° Esta noche nos sirvieron algo diferente para la cena: pescado fresco con macarrones. Qué sorpresa, ¿eh?

pills

Enchanted

> 6. Makiko y Keri vieron otros animales el cuarto día.
> (¿Qué animales? ¿Qué impresión tuvieron las jóvenes?)

15 de julio. Acompañé a Makiko al hospital donde el médico le dio dos píldoras para calmarse. Le dijo que estaba demasiado cansada y que tenía que dormir más. Mientras ella se quedaba en cama en el barco, los otros pasajeros y yo visitamos la Estación Charles Darwin en la Isla Santa Cruz. Un científico nos describió cómo se conservan los animales y las plantas de las Islas Galápagos. Vimos galápagos de todos tamaños hasta los más pequeños que eran muy simpáticos. Por la tarde exploramos la Isla Santa Cruz en dos Jeeps. Esta noche cenamos en el Hotel Delfín: ¡Bistec con papas fritas, vino tinto y torta de chocolate! Makiko durmió todo el día y ahora sé que está bien porque se comió dos bistecs grandes.

> 7. El quinto día, Keri y Makiko visitaron la Isla Santa Cruz.
> (¿Por qué? ¿Qué otras cosas hicieron allí? ¿Cómo está Makiko?)

16 de julio. Hoy llegamos a la Isla Plaza donde celebramos el cumpleaños de Makiko, quien cumplió veintiún años. Mañana ella y yo volvemos a Kentucky, pero siempre recordaremos a todos nuestros amigos y los lugares hermosos que visitamos en nuestro viaje maravilloso al Ecuador. ¡Hasta luego, querido Diario!

> 8. El último día Makiko y Keri se fueron de las Islas Galápagos.
> (¿Cómo pasaron ese día? ¿Qué les gustó de su viaje al Ecuador?)

Notas de texto

1. *El autoferro* is a trolley-like bus that runs on railroad tracks between Quito and Guayaquil, a port on the west coast of Ecuador. The inexpensive trip is a spectacular twelve-hour marathon through the Andes Mountains. Trains make the same run in fourteen hours, buses, in eight hours; and airplanes, in only forty-five minutes!

2. Courtesy in Latin America is somewhat different from its counterpart in the United States or Canada. Most North Americans believe in being open, frank and direct about their feelings, as when Mildred *("Abuelita")* protests against Captain Ochoa for smoking in her presence. Many Latin Americans consider such outspokenness too blunt and even rude to use with people they do not know well.

¿Comprendió Ud.?

1. ¿Qué otro título sería apropiado para esta narración?
2. Conteste las siguientes preguntas, pensando en estas personas:

Keri	Makiko	Capitán Ochoa
Tomás	"Abuelita"	Todos los pasajeros

   a. —*Espero que no regresemos a Quito en autoferro, Makiko, porque es un viaje duro.* ¿Quién diría eso?

b. —*Bienvenidos a bordo del Tortuga. Espero que les guste la excursión por estas islas.* ¿Quién diría esto y a quiénes se lo diría?

c. —*¡No! ¡Cigarrillos no!* ¿Quién diría esto, a quién se lo diría y por qué?

d. —*Capitán, ella dice que Ud. debe fumar en otra parte del barco.* ¿Quién diría eso y por quién lo diría?

e. —*En esta isla vamos a ver más iguanas terrestres. Por favor, no las toquen ni les den comida.* ¿Quién diría esto y a quién(es)?

f. —*¡Feliz cumpleaños! Happy birthday!* ¿Quién(es) haría(n) estas exclamaciones y en qué ocasión?

3. En su opinión, ¿qué día fue el más interesante de la excursión por las Islas Galápagos? ¿Por qué cree Ud. eso?

VOCABULARIO ÚTIL

In this section you will learn words and phrases for discussing health-related matters.

Cómo hablar de la salud

UN PROBLEMA **MENOR**	MINOR
—**¿Qué tiene Ud.,** señorita?	*What's the problem?*
—Tengo...la **gripe,** doctor.*	*flu*
tos.	*cough*
fiebre.	*fever*
catarro.	*cold*
dolor de oído.	*earache*
dolor de garganta.	*sore throat*
—Ay, **me duele el estómago.**	*I have a stomach ache.*
—Abra la **boca,** por favor, y **saque la lengua.** Bien, ahora voy a **tomarle la temperatura.**	*mouth stick out your tongue take your temperature*

---

*When speaking **about** a medical doctor, use *el (la) médico*. When speaking directly **to** a doctor, use *doctor(a)*.

UN PROBLEMA **GRAVE**   *SERIOUS*

—¿Qué **te pasó,** Ricardo?
—**Sufrí un accidente** de auto, tío. **Me rompí** el **hombro** derecho, la **nariz** y tres **dedos,** ¿ves? También **me lastimé** la **espalda,** y me **corté** la **oreja** y el lado derecho de la **cara.** Me duele todo el **cuerpo.**
—¿Cómo te sientes ahora?
—Ay, todavía me siento mal. Me siento **mareado,** me duelen **los ojos** y tengo dolor de **cabeza.** También tengo dificultad en **mover** el **cuello.** Y ahora no veo tan bien como antes del accidente.
—¡Ay, pobrecito! Pronto viene el médico para **examinarte** la vista.

LOS **TRATAMIENTOS**   *TREATMENTS*

Voy a **ponerle una inyección.**   *give you an injection*
    sacar unos rayos X.   *take some X-rays*

Tome esta **receta,** por favor.   *prescription*
    esta **medicina** por la mañana.   *medicine*
    estas **píldoras** una vez al día.   *pills*
Vuelva en un mes y **cuídese.**   *take care of yourself*

¿Recuerda Ud.?: los dientes, la mano, los músculos, el pelo, las piernas, los pies

Practiquemos

A **¿Qué haría Ud.?**   Dígale a un(a) compañero(a) de clase lo que Ud. haría en las siguientes circunstancias.

1. Si me doliera la cabeza,
    a. llamaría a un médico.
    b. no iría a mis clases.

2. Si su amigo(a) se sintiera mareado(a),
    a. le diría que se sentara.
    b. lo acompañaría a su casa.

c. tomaría unas aspirinas.
d. saldría con mis amigos.
e. ...

c. le daría una píldora.
d. lo llevaría a un hospital.
e. ...

3. Si yo tuviera fiebre,
   a. me pondría una inyección.
   b. me tomaría la temperatura.
   c. me serviría una taza de café.
   d. me diría que estaría bien.
   e. ...

4. Si viera un accidente de auto,
   a. llamaría a una ambulancia.
   b. ayudaría a todas las víctimas.
   c. realmente no sabría qué hacer.
   d. lo miraría, pero no haría nada.
   e. ...

B **Consejos de salud.** Participe con otro(a) estudiante en la siguiente situación.

Situación: Uds. están hablando por teléfono.

AMIGO(A)

1. ¡Hola, _____! ¿Quieres ir al cine?
3. ¿Qué te pasa?
5. Lo siento. Debes _____.
7. Pues, cuídate, ¿eh?
9. _____

AMIGO(A)

2. Ay, no. No me siento bien.
4. Tengo _____.
6. _____
8. _____. Chao.

GRAMÁTICA FUNCIONAL

In this section, you will practice many functions you have already learned how to use.

Indicative and Subjunctive (summary)

The choice of using the indicative mood or the subjunctive mood is not arbitrary; the choice depends on how a speaker or writer views what he or she wishes to communicate.

A. How to use the indicative

Spanish speakers use the indicative to describe actions, conditions or events that have taken place, are happening now, or will definitely occur in the future.

Note how the indicative is used...

1. To describe known people, places and things:

    Keri y Makiko **son** muy buenas amigas. Ellas **tienen** veinte años, **son** solteras y les **gusta** viajar. Estas jóvenes **viven** en Lexington, Kentucky, que **es** una ciudad bonita.

2. To express habitual actions, conditions and events:

    Durante la semana Keri y Makiko **están** ocupadas con sus clases, pero los fines de semana **salen** con sus amigos: **van** al cine y **se divierten** en fiestas. El semestre pasado Keri y Makiko **se levantaban** temprano porque **tenían** una clase de judo a las siete de la mañana.

3. To communicate other factual information:

    Hace un mes, Keri y Makiko **visitaron** el Ecuador porque **querían** conocer aquel país y a su gente. Les **gustaría** hacer otro viaje juntas, pero el próximo año Makiko **volverá** a Japón.

B. How to use the subjunctive

Spanish speakers use the subjunctive to describe actions, conditions or events that might have taken place, may be happening now, or perhaps will occur in the future.

Note how the subjunctive is used...

1. To influence others to do something:

    —Me gustaría que me **hablaras** sólo en español, Keri.
    —Claro. Quiero que **hagas** lo mismo conmigo.

2. To express emotional reactions:

    —¡Qué lástima que **te enfermaras** con la gripe, Keri!
    —Sí, siento que no **podamos** ir al cine esta noche.

3. To imply uncertainty:

    —Dudo que Juan me **vaya** a escribir, Keri.
    —Tampoco creo que me **escriba** a mí, Makiko.

4. To refer to unknown information:

    —Quiero visitarte en Japón cuando **tenga** dinero, Makiko.
    —¿Podrías encontrar otro trabajo que te **pagara** mejor?
    —Si **pudiera** trabajar en un banco, podría ganar más.

Manos a la obra

A **Para servirles.** Complete apropiadamente los siguientes párrafos seleccionando la(s) palabra(s) correcta(s) para aprender un poco sobre el Capitán Ochoa.

—Mi barco (es/sea) el Tortuga y en él (llevo/lleve) a mis pasajeros a ver diferentes islas. (Me alegro/Me alegre) mucho de (conozco/conozca/conocer) a todos mis pasajeros porque (aprendo/aprenda) mucho de ellos. A veces me (sorprenden/sorprendan) sus preguntas, pero nunca me (molestan/molesten). (Es/Sea) normal que algunas personas (traen/traigan) más equipaje del que (necesitan/necesiten) aunque a veces no (sé/sepa) dónde ponerlo porque mi barco (es/sea) bastante pequeño. (Espero/Espere) (comprar/compro/compre) un barco más grande algún día, pero por el momento (dudo/dude) que (puede/pueda) ahorrar suficiente dinero.

B **Hace muchos años.**   Ahora imagínese que han pasado muchos años y el Capitán Ochoa está contándoles a sus nietos de su trabajo pasado. Escriba en el pasado el párrafo del Ejercicio A.

Modelo: Mi barco es el Tortuga... *Mi barco era el Tortuga...*

C **En la clínica.**   Complete la siguiente conversación con otro(a) estudiante; una persona es **M**édico y la otra es su **P**aciente.

Modelo: M: ¿Cómo _____ (estar) Ud. hoy? M: *¿Cómo está Ud. hoy?*

M: ¿Cómo _____ (sentirse) Ud., señor (señorita/señora)?
P: _____ (sentirse) mal, doctor(a). Creo que _____ (estar) muriéndome.
M: ¿Por qué _____ (creer) Ud. eso?

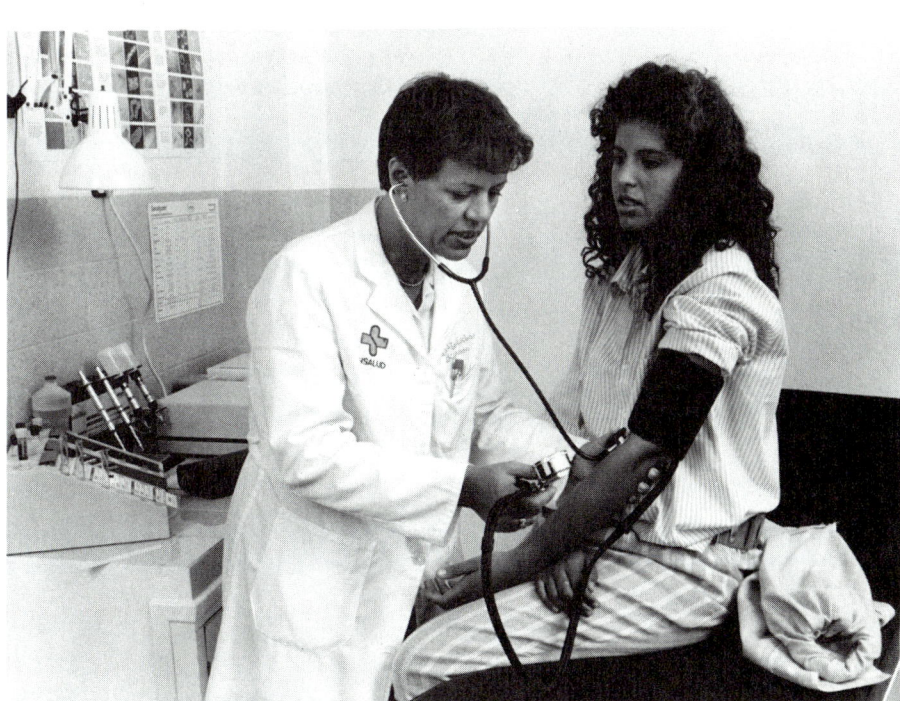

Esta médica le está tomando la presión arterial a su cliente. ¿Le gustaría a Ud. hacerse médico(a)?

P: Porque esta mañana cuando _____ (levantarse), _____ (tener) un dolor de cabeza muy fuerte y _____ (sentirse) mareado(a). No _____ (dormir) bien anoche.

M: ¿Todavía le _____ (doler) la cabeza?

P: Sí, muchísimo. Recientemente he _____ (sufrir) mucha tensión en mi trabajo. Mi supervisora me _____ (decir) que _____ (tener) que trabajar más.

M: ¿_____ (poder) Ud. encontrar otro trabajo que no le _____ (dar) tantos problemas?

P: No sé, doctor(a). Me _____ (gustar) encontrar un trabajo que me _____ (pagar) más porque _____ (necesitar) el dinero. Ojalá _____ (poder) encontrar uno muy pronto.

M: Ojalá, (señor/señorita/señora). Ahora _____ (ir) a darle una receta para unas píldoras que _____ (ir) a calmar sus nervios. _____ (querer) que Ud. _____ (tomar) una antes de acostarse.

P: Muchas gracias, doctor(a).

Charlemos

A **Situaciones médicas.** Cuéntele a un(a) compañero(a) de clase lo que Ud. haría en las siguientes situaciones.

Ejemplo: Su hermano menor está enfermo, pero no sabe qué tiene. Se siente mareado y está vomitando. Él le pide que lo ayude.
Le diría que lo llevaría a una clínica en mi auto. También le diría que se quedara tranquilo y que todo estará bien.

1. Ud. y una amiga acaban de hacer ejercicio, pero ahora a ella le duelen los brazos y las piernas. Ud. quiere darle algunos consejos para que se sienta mejor y para que no sufra más en el futuro.

2. Un amigo suyo sufrió un accidente de motocicleta y ahora está en el hospital donde se quedará un mes. Se rompió las dos piernas y un brazo y se lastimó la cara. Ud. quiere expresarle su compasión.

B **¡Buen viaje!** Converse con otro(a) estudiante.

Estudiante A: Imagínese que a Ud. le gustaría hacer un viaje al Ecuador. Pregúntele a un(a) agente de viajes (un/a compañero/a de clase) sobre la siguiente información de aquel país: actividades de interés turístico, clima, ropa necesaria, alojamiento, recuerdos recomendados, etcétera. Trate de conseguir la mayor información que sea posible. Aquí tiene Ud. algunas frases para ayudarlo(la):

Quiero visitar...   **Me gustaría comprar...**
¿Pudiera Ud. decirme...?   **Es importante que...**
Quiero quedarme en un hotel que...   **(No) Creo que...**

Estudiante B: Imagínese que Ud. es un(a) agente de viajes en Los Ángeles, California. Lea otra vez las secciones *En contexto* de las Lecciones 16, 17 y 18. Prepárese a contestar preguntas de uno(a) de sus clientes hispanos(as) (un/a compañero/a de clase) sobre 1) qué hacer en Quito, en la región amazónica y en las Islas Galápagos; 2) el clima en aquellos lugares, y 3) lo que Ud. debe llevar en el viaje. Aquí tiene Ud. algunas frases para ayudarlo(la):

¿Cuánto tiempo...?	**Pues, realmente dudo que...**
Lástima que Ud...	**Creo que... No creo que...**
Es mejor que Ud...	**Espero que Ud..., pero sé que...**

NOTAS CULTURALES

Consejos médicos para viajeros

Los norteamericanos que visitan Latinoamérica o España a veces no están seguros de cómo encontrar asistencia médica mientras viajan. Hay muchos tipos de médicos y especialistas en medicina cuyas tarifas son comparables o más bajas que las de los Estados Unidos y del Canadá. Aunque hay muchos médicos en el mundo hispano, ellos tienen que servir un número más grande de personas que los médicos norteamericanos y canadienses. La mayoría de los médicos hispanos trabajan en las ciudades grandes donde pueden atender a más pacientes y donde pueden aprovecharse de las facilidades más modernas.

Es posible conseguir casi cualquier tipo de medicina en Latinoamérica y España, y muchas veces no se requiere receta para comprarla. También hay ciertas medicinas que el farmacéutico le pone a uno por inyección directa. En algunas farmacias se trabaja en turnos por la noche y en los días festivos para que sea siempre posible encontrar una farmacia abierta a cualquier hora.

El miedo de contraer la enfermedad de los turistas, llamada "el turista," es bien conocido en Latinoamérica. El problema es que los norteamericanos, tanto como los extranjeros de otros países, no han desarrollado suficientemente bien las inmunidades necesarias para prevenir la enfermedad. Tal vez a Ud. le sorprenda saber que a veces los hispanos se enferman mientras se acostumbran a la comida y al agua de los Estados Unidos, Canadá y otros países. Tomar precauciones como, por ejemplo, tomar agua mineral en botella, hervir el agua del grifo, pelar o cocinar los vegetales y las frutas frescos, y mantener las manos limpias contribuirá a un viaje saludable en el extranjero.

GRAMÁTICA FUNCIONAL

In this section, you will learn to describe past actions and events.

Unintentional Incidents with se

Spanish speakers use a reflexive construction to describe incidents that happened unintentionally such as forgetting something.

1. This construction uses the pronoun *se* + a verb. The person involved in the incident is indicated by an indirect object pronoun (*me, te, le, nos, os, les*). The verb must agree in number (singular or plural) with its subject (e.g, the thing or things forgotten).

   Person Verb Subject
   Se me olvidó la medicina.
   I forgot the medicine.

   Person Verb Subject
   Se me olvidaron las píldoras.
   I forgot the pills.

2. If an infinitive is the subject, the verb is always singular.

   Person Verb Subject
   Se me olvidó tomar la medicina.
   I forgot to take the medicine.

   Person Verb Subject
   Se me olvidó tomar las píldoras.
   I forgot to take the pills.

3. You can clarify or emphasize the person involved in the incident by adding *a* + a noun or pronoun (e.g., *a Keri, a ella*) to the sentence.

   A Keri se **le** olvidó su chaqueta.
   Keri forgot her jacket.

   A ella se **le** olvidó su chaqueta.
   She forgot her jacket.

4. The following verbs are frequently used in this construction.

acabarse	*to run out*	Pronto **se nos acabó** el dinero.
caerse	*to fall down*	A Makiko **se le cayó** su cámara.
escaparse	*to get away*	¡Por Dios! ¡**Se os escapó** el bote!
lastimarse	*to hurt oneself*	A Tomás **se le lastimó** la espalda.
olvidarse	*to forget*	Ay, **se me olvidó** tomar mis píldoras.
perderse(ie)	*to get lost*	A Keri **se le perdieron** sus aretes.
quedarse	*to be left behind*	**Se nos quedaron** nuestras mochilas.
romperse	*to break*	**Se me rompió** la radio.

Passive Voice

In Spanish grammar as in English grammar, there are two "voices:" active and passive. In the active voice, the subject **does** the action of the verb; in the passive voice, the subject **receives** the action of the verb.

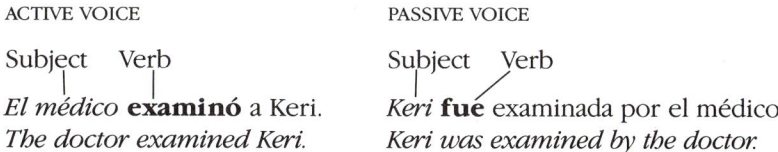

ACTIVE VOICE

Subject   Verb
El médico **examinó** a Keri.
The doctor examined Keri.

PASSIVE VOICE

Subject   Verb
Keri **fue** examinada por el médico.
Keri was examined by the doctor.

A. How to form the passive voice

To form the passive voice, use any tense of the verb *ser* plus a past participle. The past participle must agree with the subject of the sentence in gender (masculine or feminine) and in number (singular or plural). If expressed, the person or thing doing the action is introduced by *por.*

SUBJECT	SER	PAST PARTICIPLE	POR (IF EXPRESSED)
Estas islas	**son**	**visitadas**	por mucha gente.
Esa isla	**ha sido**	**explorada**	por Keri y Makiko.
El barco	**fue**	**hecho**	por el Capitán Ochoa.
Tu viaje	**será**	**confirmado.**	

B. How to use the passive voice

The passive voice is used most often in formal writing or in newspaper headlines to report past actions, conditions and events impersonally. However, Spanish speakers prefer to use the active voice in everyday speech.

Manos a la obra

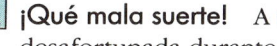 **¡Qué mala suerte!**   A todos los pasajeros del Tortuga les pasó una cosa desafortunada durante su excursión. ¿Qué les pasó exactamente?

Modelo: Keri rompió dos vasos. *A Keri se le rompieron dos vasos.*

1. Katrín perdió sus anteojos para el sol.
2. Ulrike se rompió un diente mientras comía.
3. Jürgen olvidó darle las gracias a Tomás.
4. Peter y Tineke rompieron su despertador.
5. Keri perdió su anillo y sus aretes nuevos.
6. Makiko olvidó su traje de baño en la playa.
7. Carla y la "Abuelita" olvidaron muchas cosas.

B **¿Recuerda Ud.?** Vamos a ver si Ud. recuerda cierta información de este **Paso.** Conteste las siguientes preguntas como se hace en el ejemplo.

Modelo: ¿Quiénes hicieron un viaje al Ecuador?
El viaje fue hecho por Keri y Makiko.

Juan y José	Luis Weissman	Óscar Montoya
Keri Cranson	Keri y Makiko	Alfredo Ochoa
Tomás Portero	Rona Weissman	los pasajeros del Flotel
Carlos Suárez	Makiko Akaishi	los pasajeros del Tortuga

EN QUITO:

1. ¿Quién recogió a Keri y a Makiko en auto?
2. ¿Quién escribió las tarjetas postales en japonés?

EN EL AMAZONAS:

3. ¿Quiénes acompañaron a Keri y a Makiko en la selva?
4. ¿Quién se puso las botas antes de caminar por la selva?

EN LAS ISLAS GALÁPAGOS:

5. ¿Quiénes visitaron las Islas Galápagos?
6. ¿Quién escribió la sección del diario de esta lección?

Charlemos

A **Así es la vida.** Converse con otro(a) estudiante. Estudiante B debe comentar y hacer preguntas apropiadamente.

Ejemplo: Una vez se me rompió (se me rompieron) _____.
    A: *Una vez se me rompió la bici. Mi papá me compró otra.*
    B: *¡Qué suerte! ¿Cuánto le costó?*
    A: *Más o menos sesenta dólares.*

    A: *Una vez se me rompieron dos dedos. Fui al hospital.*
    B: *¡Qué lástima! ¿Cuánto tiempo te quedaste allí?*
    A: *Sólo una hora.*

ESTUDIANTE A	ESTUDIANTE B
1. Una vez sufrí un accidente. Se me rompió (se me rompieron) _____. También se me lastimó (se me lastimaron) _____.	2. _____
3. En otra ocasión se me olvidó (se me olvidaron) _____ en una de mis clases. Ese mismo año se me perdió (se me perdieron) _____.	4. _____

5. Cuando era niño(a) no era tan responsable como lo soy ahora. Una vez se me cayó (se me cayeron) _____. Y, por mala suerte, se me escapó (se me escaparon) _____.

6. _____

B **Un cuento corto.** Cuéntele a un(a) compañero(a) de clase de un incidente desafortunado que le ocurrió a uno de sus amigos o familiares. Específicamente, descríbale...

1. qué pasó exactamente.
2. dónde ocurrió el incidente.
3. cuándo y a qué hora ocurrió.
4. cómo se solucionó el problema.

Un poco más

 ## ¡Escuche!

Ud. va a escuchar una conversación entre una médica y una paciente. Están en un barco elegante.

Imagínese que Ud. es la médica. Escriba una análisis de esta paciente. Describa su condición y que le ha sugerido Ud..

Perspectivas

Algunas personas toman la vida como viene, sin preocuparse de lo que pueda suceder mañana. Dicho en otras palabras, parecen reírse de las peores dificultades... son desinhibidas. Otras, por el contrario, viven constantemente nerviosas y presas de la más absoluta ansiedad. ¿A qué categoría pertenece usted? Responda Sí o No a las siguientes preguntas y lo sabrá.

1. ¿Lo (La) sobresalta el sonido del teléfono? Sí No
2. ¿Consulta regularmente a adivinas u otras quirománticas? Sí No
3. ¿Le gusta pasear largo rato, sin pensar que está perdiendo el tiempo? Sí No
4. ¿Se siente al borde de la catástrofe cuando se da cuenta de que le falta dinero? Sí No
5. ¿Aprueba usted la máxima de que: "A cada día le basta su propia pena"? Sí No
6. ¿Sus preocupaciones y problemas le impiden dormir? Sí No

7. ¿Es capaz de adaptarse rápidamente a una situación nueva?   Sí   No
8. Cuando usted deja su trabajo, ¿ya no vuelve a pensar en él durante el resto del día?   Sí   No
9. ¿Siente a veces necesidad de estar solo(a)?   Sí   No
10. La lectura, ¿es uno de sus pasatiempos favoritos?   Sí   No

Anótese un punto por cada respuesta correcta.

RESPUESTAS

Preguntas: 3 - 5 - 7 - 8 - 9 - 10: Sí

Preguntas: 1 - 2 - 4 - 6: No

PUNTUACIÓN

8 a 10 puntos: Usted es absolutamente desinhibido(a) y sus amigos son los primeros en envidiarlo(la). Pero, tenga cuidado, su falta de preocupación por las cosas de la vida diaria puede llevarlo(la) a caer en un defecto muy desagradable: la irresponsabilidad.

5 a 7 puntos: De naturaleza bastante tranquila, usted es desinhibido(a), pero a veces también un poco fatalista. En la vida hay muchas cosas que están en su mano solucionar. No se deje llevar por las depresiones.

2 a 4 puntos: Usted no les da gran importancia a las situaciones que tiene que enfrentar a diario, pero cuando se enfrenta a una circunstancia absolutamente nueva para usted, se siente algo atemorizado(a). Es necesario que aprenda a reaccionar positivamente ante imprevistos.

0 a 1 puntos: Usted es tan nervioso(a) que vive eternamente preocupado(a) por esto o por lo otro. Éste es el momento preciso para que empiece a considerar la posibilidad de practicar el yoga, y aprenda a tomar la vida más ligeramente, con sus altas y bajas.

"¿Es extrovertida?" por Martha Lepz, Claudia, *Año XVIII, No. 221, febrero 1984, Editorial Mex-Ameris, S.A. MÉXICO.*

¿Comprendió Ud.? Escriba una descripción breve de cuatro turistas que están viajando juntos en las Islas Galápagos. Cada persona debe representar una de las cuatro categorías de la sección "Puntuación" en cuanto a su personalidad y sus acciones.

¡Escriba!

Escriba una prueba sobre una de las siguientes cuatro categorías, usando la prueba de la actividad anterior como modelo. No se olvide de incluir una lista separada de respuestas correctas y una interpretación en forma de puntuación. Luego, pídale a otro(a) estudiante que responda a las preguntas de la encuesta *(survey)*; después, déle las respuestas y discuta los resultados con él(ella).

1. una persona feliz
2. un(a) aventurero(a)
3. una persona agresiva
4. un(a) hipocondríaco(a)

Situaciones

1. Converse con un(a) compañero(a) de clase sobre los resultados que él (ella) tuvo en las pruebas de las páginas 418–419.
2. Vaya a la biblioteca y aprenda sobre un aspecto de uno de los tres lugares principales que visitaron Keri y Makiko: Quito, la selva amazónica, las Islas Galápagos. Luego, haga un informe oral en clase sobre lo que aprendió Ud. Trate de enfocar un tema muy específico en su informe.

   Ejemplos: *La arquitectura colonial de Quito*
   Los indios aucas de la selva amazónica
   Las iguanas de las Islas Galápagos

Vocabulario

Sustantivos

la bahía *bay*
el barril *barrel*
el cigarrillo *cigarette*
el (la) marinero(a) *sailor*
la mina *mine*

El cuerpo humano

la boca *mouth*
los brazos *arms*
la cabeza *head*
la cara *face*
el cuello *neck*
el cuerpo *body*
los dedos *fingers*
la espalda *back*
el estómago *stomach*
la garganta *throat*
los hombros *shoulders*
la lengua *tongue*
la nariz *nose*
el oído *(inner) ear*
los ojos *eyes*
las orejas *(outer) ears*

La salud *health*

el accidente *accident*
el catarro *cold*
el dolor *pain*
la fiebre *fever*
la gripe *flu*
la medicina *medicine*
el (la) médico(a) *doctor*
el (la) paciente *patient*
la píldora *pill*
la receta *prescription*
la tos *cough*
el tratamiento *treatment*

dolerle a uno (me duele) *to be painful (it hurts me)*
examinar *to examine*
lastimarse *to injure oneself*
ponerle una inyección *to give an injection to someone*
sacar rayos X *to take X-rays*
sufrir *to suffer*
sufrir un accidente *to have an accident*
tomarle la temperatura *to take someone's temperature*

Los animales

el cangrejo *crab*
el flamenco *flamingo*
la foca *seal*
el galápago *giant tortoise*
el pelícano *pelican*

Adjetivos

encantado *enchanted*
grave *serious, grave*
mareado *dizzy*
marino *marine*
menor *minor*
terrestre *land*

Verbos

acabarse *to run out*
acercarse a *to get near, to approach*
caerse *to fall, to drop*
cuidarse *to take care of oneself*
escaparse *to get away*
meter *to put*
moverse(ue) *to move*
olvidarse *to forget*
perderse(ie) *to get lost*
quedarse *to be left behind*
romperse *to break*
sacar *to stick out*

Expresiones idiomáticas

¿Qué le (te) pasó? *What happened to you?*
¿Qué tiene Ud.? *What's the problem?*

Apéndices

Appendix A

El alfabeto español

The Spanish alphabet contains thirty letters. The **ch, ll,** and **rr** represent single sounds and are considered single letters. The letters **k** and **w** occur only in words of foreign origin.

Letter	Name	Examples: People and Places		
a	a	**A**lonso	Mar**í**a	Panam**á**
b	be	Ro**b**erto	**B**ár**b**ara	**B**olivia
c	ce	**C**arlos	**C**armen	**C**uba
ch	che	**Ch**u**ch**o	Con**ch**ita	**Ch**ile
d	de	**D**iego	Aman**d**a	El Salva**d**or
e	e	**E**riqu**e**	Áng**e**la	**E**cuador
f	efe	**F**rancisco	Al**f**reda	**F**rancia
g	ge	**G**ilberto	**G**uillermina	Ar**g**entina
h	hache	**H**umberto	**H**ortensia	**H**onduras
i	i	Panch**i**to	Al**i**c**i**a	**I**tal**i**a
j	jota	Ale**j**andro	**J**uanita	Ciudad **J**uárez
k	ka	**K**ris	**K**ati	**K**enya
l	ele	**L**uis	C**l**audia	Guatema**l**a
ll	elle	Gui**ll**ermo	Gui**ll**ermina	Sevi**ll**a
m	eme	**M**ario	**M**arta	Colo**m**bia
n	ene	**N**icolás	A**n**ita	Sa**n**to Domi**n**go
ñ	eñe	**Ñ**ato	Bego**ñ**a	Espa**ñ**a
o	o	Pedr**o**	Carl**o**ta	Puert**o** Ric**o**
p	pe	**P**e**p**e	**P**e**p**ita	**P**araguay
q	cu	Joa**q**uín	Ra**q**uel	**Q**uito
r	ere	Fe**r**nando	Glo**r**ia	Nica**r**agua
rr	erre	**R**amón	**R**osa	Monte**rr**ey
s	ese	Jo**s**é	**S**u**s**ana	Co**s**ta Rica
t	te	**T**omás	Ca**t**alina	**T**oledo
u	u	L**u**cho	L**u**isa	**U**r**u**g**u**ay
v	ve	**V**icente	**V**ictoria	**V**enezuela
w	doble ve, doble u	**W**alter	**W**endi	**W**ashington
x	equis	**X**avier	Má**x**ima	Mé**x**ico
y	i griega	Re**y**	**Y**olanda	Gua**y**ana
z	zeta	Fernánde**z**	**Z**elda	**Z**aragoza

Appendix B Regular Verbs

Simple Tenses

Infinitive	Present Indicative	Imperfect	Preterite	Future	Conditional	Present Subjunctive	Past Subjunctive	Commands
hablar to speak	hablo hablas habla hablamos habláis hablan	hablaba hablabas hablaba hablábamos hablabais hablaban	hablé hablaste habló hablamos hablasteis hablaron	hablaré hablarás hablará hablaremos hablaréis hablarán	hablaría hablarías hablaría hablaríamos hablaríais hablarían	hable hables hable hablemos habléis hablen	hablara hablaras hablara habláramos hablarais hablaran	habla (no hables) hable hablad (no habléis) hablen
aprender to learn	aprendo aprendes aprende aprendemos aprendéis aprenden	aprendía aprendías aprendía aprendíamos aprendíais aprendían	aprendí aprendiste aprendió aprendimos aprendisteis aprendieron	aprenderé aprenderás aprenderá aprenderemos aprenderéis aprenderán	aprendería aprenderías aprendería aprenderíamos aprenderíais aprenderían	aprenda aprendas aprenda aprendamos aprendáis aprendan	aprendiera aprendieras aprendiera aprendiéramos aprendierais aprendieran	aprende (no aprendas) aprenda aprended (no aprendáis) aprendan
vivir to live	vivo vives vive vivimos vivís viven	vivía vivías vivía vivíamos vivíais vivían	viví viviste vivió vivimos vivisteis vivieron	viviré vivirás vivirá viviremos viviréis vivirán	viviría vivirías viviría viviríamos viviríais vivirían	viva vivas viva vivamos viváis vivan	viviera vivieras viviera viviéramos vivierais vivieran	vive (no vivas) viva vivid (no viváis) vivan

Compound tenses

Present progressive	estoy estás está	estamos estáis están	} hablando	aprendiendo	viviendo
Present perfect indicative	he has ha	hemos habéis han	} hablado	aprendido	vivido
Present perfect subjunctive	haya hayas haya	hayamos hayáis hayan	} hablado	aprendido	vivido
Past perfect indicative	había habías había	habíamos habíais habían	} hablado	aprendido	vivido

Appendix C Stem-changing Verbs

Infinitive Present Participle Past Participle	Present Indicative	Imperfect	Preterite	Future	Conditional	Present Subjunctive	Past Subjunctive	Commands
pensar *to think* **e → ie** pensando pensado	**pienso** **piensas** **piensa** pensamos pensáis **piensan**	pensaba pensabas pensaba pensábamos pensabais pensaban	pensé pensaste pensó pensamos pensasteis pensaron	pensaré pensarás pensará pensaremos pensaréis pensarán	pensaría pensarías pensaría pensaríamos pensaríais pensarían	**piense** **pienses** **piense** pensemos penséis **piensen**	pensara pensaras pensara pensáramos pensarais pensaran	**piensa** no **pienses** **piense** pensad (no **penséis**) **piensen**
acostarse *to go to bed* **o → ue** acostándose acostado	me **acuesto** te **acuestas** se **acuesta** nos acostamos os acostáis se **acuestan**	me acostaba te acostabas se acostaba nos acostábamos os acostabais se acostaban	me acosté te acostaste se acostó nos acostamos os acostasteis se acostaron	me acostaré te acostarás se acostará nos acostaremos os acostaréis se acostarán	me acostaría te acostarías se acostaría nos acostaríamos os acostaríais se acostarían	me **acueste** te **acuestes** se **acueste** nos acostemos os acostéis se **acuesten**	me acostara te acostaras se acostara nos acostáramos os acostarais se acostaran	**acuéstate** no te **acuestes** **acuéstese** acostaos (no os **acostéis**) **acuéstense**
sentir *to be sorry* **e → ie, i** **sintiendo** sentido	**siento** **sientes** **siente** sentimos sentís **sienten**	sentía sentías sentía sentíamos sentíais sentían	sentí sentiste **sintió** sentimos sentisteis **sintieron**	sentiré sentirás sentirá sentiremos sentiréis sentirán	sentiría sentirías sentiría sentiríamos sentiríais sentirían	**sienta** **sientas** **sienta** **sintamos** **sintáis** **sientan**	**sintiera** **sintieras** **sintiera** **sintiéramos** **sintierais** **sintieran**	**siente** no **sientas** **sienta** sentaos (no **sintáis**) **sientan**
pedir *to ask for* **e → i, i** **pidiendo** pedido	**pido** **pides** **pide** pedimos pedís **piden**	pedía pedías pedía pedíamos pedíais pedían	pedí pediste **pidió** pedimos pedisteis **pidieron**	pediré pedirás pedirá pediremos pediréis pedirán	pediría pedirías pediría pediríamos pediríais pedirían	**pida** **pidas** **pida** **pidamos** **pidáis** **pidan**	**pidiera** **pidieras** **pidiera** **pidiéramos** **pidierais** **pidieran**	**pide** no **pidas** **pida** pedid (no **pidáis**) **pidan**
dormir *to sleep* **o → ue, u** **durmiendo** dormido	**duermo** **duermes** **duerme** dormimos dormís **duermen**	dormía dormías dormía dormíamos dormíais dormían	dormí dormiste **durmió** dormimos dormisteis **durmieron**	dormiré dormirás dormirá dormiremos dormiréis dormirán	dormiría dormirías dormiría dormiríamos dormiríais dormirían	**duerma** **duermas** **duerma** **durmamos** **durmáis** **duerman**	**durmiera** **durmieras** **durmiera** **durmiéramos** **durmierais** **durmieran**	**duerme** no **duermas** **duerma** dormid (no **durmáis**) **duerman**

Appendix D Change of Spelling Verbs

Infinitive Present Participle Past Participle	Present Indicative	Imperfect	Preterite	Future	Conditional	Present Subjunctive	Past Subjunctive	Commands
comenzar (e → ie) *to begin* z → c before e comenzando comenzado	comienzo comienzas comienza comenzamos comenzáis comienzan	comenzaba comenzabas comenzaba comenzábamos comenzabais comenzaban	**comencé** comenzaste comenzó comenzamos comenzasteis comenzaron	comenzaré comenzarás comenzará comenzaremos comenzaréis comenzarán	comenzaría comenzarías comenzaría comenzaríamos comenzaríais comenzarían	**comience** **comiences** **comience** **comencemos** **comencéis** **comiencen**	comenzara comenzaras comenzara comenzáramos comenzarais comenzaran	comienza (no **comiences**) **comience** comenzad (no **comencéis**) **comiencen**
conocer *to know* c → zc before a, o conociendo conocido	**conozco** conoces conoce conocemos conocéis conocen	conocía conocías conocía conocíamos conocíais conocían	conocí conociste conoció conocimos conocisteis conocieron	conoceré conocerás conocerá conoceremos conoceréis conocerán	conocería conocerías conocería conoceríamos conoceríais conocerían	**conozca** **conozcas** **conozca** **conozcamos** **conozcáis** **conozcan**	conociera conocieras conociera conociéramos conocierais conocieran	conoce (no **conozcas**) **conozca** conoced (no **conozcáis**) **conozcan**
construir *to build* i → y, y inserted before a, e, o **construyendo** construido	**construyo** **construyes** **construye** construimos construís **construyen**	construía construías construía construíamos construíais construían	construí construiste **construyó** construimos construisteis **construyeron**	construiré construirás construirá construiremos construiréis construirán	construiría construirías construiría construiríamos construiríais construirían	**construya** **construyas** **construya** **construyamos** **construyáis** **construyan**	**construyera** **construyeras** **construyera** **construyéramos** **construyerais** **construyeran**	**construye** (no **construyas**) **construya** construid (no **construyáis**) **construyan**
leer *to read* i → y; stressed i → í **leyendo** leído	leo lees lee leemos leéis leen	leía leías leía leíamos leíais leían	leí leíste **leyó** leímos leísteis **leyeron**	leeré leerás leerá leeremos leeréis leerán	leería leerías leería leeríamos leeríais leerían	lea leas lea leamos leáis lean	**leyera** **leyeras** **leyera** **leyéramos** **leyerais** **leyeran**	lee (no leas) lea leed (no leáis) lean

Appendix D Change of Spelling Verbs (continued)

Infinitive Present Participle Past Participle	Present Indicative	Imperfect	Preterite	Future	Conditional	Present Subjunctive	Past Subjunctive	Commands
pagar *to pay* **g → gu** **before e** pagando pagado	pago pagas paga pagamos pagáis pagan	pagaba pagabas pagaba pagábamos pagabais pagaban	**pagué** pagaste pagó pagamos pagasteis pagaron	pagaré pagarás pagará pagaremos pagaréis pagarán	pagaría pagarías pagaría pagaríamos pagaríais pagarían	**pague** **pagues** **pague** **paguemos** **paguéis** **paguen**	pagara pagaras pagara pagáramos pagarais pagaran	paga (no **pagues**) **pague** pagad (no **paguéis**) **paguen**
seguir (e → i, i) *to follow* **gu → g** **before a, o** siguiendo seguido	**sigo** sigues sigue seguimos seguís siguen	seguía seguías seguía seguíamos seguíais seguían	seguí seguiste siguió seguimos seguisteis siguieron	seguiré seguirás seguirá seguiremos seguiréis seguirán	seguiría seguirías seguiría seguiríamos seguiríais seguirían	siga sigas siga sigamos sigáis sigan	siguiera siguieras siguiera siguiéramos siguierais siguieran	sigue (no sigas) siga seguid (no sigáis) sigan
tocar *to play, to touch* **c → qu** **before e** tocando tocado	toco tocas toca tocamos tocáis tocan	tocaba tocabas tocaba tocábamos tocabais tocaban	**toqué** tocaste tocó tocamos tocasteis tocaron	tocaré tocarás tocará tocaremos tocaréis tocarán	tocaría tocarías tocaría tocaríamos tocaríais tocarían	**toque** **toques** **toque** **toquemos** **toquéis** **toquen**	tocara tocaras tocara tocáramos tocarais tocaran	toca (no **toques**) **toque** tocad (no **toquéis**) **toquen**

Appendix E Irregular Verbs

*Verbs with irregular yo-forms in the present indicative

Infinitive Present Participle Past Participle	Present Indicative	Imperfect	Preterite	Future	Conditional	Present Subjunctive	Past Subjunctive	Commands
andar *to walk* andando andado	ando andas anda andamos andáis andan	andaba andabas andaba andábamos andabais andaban	anduve anduviste anduvo anduvimos anduvisteis anduvieron	andaré andarás andará andaremos andaréis andarán	andaría andarías andaría andaríamos andaríais andarían	ande andes ande andemos andéis anden	anduviera anduvieras anduviera anduviéramos anduvierais anduvieran	anda (no andes) ande andad (no andéis) anden
*caer *to fall* cayendo caído	**caigo** caes cae caemos caéis caen	caía caías caía caíamos caíais caían	caí caíste cayó caímos caísteis cayeron	caeré caerás caerá caeremos caeréis caerán	caería caerías caería caeríamos caeríais caerían	**caiga** **caigas** **caiga** **caigamos** **caigáis** **caigan**	cayera cayeras cayera cayéramos cayerais cayeran	cae (no **caigas**) **caiga** caed (no **caigáis**) **caigan**
*dar *to give* dando dado	**doy** das da damos dais dan	daba dabas daba dábamos dabais daban	di diste dio dimos disteis dieron	daré darás dará daremos daréis darán	daría darías daría daríamos daríais darían	**dé** des **dé** demos deis den	diera dieras diera diéramos dierais dieran	da (no des) **dé** dad (**no deis**) den
*decir *to say, tell* diciendo dicho	**digo** dices dice decimos decís dicen	decía decías decía decíamos decíais decían	dije dijiste dijo dijimos dijisteis dijeron	diré dirás dirá diremos diréis dirán	diría dirías diría diríamos diríais dirían	diga digas diga digamos digáis digan	dijera dijeras dijera dijéramos dijerais dijeran	di (no digas) diga decid (**no digáis**) digan
*estar *to be* estando estado	**estoy** **estás** **está** estamos estáis **están**	estaba estabas estaba estábamos estabais estaban	estuve estuviste estuvo estuvimos estuvisteis estuvieron	estaré estarás estará estaremos estaréis estarán	estaría estarías estaría estaríamos estaríais estarían	esté estés esté estemos estéis estén	estuviera estuvieras estuviera estuviéramos estuvierais estuvieran	está (no estés) esté estad (**no estéis**) estén

Appendix E Irregular Verbs *(continued)*

Infinitive Present Participle Past Participle	Present Indicative	Imperfect	Preterite	Future	Conditional	Present Subjunctive	Past Subjunctive	Commands
haber *to have* habiendo habido	he has ha [hay] hemos habéis han	había habías había habíamos habíais habían	hube hubiste hubo hubimos hubisteis hubieron	habré habrás habrá habremos habréis habrán	habría habrías habría habríamos habríais habrían	haya hayas haya hayamos hayáis hayan	hubiera hubieras hubiera hubiéramos hubierais hubieran	
*hacer *to make, do* haciendo hecho	hago haces hace hacemos hacéis hacen	hacía hacías hacía hacíamos hacíais hacían	hice hiciste hizo hicimos hicisteis hicieron	haré harás hará haremos haréis harán	haría harías haría haríamos haríais harían	haga hagas haga hagamos hagáis hagan	hiciera hicieras hiciera hiciéramos hicierais hicieran	haz (no hagas) haga haced (no hagáis) hagan
ir *to go* yendo ido	voy vas va vamos vais van	iba ibas iba íbamos ibais iban	fui fuiste fue fuimos fuisteis fueron	iré irás irá iremos iréis irán	iría irías iría iríamos iríais irían	vaya vayas vaya vayamos vayáis vayan	fuera fueras fuera fuéramos fuerais fueran	ve (no vayas) vaya id (no vayáis) vayan
*oír *to hear* oyendo oído	oigo oyes oye oímos oís oyen	oía oías oía oíamos oíais oían	oí oíste oyó oímos oísteis oyeron	oiré oirás oirá oiremos oiréis oirán	oiría oirías oiría oiríamos oiríais oirían	oiga oigas oiga oigamos oigáis oigan	oyera oyeras oyera oyéramos oyerais oyeran	oye (no oigas) oiga oíd (no oigáis) oigan

Appendix E Irregular Verbs

*Verbs with irregular yo-forms in the present indicative

Infinitive / Present Participle / Past Participle	Present Indicative	Imperfect	Preterite	Future	Conditional	Present Subjunctive	Past Subjunctive	Commands
poder (o → ue) *can, to be able* pudiendo podido	puedo puedes puede podemos podéis pueden	podía podías podía podíamos podíais podían	pude pudiste pudo pudimos pudisteis pudieron	podré podrás podrá podremos podréis podrán	podría podrías podría podríamos podríais podrían	pueda puedas pueda podamos podáis puedan	pudiera pudieras pudiera pudiéramos pudierais pudieran	
*poner *to place, put* poniendo puesto	pongo pones pone ponemos ponéis ponen	ponía ponías ponía poníamos poníais ponían	puse pusiste puso pusimos pusisteis pusieron	pondré pondrás pondrá pondremos pondréis pondrán	pondría pondrías pondría pondríamos pondríais pondrían	ponga pongas ponga pongamos pongáis pongan	pusiera pusieras pusiera pusiéramos pusierais pusieran	pon (no pongas) ponga poned (no pongáis) pongan
querer (e → ie) *to want, wish* queriendo querido	quiero quieres quiere queremos queréis quieren	quería querías quería queríamos queríais querían	quise quisiste quiso quisimos quisisteis quisieron	querré querrás querrá querremos querréis querrán	querría querrías querría querríamos querríais querrían	quiera quieras quiera queramos queráis quieran	quisiera quisieras quisiera quisiéramos quisierais quisieran	quiere (no quieras) quiera quered (no queráis) quieran
reír *to laugh* riendo reído	río ríes ríe reímos reís ríen	reía reías reía reíamos reíais reían	reí reíste rió reímos reísteis rieron	reiré reirás reirá reiremos reiréis reirán	reiría reirías reiría reiríamos reiríais reirían	ría rías ría riamos riáis rían	riera rieras riera riéramos rierais rieran	ríe (no rías) ría reíd (no riáis) rían
*saber *to know* sabiendo sabido	sé sabes sabe sabemos sabéis saben	sabía sabías sabía sabíamos sabíais sabían	supe supiste supo supimos supisteis supieron	sabré sabrás sabrá sabremos sabréis sabrán	sabría sabrías sabría sabríamos sabríais sabrían	sepa sepas sepa sepamos sepáis sepan	supiera supieras supiera supiéramos supierais supieran	sabe (no sepas) sepa sabed (no sepáis) sepan
*salir *to go out* saliendo salido	salgo sales sale salimos salís salen	salía salías salía salíamos salíais salían	salí saliste salió salimos salisteis salieron	saldré saldrás saldrá saldremos saldréis saldrán	saldría saldrías saldría saldríamos saldríais saldrían	salga salgas salga salgamos salgáis salgan	saliera salieras saliera saliéramos salierais salieran	sal (no salgas) salga salid (no salgáis) salgan

Appendix E Irregular Verbs *(continued)*

Infinitive Present Participle Past Participle	Present Indicative	Imperfect	Preterite	Future	Conditional	Present Subjunctive	Past Subjunctive	Commands
ser *to be* siendo sido	soy eres es somos sois son	era eras era éramos erais eran	fui fuiste fue fuimos fuisteis fueron	seré serás será seremos seréis serán	sería serías sería seríamos seríais serían	sea seas sea seamos seáis sean	fuera fueras fuera fuéramos fuerais fueran	sé (no seas) sea sed (no seáis) sean
*tener *to have* teniendo tenido	tengo tienes tiene tenemos tenéis tienen	tenía tenías tenía teníamos teníais tenían	tuve tuviste tuvo tuvimos tuvisteis tuvieron	tendré tendrás tendrá tendremos tendréis tendrán	tendría tendrías tendría tendríamos tendríais tendrían	tenga tengas tenga tengamos tengáis tengan	tuviera tuvieras tuviera tuviéramos tuvierais tuvieran	ten (no tengas) tenga tened (no tengáis) tengan
traer *to bring* trayendo traído	traigo traes trae traemos traéis traen	traía traías traía traíamos traíais traían	traje trajiste trajo trajimos trajisteis trajeron	traeré traerás traerá traeremos traeréis traerán	traería traerías traería traeríamos traeríais traerían	traiga traigas traiga traigamos traigáis traigan	trajera trajeras trajera trajéramos trajerais trajeran	trae (no traigas) traiga traed (no traigáis) traigan
*venir *to come* viniendo venido	vengo vienes viene venimos venís vienen	venía venías venía veníamos veníais venían	vine viniste vino vinimos vinisteis vinieron	vendré vendrás vendrá vendremos vendréis vendrán	vendría vendrías vendría vendríamos vendríais vendrían	venga vengas venga vengamos vengáis vengan	viniera vinieras viniera viniéramos vinierais vinieran	ven (no vengas) venga venid (no vengáis) vengan
ver *to see* viendo visto	veo ves ve vemos veis ven	veía veías veía veíamos veíais veían	vi viste vio vimos visteis vieron	veré verás verá veremos veréis verán	vería verías vería veríamos veríais verían	vea veas vea veamos veáis vean	viera vieras viera viéramos vierais vieran	ve (no veas) vea ved (no veáis) vean

Spanish-English Glossary

This Spanish-English Glossary includes all the words and expressions that appear in the text except verb forms, proper nouns, identical cognates, regular superlatives and diminutives, adverbs in **-mente,** and absolute superlatives in **-ísimo/a.** The words are listed in order of the Spanish alphabet: **c** precedes **ch, l** precedes **ll, n** precedes **ñ,** and **r** precedes **rr.** Only meanings used in the text are given. Gender of nouns is indicated except for masculine nouns ending in **-o** and feminine nouns ending in **-a.** Feminine forms of adjectives are shown except for regular adjectives with masculine forms ending in **-o.** Verbs appear in the infinitive form. Stem changes and spelling changes are indicated in parentheses: e.g., *divertirse (ie, i); buscar (qu).* The number following each entry indicates the lesson in which the word with that particular meaning first appears. The following abbreviations are used:

adj.	adjective	*f.*	feminine	*pl.*	plural
adv.	adverb	*LP.*	Lección Preliminar	*prep.*	preposition
conj.	conjunction	*m.*	masculine	*pron.*	pronoun
				s.	singular

A

a *prep.* to, at LP.
abogado(a) lawyer 2
abordar to board 16
a bordo de aboard 17
abrazo hug LP.
abrigo overcoat 8
abril *m.* April 6
abrocharse to buckle up 16
abuela grandmother 4
abuelo grandfather 4
abuelos grandparents 4
aburrido *adj.* boring 1
acabar de (+ infinitive) to have just 8
acabarse to run out 18
accesorio accessory 8
accidente *m.* accident 18
acercarse a to get near, to approach 18
acompañar to accompany 15
acostarse (ue) to go to bed 6
adiós good-bye LP.
adivinanza riddle 16
adivinar to guess 3
¿adónde? where to? 2
adorar to adore 4
aduana customs area 16
adverbio adverb LP.
aeropuerto airport 9
afeitarse to shave 6
afuera *adv.* outside 12

agarrar to catch 15
agencia de viajes travel agency 16
agente de viajes *m./f.* travel agent 2
agosto August 6
agradable *adj.* pleasant 16
agricultura agriculture 2
agua mineral *m.* mineral water 5
ahijada goddaughter 4
ahora mismo right now 3
ahora *adv.* now LP.
ahorrar to save (money) 4
aire acondicionado *m.* air conditioning 17
a la derecha to the right 9
a la izquierda to the left 9
a la orilla de along the shore 17
a menos que *conj.* unless 15
a tiempo on time 3
al (a + el) to the LP.
 al lado de *prep.* next to 9
 al poco tiempo in a little while 13
alegrarse de to be glad 14
alegre *adj.* cheerful 1
alemán (alemana) *m. (f.)* German 1
alfombra rug 7
algo something, a bit 7
¿Algo más? Anything else? 10
alguien someone, somebody 7
algún *adj.* some, any 7
alguno *adj.* some, any 7
allá *adv.* there 10

almacén *m.* department store 8
almohada pillow 17
almorzar (ue) to have lunch 3
almuerzo lunch 5
alquilar to rent 13
alto *adj.* tall 1
amarillo *adj.* yellow 8
amazónico *adj.* Amazon 17
amigo(a) friend 1
amor *m.* love; honey (term of endearment) 15
anaranjado(a) orange 8
andar en bicicleta to go bicycling 3
anillo ring 11
anoche last night 7
anteayer the day before yesterday 7
anteojos para el sol sunglasses 13
antes (de) que *conj.* before 15
antiguo *adj.* old 16
antipático *adj.* nasty, disagreeable 1
anunciar to announce 11
anuncio advertisement, announcement 11
año year 6
apartamento apartment 4
apio celery 10
aplaudir to applaud 15
aplauso applause 6
aprender to learn 2
aprovechar(se) to take advantage 11

apuntar to jot down 12
apurado *adj.* in a hurry 5
aquí *adv.* here 2
árabe *m.* Arabic (language), Arabic (nationality) 1
arena sand 13
arete *m.* earring 11
arquitecto(a) architect 2
arreglar to make up (a room) 17
arreglarse to fix oneself up 6
arroz *m.* rice 5
ascensor *m.* elevator 17
así *adv.* thus, so 9
asiento seat 16
asistencia attendance 15
asistir (a) to attend 2
astronomía astronomy 2
asustado *adj.* scared 13
asustar to scare 13
aterrizar to land 16
atraer to attract 11
aunque *conj.* although 15
a veces sometimes 4
avergonzado *adj.* ashamed, embarrassed 15
ayer yesterday 7
ayuda help 5
ayudar to help 11
azúcar *m.* sugar 5
azul *adj.* blue 8

B

bahía bay 18
bailar to dance 3
baile *m.* dance 2
bajar to get out 9
bajar(se) (de) to get off 9
bajo *adv.* below 6
bajo *adj.* short (in height) 1
balcón *m.* balcony 7
balneario beach resort 13
banco bank 9
bañarse to take a bath 6
baño bathroom 6
barco boat 17
barril *m.* barrel 18
barrio neighborhood 4
basta enough 10
bastante bien rather well LP.
bautismo baptism 4
bebida drink 5
bellas artes *m. pl.* Fine Arts 2
bello *adj.* beautiful 16
beso kiss 6
Biblia Bible 17
biblioteca library 9
bien *adv.* fine, well LP.
biología biology 2
bistec *m.* steak 5
blanco *adj.* white 8

blusa blouse 8
boca mouth 18
boleto ticket
   boleto de ida one-way ticket 16
   boleto de ida y vuelta roundtrip ticket 16
bolígrafo ballpoint pen 11
bolsa purse, bag 8
bollo roll 10
bonito *adj.* pretty 1
botas boots 8
bote *m.* boat 13
botella bottle 5
botones *m.* bellboy 17
brazalete *m.* bracelet 11
brazo arm 18
brindis *m.* toast 15
bróculi *m.* broccoli 10
broncearse to get a suntan 13
bucear to scuba dive 13
¡Buenas noches! Good evening! Good night! LP.
¡Buenas tardes! Good afternoon! LP.
¡Buenos días! Good morning! LP.
bueno *adj.* good LP.
bueno great, well, okay 2
¡Buen viaje! Have a nice trip! 16
bufanda scarf 8
buscar (qu) to look for 4
buzón *m.* mailbox 9

C

cabeza head 18
cabina cabin 17
cada *pron.* each 3
cada every, each 4
caerse to fall, to drop 18
café *m.* coffee 5
café *adj.* brown 8
caja box 6; cashier's 11
calcetines *m. pl.* socks 8
cálculo calculus 2
caldo broth 5
calentador *m.* **de agua** hot water heater 17
calidad *f.* quality 11
caliente *adj.* hot 5
callarse to be quiet 14
cama bed 7
   cama sencilla (doble) single (double) bed 17
cámara camera 11
camarera maid 17
camarero(a) waiter (waitress) 12
camarones *m. pl.* shrimp 10
cambiar to change 8
cambio change 11
caminar to walk 3
camisa shirt 8

camiseta T-shirt 8
canadiense *adj.* Canadian 1
canción *f.* song 6
cangrejo crab 18
cansado *adj.* tired 5
cantante *m./f.* singer 14
cantar to sing 3
cantidad *f.* quantity 10
cara face 18
carne *f.* meat 5
   carne de cerdo (puerco) pork 10
   carne de res beef 10
carnicería butcher shop 10
caro *adj.* expensive 5
carrera career 2
carro car 5
carta letter 3
cartera wallet 8
casa house 4
casado *adj.* married 1
casarse to get married 6
casi almost 4
castaño *adj.* brown 8
castillo castle 13
catarro *m.* cold 18
catedral *f.* cathedral 9
catorce fourteen LP.
cazar to hunt 17
cebolla onion 10
celoso *adj.* jealous 5
cena dinner, supper 5
cenar to have dinner (supper) 5
centro center, downtown 9
cerbatana blowgun 17
cerca de *prep.* near 9
cerca *adv.* nearby 9
cereza cherry 10
cero zero LP.
cerveza beer 5
cesar to stop 12
césped *m.* lawn 7
cien (ciento) one hundred 8
ciencias sciences 2
   ciencias políticas political science 2
   ciencias sociales social sciences 2
científico(a) scientist 2
cigarrillo cigarette 18
cinco five LP.
cincuenta fifty LP.
cine *m.* movie theater 3
cinturón de seguridad *m.* safety belt 16
ciudad *f.* city LP.
claro *adj.* light (in color) 8
clase *f.* class LP.
clínica clinic 18
cocina kitchen 7
colegio a public or private school for

children 2
coliflor *f.* cauliflower 10
comedor *m.* dining room 7
comentar to comment 12
comenzar (ie) (c) to begin, to start LP.
comer to eat 2
comestibles *m.pl.* groceries 10
comida meal, food 5
¿Cómo? How?, What? 2
como *conj.* like 1; **cómo** *adv.* how LP.
   Cómo no. Okay. 3
   cómo no of course 11
compañero(a) de clase classmate 1
comprar to buy 2
comprender to understand 2
computación *f.* computer science 1
con *prep.* with LP.
   con destino a departing for 16
   Con permiso. Excuse me. 9
   ¿Con quién? With whom? 2
   conmigo with me 3
   contigo with you 3
   con tal (de) que *conj.* provided (that) 15
concierto concert 3
concurso contest 14
concha shell 13
condimento condiment 5
confianza confidence 14
confirmar to confirm 15
congelador *m.* freezer 7
conjunción *f* conjunction LP.
conocer to meet LP.; to know (be familiar with) 5
conservador *adj.* conservative 1
consomé *m.* broth 5
contar (ue) to count LP.
contento *adj.* happy, content 4
contestar to answer 8
control de seguridad *m.* security control 16
copa glass (for wine or champagne) 5
corbata necktie 8
cordero lamb 12
correr to run 11
   correr las olas to surf 13
cortar to cut 15
cosa thing 3
costa coast 13
costo cost 11
crédito credit 2
creer to believe, to think 5
   Creo que no. I don't think so. 14
   Creo que sí. I think so. 8
crema cream 5
   crema bronceadora suntan lotion 13

cruzar to cross 17
cuaderno notebook 11
cuadra city block 9
cuadro painting 7
¿Cuál(es)? Which one(s)? 2
cuando *conj.* when 15
   ¿Cuándo? When? 2
¿Cuánto? How much? 2
¿Cuántos(as)? How many? 2
   ¿Cuántos años tienes? How old are you? LP.
cuarenta forty LP.
cuarto room 14
   cuarto sencillo (doble) single (double) room 17
cuarto *adj.* fourth 11
cuatro four LP.
cuatrocientos four hundred 8
cuchara spoon 12
cuchillo knife 12
cuello neck 18
cuenta bill 12
cuerpo body 18
cuidarse to take care of oneself 18
culminante *adj.* culminating 14
cumpleaños *m.* birthday 6
cumplir (con) to fulfill 15
   cumplir # años to be # years old 6
cuñada sister-in-law 4
cuñado brother-in-law 4
curso course 2

CH

¡Chao! Bye! LP.
chaqueta jacket 8
chica girl 13
chino *adj.* Chinese 1
chocar con to crash into 9
chuleta chop 12
   chuleta de cerdo pork chop 5

D

dar to give 3
   dar a la calle to face the street 17
   dar consejos to give advice 12
   dar las gracias to thank 9
de *prep.* of, from LP.
   de la mañana in the morning 3
   de la noche in the evening 3
   de la tarde in the afternoon 3
   ¡De lo más bien! Great! LP.
   De nada. You're welcome. 3
   de repente suddenly 9
debajo de *prep.* below, under, beneath 11
deber ought to, should 5

decidir to decide 9
décimo *adj.* tenth 11
decir (i) to say, to tell 3
   ¡No me diga(s)! You're kidding! 14
dedo finger 18
dejar to leave 14; to vacate 17
delgado *adj.* thin 1
demasiado *adj.* too much 12
demora delay 16
deporte *m.* sport 3
deprimido *adj.* depressed 15
derecho law 2
desayunar to have breakfast 5
desayuno breakfast 5
descansar to rest 3
desear to wish, want 13
desempleado *adj.* unemployed 4
desilusionado *adj.* disappointed 15
despedida good-bye 17
despedirse de (i, i) to say goodbye to 10
despegar to take off 16
despertador *m.* alarm clock 7
despertarse (ie) to wake up 6
después de *prep.* after 7
después (de) que *conj.* after 15
detrás de *prep.* behind 9
día *m.* day 1
diario diary 16
dibujar to draw 7
dibujos animados cartoons 14
diciembre *m.* December 6
diente *m.* tooth 6
diez ten LP.
diez y nueve (diecinueve) nineteen LP.
diez y ocho (dieciocho) eighteen LP.
diez y seis (dieciséis) sixteen LP.
diez y siete (diecisiete) seventeen LP.
difícil *adj.* difficult, hard 1
dinero money 2
dirección *f.* direction 6
disco record 6
discutir to discuss 12
disfrutar (de) to enjoy 15
divertido *adj.* funny 1
divertirse (ie, i) to have fun 6
divorciado *adj.* divorced 1
doblar to turn 9
doce twelve LP.
docena dozen 10
documental *m.* documentary 14
dolerle a uno (me duele) to be painful (it hurts me) 18
dolor *m.* pain 18
domingo Sunday 3
don man's title of respect used with his first name LP.

¿**Dónde?** Where? 2
¿**De dónde?** From where? 2
doña woman's title of respect used with her first name LP.
dormir (ue, u) to sleep 3;
   dormirse (ue, u) to fall asleep 6;
   dormir una siesta to take a nap 13
dormitorio bedroom 6
dos two LP.
doscientos two hundred 8
dos veces twice 4
ducha shower 17
ducharse to take a shower 6
duda doubt 14
dudar to doubt 14
dudoso *adj.* doubtful 14
dulces *m. pl.* sweets 6
durazno peach 10
duro *adj.* hard-boiled, hard 5

E

e *conj.* and LP.
economía economics 2
echar to throw 15
edad *f.* age 6
edificio building 9
efectuarse to take place 15
él *pron.* he 1
electrodoméstico electric appliance 11
ellos(as) *pron.* they 1
emocionante emotional 15
en *prep.* in, on LP.
   en caso (de) que *conj.* in case (of) 15
   en cuanto *conj.* as soon as 15
   en efectivo in cash 11
   en punto on the dot 3
   ¿**En serio?** Really? 14
enamorado (de) *adj.* in love (with) 5
enamorarse (de) to fall in love (with) 12
encantado *adj.* enchanted 18
encantar to love (things) 6
encontrar (ue) to find 5
enero January 6
enfermero(a) nurse 2
enfermo *adj.* sick, ill 5
enfrente de *prep.* across 9
enojado *adj.* angry 5
enojar to anger, upset 15
enojarse (con) to get angry (with) 15
enorme *adj.* enormous LP.
ensalada salad 5
enseñar to teach 2
entrada main course; entrance 12
entre *prep.* between 9

entremés *m.* appetizer 12
entusiasmado *adj.* enthusiastic, excited 15
equipaje *m.* baggage, luggage 16
   equipaje de mano *m.* carry-on baggage, luggage 16
escaparse to get away 18
escribir to write 2
escritor(a) writer 2
escritorio desk 7
escuchar to listen 2
escuela school 2
   escuela primaria elementary school 2
   escuela secundaria high school 2
escultura sculpture 16
Eso es todo. That's all. 10
espalda back 18
español *m.* Spanish (language) LP.
español (española) *adj.* Spanish 1
especialidad *f.* specialty 12
especialización *f.* major 2
especializarse to major 2
espejo mirror 7
esperanza hope 14
esperar to hope 3
   Espero que no. I hope not. 14
   Espero que sí. I hope so. 14
espinacas spinach 10
espontáneo *adj.* spontaneous 14
esquiar to ski 3
   esquiar sobre el agua to waterski 13
esquina street corner 9
esta mañana (tarde, noche) this morning (afternoon, evening) 7
estación de ferrocarril *f.* railway station 9
estación *f.* season 6
estacionamiento parking lot 17
estado state 5
estar to be 3
   Está despejado. It's clear. 6
   Está nublado. It's cloudy. 6
   estar de acuerdo to agree 12
   estar de vacaciones to be on vacation 12
   estar resfriado to have a cold 5
   estar seguro to be certain 14
   no estar seguro to be uncertain 14
este *m.* east 6
estilo style 11
estómago stomach 18
estudiante *f., m.* student LP.
estudiar to study 2
estudio study 2
estufa stove 7
estupendo *adj.* wonderful, marvelous 15
etiqueta baggage claim 16

examen *m.* test 2
examinar to examine 18
expresar to express 2

F

fácil *adj.* easy 2
falda skirt 8
familia family 4
fascinar to fascinate 8
febrero February 6
fecha date 6
felicitar to congratulate 6
   ¡**Felicidades!** Congratulations! 6
feliz *adj.* happy 1
feo *adj.* ugly 1
fiebre *f.* fever 18
fiesta party 3
filosofía philosophy 2
fin *m.* **de semana** weekend 3
física physics 2
físico *adj.* physical 5
flamenco flamingo 18
flan *m.* caramel custard 12
flotar to float 13
foca seal 18
frambuesa raspberry 10
francés (francesa) *adj.* French 1
fresa strawberry 10
fresco fresh 10
frío *adj.* cold 5
frito *adj.* fried 12
fruta fruit 5
fuerte *adj.* loud; strong 12
fumar to smoke 16
funcionar to work (function) 11

G

galápago giant tortoise 18
galleta dulce cookie 10
galleta salada cracker 10
gamba shrimp 10
ganador(a) *m./f.* winner 15
ganar to earn 2; to win 14
gancho coat hanger 17
ganga bargain 11
garaje *m.* garage 7
garganta throat 18
gaseosa soft drink (Spain) 12
gasolinera gas station 9
generoso generous 1
gente *f.* people LP.
geometría geometry 2
gerente *m./f.* manager 17
gigantesco *adj.* giant 17
goma eraser 11
gordo *adj.* fat 1
gorra cap 8
grabadora tape recorder 11
gracias thank you LP.
gramo gram 10

gran *adj.* (before noun) great 11
grande *adj.* big, large 4
grasa grease 12
grave *adj.* serious, grave 18
grifo faucet 17
gripe *f.* flu 18
gris *adj.* gray 8
gritar to shout 12
grito shout 14
guante *m.* glove 8
guapo *adj.* good-looking, handsome 1
guardarropa *m.* closet 7
guía *m./f.* guide 17
guitarra guitar 3
gustar to like (to be pleasing) 2
   me gustaría I would like 2
   me gusta(n) I like 2
gusto pleasure LP.
   el gusto es mío my pleasure LP.

H

habitación *f.* room (Spain) 17
hablar to speak, to talk 2
hacer to do, to make 3
   Hace buen tiempo. It's nice out. 6
   Hace calor. It's hot. 6
   hacer la cama to make one's bed 7
   hacerle caso to pay attention 13
   hacer ejercicio to exercise 3
   hacer escala (en) to make a stop (on a flight) 16
   Hace fresco. It's cool. 6
   Hace frío. It's cold. 6
   hacer la maleta to pack a suitcase 16
   Hace mal tiempo. It's lousy out. 6
   Hace viento. It's windy. 6
hacia *adv.* toward 9
hamaca hammock 3
hasta up to, until 9; even 15
   hasta ahora up to now 16
   hasta que *conj.* until 15
   ¡Hasta luego! See you later! LP.
   ¡Hasta mañana! See you tomorrow! LP.
   ¡Hasta pronto! See you soon! LP.
hay there is, there are LP.
hay que one must 5
helado ice cream 10
hemisferio hemisphere 16
herido hurt 9
hermana sister 1
hermano brother 1
hermanos brothers and sisters 4
hermoso *adj.* beautiful, handsome 15
hielo ice 12
hierro iron 5
hija daughter 4
hijo son 4
historia history 2; story 12
hogar *m.* home 7
hola hi, hello LP.
hombre *m.* man 1
hombro shoulder 18
hondo *adj.* deep 13
horario schedule 16
horno de microondas mircowave oven 7
hoy today 2
hueso bone 5
huevo egg 5
   huevo duro hard-boiled egg 5
humedad *f.* humidity 17

I

idioma *m.* language 2
iglesia church 6
igual just like, the same as 8
¡Igualmente! Nice meeting you too! LP.
impermeable *m.* raincoat 8
importar to matter 8
impuestos de aeropuerto airport departure tax 16
indio *adj.* Indian 17
ingeniero(a) engineer 2
inglés *m.* English (language) 1
inglés (inglesa) *adj.* English, British 1
iniciar to begin 15
inmigración *f.* passport control 16
inodoro toilet bowl 17
insistir (en) to insist (on) 13
inteligente *adj.* intelligent, smart 1
intensivo *adj.* intensive 3
intercambiar to exchange 16
interesar to interest 6
intérprete *m./f.* interpreter 2
invierno winter 6
invitado guest 6
invitar to invite 3
ir to go 2; **¿Cómo te va?** How's it going? LP.
   ir de compras to go shopping 3
   ir en avión to go by plane 16
irse to go away 6
italiano *adj.* Italian 2

J

jabón *m.* soap 17
jamás *adv.* never 16
jamón *m.* ham 10
japonés (japonesa) *adj.* Japanese 1
jardín *m.* (flower) garden 7
jarra pitcher (for liquids) 12
jeans *m. pl.* jeans 8
joven *adj.* young 1
joya jewel 6
joyas jewelry 6
jueves *m.* Thursday **3**
jugar (ue) to play (sports, games) 3
   jugar a las cartas to play cards 3
jugo juice 5
juguete *m.* toy 11
julio July 6
junio June 6
junto *adj.* together 2

K

kilo kilo 10

L

la the LP.
lado side 9
lámpara lamp 7
las the LP.
lástima shame 14
lastimarse to injure oneself 18
lavabo sink 7
lavaplatos *m.* dishwasher 7
lavar to wash 7
   lavar los platos to wash the dishes 7
   lavar en seco to dry clean 17
lavarse to wash oneself, to brush (one's teeth) 6
lección *f.* lesson LP.
leche *f.* milk 5
lechería dairy store 10
lechuga lettuce 10
leer to read 2
lejos *adv.* far (away) 9
lejos de *prep.* far from 9
lengua *f.* language LP.; tongue 18
lente *m.* lens 17
lento *adj.* slow 15
letras humanities 2
levantarse to get up 6
libro book LP.
liga garter 15
limonada lemonade 5
limpiar to clean 7
limpio *adj.* clean 4
línea aérea airline 16
línea ecuatorial equator 16
liquidación *f.* clearance 11
listo *adj.* ready 12
literatura literature 2
litro liter 10
lo it 2

Lo siento (mucho). I'm (very) sorry. 9
lógico *adj.* logical 14
los the LP.
lugar *m.* place 4
lunes *m.* Monday 3

LL

llamar to call 6
llamar la atención to call to one's attention 16
llamarse to be named 6
  ¿Cómo se llama usted? What's your name? LP.
  ¿Cómo te llamas? What's your name? (informal) LP.
  Me llamo My name is... LP.
llave *f.* key 17
llegar to arrive 3
llevar to wear, to carry 8
llorar to cry
llover (ue) to rain 6

M

madre *f.* mother 1
mal *adv.* badly 3
maleta suitcase 9
malo *adj.* bad 1
mandar to send 11
mano *f.* hand 1
manta blanket 17
mantequilla butter 5
manzana apple 10
máquina de afeitar shaver 11
máquina de escribir typewriter 11
mar *m.* sea 12
marcar to mark 16
marcha nupcial wedding march 15
mareado *adj.* dizzy 18
marinero(a) sailor 18
marino *adj.* marine 18
mariposa butterfly 17
mariscos seafood 13
marrón *adj.* brown 8
martes *m.* Tuesday 3
marzo March 6
más plus, more LP.
  más tarde later 3
  más o menos so-so LP, more or less 2
  más que nunca more than ever 1
matemáticas mathematics 2
materia academic subject 2
matrimonio marriage, wedding 15
máximo *adj.* maximum 11
mayo May 6
mayonesa mayonnaise 12
mayor *adj.* older 4

medianoche *f.* midnight 3
media stocking 8
medicina medicine 18
médico *m./f.* doctor 18
medio *adj.* one-half 10
mediodía *m.* noon 3
mejor *adv.* better LP.
mejor *adj.* best 1
menor *adj.* younger 4; minor 18
mensaje *m.* message 17
mentir (ie, i) to lie 15
  ¡Son puras mentiras! What a pack of lies! 15
mercado market 10
merienda afternoon snack 5
mermelada marmalade 5
mes *m.* month 6
mesa table 6
mesero(a) waiter (waitress) 2
mesita de noche nighttable 7
meter to put (insert) 18
mexicano *adj.* Mexican LP.
mi(s) *pron.* my LP.
mientras *conj.* while 9
  mientras tanto in the meantime 15
miércoles *m.* Wednesday 3
mil one thousand 8
mina mine 18
mirar to watch, to look at 2
misa mass 6
misionero(a) missionary 17
mitad *f.* half 16
mochila backpack 8
modelo model LP.
molestar to bother 8
mono monkey 17
montar a caballo to go horseback riding 3
monumento monument 16
morado *adj.* purple 8
moreno *adj.* brown 8
morir(se) (ue, u) to die 16
mostrador *m.* counter 16
mostrar (ue) to show 11
motorizado *adj.* motorized 17
moverse (ue) to move 18
muchacha girl 1
muchas veces very often 4
mucho *adv.* much, a lot LP.
  ¡Mucho gusto! Nice to meet you! LP.
mudarse to move 7
muerto to dead 5
mujer *f.* woman 1
muñeca doll 11
músculo muscle 13
museo museum 3
música music 2
músico musician 2
musulmán (musulmana) *adj.* Moorish 16

muy *adv.* very LP.
  muy bien Great LP.

N

nada nothing, not...at all 3
nadar to swim 3
nadie nobody, no one 7
naranja orange 5
nariz *f.* nose 18
Navidad *f.* Christmas 9
necesitar to need 4
negocios business 2
negro *adj.* black 8
nervioso *adj.* nervous 5
nevar (ie) to snow 6
ni...ni neither...nor 3
nieta granddaughter 4
nieto grandson 4
nieve *f.* snow 6
ningún *adj.* none, not any 7
ninguno(a) *adj.* none, not any 7
niña girl 1
niñez *f.* childhood 12
niño boy 1
niño(a) child 4
nivel *m.* level 5
nombre *m.* name 4
norte *m.* north 6
norteamericano *adj.* American 1
¡Nos vemos! See you! LP.
nosotros(as) *pron.* we 1
noticias news 14
novecientos(as) nine hundred 8
noveno *adj.* ninth 11
noventa ninety LP.
novia girlfriend 1
noviembre *m.* November 6
novio boyfriend 1
nuera daughter-in-law 4
nuestro(a,os,as) *pron.* our LP.
nueve nine LP.
nuevo *adj.* new 4
número number LP.
nunca never 4

O

o *conj.* or LP.
o...o either...or 7
octavo *adj.* eighth 11
octubre *m.* October 6
ocupado *adj.* busy 5
ochenta eighty LP.
ocho eight LP.
ochocientos(as) eight hundred 8
oeste *m.* west 6
oficina de correos post office 9
oficinista *m./f.* office clerk 2
oficio trade 2
oído (inner) ear 18
oír to hear 3

¡Ojalá! Hope so! hopefully! 14
 ¡Ojalá lo pase(n) bien! Hope you have fun! 14
ojo eye 18
ola wave 13
olvidar to forget 8
olvidarse to forget 18
once eleven LP.
once *f.* afternoon snack (Chile) 5
opuesto opposite 16
oreja (outer) ear 18
orquesta band 15
oscuro dark (in color) 8
otoño fall, autumn 6
otra vez again 14
otro *adj.* another, other LP.

P

paciente *m./f.* patient 18
padre *m.* father 1
padres *m.pl* parents 4
padrinos godparents 4
pagar (qu) to pay for 8
página page LP.
país *m.* country 2
pájaro bird 17
palmera palm tree 17
pan *m.* bread 10
 pan tostado *m.* toast 5
panadería bakery 10
panecillo roll 5
pantalones *m.pl.* pants 8
pantalones cortos *m.pl* shorts 8
papa potato 5
papagayo parrot 12
papas fritas French fries 12
papel para cartas *m.* stationery 11
papel higiénico *m.* toilet paper 17
papelería stationery store 11
para *prep.* in order to, for LP.
 para siempre forever 4
 para servirle at your service LP.
 para que *conj.* so 15
parada de autobuses bus stop 9
paraguas *m.* umbrella 8
parar(se) to stop 9
pardo brown 8
parear to match 2
parecer to seem 8
pared *f.* wall 7
pareja couple 15
parentesco relationship between family members 4
parientes *m. pl.* relatives 4
parque *m.* park 3
 parque zoológico zoo 17
participar to participate 15
partido game, match 14
pasado mañana the day after tomorrow 7
pasaje *m.* fare 16

pasajero passenger 16
pasaporte *m.* passport 16
pasar to spend (time) 3; to pass (by) 15
 pasar la aspiradora to vacuum 7
 pase(n) Ud(s). go ahead 9
pasatiempo pastime 3
pasear to take a walk 3
 pasear en velero to sail 13
pasillo aisle 15
pastel *m.* pastry 5; cake 6
pastelería pastry shop 10
patinar to skate 3
patio yard 7
pedido order 12
pedir (i, i) to ask for, to order 3; to request 13
peinarse to comb one's hair 6
pelícano pelican 18
película film 3
 película de ciencia ficción science fiction movie 14
 película de guerra war movie 14
 película del oeste western 14
 película de suspenso mystery movie 14
peligroso *adj.* dangerous 4
pelo hair 17
pelota ball 13
pensar (ie) to think 3
pensión completa three meals a day 17
pequeño *adj.* small 4
pera pear 10
perderse (ie) to get lost 18
perdón excuse me 9
perdonar to forgive 15
perezoso *adj.* lazy 1
periódico newspaper 11
periodismo journalism 2
permitir to permit 13
pero *conj.* but 1
perro dog 5
pescadería fish shop 10
pescado fish 5
pescar to fish 3
petrolero *adj.* petroleum 4
picante *adj.* hot 12
pie *m.* foot 16
pierna leg 13
pijama *m.s.* pajamas 6
pila battery 11
píldora pill 18
pimentero pepper shaker 12
pimiento pepper 10
pintura painting 2
piña pineapple 10
piragua dugout canoe 17
piraña piranha 17
piscina swimming pool 13
piso floor (of a building) 11

planchar to iron 17
planetario planetarium 16
plátano banana 10
platillo saucer 12
plato plate 12
playa beach 13
pobre *adj.* poor 1
¡Pobrecito(a)! Poor thing! 14
poco a poco little by little LP.
poder (ue, u) to be able to 3
policía *m./f.* police officer 2
politécnico community (junior) college 2
pollo chicken (food) 5
poner to put 3; to turn on, to show (movie) 14
 poner la mesa to set the table 7
 ponerle una inyección to give someone an injection 18
ponerse to put on 6; to become 9
por by, for 3
 por aquí around here 9
 por eso therefore, so 8
 por favor please LP.
 por la mañana in the morning 3
 por la noche in the evening 3
 por la tarde in the afternoon 3
porque *conj.* because LP.
¿Por qué? Why? 2
portafolio briefcase 8
portátil *adj.* portable 11
portugués *m.* Portuguese 2
postre *m.* dessert 1
preferir (ie, i) to prefer 2
preliminar *adj.* preliminary LP.
preocupado (por) *adj.* worried (about) 5
preposición *f.* preposition LP.
primavera spring 6
primero *adj., adv.* first 6
primo(a) cousin 4
prisa hurry 5
privado *adj.* private 17
probarse (ue) to try on 8
procedente de arriving from 16
profesor(a) instructor, professor, teacher LP.
programa *m.* program 14
 programa de concursos quiz show 14
 programa educativo educational program 14
 programa de entrevistas talk show 14
 programa deportivo sports program 14
programador(a) computer programmer 2
prohibir to forbid 13
promedio average 13
prometer to promise 15
pronombre *m.* pronoun LP.

pronóstico del tiempo weather report 14
pronto soon 3
propina tip (café, hotel) 12
pueblo town 17
puerco pork 5
puerta door 7; gate 16
puro *adj.* pure 6

Q

que *pron.* which LP.; *pron.* than 2
¿Qué? What? 2
   ¡Qué barbaridad! How awful! What an outrage! 15
   ¡Qué bien! Great! How nice! 14
   ¿Qué le (te) pasó? What happened to you? 18
   ¿Qué más? What else? 10
   ¿Qué tal? How's everything? LP.
   ¿Qué te parece? What do you think? 8
   ¿Qué tiempo hace? What's the weather like? 6
   ¿Qué tiene Ud.? What's wrong with you? 18
   ¡Qué lástima! What a shame! 14
   ¡Qué lata! What a nuisance! 15
   ¡Que se divierta(n) Ud(s).! Have a good time! 14
   ¡Qué sorpresa! What a surprise! 15
   ¡Qué suerte! How lucky! What luck! 15
   ¡Qué susto! How scary! 15
   ¡Qué va! Come on! 14
   ¡Qué vergüenza! How embarrassing! Shame on you! 15
quedarle a uno to fit 8
quedarse to be left behind 18
quehacer *m.* chore 7
quejarse (de) to complain 14
querer (ie) to want 2; to love 3
querido *adj.* dear 3
queso cheese 5
¿Quién(es)? Who? 2
química chemistry 2
quince fifteen LP.
quinceañera fifteen-year old woman 6
quinientos(as) five hundred 8
quinto *adj.* fifth 11
quisiéramos we would like 12
quitarse to take off 6
quizás perhaps, maybe 14

R

rábano radish 10
ramo bouquet 15
raro *adj.* odd 14
rebaja reduction (in price) 11

rebajado *adj.* reduced (in price) 11
rebajar to reduce 11
recepción *f.* front desk 17
receta prescription 18
recibir to receive 3
recibo receipt 11
recién casados newlyweds 15
recoger (recojo) to collect 13; to pick up, claim 16
   recoger las hojas to rake the leaves 7
recomendar (ie) to recommend 13
recordar (ue) to remember 3
recuerdo souvenir 16
regalo gift 6
registrarse to check in 17
regular okay, fair LP.
reina queen 14
reírse (i,i) to laugh 11
reloj *m.* watch 11
reparar to repair 5
residencia estudiantil dormitory 4
rico *adj.* rich 1; delicious 5
ridículo ridiculous 14
rincón *m.* corner (of a room) 12
río river 17
rogar (ue) to request 15
rojo *adj.* red 8
rollo para diapositivas slide film 11
rollo para fotos print film 11
romper(se) to break 18
ropa clothes, clothing 6
rosado *adj.* pink 8
rosbif *m.* roast beef 5
ruidoso *adj.* noisy 4
ruso Russian 2

S

sábado Saturday 3
saber to know 5
sacar to take out 12
   sacar la basura to take out the garbage 7
   sacar fotos to take pictures 3
   sacar la nieve to shovel snow 7
   sacar rayos X to take X-rays 18
saco suitcoat, blazer 8
sal *f.* salt 12
sala de espera waiting area 16
salchichas sausages 10
salero salt shaker 12
salir to go out 3
salón *m.* living room 4
salsa sauce 12
salud *f.* health 5
saludar to greet LP.
sandalia sandal 17
secador de pelo *m.* hair dryer 11

secarse to dry oneself 6
sección *f.* section LP.
   sección de (no) fumar *f.* (non) smoking section 16
secretario(a) secretary 2
seguir (i, i) to pursue 2, to continue 9
segundo(a) second 11
seguro *adj.* safe 4
seis six LP.
seiscientos six hundred 8
selva jungle 17
semáforo traffic light 9
semana week 3
   semana pasada last week 7
   próxima semana next week 7
sentarse (ie) to sit down 6
sentir (ie, i) to be sorry 14
sentirse (ie, i) to feel 6
señor (Sr.) Mr., sir LP.
señora (Sra.) Mrs., ma'am LP.
señorita (Srta.) Miss LP.
septiembre *m.* September 6
séptimo(a) seventh 11
ser to be 1
servicio service 12
servilleta napkin 12
servir (i, i) to serve 3
   ¿En qué puedo servirle? May I help you? 10
sesenta sixty LP.
setecientos seven hundred 8
setenta seventy LP.
sexto sixth 11
sicología psychology 2
siempre always 4
siete seven LP.
siglo century 16
silla chair 7
sillón *m.* easy chair 7
simpático *adj.* nice, agreeable 1
sin *prep.* without 9
   sin escala nonstop (flight) 16
   sin que *conj.* without 15
sino que *conj.* but 13
situado *adj.* situated 16
sobre *m.* envelope 11
sobrina niece 4
sobrino nephew 4
¡Socorro! Help! 13
solamente only 7
solo *adj.* alone 4
sólo only, just 11
   Sólo estoy mirando. I'm just looking (browsing). 11
soltero *adj.* single 1
sombrero hat 8
sonar (ue) to go off 6
sonreír (i, i) to smile 15
soñar (ue) (con) to dream (about) 6
sopa soup 5
sorprender to surprise 14

sorpresa surprise 13
su *pron.* your LP.
su(s) *pron.* his, her, your (formal), its 4
subir(se) (a) to get on/in 9
sucio *adj.* dirty 4
suculento *adj.* succulent 15
suegra mother-in-law 4
suegro father-in-law 4
suelo floor 7
suerte luck 10
suéter *m.* sweater 8
sufrir to suffer 18
   sufrir un accidente to have an accident 18
sugerir (ie, i) to suggest 13
sur *m.* south 6
sustantivo noun LP.

T

tacaño *adj.* stingy 1
tal vez perhaps, maybe 14
también *adv.* also LP.
tampoco neither, not...either 7
tan pronto como *conj.* as soon as 15
tapado *adj.* clogged 17
tarde *f.* afternoon LP.; *adv.* late 3
tarifa rate 17
tarjeta card 8
   tarjeta de embarque boarding pass 16
   tarjeta de turista tourist card 16
taza cup 5
teatro theater 3
té helado *m.* iced tea 5
telenovela soap opera 4
televisor *m.* television set 7
temer to fear 14
temperatura temperature 6
temprano early 3
tenedor *m.* fork 12
tener (ie) to have 3
   tener calor to be hot 5
   tener celos to be jealous 5
   tener cuidado to be careful 5
   tener frío to be cold 5
   tener ganas de to feel like 5
   tener hambre to be hungry 5
   tener miedo to be afraid 5
   tener prisa to be in a hurry 5
   tener que to have to 5
   tener razón to be right 5
   no tener razón to be wrong 5
   tener sed to be thirsty 5
   tener sueño to be sleepy 5
tercero *adj., adv.* third 11
terminal *f.* **de autobuses** bus terminal 9
terminar to end, to finish 6
terraza terrace, patio 7

terrestre *adj.* land 18
tía aunt 4
tiburón *m.* shark 13
tiempo time 3; weather 6
   ¿Qué tiempo hace? What's the weather like? 6
tienda store 8
tío uncle 4
tíos aunts and uncles 4
tirar to throw 15
título title 14
toalla towel 13
tocar (qu) to touch 13; to play (a musical instrument) 3
todavía *adv.* still 7
todo derecho straight ahead 9
todos everyone 6
tomar to take, to drink 2
   tomar una copa to have a drink 15
   tomar el sol to sunbathe 13
   tomarle la temperatura to take someone's temperature 18
tomate *m.* tomato 5
tonto *adj.* stupid, foolish 1
torta cake, torte 10
tortilla omelette (Spain) 12
tortuga turtle 17
tos *f.* cough 18
tostador *m.* toaster 7
trabajador *adj.* hardworking 1
trabajar to work 2
traducir to translate 17
traer to bring 3
traje *m.* suit 8
   traje de baño *m.* swimsuit 8
tranquilo *adj.* quiet, calm 4
tratamiento treatment 18
tratar (de) to try 13
trece thirteen LP.
treinta thirty LP.
tres three LP.
trescientos(as) three hundred 8
triste *adj.* sad 1
tú *pron.* you (informal) 1
tu(s) *pron.* your (informal) 4
tú mismo you yourself 14
turismo tourism 2

U

último *adj.* last 9
¡Un momento! Just a minute! 9
un(a) a, an LP.
una vez once 4
universidad (uni) *f.* college, university 2
uno one LP.
unos(as) some 1
usted (Ud.) you LP.
usted(es) you (formal) 1
útil *adj.* useful LP.
utilizar to use 11

V

valz *m.* waltz 6
vamos a + *infinitive* we're going, let's LP.
Vamos a ver. Let's see. 11
¡Vamos! Let's go! 3
vaso glass (for water, soda pop, beer) 5
¡Vaya! Come on! 14
vegetal *m.* vegetable 5
veinte twenty LP.
velero sailboat 13
vendedor(a) salesperson 2
vender to sell 8
venir (ie, i) to come 3
venta sale 11
ventanilla window 16
ver to see 3
verano summer 6
verbo verb LP.
¿verdad? right?, huh? 2
¿De veras? Really? 14
verde *adj.* green 8
vestido dress 8
   vestido de dressed in 15
vestirse (i, i) to get dressed 6
viajar to travel 4
viaje *m.* trip 16
viajero(a) traveler 13
videocámara video camera 11
videocasetera videocassette player (VCR) 7
viejo *adj.* old 1
viernes *m.* Friday 3
vino wine 5
   vino tinto red wine 5
   vino blanco white wine 5
visitar to visit 3
vista view 16
viudo *adj.* widowed 1
vivir to live 2
vocabulario vocabulary LP.
volar (ue) to fly 16
volver (ue) to return 3
vosotros(as) *pron.* you (informal) 1
vuelo flight 16
vuestro(a,os,as) *pron.* your (informal) 4

Y

y *conj.* and LP.
ya no no longer 11
yerno son-in-law 4
yo I 1
yogur *m.* yogurt 10

Z

zanahoria carrot 5
zapato shoe 8

English-Spanish Glossary

A

a, an un(a)   LP.
aboard a bordo de   17
accessory accesorio *m.*   8
accident accidente *m.*   18
across enfrente de *prep.*   9
adverb adverbio   LP.
advertisement anuncio *m.*   11
after después (de) que *conj.* 15; después de *prep.*   2
afternoon tarde *f.*   LP.
   afternoon snack (Chile) once *f.* 5; merienda *f.*   5
again otra vez   14
age edad *f.*   6
agriculture agricultura *f.*   2
air conditioning aire acondicionado *m.*   17
airline línea *f.* aérea   16
airport aeropuerto *m.*   9
   airport departure tax impuestos *m.* de aeropuerto   16
aisle pasillo *m.*   15
alarm clock despertador *m.*   7
almost casi   4
alone solo *adj.*   4
also también *adv.*   LP.
although aunque *conj.*   15
always siempre   4
Amazon amazónico *adj.*   17
American norteamericano *adj.*   1
and y *conj.* LP; e *conj.*   LP.
angry enojado *adj.*   5
announcement anuncio *m.*   11
another, other otro *adj.*   LP.
any algún, alguno *adj.*   7
apartment apartamento *m.*   4
appetizer entremés *m.*   12
applause aplauso *m.*   6
apple manzana *f.*   10
applaud aplaudir   15
approach acercarse a   8
April abril   6
Arabic árabe *m.*   1
architect arquitecto(a)   2
arm brazo *m.*   18
around here por aquí   9
arrive llegar   3
   arriving from procedente de   16
as soon as en cuanto *conj.* 15; tan pronto como *conj.*   15
ashamed avergonzado *adj.*   15
ask for pedir (i, i)   13
astronomy astronomía *f.*   2
at a *prep.*   LP.

at your service para servirle   LP.
attend asistir (a)   2
attendance asistencia *f.*   15
attract atraer   11
August agosto   6
aunt tía *f.*   4
autumn otoño *m.*   6
average promedio *m.*   13

B

back espalda *f.*   18
backpack mochila *f.*   8
bad malo *adj.*   1
badly mal *adv.*   3
bag bolsa *f.*   8
baggage equipaje *m.* 16; **(hand)** equipaje de mano *m.*   16
bakery panadería *f.*   10
balcony balcón *m.*   7
ball pelota *f.*   13
ballpoint pen bolígrafo *m.*   11
banana plátano *m.*   10
band orquesta *f.*   15
bank banco *m.*   9
baptism bautismo *m.*   4
bargain ganga *f.*   11
barrel barril *m.*   18
bathroom baño *m.*   6
battery pila *f.*   11
bay bahía *f.*   18
be estar 3; ser   1
be able poder (ue, u)   3
be afraid tener miedo   5
be careful tener cuidado   5
be certain estar seguro   14
be cold tener frío   5
be glad alegrarse de   14
be hot tener calor   5
be hungry tener hambre   5
be in a hurry tener prisa   5
be jealous tener celos   5
be left behind quedarse   18
be named llamarse   6
be on vacation estar de vacaciones   12
be painful (it hurts me) dolerle a uno (me duele)   18
be quiet callarse   14
be right tener razón   5
be sleepy tener sueño   5
be sorry sentir (ie, i)   14
be thirsty tener sed   5
be uncertain no estar seguro   14
be wrong no tener razón   5
beach playa *f.*   13

beach resort balneario *m.*   13
beautiful bello *adj.* 16; hermoso *adj.*   15
because porque *conj.*   LP.
bed cama *f.* 7; **(single)** cama sencilla; **(double)** cama doble
bedroom dormitorio *m.*   6
beef carne de res *f.*   10
beer cerveza *f.*   5
before antes (de) que *conj.*   15
begin comenzar (ie) LP; iniciar   15
behind detrás de *prep.*   9
believe creer   5
bellboy botones *m.*   17
below bajo *adv.* 6; debajo de *prep.*   11
best mejor *adj.*   1
better mejor *adv.*   LP.
between entre *prep.*   9
big grande *adj.*   4
bill cuenta *f.*   12
biology biología *f.*   2
bird pájaro *m.*   17
birthday cumpleaños *m.*   6
black negro *adj.*   8
blanket manta *f.*   17
blazer saco *m.*   8
blouse blusa *f.*   8
blowgun cerbatana *f.*   17
blue azul *adj.*   8
board abordar   16
boarding pass tarjeta de embarque *f.*   16
boat barco *m.* 17; bote *m.*   13
body cuerpo *m.*   18
bone hueso *m.*   5
book libro *m.*   LP.
boots botas *f.*   8
boring aburrido *adj.*   1
bother molestar   8
bottle botella *f.*   5
bouquet ramo *m.*   15
box caja *f.*   6
boy niño *m.*   1
boyfriend novio *m.*   1
bracelet brazalete *m.*   11
bread pan *m.*   10
break romper(se)   18
breakfast desayuno *m.*   5
briefcase portafolio *m.*   8
bring traer   3
broccoli brócoli *m.*   10
broth caldo *m.* 5; consomé *m.*   5
brother hermano *m.*   1
   brother-in-law cuñado *m.*   4
brown café *adj.* 8; castaño *adj.* 8;

440

marrón *adj.* 8; moreno *adj.* 8; pardo *m.* 8
building edificio *m.* 9
bus stop parada *f.* de autobuses 9
bus terminal terminal *f.* de autobuses 9
business negocios *m.* 2
busy ocupado *adj.* 5
but pero *conj.* 1; sino que *conj.* 13
butcher shop carnicería *f.* 10
butter mantequilla *f.* 5
butterfly mariposa *f.* 17
buy comprar 2
by por 3
Bye! ¡Chao! LP.

C

cabin cabina *f.* 17
cake torta *f.* 10; pastel *m.* 6
calculus cálculo *m.* 2
call llamar 6
calm tranquilo *adj.* 4
camera cámara *f.* 11
Canadian canadiense *adj.* 1
cap gorra *f.* 8
car carro *m.* 5
card tarjeta *f.* 8
career carrera *f.* 2
caramel custard flan *m.* 12
carrot zanahoria *f.* 5
carry llevar 8
cartoons dibujos animados *m.* 14
cashier's caja *f.* 11
castle castillo *m.* 13
catch agarrar 15
cathedral catedral *f.* 9
cauliflower coliflor *f.* 10
celery apio *m.* 10
center centro *m.* 9
century siglo *m.* 16
chair silla *f.* 7
change cambio 11; cambiar 8
check in registrarse 17
cheerful alegre *adj.* 1
cheese queso *m.* 5
chemistry química *f.* 2
cherry cereza *f.* 10
chicken pollo *m.* 5
child niño(a) 4
childhood niñez *f.* 12
Chinese chino *adj.* 1
chop chuleta *f.* 12
chore quehacer *m.* 7
Christmas Navidad *f.* 9
church iglesia *f.* 6
cigarette cigarrillo *m.* 18
city ciudad *f.* LP.
  city block cuadra *f.* 9
class clase *f.* LP.
classmate compañero(a) de clase 1
clean limpio *adj.* 4
clean the house limpiar la casa 7
clearance liquidación *f.* 11
clinic clínica *f.* 18
clogged tapado *adj.* 17
closet guardarropa *m.* 7
clothes ropa *f.* 6
coast costa *f.* 13
coat hanger gancho *m.* 17
coffee café *m.* 5
cold (illness) catarro *m.* 18; **(temperature)** frío *adj.* 5
collect recoger 16
college universidad *f.* 2; **(junior or community)** politécnico *m.*
comb one's hair peinarse 6
come venir (ie, i) 3
  Come on! ¡Qué va! 14; ¡Vaya! 14
comment comentar 12
complain quejarse (de) 14
computer programmer programador(a) 2
computer science computación *f.* 1
concert concierto *m.* 3
condiment condimento *m.* 5
confidence confianza *f.* 14
confirm confirmar 15
congratulate felicitar 6
  Congratulations! ¡Felicidades! 6
conjunction conjunción *f.* LP.
conservative conservador *adj.* 1
contest concurso *m.* 14
continue seguir (i,i) 9
cookie galleta *f.* dulce 10
corner (of a room) rincón *m.* 12
cost costo *m.* 11
cough tos *f.* 18
count contar (ue) LP
counter mostrador *m.* 16
country país *m.* 2
couple pareja *f.* 15
course curso *m.* 2
cousin primo(a) 4
crab cangrejo *m.* 18
cracker galleta *f.* salada 10
crash into chocar con 9
cream crema *f.* 5
credit crédito *m.* 2
cross cruzar 17
culminating culminante *adj.* 14
cup taza *f.* 5
customs area aduana *f.* 16
cut cortar 15

D

dairy store lechería *f.* 10
dance baile *m.* 2; bailar 3
dangerous peligroso *adj.* 4
dark (in color) oscuro *adj.* 8
date fecha *f.* 6
daughter hija *f.* 4
daughter-in-law nuera *f.* 4
day día *m.* 1
  day after tomorrow pasado mañana 7
  day before yesterday anteayer 7
dead muerto *adj.* 5
dear querido *adj.* 3
December diciembre *m.* 6
decide decidir 9
deep hondo *adj.* 13
delay demora *f.* 16
departing for con destino a 16
department store almacén *m.* 8
depressed deprimido *adj.* 15
desk escritorio *m.* 7
dessert postre *m.* 12
diary diario *m.* 16
die morir(se) (ue, u) 16
difficult difícil *adj.* 1
dining room comedor *m.* 7
dinner cena *f.* 5
direction dirección *f.* 6
dirty sucio *adj.* 4
disagreeable antipático *adj.* 1
disappointed desilusionado *adj.* 15
discuss discutir 12
dishwasher lavaplatos *m.* 7
divorced divorciado *adj.* 1
dizzy mareado *adj.* 18
do hacer 3
doctor médico (a) 18
documentary documental *m.* 14
dog perro *m.* 5
doll muñeca *f.* 11
door puerta *f.* 7
dormitory residencia estudiantil *f.* 4
doubt duda *f.* 14; dudar 14
doubtful dudoso *adj.* 14
downtown centro *m.* 9
dozen docena *f.* 10
draw dibujar 7
dream about soñar (ue) con 6
dress vestido *m.* 8
drink bebida *f.* 5
drop caerse 18
dry clean lavar en seco 17
dry oneself secarse 6

E

each cada *pron.* 3
ear (inner) oído 18; **(outer)** oreja *f.* 18
early temprano 3
earn ganar 14
earring arete *m.* 11
east este *m.* 6
easy fácil *adj.* 2
eat comer 2

ecomonics economía *f.* 2
ecuator línea *f.* ecuatorial 16
egg huevo *m.* 5
eight ocho LP.
eight hundred ochocientos(as) 8
eighteen diez y ocho (dieciocho) LP.
eighth octavo *adj.* 11
eighty ochenta LP.
either . . . or o...o 7
electric appliance electrodoméstico *m.* 11
elementary school escuela primaria *f.* 2
elevator ascensor *m.* 17
eleven once LP.
embarrassed avergonzado *adj.* 15
emotional emocionante 15
enchanted encantado *adj.* 18
end terminar 6
engineer ingeniero(a) 2
English inglés (inglesa) *adj.* 1
enjoy disfrutar (de) 15
enormous enorme *adj.* LP.
enough basta 10
enthusiastic entusiasmado *adj.* 15
entrance entrada *f.* 12
envelope sobre *m.* 11
eraser goma *f.* 11
ever jamás *adv.* 16
every cada 4
everyone todos 6
examine examinar 18
exchange intercambiar 16
excuse me perdón 9; con permiso. 9
exercise hacer ejercicio *m.* 3
expensive caro *adj.* 5
express expresar 2
eye ojo *m.* 18

F

face cara *f.* 18
fair regular LP.
fall caerse 18
  fall (season) otoño *m.* 6
  fall asleep dormirse (ue, u) 18
  fall in love enamorarse (de) 12
family familia *f.* 4
far away lejos *adv.* 9
far from lejos de *prep.* 9
fare pasaje *m.* 16
fascinate fascinar 8
fat gordo *adj.* 1
father padre *m.* 1
father-in-law suegro *m.* 4
faucet grifo *m.* 17
fear temer 14
February febrero 6
feel sentirse (ie, i) 6
  feel like tener ganas de 5

fever fiebre *f.* 18
fifteen quince LP.
fifteen-year old girl quinceañera 6
fifth quinto *adj.* 11
fifty cincuenta LP.
film película *f.* 3
find encontrar (ue) 5
Fine Arts bellas artes *m. pl.* 2
fine bien *adv.* LP.
finger dedo *m.* 18
finish terminar 6
first primero *adj., adv.* 6
fish pescado *m.* 5; pescar 3
fish shop pescadería *f.* 10
fit quedarle a uno 8
five cinco LP.
five hundred quinientos(as) 8
fix oneself up arreglarse 6
flight vuelo *m.* 16
float flotar 13
floor (of a building) piso *m.* 11; suelo *m.* 7
flu gripe *f.* 18
fly volar (ue) 16
foolish tonto *adj.* 1
foot pie *m.* 16
forbid prohibir 13
forever para siempre 4
forget olvidar 8; olvidarse 18
forgive perdonar 15
fork tenedor *m.* 12
forty cuarenta LP.
four cuatro LP.
four hundred cuatrocientos(as) 8
fourteen catorce LP.
fourth cuarto *adj.* 11
freezer congelador *m.* 7
French francés (francesa) *adj.* 1
French fries papas fritas 12
fresh fresco *adj.* 10
Friday viernes *m.* 3
fried frito *adj.* 12
friend amigo(a) 1
from de *prep.* LP.
fruit fruta *f.* 5
fulfill cumplir (con) 15
funny divertido *adj.* 1

G

game partido *m.* 14
garage garaje *m.* 7
garden (flower) jardín *m.* 7
garter liga *f.* 15
gas station gasolinera *f.* 9
gate puerta *f.* 16
generous generoso 1
geometry geometría *f.* 2
German alemán (alemana) 1
get a suntan broncearse 13
get angry (with) enojarse (con) 15
get away escaparse 18

get dressed vestirse (i, i) 6
get lost perderse (ie) 18
get married casarse 6
get near acercarse a 18
get off bajar(se) (de) 9
get on/in subir(se) (a) 9
get out bajar 9
get up levantarse 6
giant gigantesco *adj.* 17
gift regalo *m.* 6
girl chica *f.* 13; muchacha *f.* 13; niña *f.* 1
girlfriend novia *f.* 1
give dar 3
  give advice dar consejos 12
glass vaso *m.* 5; copa *f.* 5
glove guante *m.* 8
go ir 2
  go ahead pase(n) Ud(s). 9
  go away irse 6
  go bicycling andar en bicicleta 3
  go by plane ir en avión 16
  go horseback riding montar a caballo 3
  go out salir 3
  go shopping ir de compras 3
  go to bed acostarse (ue) 6
godparents padrinos 4
godson(daughter) ahijado(a) 4
good bueno *adj.* LP.
  Good afternoon! ¡Buenas tardes! LP.
  good-bye adiós LP.; despedida *f.* 17
  Good evening! ¡Buenas noches! LP.
  good-looking guapo *adj.* 1
  Good morning ¡Buenos días! LP.
  Good night! ¡Buenas noches! LP.
gram gramo *m.* 10
granddaughter nieta *f.* 4
grandfather abuelo *m.* 4
grandmother abuela *f.* 4
grandparents abuelos 4
grandson nieto *m.* 4
gray gris *adj.* 8
grease grasa *f.* 12
great gran *adj.* (before noun) 11; muy bien LP.; bueno 2; ¡De lo más bien! LP.; ¡Qué bien! 14
green verde *adj.* 8
greet saludar LP.
groceries comestibles *m.pl.* 10
guest invitado *m.* 6
guess adivinar 3
guide guía *m./f.* 17
guitar guitarra *f.* 3

H

hair pelo *m.* 17
  hair dryer secador de pelo *m.* 11
half mitad *f.* 16

ham jamón *m.* 10
hammock hamaca *f.* 3
hand mano *f.* 1
handsome hermoso *adj.* 15; guapo *adj.* 1
happy contento *adj.* 4; feliz *adj.* 1
hard duro *adj.* 5
hardworking trabajador *adj.* 1
hat sombrero *m.* 8
have tener (ie) 3
   have an accident sufrir un accidente 18
   have breakfast desayunar 5
   have a cold estar resfriado 5
   have dinner (supper) cenar 5
   have a drink tomar una copa 15
   have fun divertirse (ie, i) 6
   Have a good time! ¡Que se divierta(n) Ud(s).! 14
   have just acabar de (+ infinitive) 8
   have lunch almorzar (ue) 3
   Have a nice trip! ¡Buen viaje! 16
   have to tener que 5
he él *pron.* 1
head cabeza *f.* 18
health salud *f.* 5
hear oír 3
help ayuda 5; ayudar 11
   Help! ¡Socorro! 13
hello hola LP
hemisphere hemisferio *m.* 16
her su(s) *pron.* 4
here aquí *adv.* 2
Hi! ¡Hola! LP
high school escuela *f.* secundaria 2
his su(s) *pron.* 4
history 2; **story** historia *f.* 12
home hogar *m.* 7
homemaker ama *f.* de casa 2
hope esperanza *f.* 14; esperar 3
   Hope so! ¡Ojalá! 14
   Hope you have fun! ¡Ojalá lo pase(n) bien! 14
hot (temperature) caliente *adj.* 5
hot (spicy) picante *adj.* 12
hot water heater calentador de agua *m.* 17
house casa *f.* 4
how cómo *adv.* LP
   How are you? ¿Cómo esta(s)? LP
   How awful! ¡Qué barbaridad! 15
   How embarrassing! ¡Qué vergüenza! 15
   How lucky! ¡Qué suerte! 15
   How many? ¿Cuántos(as)? 2
   How much? ¿Cuánto? 2
   How old are you? ¿Cuántos años tienes? LP
   How scary! ¡Qué susto! 15
   How's everything? ¿Qué tal? LP
   How's it going? ¿Cómo te va? LP
hug abrazo *m.* LP

humanities letras *f.* 2
humidity humedad *f.* 17
hunt cazar 17
hurry prisa *f.* 5
hurt herido *adj.* 9

I

I yo 1
ice hielo *m.* 12
   ice cream helado *m.* 10
   iced tea té helado *m.* 5
ill enfermo *adj.* 5
in en *prep.* LP
   in a hurry apurado *adj.* 5
   in a little while al poco tiempo 13
   in case (of) en caso (de) que *conj.* 15
   in cash en efectivo 11
   in love (with) enamorado (de) *adj.* 5
   in order to, for para *prep.* LP
   in the afternoon de la tarde 3; por la tarde 3
   in the evening de la noche 3; por la noche 3
   in the meantime mientras tanto 15
   in the morning de la mañana 3; por la mañana 3
Indian indio *adj.* 17
injure oneself lastimarse 18
insist (on) insistir (en) 13
instructor profesor(a) LP
intelligent inteligente *adj.* 1
intensive intensivo *adj.* 3
intepreter intérprete *m./f.* 2
interest interesar 8
invite invitar 3
iron hierro 5; planchar 17
it lo 2
its su(s) *pron.* 4
   It's clear. Está despejado. 6
   It's cloudy. Está nublado. 6
   It's cold. Hace frío. 6
   It's cool. Hace fresco. 6
   It's hot. Hace calor. 6
   It's lousy out. Hace mal tiempo. 6
   It's nice out. Hace buen tiempo. 6
   it's time to es hora de 3
   It's windy. Hace viento. 6
Italian italiano *adj.* 2

J

jacket chaqueta *f.* 8
January enero 6
Japanese japonés (japonesa) *adj.* 1
jealous celoso *adj.* 5
jeans jeans *m. pl.* 8

jewel joya *f.* 6
jewelry joyas *f.* 6
jot down apuntar 12
journalism periodismo *m.* 2
juice jugo *m.* 5
July julio 6
June junio 6
jungle selva *f.* 17
just sólo 11; acabar de (+ infinitive) 8
   Just a minute! ¡Un momento! 9
   just like igual 8

K

key llave *f.* 17
kilo kilo *m.* 10
kiss beso *m.* 6
kitchen cocina *f.* 7
knife cuchillo *m.* 12
know conocer 5; saber 5

L

lamb cordero *m.* 12
lamp lámpara *f.* 7
land terrestre *adj.* 18; aterrizar 16
language idioma *m.* 2; lengua *f.* LP
large grande *adj.* 4
last último *adj.* 9
   last night anoche 7
   last week semana pasada *f.* 7
late tarde *adv.* 3
later más tarde 3
laugh reírse (i, i) 11
law derecho *m.* 2
lawn césped *m.* 7
lawyer abogado(a) 2
lazy perezoso *adj.* 1
learn aprender 2
leave dejar 17
left (to the) (a la) izquierda 9
leg pierna *f.* 13
lemonade limonada *f.* 5
lens lente *m.* 17
lesson lección *f.* LP
Let's go! ¡Vamos! 3
Let's see. Vamos a ver. 11
letter carta *f.* 3
lettuce lechuga *f.* 10
level nivel *m.* 7
library biblioteca *f.* 9
lie mentir (ie, i) 15
light (in color) claro *adj.* 8
like como *conj.* 1; **(to be pleasing)** gustar 2
listen escuchar 2
liter litro *m.* 10
literature literatura *f.* 2
little by little poco a poco LP
live vivir 2

living room salón *m.*   4
logical lógico *adj.*   14
look mirar   2
   look for buscar   4
loud fuerte *adj.*   12
love amor *m.*   15; querer (ie)   3;
   (things) encantar   6
luck suerte *f.*   10
luggage equipaje *m.*   16
lunch almuerzo *m.*   5

M

mailbox buzón *m.*   9
main course entrada *f.*   12
major especialización *f.*   2;
   especializarse   2
make hacer   3
make a stop (on a flight) hacer
   escala (en)   16
make one's bed hacer la cama   7
man hombre *m.*   1
manager gerente *m./f.*   17
March marzo   6
mark marcar   16
market mercado *m.*   10
marmalade mermelada *f.*   5
marriage matrimonio *m.*   15
married casado *adj.*   1
marvelous estupendo *adj.*   15
mass misa *f.*   6
match parear   2
mathematics matemáticas *f.*   2
matter importar   8
maximum máximo *adj.*   11
May mayo   6
maybe quizás   14
May I help you? ¿En qué puedo
   servirle?   10
mayonnaise mayonesa *f.*   12
meal comida *f.*   5
meat carne *f.*   5
medicine medicina *f.*   18
meet conocer   5
message mensaje *m.*   17
Mexican mexicano *adj.*   LP.
midnight medianoche *f.*   3
milk leche *f.*   5
mine mina *f.*   18
mineral water agua mineral *m.*   5
microwave oven horno de microondas *m.*   7
mirror espejo *m.*   7
Miss señorita (Srta.)   LP.
missionary misionero(a)   17
model modelo   LP.
Monday lunes *m.*   3
money dinero *m.*   2
monkey mono *m.*   17
month mes *m.*   6
monument monumento *m.*   16
Moorish musulmán (musulmana)
   adj.   16

more más   LP.
   more or less más o menos   2
   more than ever más que
      nunca   11
mother madre *f.*   1
mother-in-law suegra *f.*   4
motorized motorizado *adj.*   17
mouth boca *f.*   18
move mudarse   7; moverse (ue)   18
movie película *f.*   14
movie theater cine *m.*   3
Mr. señor (Sr.)   LP.
Mrs. señora (Sra.)   LP.
much mucho *adv.*   LP.
muscle músculo *m.*   13
museum museo *m.*   3
music música *f.*   2
musician músico *m./f.*   2
my mi(s) *pron.*   LP.
   my name is . . . Me llamo...   LP.
   my pleasure el gusto es mío   LP.

N

name nombre *m.*   4
napkin servilleta *f.*   12
nasty antipático *adj.*   1
near cerca de *prep.*   9
nearby cerca *adv.*   9
neck cuello *m.*   18
necktie corbata *f.*   8
need necesitar   4
neighborhood barrio *m.*   4
neither, not . . . either tampoco   7
   neither . . . nor ni...ni   3
nephew sobrino *m.*   4
nervous nervioso *adj.*   5
never nunca   4
new nuevo *adj.*   4
newlyweds recién casados   15
news noticias *f.*   14
newspaper periódico *m.*   11
next to al lado de *prep.*   9
   next week próxima semana   7
nice simpático *adj.*   1
   Nice meeting you! ¡Mucho
      gusto!   LP.
   Nice meeting you too!
      ¡Igualmente!   LP.
niece sobrina *f.*   4
nighttable mesita *f.* de noche   7
nine hundred novecientos(as)   8
nine nueve   LP.
nineteen diez y nueve
   (diecinueve)   LP.
ninety noventa   LP.
ninth noveno *adj.*   11
no longer ya no   11
nobody nadie   7
noisy ruidoso *adj.*   4
none ninguno(a) *adj.*   7
nonstop (flight) sin escala   16
noon mediodía *m.*   3

north norte *m.*   6
nose nariz *f.*   18
notebook cuaderno *m.*   11
November noviembre   6
now ahora *adv.*   LP.
number número *m.*   LP.
nurse enfermero(a)   2

O

October octubre *m.*   6
odd raro *adj.*   14
of de *prep.*   LP.
   of course cómo no   11
office clerk oficinista *m./f.*   2
okay regular   LP; Cómo no.   3;
   bueno   2
old viejo *adj.*   1; antiguo *adj.*   16
older mayor *adj.*   4
omelette tortilla *f.*   12
on the dot en punto   3
   on time a tiempo   3
once una vez   4
one uno   LP.
   one hundred cien (ciento)   8
   one must hay que   5
   one-half medio *adj.*   10
   one-way ticket boleto de ida   16
onion cebolla *f.*   10
only sólo   11; solamente   7
opposite opuesto   16
or o *conj.*   LP.
orange anaranjado(a)   8;
   naranja *f.*   5
order pedido *m.*   12
ought to deber   5
our nuestro(a, os, as) *pron.*   LP.
outside afuera *adv.*   12
overcoat abrigo *m.*   8

P

pack a suitcase hacer la maleta   16
page página *f.*   LP.
pain dolor *m.*   18
painting cuadro *m.*   7; pintura *f.*   2
pajamas pijama *m.s.*   6
palm tree palmera *f.*   17
pants pantalones *m.pl.*   8
parents padres *m.pl*   4
park parque *m.*   3
parking lot estacionamiento *m.*   17
parrot papagayo *m.*   12
participate participar   15
party fiesta *f.*   3
passenger pasajero *m.*   16
passport pasaporte *m.*   16
   passport control inmigración
      f.   16
pastime pasatiempo *m.*   3
pastry pastel *m.*   6
   pastry shop pastelería *f.*   10
patient paciente *m./f.*   18

patio terraza *f.* 7
pay attention hacerle caso 13
pay for pagar 8
peach durazno *m.* 10
pear pera *f.* 10
pelican pelícano *m.* 18
people gente *f.* LP.
pepper pimiento *m.* 10
    pepper shaker pimentero *m.* 12
perhaps quizás 14; tal vez 14
permit permitir 13
petroleum petrolero *adj.* 4
philosophy filosofía *f.* 2
physical físico *adj.* 5
physics física *f.* 2
pill píldora *f.* 18
pillow almohada *f.* 17
pineapple piña *f.* 10
pink rosado *adj.* 8
piranha piraña *f.* 17
pitcher (for liquids) jarra *f.* 12
place lugar *m.* 4
planetarium planetario *m.* 16
plate plato *m.* 12
play (sports, games) jugar (ue) 3; **(a musical instrument)** tocar 3
pleasant agradable *adj.* 16
please por favor LP.
pleasure gusto *m.* LP.
police officer policía *m./f.* 2
political science ciencias políticas *f.* 2
poor pobre *adj.* 1
    Poor thing! ¡Pobrecito(a)! 14
pork carne *f.* de cerdo (puerco) 10
    pork chop chuleta *f.* de cerdo 5
portable portátil *adj.* 11
Portuguese portugués 2
post office oficina *f.* de correos 9
potato papa *f.* 5
prefer preferir (ie, i) 2
preposition preposición *f.* LP.
prescription receta *f.* 18
pretty bonito *adj.* 1
private privado *adj.* 17
professor profesor(a) LP.
program programa *m.* 14
promise prometer 15
pronoun pronombre *m.* LP.
provided (that) con tal (de) que *conj.* 15
psychology sicología *f.* 2
pure puro *adj.* 6
purple morado *adj.* 8
purse bolsa *f.* 8
pursue seguir (i, i) 9
put (insert) meter 18; poner 14

Q

quality calidad *f.* 11
quantity cantidad *f.* 10
queen reina *f.* 14
quiet tranquilo *adj.* 4

R

radish rábano *m.* 10
railway station estación de ferrocarril *f.* 9
rain llover (ue) 6
raincoat impermeable *m.* 8
rake the leaves rocoger las hojas 7
raspberry frambuesa *f.* 10
rate tarifa *f.* 17
read leer 2
ready listo *adj.* 12
Really? ¿De veras? 14; ¿En serio? 14
receipt recibo *m.* 11
receive recibir 3
recommend recomendar (ie) 13
record disco *m.* 6
red rojo *adj.* 8
reduce rebajar 11
reduced (in price) rebajado *adj.* 11
reduction (in price) rebaja *f.* 11
relatives parientes *m. pl.* 4
remember recordar (ue) 3
rent alquilar 13
repair reparar 5
request rogar (ue) 15
rest descansar 3
return volver (ue) 3
rice arroz *m.* 5
rich rico *adj.* 5
riddle adivinanza *f.* 16
ridiculous ridículo *adj.* 14
right (to the) (a la) derecha 9
    right now ahora mismo 3
ring anillo *m.* 11
river río *m.* 17
roast beef rosbif *m.* 5
roll bollo *m.* 10; panecillo *m.* 5
room (Spain) habitación *f.* 17; cuarto 14; **(single)** cuarto sencillo 17; **(double)** cuarto doble 17
roundtrip ticket boleto de ida y vuelta *m.* 16
rug alfombra *f.* 7
run correr 11
    run out acabarse 18
Russian ruso 2

S

sad triste *adj.* 1
safe seguro *adj.* 4
safety belt cinturón de seguridad *m.* 16
sailboat velero *m.* 13
sailor marinero(a) 18
salad ensalada *f.* 5
sale venta *f.* 11
salesperson vendedor(a) 2
salt sal *f.* 12
    salt shaker salero *m.* 12
same as igual 8
sand arena *f.* 13
sandal sandalia *f.* 17
Saturday sábado *m.* 3
sauce salsa *f.* 12
saucer platillo *m.* 12
sausages salchichas *f.* 10
say decir (i) 3
    say goodbye despedirse de (i,i) 10
scare asustar 13
scared asustado *adj.* 13
scarf bufanda *f.* 8
schedule horario *m.* 16
school escuela *f.* 2; colegio *m.* 2
sciences ciencias *f.* 2
scientist científico(a) 2
scuba dive bucear 13
sculpture escultura *f.* 16
sea mar *m.* 12
seafood mariscos *m.* 13
seal foca *f.* 18
season estación *f.* 6
seat asiento *m.* 16
second segundo(a) 11
secretary secretario(a) 2
section sección *f.* LP.
security control control de seguridad *m.* 16
see ver 3
    See you! ¡Nos vemos! LP.
    See you later! ¡Hasta luego! LP.; ¡Hasta pronto! LP.
    See you tomorrow! ¡Hasta mañana! LP.
seem parecer 8
sell vender 8
send mandar 11
September septiembre *m.* 6
serious grave *adj.* 18
serve servir (i, i) 3
service servicio *m.* 12
set the table poner la mesa 7
seven hundred setecientos(as) 8
seven siete LP.
seventeen diez y siete (diecisiete) LP.
seventh séptimo(a) 11
seventy setenta LP.
shame lástima *f.* 14
shark tiburón *m.* 13
shave afeitarse 6
shaver máquina de afeitar *f.* 11
shell concha *f.* 13
shirt camisa *f.* 8
shoe zapato *m.* 8
short (in height) bajo *adj.* 1
shorts pantalones cortos *m.pl* 8
should deber 5

shoulder hombro *m.* 18
shout grito *m.* 14; gritar 12
shovel snow sacar la nieve 7
show mostrar (ue) 11
shower ducha *f.* 17
shrimp camarones *m. pl.* 10; gamba *f.* 10
sick enfermo *adj.* 5
side lado *m.* 9
sing cantar 3
singer cantante *m./f.* 14
single soltero *adj.* 1
   single (double) bed cama sencilla (doble) 17
   single (double) room cuarto sencillo (doble) 17
sister hermana *f.* 1
sister-in-law cuñada *f.* 4
sit down sentarse (ie) 6
situated situado *adj.* 16
six seis LP.
six hundred seiscientos(as) 8
sixteen diez y seis (dieciséis) LP.
sixth sexto 11
sixty sesenta LP.
skate patinar 3
ski esquiar 3
skirt falda *f.* 8
sleep dormir (ue, u) 3
slow lento *adj.* 15
small pequeño *adj.* 4
smart inteligente *adj.* 1
smile sonreír (i, i) 15
smoke fumar 16
smoking (non) section sección de (no) fumar *f.* 16
snow nieve *f.* 6; nevar (ie) 6
so para que *conj.* 15; así *adv.* 9; por eso 8
soap jabón *m.* 17
soap opera telenovela *f.* 4
social sciences ciencias *f.pl.* sociales 2
socks calcetines *m. pl.* 8
soft drink (Spain) gaseosa *f.* 12
some algún *adj.* 7; alguno *adj.* 7; unos(as) 1
someone alguien 7
something algo 7
sometimes a veces 4
son hijo *m.* 4
song canción *f.* 6
son-in-law yerno *m.* 4
soon pronto 3
soup sopa *f.* 5
south sur *m.* 6
souvenir recuerdo *m.* 16
so-so más o menos LP.
Spanish español *m.* LP.
speak hablar 2
specialty especialidad *f.* 12
spend time pasar 3
spinach espinacas *f. pl.* 10

spontaneous espontáneo *adj.* 14
spoon cuchara *f.* 12
sport deporte *m.* 3
spring primavera *f.* 6
start comenzar (ie) LP.
state estado *m.* 5
stationery papel *m.* para cartas 11
   stationery store papelería *f.* 11
steak bistec *m.* 5
still todavía *adv.* 7
stingy tacaño *adj.* 1
stockings medias *f.* 8
stomach estómago *m.* 18
stop cesar 12; parar(se) 9
store tienda *f.* 8
stove estufa *f.* 7
straight ahead todo derecho 9
strawberry fresa *f.* 10
street corner esquina *f.* 9
stick out sacar 18
strong fuerte *adj.* 12
student estudiante *f./m.* LP.
study estudio *m.* 2; estudiar 2
stupid tonto *adj.* 1
style estilo *m.* 11
subject (academic) materia *f.* 2
succulent suculento *adj.* 15
suddenly de repente 9
suffer sufrir 18
sugar azúcar *m.* 5
suggest sugerir (ie, i) 13
suit traje *m.* 8
suitcase maleta *f.* 9
suitcoat saco *m.* 8
summer verano *m.* 6
sunbathe tomar el sol 13
Sunday domingo *m.* 3
sunglasses anteojos para el sol *m.* 13
suntan lotion crema bronceadora *f.* 13
supper cena *f.* 5
surf correr las olas 13
surprise sorpresa *f.* 13; sorprender 14
sweater suéter *m.* 8
sweets dulces *m. pl.* 6
swim nadar 3
swimming pool piscina *f.* 13
swimsuit traje *m.* de baño 8

T

T shirt camiseta *f.* 8
table mesa *f.* 6
take tomar 2
   take a bath bañarse 6
   take a nap dormir una siesta 13
   take a shower ducharse 6
   take a walk pasear 3
   take advantage aprovechar(se) 11
   take care of oneself cuidarse 18

   take off despegar 16; quitarse 6
   take out sacar 18
   take out the garbage sacar la basura 7
   take pictures sacar fotos 3
   take place efectuarse 15
   take someone's temperature tomarle la temperatura 18
   take X-rays sacar rayos X 18
tall alto *adj.* 1
tape recorder grabadora *f.* 11
teach enseñar 2
teacher profesor(a) LP.
television set televisor *m.* 7
tell decir (i) 3
temperature temperatura *f.* 6
ten diez LP.
tenth décimo *adj.* 11
terrace terraza *f.* 7
test examen *m.* 2
thank dar las gracias 9
   thank you gracias LP.
the la LP.; las LP.; los LP.
theater teatro *m.* 3
there allá *adv.* 10
there is, there are hay LP.
therefore por eso 8
they ellos(as) *pron.* 1
thin delgado *adj.* 1
think pensar (ie) 3
thing cosa *f.* 3
third tercero *adj., adv.* 11
thirteen trece LP.
thirty treinta LP.
three tres LP.
three hundred trescientos(as) 8
throat garganta *f.* 18
throw echar 15; tirar 15
thousand mil 8
Thursday jueves *m.* 3
thus así *adv.* 9
ticket boleto *m.* 16
time tiempo *m.* 6
tip (cafe, hotel) propina *f.* 12
tired cansado *adj.* 5
title título *m.* 14
toast brindis *m.* 15; pan tostado *m.* 5
toaster tostador *m.* 7
today hoy 2
together junto *adj.* 2
toilet bowl inodoro *m.* 17
tomato tomate *m.* 5
tongue lengua *f.* 18
too much demasiado *adj.* 12
tooth diente *m.* 6
touch tocar 13
tourism turismo *m.* 2
tourist card tarjeta de turista 16
toward hacia *adv.* 9
towel toalla *f.* 13
town pueblo *m.* 17
toy juguete *m.* 11

trade oficio *m.*   2
traffic light semáforo *m.*   9
translate traducir   17
travel viajar   4
   travel agency agencia *f.* de viajes   16
   travel agent agente *m./f.* de viajes   2
traveler viajero(a)   13
treatment tratamiento *m.*   18
trip viaje *m.*   16
try tratar (de)   13
try on probarse (ue)   8
Tuesday martes *m.*   3
turn doblar   9
turtle tortuga *f.*   17
twelve doce   LP.
twenty veinte   LP.
twice dos veces   4
two dos   LP.
two hundred doscientos(as)   8
typewriter máquina *f.* de escribir   11

U

ugly feo *adj.*   1
umbrella paraguas *m.*   8
uncle tío *m.*   4
under debajo de *prep.*   11
understand comprender   2
unemployed desempleado *adj.*   4
university universidad *f.*   2
unless a menos que *conj.*   15
until hasta que *conj.*   15
up to now hasta ahora   16
upset enojar   15
use utilizar   11
useful útil *adj.*   LP.

V

vacuum pasar la aspiradora   7
vegetable vegetal *m.*   5
verb verbo *m.*   LP.
very muy *adv.*   LP.
   very often muchas veces   4
videocamera videocámara *f.*   11
videocassette player (VCR) video-casetera *f.*   7

view vista *f.*   16
visit visitar   3
vocabulary vocabulario *m.*   LP.

W

wake up despertarse (ie)   6
waiter (waitress) camarero(a) 12; mesero(a)   2
waiting area sala *f.* de espera   16
walk caminar   3
wall pared *f.*   7
wallet cartera *f.*   8
waltz valz *m.*   6
want querer (ie)   3; desear   13
wash lavar 7; lavarse   6
   wash dishes lavar los platos   7
watch reloj *m.*   11; mirar   2
waterski esquiar sobre el agua   13
wave ola *f.*   13
we nosotros(as) *pron.*   1
wear llevar   8
weather tiempo *m.*   6
   weather report pronóstico del tiempo *m.*   14
wedding matrimonio *m.*   15
   wedding march marcha *f.* nupcial   15
Wednesday miércoles *m.*   3
week semana *f.*   3
weekend fin *m.* de semana   3
west oeste *m.*   6
What? ¿Qué?   2
   What a nuisance! ¡Qué lata!   15
   What a pack of lies! ¡Son puras mentiras!   15
   What a shame! ¡Qué lástima!   14
   What a surprise! ¡Qué sorpresa!   15
   What do you think? ¿Qué te parece?   8
   What else? ¿Qué más?   10
   What happened to you? ¿Qué le (te) pasó?   18
   What's the weather like? ¿Qué tiempo hace?   6
   What's wrong with you? ¿Qué tiene Ud.?   18
   What's your name? ¿Cómo se llama usted?   LP.
when cuando *conj.*   15; ¿Cuándo?   2
Where? ¿Dónde?   2

Where from? ¿De dónde?   2
Where to? ¿Adónde?   2
which que *pron.*   2
   Which one(s)? ¿Cuál(es)?   2
while mientras *conj.*   9
white blanco *adj.*   8
Who? ¿Quién(es)?   2
Why? ¿Por qué?   2
widowed viudo *adj.*   1
win ganar   14
window ventanilla *f.*   16
wine vino *m.*   5; **(red)** vino tinto; **(white)** vino blanco
winner ganador(a)   15
winter invierno *m.*   6
wish desear   13
with con *prep.*   LP.
   with me conmigo   3
   With whom? ¿Con quién?   2
   with you contigo   3
without sin *prep.*   9; sin que *conj.*   15
woman mujer *f.*   1
wonderful estupendo *adj.*   15
work (function) funcionar   11; trabajar   2
worried (about) preocupado (por) *adj.*   5
write escribir   2
writer escritor(a)   2

Y

yard patio *m.*   7
year año *m.*   6
yellow amarillo *adj.*   8
yesterday ayer   7
yogurt yogur *m.*   10
you usted(es)   1; tú *pron.*   1; vosotros(as) *pron.*   1; usted (Ud.)   LP.
your tu(s) *pron.*   4; vuestro(a,os,as) *pron.*   4; su(s) *pron.*   LP.
young joven *adj.*   1
younger menor *adj.*   18
You're kidding! ¡No me diga(s)!   14
You're welcome. De nada.   3

Z

zero cero   LP.
zoo parque zoológico *m.*   17

Index

A

academic courses 44
active voice 415
addresses (titles) 8, 9
addressing others 9
adiós 8
adjectives
   agreement with nouns 32
   citizenship 23
   demonstrative 232
   descriptive 32
   marital status 23
   nationality 23
   neighborhood 95
   personality characteristics 22
   physical characteristics 23
   possessive 98
   possessive (stressed) 372
   used as nouns 372
   with *estar* 122
adverbs 102
   ending in **-mente** 102
affirmative words 164
affixes 17
agreement of adjectives 32
airport vocabulary 363
air travel vocabulary 363
al (a + el) 32
algo 164
alguien 164
algún 164
almorzar 80
alphabet 422
appliances 161
-ar verbs 48
articles
   definite 30
   indefinite 30
asking for directions 206

B

beach vocabulary 297
body language 29
body parts 407, 408
bueno, meanings of 41

C

calendar 138
cardinal numbers
   0–99 11
   100–2,000,000 183
Centigrade versus
   Fahrenheit 141
changing money 361
Chilean cuisine 338
city vocabulary 206
climate in Hispanic
   countries 141
clothes 182
clothing 182
cognates 3
colegio 47
colors 182
comenzar 3
commands
   formal 261
   informal 277
cómo 57
comparatives 239
conditional tense 393
conjunctions
   of purpose 344
   of time 344
conocer 78, 125
   versus *saber* 78
contextual guessing 63, 202, 225, 293
conversational
   customs 28
   distance 29
courtesy expressions 207
courtship customs 343
cuál(es) 57
cuánto 57
cuántos(as) 57
cueca 338

D

dar 78
dates 138
dating customs 343
days of the week 69
deber + infinitive 125
decir 81
definite articles
   use of 407
del (de + el) 32

demonstrative adjectives 232
demonstrative pronouns 233, 234
   neuter, 234, 235
descriptive adjectives
   use of 22, 23
   placement of 24
diphthongs 21
direct object pronouns 185
dónde 57
dormir 80
double object pronouns 257, 258
dressing for the occasion 189
drinks 119

E

e = and 19
education in Spain and Latin
   America 47, 55
electric articles 253
emotional conditions 122
emotional expressions 321, 322
emotional states 121, 122
encantar 193, 194
-er verbs 48
estar 78
   with adjectives 122
   with *ser* (summary) 142
expressions
   for shopping 252
   of emotion 318, 340
   with *tener* 122
eye contact 29

F

Fahrenheit versus
   Centigrade 141
false cognates 4
familia 96
family members 94, 95
fascinar 194
feminine and masculine
   (concept) 30, 31
Feria de San Fermín 213
Festival de la Canción
   (Chile) 320
floors in a hotel 387, 388

foods   118, 119, 225, 230
food stores   226, 227, 229
formal
   address (*usted*)   8
   commands   261
forming questions   42, 43
fruits   230
furniture   161
future tense   388

G

gender   30, 31
getting around . . .
   Latin America   366
   Spain   375
greeting and meeting others   8, 9, 10
greetings   8, 9, 10
grocery shopping   229
guayaberas   189
guest etiquette   209
gustar   52
gustaría   53
   + infinitive   124, 125

H

hacer   78
hace with time   172
hay   27
hay que + infinitive   125
higher education in Spain and Latin America   55
Hispanic families   97
hotel tips for Spain and Latin America   387
hotel vocabulary   384
household chores   160
house vocabulary   160
housing in Latin America and Spain   163
human body   408
hypothetical statements, formation of   393

I

icebreakers   28
illnesses   407, 408
imperfect subjunctive   347
imperfect tense   214
   and preterite used together   283
   versus preterite (summary)   282
impersonal expressions   322

indicative versus subjunctive (summary)   409
indirect object pronouns   190
infinitives, use of   124, 125
informal
   address (*tú*)   9
   commands   277, 278, 279
interesar   194
intonation
   of questions   43
   of statements   42
invitations   69
ir a + infinitive   125
-ir verbs   48
ir   78
irregular verbs
   preterite   210
   present tense   77
-ísimo ending   240

J

jai alai   72
jewelry   253
jugar   77
   versus *tocar*   69

L

last names   105
leave-taking expressions   8
leisure time activities   68, 69
likes and dislikes, expressing   51
linking words   21
lo + adjective   371
lodging
   in Spain   392
   vocabulary   384

M

machismo   171
marital status   23
markets   237
marriage customs   346
masculine and feminine (concept)   30
meals   118
mealtimes in Latin America and Spain   120
medical advice for travelers   413
mejor   239
mi(s)   98
military time   77
molestar   194
months of the year   138
music and folkloric dances   325

N

nacimientos   213
nada   164
nadie   164
names   105
nationality   23
negative sentences, formation of   164
negative words   164
neuter demonstratives   234
ni . . . ni   164
ningún   164
nouns
   from adjectives   371
   pluralization   31
nuestro   98
number agreement   31
numbers
   0–99   11
   100–2,000,000   183
nunca   164

O

o . . . o   164
oír   77, 78
ojalá   324
once (Chile)   120
ordinal numbers
   1st to 10th   254
   above 10th   254

P

para
   versus *por*   300
   with time   172
parecer   194
parts of the body   408
passive voice   415
past participles
   formation of   367
   irregular   368
past perfect
   indicative   368
   subjunctive   369
past subjunctive   348
pastimes   68
pedir   77
pensar   80
   + infinitive   125
people   23
peor   239
personal *a*   328
personality characteristics   22
personal titles   8

persuading   394
photographic items   254
physical
   characteristics   23
   conditions   121
   states   121
piropos   296
places in a city   206
plural and singular (concept)   31
pluralization of nouns   31
poder   80
poner   77, 78
por qué   57
por
   versus *para*   300
   with passive voice   415
   with time   172
possessive adjectives   98
   stressed   372
preferir   77, 80
prefixes   17
present participles, formation of   106
present perfect
   indicative   367
   subjunctive   369
present progressive tense   106, 107
   versus simple present   107
present subjunctive   304
present tense
   irregular verbs   77
   reflexive verbs   147
   regular verbs   48
   stem-changing verbs   80
preterite
   and imperfect used together   283
   irregular verbs   210
   regular verbs   166
   spelling changes   167
   versus imperfect (summary)   282
primary and secondary education in Spain and Latin America   47
professional studies   44
professions and trades   44
pronouns
   demonstrative   232
   direct object   185
   double object   257, 258
   indirect object   190
   subject   26
pronunciation

Spanish **b** and **v**   93
Spanish **d**   117
Spanish **h**   67
Spanish **j** and **g**   66
Spanish **ll** and **y**   137
Spanish **ñ**   137
Spanish **r** and **rr**   117
Spanish **x**   67
Spanish **z, c,** and **qu**   93

Q

quantity of foods   230
qué   57
querer   80
   + infinitive   121
questions, formation of   57
quién(es)   57
quinceaños   146

R

reading critically   357
reciprocal actions (*each other*)   149
recordar   80
reflexive pronouns   147
reflexive verbs   147
   versus non-reflexive verbs   148
regular verbs, present tense   48
relatives   94
religious holidays   212, 213
requesting   394
restaurant customs   281
restaurant expressions   274
rooms of a house   160

S

saber   77, 78, 121
   versus *conocer*   78, 121
salir   78
scanning   40, 114, 202
se with verb forms   81
seaside resort   297
seasons of the year   138
seguir   81
Semana Santa   212, 213
ser   25
   and *estar* (summary)   142
   with time expressions   73
servir   81
sex roles in Hispanic culture   171
shopping
   expressions   252
   for groceries   229

   in specialized stores   256
simple present versus present progressive   106
singular and plural (concept)   31
skimming   40, 114, 202
Spanish cuisine   272
specialized
   food stores   229
   non-food stores   256
speculating
   about the past   394
   about the present and future   388
sports   68
   in the Hispanic world   72
stationery supplies   253
stem-changing verbs   80
   present tense   80
   preterite tense   166
stressed possessive adjectives   372
studies and careers   43
su(s)   98
subject pronouns   26
subjunctive
   after expressions of emotion   322
   after expressions of indefiniteness   326, 327
   after expressions of opinion   321
   after expressions of uncertainty   326, 327
   in purpose clauses   344
   in time clauses   344
   mood   304
   past perfect   369
   present   304
   present perfect   369
   versus indicative (summary)   409
suffixes   17
summarizing a reading selection   336
superlatives   239
surnames   105

T

table
   manners   124
   setting   286
tampoco   164
tan . . . como   239
tanto como   239
tanto(a/os/as) . . . como   239

tapas bars   285
television programs   317
telling time   73
tener   80
   expressions   122
tener ganas de + infinitive   125
tener que + infinitive   125
time expressions   73, 172
   with *ser*, 73
titles of people, 8
touching   29
traer   77
treatments for illnesses   408
triphthongs   21
tú versus *usted*   9
tu(s)   98

U

u = or   19

understanding directions   206
unintentional incidents with
   se   414
Universidad Nacional Autónoma
   de México (UNAM)   19
usted versus *tú*   9

V

vegetables   230
Venezuelan cuisine   116, 136
venir   80
ver   78
verbs
   -ar   48
   -ir   48
   -er   48
   like *gustar*   193
   of emotion   318
   of influence   306

   with irregular *yo* form   77
Viña del Mar   299
volver   80
vowels   6
vuestro   98

W

weather expressions   138
wedding customs   346
word stress   20
words
   with multiple meanings   277

Credits

p. 63 "Vuelve Santana," Agencia Efe, in *El Mercurio,* 4 septiembre, 1988, p. 89, Valentine Card, Hallmark Cards, Inc., p. 109 Cartoon by Rubín, *Espumita y jumbo,* 1987, p. 114 "El café, lo positivo y lo negativo de esta bebida," *Buenhogar,* Año 23, No. 11, mayo 17, 1988, página 11. Editorial America, S.A., p. 129 "Mejore su salud y alargue su vida con comida," *Buenhogar,* Año 23, No. 20, 20 de septiembre, 1988, páginas 16–17. Editorial America, S.A., p. 137 Announcement. Quinceañera, *Diario las Américas,* 10 de marzo, 1989 página 5–B, p. 146 "Hoy cumples quince años," Paramount Cards, Inc. Pawtucket, Rhode Island, U.S.A., p. 151 "Pronóstico general" y "Pronóstico local" *El Nuevo Día,* 9 de marzo, 1989, página 2, p. 175 Classified ads. *El Mundo,* sábado, 4 de marzo, 1989, página 52. San Juan, Puerto Rico, p. 197 "Lo que su color favorito dice de Ud.," *Buenhogar,* Año 23, No. 5, 23 de febrero, 1988, páginas 16–17. p. 202 "Cascabel" Clara Isabel B. de Kohen, p. 219 "Mi botecito," *En el ala del mosquito* por Emilio Mozo, El Editor Interamericano, Buenos Aires, 1988, p. 244 Side panel of *Honey Smacks,* Kellogg Company, p. 266 "Llegaron los Especiales," *Ideas para su hogar,* Año 11, No. 11, noviembre de 1988, página 141. Editorial America, S.A., p. 270 "Origen de algunos cultivos," *La semana,* jueves 2 de marzo, 1989. página 57, p. 275 Menu. Casa Botín, Madrid, Spain, p. 286 "Modales en la mesa," *Ideas para su hogar,* Año 11, No. 11, noviembre 1988, página 71, pp. 299–300, 310 *Guía turística de todo Chile,* páginas 238 y 244–245. Impresora y Comercial Publiguías, S.A., p. 134 *Viña del Mar: Inventario turístico,* Municipalidad de Viña del Mar, Chile, p. 320 "La semana del amor, de la música y la ilusión," *La gaviota de la ilusión,* Hernán Gálvez G., Editado por Mompracem, Santiago, Chile, pp. 331–332 "Mirando la televisión: un test útil," *De todo un poco,* Año 1, No. 9, 27 de septiembre, 1988, página 21. Editorial America, S.A., p. 333 *Tele-Guía* No. 1868, 29 mayo–3 junio, 1988, página 41, p. 336 "Correo del amor," *El Mundo,* 1–7 octubre, 1987, página 5, Boston, MA, p. 342 Wedding Announcement. *Diario las Américas,* 4 de agosto, 1989, página 7–B, p. 343 Cartoon by Silvio, *Replica,* Año XX, No. 874, June 1989, página 50, p. 362 "Cotizaciones monetarias," *Diario las Américas,* domingo 5 de marzo, 1989, página 2–A, p. 390 Cartoon by Rubín, *Espumita y jumbo,* 1987, p. 390 Cartoon by Quino reprinted from *The World of Quino,* 1986 with permission from Quipos. © Quino, p. 418 "¿Es extrovertida?" Martha Lepz, *Claudia,* Año XVIII, No. 221, febrero 1984, Editorial Mex-Ameris, S.A.

Photos

Adventure Associates 381; Mark Antman, The Image Works 259; Byron Augustin, D.D.B. Stock Photo 347, 355; D. Donne Bryant, D.D.B Stock Photo 360; T. Clemens, D.D.B. Stock Photo 295; Stuart Cohen 97, 204; Stuart Cohen, Comstock 65, 87, 163, Virginia Ferrero, D.D.B. Stock Photo 404; Owen Franken, Stock Boston 15, 146; Robert Frerck, Odyssey Productions 7 (right), 20, 104, 120, 155, 213, 217, 243, 281, 288, 309, 325, 411; Beryl Goldberg 55, 169, 196; Dede Hatch, The Picture Cube 189; James M. Hendrickson 111; Bonnie Kamin, Comstock 47; David Kupferschmid 188; Peter Menzel 7 (left), 128, 140, 223, 237, 249, 255, 291, 319; Monkmeyer Press Photo Service (Pinney) 72, (Rogers) 226; (Renate Hiller) 365; Ulrike Welsch 29.